权威·前沿·原创

皮书系列为
"十二五""十三五"国家重点图书出版规划项目

BLUE BOOK

智库成果出版与传播平台

上海蓝皮书

BLUE BOOK OF SHANGHAI

总 编／张道根 于信汇

上海社会发展报告（2020）

ANNUAL REPORT ON SOCIAL DEVELOPMENT OF SHANGHAI (2020)

全面建设小康社会

荣誉主编／卢汉龙
主　编／周海旺　杨　雄

社会科学文献出版社
SOCIAL SCIENCES ACADEMIC PRESS (CHINA)

图书在版编目(CIP)数据

上海社会发展报告.2020：全面建设小康社会／周海旺，杨雄主编.--北京：社会科学文献出版社，2020.5
（上海蓝皮书）
ISBN 978－7－5201－5979－1

Ⅰ.①上… Ⅱ.①周… ②杨… Ⅲ.①社会发展－研究报告－上海－2019　Ⅳ.①D675.1

中国版本图书馆 CIP 数据核字（2020）第 011943 号

上海蓝皮书
上海社会发展报告（2020）
——全面建设小康社会

荣誉主编 / 卢汉龙
主　　编 / 周海旺　杨　雄

出 版 人 / 谢寿光
责任编辑 / 张　媛

出　　版 / 社会科学文献出版社·皮书出版分社（010）59367127
　　　　　地址：北京市北三环中路甲 29 号院华龙大厦　邮编：100029
　　　　　网址：www.ssap.com.cn
发　　行 / 市场营销中心（010）59367081　59367083
印　　装 / 天津千鹤文化传播有限公司

规　　格 / 开　本：787mm×1092mm　1/16
　　　　　印　张：26　字　数：390 千字
版　　次 / 2020 年 5 月第 1 版　2020 年 5 月第 1 次印刷
书　　号 / ISBN 978－7－5201－5979－1
定　　价 / 128.00 元

本书如有印装质量问题，请与读者服务中心（010－59367028）联系

▲ 版权所有 翻印必究

上海蓝皮书编委会

总　　编　张道根　于信汇

副总编　王玉梅　干春晖　王　振　张兆安　朱国宏
　　　　　王玉峰

委　　员　（按姓氏笔画排序）
　　　　　王德忠　阮　青　朱建江　杜文俊　李安方
　　　　　李　骏　沈开艳　杨　雄　邵　建　周冯琦
　　　　　周海旺　荣跃明　姚建龙　徐锦江　徐清泉
　　　　　屠启宇　惠志斌

《上海社会发展报告（2020）》编委会

荣誉主编　卢汉龙
主　　编　周海旺　杨　雄
编　　委　（按姓氏笔画排序）
　　　　　左学金　孙甘霖　李　骏　朱建江　陆晓文
　　　　　金春林　晏可佳　徐中振　屠启宇　程福财

主编简介

周海旺 上海社会科学院城市与人口发展研究所副所长，研究员，上海社会科学院长三角与长江经济带研究中心副主任，上海社会科学院社科创新智库《人口发展与公共政策》首席专家。中国人口学会会员，上海人口学会理事，上海老年学会理事，上海人才研究会理事。主要从事人口发展、社会政策、养老服务、就业与社会保障、区域社会发展规划等领域的研究，承担完成两项全国哲学社会科学基金课题，作为核心成员参与申请获得三项国家社科基金重大项目立项，主持完成20多项上海市哲学社会科学基金和上海市政府决策咨询课题，完成80多项省市委办局委托课题项目，关于上海人口发展战略、人口管理、人口发展预测、生育政策、婴幼儿托育服务、人口老龄化对策的多项研究成果被政府部门采纳，获得十多项省部级及以上奖励。作为主编编辑出版年度报告《上海蓝皮书：上海社会发展报告》10本，在2011~2012年、2014~2018年共获得8项全国皮书奖项，该系列蓝皮书是了解上海社会发展进程的重要参考书。

杨　雄 上海市政协社会法制委员会副主任，上海社会科学院社会学研究所研究员、社会学博士。兼任上海社会科学院社会调查中心主任，《当代青年研究》杂志社社长、总编辑，上海儿童发展研究中心主任，上海家庭教育研究中心主任，上海市志愿服务研究中心执行主任。目前还担任中国社会学会常务理事、中国社会学会青年社会学专业委员会理事长、中国教育学会家庭教育专业委员会副理事长、上海社会学会副会长、国务院妇儿工委智库咨询专家、上海市消费者保护委员会常委。研究方向：青年社会学、社会治理与社会调查研究、社会思潮与青年文化、独生子女与家庭教育。曾主持国家哲学社会科学规划办、中央文明办、教育部、上海哲学社会科学规划办、国际奥委会等重要课题和规划课题 30 多项。曾多次获全国教育科学规划办、上海市哲学社会科学规划办、市政府决策咨询优秀成果奖励和中央常委、政治局委员肯定性批示。出版论著《巨变中的中国社会》《巨变中的中国青年》《社会阶层新构成》《网络时代与社会管理》《中国青年发展演变研究》《青春与性》《激情与理性：中国青年知识分子激进主义思潮研究》等十多部；发表论文《努力走出一条符合特大城市特点和规律的社会治理新路》《关于重大决策与社会稳定风险评估思考》《独二代成长状况与未来家庭、社会的风险》等 100 多篇。曾获中央文明委授予的"全国未成年人思想道德先进个人"、全国妇联授予的"全国家庭教育先进个人"以及"中国青少年研究突出贡献奖""全国百名家庭教育公益人物""首届上海十大社会工作杰出人才"等荣誉称号。

卢汉龙 上海社会科学院国家高端智库资深专家组特聘专家，社会学研究员，中国社会学会学术委员会委员，享受国务院特殊津贴专家。主要研究领域为应用社会学理论和发展社会学。在现代化与社会结构转型、社会指标与生活质量、消费文化与时间分配、就业与社会阶层、都市化与社区理论研究方面均广有建树。曾先后在美国纽约州立大学、杜克大学、明尼苏达大学、康奈尔大学、耶鲁大学、布朗大学和英国社会发展研究院等著名学府从事过讲学和客座研究工作。专长于社会统计与社会调查，并在将社会学实证研究方法推广于决策研究方面有积极贡献，在国内外社会学界和决策咨询方面均享有良好声誉，曾受聘担任上海市人民政府参事，还担任英国《社会学》(Sociology) 杂志国际编委、中国香港《中国评论》(China Review) 杂志编委、香港人文社会研究所顾问，中国城市国际研究网络理事等学术职务。2001 年起，负责和参与《上海社会发展报告》的研究编写工作。

摘　要

党的十九大报告明确了2020年全面建成小康社会的奋斗目标，我国全面建成小康社会已进入倒计时，全面建设惠及14亿多人口的更高水平的小康社会，是党和国家对人民的庄严承诺。上海作为全国最大的人口和经济中心城市，在全国全面小康社会建设中正在发挥引领示范的作用。2010~2017年，上海在"全面建设小康社会"迈向"全面建成小康社会"的过程中取得顺利进展，经济建设、民主法制、文化建设、人民生活、资源环境等各方面指标稳步实现小康水平。本报告研究认为，2017年上海全面建设小康社会的实现程度已经达到98.8%，但是人民生活、资源环境等方面还有一定的差距。

《上海社会发展报告（2020）》以"全面建设小康社会"为年度主题，在对上海全面建设小康社会进展情况的总体指标和单项指标进行深入分析的基础上，聚焦对上海全面建成小康社会影响比较大的居民住房、收入、就业、教育、健康、医疗、养老等方面，深入分析上海全面小康社会各方面建设的进展情况以及存在的问题，并提出一系列具有前瞻性的对策建议。

本书共有六大部分，第一部分是总报告，运用2010年以来上海社会经济、民主法制、文化建设、人民生活、资源环境等方面的数据资料，按照国家统计局2013年发布的《全面建成小康社会统计监测方案》指标体系，对上海市及全国全面建成小康社会的39项指标进行梳理和评估，并从上海建设国际大都市的角度与东京都、纽约市等国际城市的小康水平进行比较，提出上海全面建成小康社会的政策建议。第二部分是小康社会篇，共有六篇报告，分别从住房市场、就业状况、收入分配、高考改革、婚姻变迁、养老服务等方面分析了上海的发展情况以及存在的问题，并提出了建成更高质量小康社会的一些建议。第三部分是健康上海篇，重点关注了小康社会建设中居

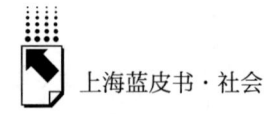

民健康状况，特别是老年健康水平变化，如何深化医药卫生体制改革以提高医疗保障水平，如何优化卫生费用结构以更好地服务于满足市民医疗健康需要。第四部分是长三角篇，在国家长三角一体化战略逐步推进的背景下，深入分析了上海在长三角社会发展中的引领力指数，探讨了长三角跨区域社会治理一体化的问题。第五部分是案例篇，分别介绍了彭浦新村街道的民事民议制度、五里桥街道基层社区治理的"三会"制度、上海打造国际一流的营商环境、静安区构建基层治理指标体系等方面的做法。第六部分是附录，用统计数据记录了上海以及几个直辖市社会发展的进程。

目 录

Ⅰ 总报告

B.1 上海全面建设小康社会发展报告…………… 周海旺 张 茜 / 001
  一 上海全面建成小康社会总体态势 ………………………… / 002
  二 上海全面小康社会建设水平与全国及国际大都市比较
   ………………………………………………………………… / 013
  三 实现全面建成小康社会目标的政策建议 ………………… / 020

Ⅱ 小康社会篇

B.2 上海住房市场发展现状、问题和对策探讨
  ………………………………… 张 波 汤秋红 谷 雨 / 022
B.3 上海就业状况变化趋势及对策研究
  ………………………………… 周海旺 韦陆星 顾佳跃 / 050
B.4 上海收入分配发展趋势、问题与对策研究……… 于 宁 / 073
B.5 上海市民对新高考改革的参与、评价及改进建议
  ………………………………………………………… 华 桦 / 099
B.6 上海婚姻变迁的趋势特征和原因分析
  ………………………………………… 张 亮 刘汶蓉 / 115
B.7 上海养老服务发展现状、问题及对策研究……… 高 慧 / 135

Ⅲ 健康上海篇

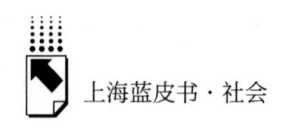

B.8 上海老年健康水平变化及康复医疗服务的发展……… 杨　昕 / 156

B.9 健康上海建设中居民健康状况及其影响因素研究
　　　　………………………………… 虞慧婷　王春芳 / 177

B.10 上海深化医药卫生体制改革提高医疗保障水平
　　　　………………………………… 金春林　冷熙亮 等 / 198

B.11 从卫生总费用规模和结构变化看上海的卫生事业发展
　　　　………………………………… 金春林　朱碧帆 等 / 211

Ⅳ 长三角篇

B.12 上海在长三角社会发展中的引领力分析 ………… 刘玉博 / 228

B.13 长三角跨行政区社会协同治理的理论、实践与展望…… 陶希东 / 249

Ⅴ 案例篇

B.14 上海市静安区彭浦新村街道民事民议的实践探索与思考
　　　　………… 刘少军　赵　瑛　胡文珊　张　静 / 262

B.15 上海市黄浦区五里桥街道在基层社区治理中探索"三会"制度
　　　　………… 沈永兵　罗新忠　益晓菁　杨　茹　邓林锋 / 275

B.16 上海打造国际一流营商环境的企业家感受度调查报告
　　　　………… 杨　雄　雷开春　朱　妍　张虎祥 / 307

B.17 上海市静安区构建基层治理指标体系研究
　　　　……… 鲍晓丽　潘文波　杨飞飞　李碧琰　方士雄　郁　明 / 345

Ⅵ 附 录

B.18 附录一 上海社会发展主要指标 …………………………………… / 362
B.19 附录二 全国直辖市主要社会指标 …………………………………… / 371
B.20 附录三 上海小康生活标准综合评价值 ……………………………… / 378

B.21 后 记 ………………………………………………………………… / 380

Abstract …………………………………………………………………… / 382
Contents …………………………………………………………………… / 384

皮书数据库阅读 使用指南

总报告

General Report

B.1
上海全面建设小康社会发展报告

周海旺　张　茜*

摘　要： 党的十八大以来，以习近平同志为核心的党中央关于"全面建成小康社会"的系列重要论述，让中国社会主义现代化建设站在了历史新起点；党的十九大又一次明确了到2020年全面建成小康社会的目标。本文从经济建设、民主法制、文化建设、人民生活和资源环境五个方面对上海市2010~2017年的39项全面小康指标进行测算，分析了近七年来上海全面建设小康社会的总体态势及各项监测指标的得分情况。报告还将上海的全面小康社会建设情况与全国以及纽约市、东京都等国际大都市进行比较，从而发现上海在全面小康社会建设中存在的不平衡、不充分问题，借鉴国际大都市经验，提出

---

* 周海旺，上海社会科学院城市与人口发展研究所副所长，研究员；张茜，上海社会科学院城市与人口发展研究所研究生。

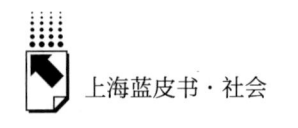

了上海实现更高质量小康社会的一些政策建议。

关键词： 上海 全面小康社会 纽约市 东京都

党的十九大报告指出，我国社会主要矛盾已经转化为人民日益增长的美好生活需要和不平衡不充分的发展之间的矛盾。目前，我国人民生活总体上已达到小康水平，但仍面临发展的不平衡、不充分问题。全面建设惠及十几亿人口的更高水平的小康社会，是党和国家对人民的庄严承诺，党的十九大报告明确了2020年全面建成小康社会的奋斗目标，我国全面建成小康社会已进入倒计时。上海作为全国最大的人口和经济中心城市，肩负着面向世界、推动长三角地区一体化发展和长江经济带发展的重任，在全国经济建设和社会发展中具有十分重要的地位。本文以2010～2017年上海市及全国经济社会发展数据为基础，对照国家统计局2013年发布的《全面建成小康社会统计监测方案》中的指标体系（以下简称指标体系），对上海市及全国全面建成小康社会的39项指标进行梳理和评估，并从上海建设国际大都市的角度与东京都、纽约市等国际城市的小康水平进行比较，提出上海全面建成小康社会的政策建议。

一 上海全面建成小康社会总体态势

2010～2017年上海在"全面建设小康社会"迈向"全面建成小康社会"的过程中取得顺利进展，经济建设、民主法制、文化建设、人民生活、资源环境等各方面指标稳步实现小康水平。最新统计数据显示，根据国家统计局2013年发布的《全面建成小康社会统计监测方案》指标体系，2017年上海全面建设小康社会的实现程度达到98.8%，比2010年的96.1%提高2.7个百分点，平均每年提高0.39个百分点。根据指标体系，上海在经济建设方面稳定发展，已于2011年实现小康水平，且经济发展在其后的六年间始终保持中高速增长；民主法制建设力度提升，整体实现程度由2010年的99.29%上升到2017年的100%，提高了0.71个百分点；文化建设处于较高水平，实现程度早在2010年就已达100%，且近七年来始终保持较为稳定的小康水平；人民生活逐渐富裕，实现程度由2010年的93.93%提高到2017年的98.21%，提高了4.28个百分点，平均每年提高0.61个百分点；资源环境保护效果显著，实现程度由2010年的91.82%提高到2017年的96.82%，提高了5.00个百分点，平均每年提高0.71个百分点（见表1）。

表1 2010~2017年上海全面建设小康社会实现程度

单位：分，%

一级指标	2010年	2011年	2012年	2013年	2014年	2015年	2016年	2017年	满分值
经济建设	21.8	22.0	22.0	22.0	22.0	22.0	22.0	22.0	22.0
民主法制	13.9	13.9	13.6	13.6	13.5	13.5	13.9	14.0	14.0
文化建设	14.0	14.0	14.0	14.0	14.0	14.0	14.0	14.0	14.0
人民生活	26.3	26.2	26.3	26.3	26.3	26.4	26.1	27.5	28.0
资源环境	20.2	19.7	20.6	20.8	20.8	20.6	21.0	21.3	22.0
总计	96.1	95.9	96.5	96.7	96.6	96.5	97.0	98.8	100.0

注：各一级指标得分依据在监测指标分析中做详细说明，见表2至表6。
资料来源：国家统计局，《上海统计年鉴》。

（一）经济建设

经济建设转向高质量发展。根据国家统计局2013年发布的《全面建成小康社会统计监测方案》指标体系，经济建设包括人均GDP、第三产业增加值占GDP比重、居民消费支出占GDP比重、R&D经费支出占GDP比重、每万人口发明专利拥有量、工业劳动生产率、互联网普及率、城镇人口比重、农业劳动生产率九项监测指标。同时由于我国东部、中部、西部地区发展水平的差异，部分监测指标的目标值也分为东部、中部、西部和全国标准。根据最新统计数据，2017年上海市经济建设实现程度为100%，这一指标早在2011年就已完全实现。

从九项监测指标来看，2017年上海人均GDP达到103703.95元（2010年不变价），按同期价格指数计算，是2010年的1.36倍，比2010年的76074元增长36.32%，七年间平均每年增长5.19%。上海人均GDP指标虽在2010年就已远远超过57000元的全国标准，但与2020年目标值"比2010年翻一番"还有一定差距。第三产业增加值占GDP比重达到69.18%，比2010年的57.30%提高11.88个百分点，对照指标体系中关于第三产业增加值占GDP比重的目标值（东部50%，以下各项监测指标目标值均参照东部标准，不再赘述），上海在2010年就已完全实现，并在七年间保持稳定增长。居民消费支出占GDP比重达到73.90%，比2010年的77.27%下降了3.37个百分点，但该项指标早已完全实现，且始终保持高出目标值（≥36%）一倍的水平。R&D经费支出占GDP比重达到3.93%，比2010年的2.81%提高1.12个百分点，平均每年提升0.16个百分点，同样在2010年已完全实现。每万人口发明专利拥有量达到8.55件，比2010年的2.98件增长了1.87倍，在2012年已完全达到小康水平（目标值≥4.0件）。工业劳动生产率达到24.80万元/人，比2010年的18.78万元/人增长了32.06%，平均每年增长4.58%，已在2010年完全达到小康水平。互联网普及率达到75.60%，比2010年的64.50%提高11.1个百分点，平均每年提高1.59个百分点，完全达到小康水平。城镇人口比重达到87.70%，相比2010年的89.30%下降了1.6个百分点，同样在2010年就远远超过65%的目标值。农业劳动生产率达到2.61万元/人，比2010年减少15.26%，但目前仍超过目标值（≥2万元/人），城市化水平的高速发展可能会导致农业劳动生产率下降，而工业劳动生产率则在上升（见表2）。

（二）民主法制

民主法制逐步健全。根据指标体系，民主法制建设包括基层民主参选率、每万名公务人员检察机关立案人数、社会安全指数、每万人口拥有律师数四项监测指标，其中社会安全指数又包括每万人口刑事犯罪人数、每万人口交通事故死亡人数、每万人口火灾事故死亡人数、每万人口工伤事故死亡

表 2 2010~2017 年上海全面建设小康社会经济建设情况

监测指标	地区	2010年	2011年	2012年	2013年	2014年	2015年	2016年	2017年	单位	权重(%)	目标值(2020年) 全国	东部	中部	西部
1. 人均GDP(2010年不变价)	上海	76074.00	78479.09	78942.65	82247.65	85697.91	89212.11	97078.35	103703.95	元	4.0		≥57000		
	中国	30808.00	34442.13	36872.44	39371.96	41534.46	43595.30	45860.51	49780.78						
2. 第三产业增加值占GDP比重	上海	57.30	58.00	60.40	62.20	64.82	67.76	69.78	69.18	%	2.0	≥47	≥50	≥47	≥45
	中国	44.20	44.30	45.50	46.90	48.00	50.50	51.80	51.90						
3. 居民消费支出占GDP比重	上海	77.27	76.14	75.65	75.14	75.11	74.65	74.15	73.90	%	2.5		≥36		
	中国	35.44	36.18	36.86	37.06	37.82	38.77	39.65	38.74						
4. R&D经费支出占GDP比重	上海	2.81	3.11	3.37	3.60	3.66	3.73	3.72	3.93	%	1.5	≥2.5	≥2.7	≥2.3	≥2.2
	中国	1.71	1.78	1.91	2.00	2.03	2.07	2.12	2.15						
5. 每万人口发明专利拥有量	上海	2.98	3.90	4.78	4.41	4.79	7.29	8.30	8.55	件	1.5	≥3.5	≥4.0	≥3.2	≥3.0
	中国	1.01	1.28	1.60	1.53	1.71	2.61	2.92	3.02						
6. 工业劳动生产率	上海	18.78	20.30	20.15	19.58	18.39	20.52	21.93	24.80	万元/人	2.5		≥12		
	中国	9.34	10.44	11.01	11.93	12.60	13.44	14.44	17.08						
7. 互联网普及率	上海	64.50	66.20	68.40	70.70	71.10	73.10	74.10	75.60	%	2.5	≥50	≥55	≥50	≥45
	中国	34.30	38.30	42.10	45.80	47.90	50.30	53.20	55.80						
8. 城镇人口比重	上海	89.30	89.30	89.30	89.60	89.60	87.60	87.90	87.70	%	3.0	≥60	≥65	≥60	≥55
	中国	49.95	51.27	52.57	53.73	54.77	56.10	57.35	58.52						
9. 农业劳动生产率	上海	3.08	3.35	2.80	2.69	2.77	2.39	2.41	2.61	万元/人	2.5		≥2		
	中国	1.38	1.68	1.90	2.19	2.44	2.64	2.80	2.97						
上海经济建设得分		21.8	22.0	22.0	22.0	22.0	22.0	22.0	22.0	分	22.0	—			
中国经济建设得分		15.8	17.2	18.3	19.1	19.5	20.2	20.6	21.0						

注：根据国家统计局提供数据，结合实际情况，本文中人均GDP（2010年不变价）采用各年份CPI推算得出，以下所有涉及GDP（2010年不变价）的均采用同样方法；由于2017年上海互联网普及率数据缺失，为了便于计算上海在经济建设方面得分情况，此处根据2010~2016年平均增长率推算得出。

资料来源：国家统计局，《上海统计年鉴》。

人数四项复合指标。考虑到数据的可获得性，我们对监测指标进行了细微调整，具体调整方法见表3所注。2017年上海民主法制建设实现程度达100%，已完全达到小康水平。从三项监测指标来看，2017年上海基层民主参选率达到96.22%，已高于目标值所规定的95%。社会安全指数各项复合指标监测情况，每万人口刑事犯罪人数达11.45人，比2010年增长33.45%；每万人口交通事故死亡人数为0.28万人，比2010年减少36.36%；每万人口火灾事故死亡人数和每万人口工伤事故死亡人数未披露，考虑到实际数字可能极小，故此项指标看作已完全实现；综合来看，社会安全指数得分达到100.0分，比2010年的97.19分提高了2.81分。每万人口拥有律师数达到9.59人，比2010年增长了69.43%，是全国目标值每万人口拥有律师2.3人的4.2倍（见表3）。

（三）文化建设

文化建设持续繁荣。指标体系中，文化建设包括文化及相关产业增加值占GDP比重、人均公共文化财政支出、有线广播电视入户率、每万人拥有"三馆一站"公用房屋建筑面积、城乡居民文化娱乐服务支出占家庭消费支出比重五项监测指标。考虑到数据的可获得性问题，对个别指标测算方式做了细微调整，具体调整情况见表4所注。从2010年起，上海在文化建设方面就已完全达到小康水平，各项指标均高于指标体系所设定的目标值，实现程度达100%。从五项监测指标来看，2017年上海市文化及相关产业增加值占GDP比重达到6.80%，比2010年的5.67%提高了1.13个百分点，高出目标值36%。人均公共文化财政支出达到791.23元，比2010年的238.60元增加了2.32倍，高出目标值水平2.96倍。有线广播电视入户率达96.00%，比2010年下降了16.36个百分点，但远高于目标值60%的标准。每万人口拥有"公共图书馆"建筑面积达到177.40平方米，比2011年的158.60平方米增长11.85%，约高出目标值一半的建筑面积。城乡居民文化娱乐服务支出占家庭消费支出比重达11.38%，比2010年的14.00%下降了2.62个百分点，七年来该项指标值总体呈下降趋势（见表4）。

表3　2010～2017年上海全面建设小康社会民主法制建设情况

监测指标		地区	2010年	2011年	2012年	2013年	2014年	2015年	2016年	2017年	单位	权重(%)	目标值
10. 基层民主参选率		上海	96.22	96.22	96.22	96.22	96.22	96.22	96.22	96.22	%	4.0	≥95
		中国	95.00	95.00	95.00	95.00	95.00	95.00	95.00	95.00			
12. 社会安全指数	每万人口刑事犯罪人数	上海	8.58	8.94	12.10	11.59	13.17	13.56	11.83	11.45	人	5.0	=100.0
		中国	7.51	7.80	8.67	8.51	8.65	8.96	8.82	9.13			
	每万人口交通事故死亡人数	上海	0.44	0.40	0.38	0.38	0.37	0.36	0.31	0.28	万人		
		中国	0.49	0.46	0.44	0.43	0.43	0.42	0.46	0.46			
	每万人口火灾事故死亡人数	上海	0.02	0.02	0.02	—	—	—	—	—	人		
		中国	0.01	0.01	0.01	—	—	—	—	—			
	每万人口工伤事故死亡人数	上海	—	—	—	—	—	—	—	—			
		中国	—	—	—	—	—	—	—	—			
12. 社会安全指数得分		上海	97.19	97.92	91.68	92.09	89.31	89.90	98.89	100.0	分		
		中国	94.96	93.42	94.77	98.21	98.33	98.90	99.26	100.0			
13. 每万人口拥有律师数		上海	5.66	5.77	6.25	6.55	6.97	7.60	8.48	9.59	人	5.0	≥2.3
		中国	1.46	1.60	1.72	1.83	1.98	2.15	2.35	2.57			
上海民主法制得分			13.9	13.9	13.6	13.6	13.5	13.5	13.9	14.0	分	14.0	—
中国民主法制得分			13.7	13.7	13.7	13.9	13.9	14.0	14.0	14.0			

注：①原《全面建成小康社会统计监测方案》指标体系中设定每万名公务人员检察机关立案人数由于相关部门暂未公布相应数据，故无法监测，将该指标所占权重分别调整到民主法制建设中其他指标，调整后的权重见表3。

②基层民主参选率相关数据也暂未获得，表3中上海基层民主参选率数据来源为上海市政府门户网站，"要闻动态"栏目《今年上海两级人大代表选举选民登记率参选率一次成功率均高于往届》中披露2016年参加乡镇人大代表投票参选率为96.22％，为方便计算民主法制得分，故用此处值代表各年份基层民主参选率；新华网《民主中国》报告显示，截至2017年，全国农村普遍开展了9轮以上村委会换届选举，98％以上的村委会依法实行直接选举，村民参选率达95％；居民委员会换届选举参选率达90％以上。故此处引用最低值95％作近似替代。

③上海每万人口刑事犯罪人数无法获得，用《上海统计年鉴》公布的每年刑事案件结案项数作近似替代。

④2010～2017年每万人口火灾事故死亡人数数字极小，国家统计局尚未给出，故此处认为该项指标按满分计算；2010～2017／年每万人口工伤事故死亡人数处理方法同上。

⑤社会安全指数得分 = $\frac{某年全国万人刑事犯罪率}{当年本地万人刑事犯罪率} \times 40 + \frac{某年全国万人交通事故死亡率}{当年本地万人交通事故死亡率} \times 20 + \frac{某年全国万人火灾事故死亡率}{当年本地万人火灾事故死亡率} \times 20 + \frac{某年全国万人工伤事故死亡率}{当年本地万人工伤事故死亡率} \times 20$。

资料来源：国家统计局；《上海统计年鉴》；上海市政府门户网站，http://www.shanghai.gov.cn/nw2/nw2314/nw2315/nw4411/u21aw1182330.html；新华网，http://www.xinhuanet.com/mrdx/2019-09/12/c_1210277537.htm。

表4 2010~2017年上海全面建设小康社会文化建设情况

监测指标	地区	2010年	2011年	2012年	2013年	2014年	2015年	2016年	2017年	单位	权重	目标值
14. 文化及相关产业增加值占GDP比重	上海	5.67	5.73	6.38	5.89	5.93	6.50	6.61	6.80	%	3.0	≥5
	中国	2.75	3.28	3.48	3.63	3.76	3.97	4.14	4.20			
15. 人均公共文化财政支出	上海	238.60	293.14	304.66	369.23	356.06	448.12	468.35	791.23	元	2.5	≥200
	中国	115.05	140.52	167.52	186.99	196.77	223.82	228.76	244.01			
16. 有线广播电视入户率	上海	112.36	120.78	124.13	130.03	130.40	139.98	97.14	96.00	%	3.0	≥60
	中国	46.40	49.43	51.50	54.14	54.82	54.63	52.75	48.32			
17. 每万人口拥有"公共图书馆"建筑面积	上海	155.53	158.60	162.42	171.50	170.8	173.18	173.20	177.40	平方米	2.5	≥112.5
	中国	50.34	74.00	78.00	85.00	90.00	95.00	103.00	109.00			
18. 城乡居民文化娱乐服务支出占家庭消费支出比重	上海	14.00	14.41	13.63	13.87	15.20	10.28	10.79	11.38	%	3.0	≥6
	中国	10.22	9.96	9.99	10.57	10.60	10.97	11.19	11.39			
上海文化建设得分		14.0	14.0	14.0	14.0	14.0	14.0	14.0	14.0	分	14.0	—
中国文化建设得分		10.6	11.6	11.9	12.3	12.5	12.7	12.9	12.9			

注：①有线广播电视入户率计算方法为有线电视用户数占家庭总户数的比重，可能存在一个家庭有多个电视用户的情况，故此值会大于100%。
②由于每万人口拥有"三馆一站"公用房屋建筑面积数据无法获得，故每万人口拥有"公共图书馆"建筑面积作替代，建筑面积数据缺失，为了便于计算文化建设得分，故2011~2017年平均增长率推算值的1/4；此外，上海2010年每万人口拥有"公共图书馆"建筑面积数据缺失，为了便于计算文化建设得分，故2011~2017年平均增长率推算2010年该项指标值。

资料来源：国家统计局；《上海统计年鉴》。

（四）人民生活

人民生活逐渐富裕。"小康不小康，关键看老乡"，人民生活水平是决定全面小康建设程度的关键性指标。根据指标体系，人民生活共包含城乡居民人均收入（2010年不变价）、地区人均基本公共服务支出差异系数、失业率、恩格尔系数、基尼系数、城乡居民收入比、城乡居民家庭住房面积达标率、公共服务交通指数（每万人拥有公共交通车辆、行政村客运班线通达率）、平均预期寿命、平均受教育年限、每千人口拥有执业医师数、基本社会保险覆盖率、农村自来水普及率、农村卫生厕所普及率14项监测指标，是五个一级指标中监测指标最多、最全面的。2010~2017年上海全面建设小康社会人民生活方面实现程度逐步提高，2017年达到98.21%。

从14项监测指标来看，2017年上海城乡居民人均收入（2010年不变价）达到48306.75元，比2010年的29916.51元增长了61.47%，高于目标值设定的全国水平，但距离"比2010年翻一番"的2020年目标还有一定差距；地区人均基本公共服务支出差异系数为31.74，比2010年降低26.52，说明上海在基本公共服务均等化方面已达到小康水平；失业率降至3.92%，比2010年降低0.28个百分点，七年来就业情况较为稳定；恩格尔系数达到25.10%，有望接近发达国家水平；基尼系数保持在0.29上下浮动，低于目标值0.4的标准；城乡居民收入比（以农为1）达到2.25，七年来变化幅度较小，已达到东部目标值2.6的水平；城乡居民家庭住房面积达标率87.91%，比2010年提高了15.69个百分点，平均每年提高2.24个百分点，城乡居民住房条件日趋改善；公共服务交通指数得分达到100分，比2010年的62.98分提高37.02分，已达到小康水平；平均预期寿命达到83.37岁，比2010年提高1.24岁；平均受教育年限为11.41年；每千人口拥有执业医师数为2.70人，比2010年略有下降；基本社会保险覆盖率达到79.87%，比2010年上升了10.17个百分点，尚未达到指标体系所规定的东部目标值97%，该项指标监测值得关注；农村自来水普及率已达100.00%，早在"八五"时期1994年底，上海在全国率先实现农村自来水化和卫生厕

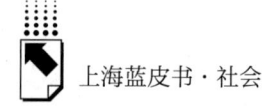

所普及①；农村卫生厕所普及率达到99.20%，比2010年提高1.6个百分点（见表5）。

（五）资源环境

资源环境日趋改善。党的十九大报告指出，建设美丽中国，必须树立和践行"绿水青山就是金山银山"的理念。正确处理好经济发展与保护生态环境的关系，对全面建设小康社会具有重要意义。资源环境包含单位GDP能耗、单位GDP水耗、单位GDP建设用地占用面积、环境质量指数、主要污染物排放强度指数、城市生活垃圾无害化处理率六项监测指标。由于国家相关部门暂未公布单位GDP二氧化碳排放强度，故此项指标无法监测。2010~2017年上海全面建设小康社会在资源环境方面实现程度逐步提高，2017年达到96.82%，比2010年提高了5个百分点。从五项监测指标来看，2017年上海单位GDP能耗（2010年不变价）为0.41吨标准煤/万元，比2010年减少39.71%，于2012年首次达到东部小康水平。单位GDP水耗为41.78立方米/万元，比2010年减少43.22%，远低于指标体系所设定的最低值；单位GDP建设用地占用面积达到7.62公顷/亿元，比2012年的15.56公顷/亿元减少一半，完全达到小康水平。环境质量指数分为四个复合指标，2017年上海PM2.5达标天数比例达到75.34%，比2010年的92.05%下降了16.71个百分点，平均每年下降2.39个百分点，空气质量逐渐变差；地表水达标率达到81.90%，比2013年提高21.35个百分点，平均每年提高5.34个百分点，水环境改善力度逐渐加大；森林覆盖率基本保持在10.70%上下浮动；城市建成区绿化覆盖率略有提高，由2010年的38.15%提高到2017年的39.10%，提高了近1个百分点；综上所述，2017年上海在环境质量指数方面的得分为81.27分，距离目标值100.0%还有一定差距。主要污染物排放强度指数也包含四个复合指标，水污染指标：单位

---

① 潘汉鼎：《上海市在全国率先实现全市农村自来水化和农户卫生厕所普及》，《上海预防医学》2019年第10期。

表5 2010～2017年上海全面建设小康社会人民生活情况

监测指标	地区	2010年	2011年	2012年	2013年	2014年	2015年	2016年	2017年	单位	权重(%)	目标值(2020年) 全国	东部	中部	西部
19.城乡居民人均可支配收入(2010年不变价)	上海	29916.51	32388.50	34959.20	38120.33	40455.74	42860.76	45228.07	48306.75	元	4	比2010年翻一番(全国25000)			
	中国	11162.03	12034.74	13659.15	16503.31	17820.03	19141.73	20351.01	21840.77						
20.地区人均基本公共服务支出差异系数	上海	58.26	54.73	55.99	56.63	54.74	54.72	43.54	31.74	%	1.5	≤40			
	中国	46.35	44.63	45.72	44.91	43.16	41.00	42.65	36.73						
21.失业率	上海	4.20	4.20	3.05	4.20	4.06	4.10	4.08	3.92	%	2	≤6			
	中国	4.10	4.10	4.10	4.05	4.09	4.05	4.02	3.90						
22.恩格尔系数	上海	33.88	35.99	37.16	35.40	35.56	26.60	25.50	25.10	%	2	≤40			
	中国	38.40	38.30	37.70	36.25	35.83	31.15	30.54	29.68						
23.基尼系数	上海	0.28	0.30	0.29	0.29	0.29	0.29	0.29	0.29	—	1.5	≤0.4			
	中国	0.48	0.48	0.47	0.47	0.47	0.46	0.47	0.47						
24.城乡居民收入比	上海	2.28	2.26	2.26	2.34	2.30	2.28	2.26	2.25	以农为1	1.5	≤2.8	≤2.6	≤2.8	≤3.0
	中国	3.11	2.99	2.90	2.81	2.75	2.73	2.72	2.71						
25.城乡居民家庭住房面积达标率	上海	72.22	74.15	74.69	77.11	79.57	82.43	85.51	87.91	%	2	≥60			
	中国	50.41	50.41	50.41	50.41	50.41	100.00	100.00	100.00						
26.公共服务交通指数(每万人拥有公共交通车辆)	上海	8.82	11.79	11.91	12.11	11.97	12.36	12.70	13.94	标台	2	=100.0			
	中国	9.71	11.81	12.15	12.78	12.99	13.29	13.84	14.73						
上海得分		62.98	84.23	85.09	86.48	85.48	88.28	90.69	100.00	分					
中国得分		69.34	84.37	86.77	91.26	92.81	94.94	98.87	100.00						
27.平均预期寿命	上海	82.13	82.51	82.41	82.47	82.29	82.75	83.18	83.37	岁	2	≥76			
	中国	74.83	74.83	74.83	74.83	74.83	76.34	76.34	76.34						
28.平均受教育年限	上海	10.12	10.48	10.65	10.56	10.82	10.95	11.04	11.41	年	2	≥10.5			
	中国	8.17	8.81	8.89	8.98	8.96	9.07	9.10	9.21						
29.每千人口拥有执业医师数	上海	3.44	3.49	2.17	3.77	2.37	2.50	2.60	2.70	人	1.5	≥1.95			
	中国	1.47	1.50	1.58	1.68	1.74	1.82	1.92	2.04						

续表

监测指标	地区	2010年	2011年	2012年	2013年	2014年	2015年	2016年	2017年	单位	权重(%)	目标值(2020年)			
												全国	东部	中部	西部
30. 基本社会保险覆盖率	上海	69.70	70.96	71.86	71.17	72.16	75.92	78.37	79.87	%	3	≥95	≥97	≥95	≥93
	中国	54.82	54.82	59.05	61.07	62.65	66.10	70.82	70.82						
31. 农村自来水普及率	上海	100.00	100.00	100.00	100.00	100.00	100.00	100.00	100.00	%	1.5	≥80	≥85	≥80	≥75
	中国	52.92	56.15	57.38	59.57	61.55	63.42	65.23	75.51						
32. 农村卫生厕所普及率	上海	97.60	98.00	98.00	98.80	96.50	98.60	99.10	99.20	%	1.5	≥75	≥80	≥75	≥70
	中国	67.40	69.20	71.70	74.10	76.10	78.40	80.40	81.80						
上海人民生活得分		26.3	26.2	26.3	26.3	26.3	26.4	26.1	27.5	分	28.0	—			
中国人民生活得分		21.4	22.2	22.8	23.7	24.2	25.1	25.6	26.3						

注：①城乡居民人均收入（2010年不变价）通过消费者价格指数折算至以2010年为基期。从2013年起，国家统计局开展了城乡一体化住户收支与生活状况调查，2013年及以后数据来源于此项调查，与2013年前的分调查相比户调查的调查范围、调查口径有所不同。

②地区人均基本公共服务支出差异系数 = $\sqrt{\frac{1}{n}\sum_{i=1}^{n}(PCY_i - \overline{PCY})^2} / \overline{PCY}$，其中，$n$ 为辖区内地区个数，PCY_i 为地区 i 的基本公共服务支出，V_σ 值越大，各地区之间地区人均基本公共服务支出差异程度越大，反之亦然。

③上海市城乡居民家庭住房面积达标率计算方法：上海市居民人均住房面积以城镇居民人均住房面积为指标，城乡居民人均住房面积标准35.88平方米，2016年，2017年中国城乡建设统计报告，全国人均住房面积达到40.8平方米。

④公共服务交通指数包含每万人拥有公共交通车辆和行政村客运班线通达率两个合指标，由于行政村客运通达率数据无法获得，且考虑到上海全市范围内地铁、公交车、出租车等交通工具基本覆盖，故以每万人拥有公共交通车辆来衡量公共交通指数。2015~2017年根据2010年第六次人口普查和2015年1%人口抽样调查中有据可循，其他年份数据无法获得；全国人均预期寿命由于只在2010年第六次人口普查时统计，2011~2014年采用第六次人口预期寿命替代。

⑤上海平均预期寿命无法获得，全国平均预期寿命替代，为了便于计算得分，二者合占一半。基本医疗保险覆盖率为城镇基本医疗保险覆盖人数与城镇常住人口总数之比；基本养老保险覆盖率为城镇基本养老保险人数与城镇常住人口总数之比。2016~2017年沿用1%抽样调查数据，基本社会保险覆盖率为基本医疗保险覆盖率与基本养老保险覆盖年末参保人数与城镇常住人口年末参保人数与城镇常住人口总数之比，如此粗略推算该项指标。

资料来源：国家统计局；《上海统计年鉴》。

GDP 化学需氧量排放强度达到 5.65 吨/亿元，比 2010 年减少 55.93%；单位 GDP 氨氮排放强度达到 1.47 吨/亿元，比 2010 年减少 8.13%。大气污染指标：单位 GDP 二氧化硫排放强度达到 0.74 吨/亿元，比 2010 年大幅减少；单位 GDP 氮氧化物排放强度达到 7.73 吨/亿元，比 2011 年减少 67.60%。2014~2017 年，上海城市生活垃圾无害化处理率已达 100.0%（见表 6）。

二 上海全面小康社会建设水平与全国及国际大都市比较

（一）上海全面小康社会建设水平与全国比较

从国家层面来看，全面建设小康社会也取得顺利进展。最新统计数据显示，2017 年底，我国在经济建设方面的实现程度已达 95.45%，比 2010 年提高 23.63 个百分点，平均每年提高 3.38 个百分点；在民主法制方面已于 2016 年首次实现小康水平；在文化建设方面实现程度达到 92.14%，比 2010 年提高 16.43 个百分点，平均每年提高 2.35 个百分点；在人民生活方面实现程度达到 93.93%，比 2010 年提高 17.50 个百分点，平均每年提升 2.50 个百分点，但距离 2020 年全面建成小康社会的目标还有一定差距；在资源环境方面实现程度达到 95.00%，比 2010 年提高 25.45 个百分点，平均每年提升 3.64 个百分点。总体来看，我国全面建设小康社会实现程度从 2010 年的 76.8% 提高到 2017 年的 95.1%，提高 18.3 个百分点，平均每年提高 2.61 个百分点，是全国人民共同努力的结果。

上海全面建设小康社会，不仅要全面深入地分析自身的发展情况，还要明确在全国的地位。从全面小康的实现程度来看，2017 年上海达到 98.8%，比全国水平的 95.1% 高 3.7 个百分点。分五个一级指标维度进行对比，2017 年上海在经济建设和文化建设方面已完全达到小康水平，分别比全国平均水平高出 4.55 个百分点和 7.86 个百分点；在民主法制方面，上海和全国都已经提前达到小康标准；在人民生活和资源环境方面，上海的实现程度

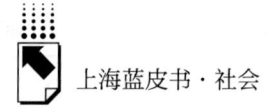

表6 2010~2017年上海全面建设小康社会资源环境情况

监测指标	地区	2010年	2011年	2012年	2013年	2014年	2015年	2016年	2017年	单位	权重(%)	目标值(2020年) 全国	东部	中部	西部
33. 单位GDP能耗(2010年不变价)	上海	0.68	0.59	0.55	0.53	0.48	0.46	0.43	0.41	吨标准煤/万元	4.0	≤0.62	≤0.55	≤0.62	≤0.65
	中国	0.88	0.84	0.81	0.78	0.75	0.72	0.69	0.65						
34. 单位GDP水耗(2010年不变价)	上海	73.58	68.23	62.15	62.48	51.06	48.07	44.66	41.78	立方米/万元	4.0	≤110	≤105	≤110	≤115
	中国	146.12	131.92	123.11	115.70	107.56	102.10	95.53	87.57						
35. 单位GDP建设用地占用面积(2010年不变价)	上海	19.30	17.33	15.56	14.78	14.06	13.50	8.15	7.62	公顷/亿元	3.0	≤62	≤55	≤62	≤65
	中国	9.65	9.04	9.19	8.81	8.82	8.63	8.34	7.99						
37. 环境质量指数	PM2.5达标天数比例	上海	92.05	92.33	93.97	66.03	76.99	70.68	75.62	75.34	%	4.0	100.0			
		中国	88.00	89.53	89.79	63.95	63.45	70.12	73.36	72.14						
	地表水达标率	上海	49.43	52.89	56.59	60.55	50.70	43.60	66.00	81.90						
		中国	57.71	57.71	57.71	57.71	57.71	57.71	57.71	57.71						
	森林覆盖率	上海	10.70	10.70	10.70	10.74	10.74	10.74	10.74	10.74						
		中国	21.60	21.60	21.60	21.63	21.63	21.63	21.63	21.63						
	城市建成区绿化覆盖率	上海	38.15	38.22	38.29	38.36	38.43	38.50	38.60	39.10						
		中国	38.62	39.22	39.59	39.70	40.22	40.12	40.30	40.91						
	上海得分		74.42	75.89	77.97	69.26	69.50	64.44	75.00	81.27	分					
	中国得分		83.43	84.22	84.46	75.00	75.01	77.43	78.69	78.47						
38. 主要污染物排放强度指数	单位GDP化学需氧量排放强度	上海	12.82	13.65	13.00	11.95	10.82	9.21	6.29	5.65	吨/亿元	4.0	100.0			
		中国	30.04	54.00	48.67	44.02	40.49	37.20	16.55	14.81						
	单位GDP二氧化硫排放强度	上海	20.86	13.16	12.23	10.94	9.07	7.91	3.16	0.74						
		中国	53.02	47.91	42.53	38.24	34.84	31.10	17.44	12.68						
	单位GDP氨氮排放强度	上海	1.60	2.76	2.54	2.32	2.15	1.97	1.64	1.47						
		中国	2.92	5.63	5.09	4.60	4.21	3.85	2.24	2.02						
	单位GDP氮氧化物排放强度	上海	26.41	23.86	21.52	19.29	16.04	13.92	7.09	7.73						
		中国	57.24	51.93	46.94	41.68	36.67	30.96	22.05	18.24						
	上海得分		149.61	147.79	158.80	175.19	201.53	231.36	431.72	1081.09	分					
	中国得分		68.94	49.57	55.12	61.33	67.62	75.84	135.29	162.53						

续表

监测指标	地区	2010年	2011年	2012年	2013年	2014年	2015年	2016年	2017年	单位	权重(%)	目标值(2020年) 全国	东部	中部	西部
39. 城市生活垃圾无害化处理率	上海	81.90	61.00	83.60	90.60	100.0	100.0	100.0	100.0	%	3.0	≥85	≥90	≥85	≥80
	中国	77.90	79.70	84.80	89.30	91.80	94.10	96.60	97.70						
上海资源环境得分		20.2	19.7	20.6	20.8	20.8	20.6	21.0	21.3	分	22.0	—			
中国资源环境得分		15.3	15.3	17.6	18.4	18.9	19.5	20.7	20.9						

说明：①单位GDP二氧化碳排放强度数据国家相关部门暂未公布，故此处无数据，将该项指标权重分配到其他指标上，具体分配情况详见表6。

②PM2.5达标天数比例目前暂无数据，用空气质量达到二级以上天数的全年占比代替。

③地表水达标率为达到Ⅲ～Ⅳ类标准断面监测数据，全国地表水达标率无数据，用监测点个数占总断面监测点的比例，由于2010～2012年上海市地表水达标率数据无法求得，故用2013～2017年平均增长率估算全国资源环境建设情况。全国地表水达标率无数据，为方便计算得分，此处用2010～2017年上海地表水达标率平均增长率估算。

④2010～2011年上海单位GDP建设用地占用面积数据无法求得，为了方便计算上海在资源环境方面得分情况，用2012～2017年平均增长率估算2010～2011年数据；2010年单位GDP氮氧化物排放强度数据处理方式同上。

⑤主要污染物排放强度指数 = $\frac{27.7}{\text{化学需氧量排放量（吨）}} \times 25 + \frac{24.6}{\text{二氧化硫排放量（吨）}} \times 25 + \frac{2.78}{\text{氨氮排放量（吨）}} \times 25 + \frac{24}{\text{氮氧化物排放量（吨）}} \times 25$。

资料来源：国家统计局；《上海统计年鉴》。

分别达到98.21%、96.82%，比全国的93.93%、95.00%分别高出4.28个百分点和1.82个百分点。因此，上海全面建设小康社会的水平已经走在全国的前列（见表7）。

表7 2010~2017年我国全面建成小康社会实现程度

单位：分，%

全国	2010年	2011年	2012年	2013年	2014年	2015年	2016年	2017年	上海2017年	满分值
经济建设	15.8	17.2	18.3	19.1	19.5	20.2	20.6	21.0	22.0	22.0
民主法制	13.7	13.7	13.7	13.9	13.9	13.9	14.0	14.0	14.0	14.0
文化建设	10.6	11.6	11.9	12.3	12.5	12.7	12.9	12.9	14.0	14.0
人民生活	21.4	22.2	22.8	23.7	24.2	25.1	25.6	26.3	27.5	28.0
资源环境	15.3	15.3	17.6	18.4	18.9	19.5	20.7	20.9	21.3	22.0
合计	76.8	79.9	84.3	87.4	88.9	91.5	93.7	95.1	98.8	100.0

注：本表为中国全面建成小康社会在经济建设、民主法制、文化建设、人民生活、资源环境五个方面取得的成绩，得分依据详见表2至表6。

资料来源：国家统计局。

（二）上海全面小康社会建设水平与纽约市、东京都比较

作为国际化大都市，上海的发展也要立足高起点、找准高定位，与纽约市、东京都等世界公认的国际大都市进行比较，进而发现小康社会建设的不平衡不充分之处。根据世界银行、美国劳工统计局、东京都统计局等最新数据，由于部分指标统计的国际差异以及各国数据的披露程度不同等问题，此处监测了国家统计局2013年发布的《全面建成小康社会统计监测方案》指标体系中的部分指标，梳理了纽约市、东京都、上海三个国际化大都市所共有的25项最新指标数据。

1. 上海全面小康社会建设水平与纽约市比较

纽约是美国第一大城市和第一大港口，纽约都市圈是世界上最大的都市圈之一，加之以曼哈顿下城及华尔街为核心的世界金融中心地位，我们从上海与纽约市在城市定位与地理位置的相似性角度出发，便会发现纽约市的发展对上海全面建设小康社会极具借鉴意义。

从经济建设方面来看，2017年，上海的人均GDP为126634.15元，而纽约市为474794.83元，上海在人均GDP上是纽约市的1/3.75，差距甚是明显；居民消费支出占GDP比重达到73.90%，比纽约市的39.20%高出近一倍；R&D经费支出占GDP比重为3.93%，比纽约市的3.32%高出0.61个百分点，具有相对领先优势；互联网普及率为75.60%，与纽约市的87.55%相比低了11.95个百分点；城镇人口比重为87.70%，比纽约市的城镇人口比重高出5.64个百分点。

从民主法制方面来看，2017年上海的社会安全指数较高，每万人口刑事犯罪人数为11.45人，仅占纽约市的1/9.8，每万人口交通事故死亡人数为0.28万人，占纽约市的1/4左右；每万人口拥有律师数为9.59人，纽约市却达到205.31人，比上海多出20倍。从文化建设来看，2017年上海人均公共文化财政支出达791.23元，比纽约市高339.44元。从人民生活来看，2017年上海城乡居民人均收入为48306.75元，而纽约市为468824.46元，约占纽约市的1/10；失业率为3.92%，比纽约市的3.60%高0.32个百分点；恩格尔系数为25.10%，而纽约市只有8.70%，几乎是纽约市的3倍；基尼系数为0.29，低于美国的平均水平；平均预期寿命为83.37岁，高出美国平均预期寿命4.83岁。在资源环境方面，2017年上海单位GDP能耗为0.41吨标准煤/万元，而纽约市只有0.17吨标准煤/万元，比纽约市高出1.41倍；森林覆盖率为10.74%，仅约占纽约市的1/3（见表8）。

因此，与纽约市相比，上海在经济建设指标中，居民消费支出占GDP比重和R&D经费支出占GDP比重以及城镇人口比重都相对较高，但还存在人均GDP远远不足、互联网普及率相对较低、工业劳动生产率较低等问题；在民主法制建设中，上海的社会安全指数远远高于纽约市，是一个极具"安全感"的城市，但每万人口拥有律师数则相对较少；文化建设水平较高，人民精神文明生活相对丰富；人民生活富裕程度仍需提升，城乡居民人均收入、恩格尔系数差距甚远，户籍人口平均预期寿命相对较长，贫富差距相比美国较小；资源环境保护需进一步加强，单位GDP能耗还是很高，森林覆盖率仍处于较低水平。

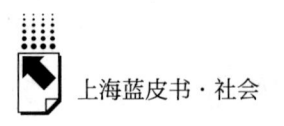

表8 2017年纽约市、东京都、上海全面小康社会建设部分指标比较

	监测指标		纽约市	东京都	上海	单位
经济建设	人均GDP		474794.83	500628.63	126634.15	元
	第三产业增加值占GDP比重		—	84.00	69.18	%
	居民消费支出占GDP比重		39.20	36.58	73.90	%
	R&D经费支出占GDP比重		3.32	3.21	3.93	%
	工业劳动生产率		—	282.66	24.80	万元/人
	互联网普及率		87.55	90.87	75.60	%
	城镇人口比重		82.06	91.54	87.70	%
	农业劳动生产率		—	31.13	2.61	万元/人
民主法制	社会安全指数	每万人口刑事犯罪人数	112.09	13.58	11.45	人
		每万人口交通事故死亡人数	1.16	0.03	0.28	万人
	每万人口拥有律师数		205.31	—	9.59	人
文化建设	人均公共文化财政支出		451.79	—	791.23	元
	城乡居民文化娱乐服务支出占家庭消费支出比重		—	20.63	11.38	%
人民生活	城乡居民人均收入		468824.46	225111.28	48306.75	元
	失业率		3.60	2.48	3.92	%
	恩格尔系数		8.70	24.17	25.10	%
	基尼系数		0.48	0.32	0.29	—
	城乡居民家庭住房面积达标率		—	77.14	87.91	%
	公共服务交通指数	每万人拥有公共交通车辆	—	19.17	13.94	标台
	平均预期寿命		78.54	84.10	83.37	岁
	每千人口拥有执业医师数		2.60	3.24	2.70	人
	基本社会保险覆盖率		—	92.29	79.87	%
	农村自来水普及率		—	100.00	100.00	%
资源环境	单位GDP能耗		0.17	—	0.41	吨标准煤/万元
	环境质量指数	PM2.5达标天数比例	—	100.00	75.34	%
		森林覆盖率	33.93	34.77	10.74	%
	城市生活垃圾无害化处理率		—	100.00	100.00	%

注：本表中部分数据（加下划线表示）由于无法获得纽约市或东京都城市层面的数据，故采用美国或日本全国水平来替代；表中"—"是指数据无法获得或数据缺失。

资料来源：《东京统计年鉴》；美国劳工统计局；世界银行。

2. 上海全面建设小康社会水平与东京都比较

东京都是日本三大都市圈的中心城市,是面向东京湾的国际大都市。对东京都市圈的各项指标进行分析,对于上海也具有很好的借鉴意义。

从经济建设方面来看,东京都人均GDP为500628.63元,比上海2017年的人均GDP高出2.95倍;第三产业增加值占GDP比重为84.00%,高出上海14.82个百分点,东京都的第三产业活动对GDP的贡献值更大;R&D经费支出占GDP比重为3.21%,上海高于东京都0.72个百分点;工业劳动生产率和农业劳动生产率分别达到上海的11倍多;互联网普及率和城镇人口比重分别达90.87%和91.54%,分别比上海高出15.27个、3.84个百分点。

从民主法制方面来看,东京都每万人口刑事犯罪人数为13.58人,与上海较为接近;而每万人口交通事故死亡人数却只占到了上海的近1/9。从文化建设来看,东京都城乡居民文化娱乐服务支出占家庭消费支出比重为20.63%,比上海高出近一倍。从人民生活方面来看,上海在城乡居民人均收入方面与东京都差距甚远,只占到东京都的约1/5;上海失业率比东京都高出1.44个百分点;两个城市恩格尔系数和基尼系数较为接近;城乡居民家庭住房面积达标率上海稍占优势,比东京都高出10.77个百分点;上海每万人拥有公共交通车辆13.94标台,比东京都低5.23标台;上海户籍人口的平均预期寿命比日本全国水平小0.73岁;上海每千人口拥有执业医师数比东京都低0.54人;上海基本社会保险覆盖率低于东京都12.42个百分点;农村自来水普及率均达到100.00%。从资源环境方面来看,上海森林覆盖率同样只占东京都森林覆盖率的1/3左右,城市生活垃圾无害化处理率均达到100.00%。

因此,通过与东京都的各项指标比较,发现上海在某些方面还有一定差距。经济建设仍需保持中高速发展,人均GDP处于低位,第三产业增加值占GDP比重较低,工业劳动生产率和农业劳动生产率等亟待提升,互联网普及率和城镇人口比重方面也要进一步推进;民主法制建设基本接近;文化建设需进一步繁荣,城乡居民文化娱乐服务支出占家庭消费支出比重仍然较低;人民生活富裕程度有待提高,上海仍面临城乡居民人均收入较低而失业

率较高，户籍人口平均预期寿命、每千人口拥有执业医师数、基本社会保险覆盖率略低等问题；资源环境保护力度不足，上海目前可完全实现城市生活垃圾无害化处理，但森林覆盖率仍远远低于东京都。

三 实现全面建成小康社会目标的政策建议

尽管上海目前已经初步实现了小康社会建设的目标，但是与广大人民群众对高质量的生活水平要求相比，与上海建成高水平的社会主义国际大都市的目标要求相比，上海的小康社会建设仍有很多方面需要不断努力。

（一）保持经济较快增长，提高劳动生产率

促进经济发展，要更加注重产业结构合理化。当前，上海国内生产总值构成中第一产业、第二产业、第三产业分别占0.3%、30.5%、69.2%。从国际大都市的经验来看，仍要进一步提升服务业所占比重，尤其是大力推动生产性服务业发展，这是推进工业转型升级的关键，研发等生产性服务业的大力发展是将产业链从低端推向中高端强有力的助推剂，这也要求政府或相关部门在研究和试验经费支出上要加大投入力度，从而促进产业结构优化升级对经济增长产生积极效应。此外，还要注重提高工业、农业等生产率。"工欲善其事，必先利其器"，从事农业和工业生产活动，都应有更高效率的技术支撑。因此，在技术投资等方面要更加优化技术研发投资结构，应从提高技术设备性能的角度来切实提高劳动生产率。无论是促进经济高质量发展还是切实提高劳动生产率，都需要高技术或高素质人才的大力投入，这就要求社会加强对高等教育的重视，加大对高端人才的培养力度，促使人力资本要素在经济发展中发挥更强的创新驱动作用。

（二）健全法律保障体系，增强城市生活安全感

当前我国在社会安全指数方面得分较高，就上海与纽约市、东京都等国际大都市比较而言，每万人口刑事犯罪人数、每万人口交通事故死亡人数等都处

于较低水平。但上海的每万人口刑事犯罪人数仍高于全国水平,因此首先要倡导民众树立自我保护意识,其次有关部门应进一步加强安保措施,完善优化应急管理方案,避免大城市人口集聚的负面效应。另外,随着城市化进程加深和人民生活逐渐富裕,其对社会服务的要求更加多元化。上海的律师服务人数与纽约市相比差距甚大,在提供法律咨询、法律援助等方面还应加大保障力度。

(三)完善社会保障体系,增加人民生活幸福感

基本医疗保险和基本养老保险是民生的重要保障。从当前指标数据来看,上海基本社会保险覆盖率相比东京都尚且较低,其中可能存在部分外来务工人员、农村居民和城镇未就业人员等弱势边缘群体未纳入社保体系的缘故,因此要逐步完善社会保障体系,加快社保体系城乡一体化,探索在长三角区域内一体化乃至全国一体化,尽可能使更多人口享受到社会保障的福利。除保障性指标以外,城乡居民人均收入仍然较低,从国际经验来看,需进一步统筹城乡一体化,提升劳动生产率,增加人民收入,进而提高人民生活幸福指数。

(四)加强生态文明建设,创造美好生活环境

习近平总书记多次强调"绿水青山就是金山银山",在经济建设的同时也要注重生态文明建设。与国际大都市相比,上海目前在资源消耗、森林覆盖率、空气环境质量等方面还有一定差距。2019年7月1日,上海在全国率先实行垃圾分类,并出台相关政策以及处罚手段。有关数据显示,自上海实行垃圾分类以来,"效果远超预期",市民对垃圾分类的正确参与率达到90%以上。[1] 随着垃圾分类的深入推进,其对后续的垃圾处理和垃圾场承载量也将提出更高的技术要求,因此,政府也应持续保障资金投入,使得垃圾分类真正成为全民参与并惠及全民的举措。同时,在城市建设过程中应纳入和谐生态等设计理念,打造宜居幸福的上海国际大都市。

---

[1] http://china.cnr.cn/yaowen/20191110/t20191110_524851843.shtml.

小康社会篇
Well-off Society

B.2
上海住房市场发展现状、问题和对策探讨

张波 汤秋红 谷雨*

摘　要： 上海市人口规模和住房总量整体趋于稳定，住房交易市场已进入存量时代；但人口在不同区域之间的迁移对住房的供给结构提出了新的要求。同时，随着上海市"租购并举"长效机制的建立，租赁市场的行业规范也需要进一步建立和健全。如何实现住有所居、改善居住条件、实现职住平衡，是本文讨论的核心问题。

关键词： 上海　住房　房屋销售　二手房　租赁

---

* 张波，58安居客房产研究院分院长；汤秋红，58安居客房产研究院资深分析师；谷雨，58安居客房产研究院高级分析师。

一 上海市住房市场的发展现状

（一）人口总量稳定，政策在保障和改善民生方面提出新的要求

1. 常住人口总量稳定，人口迁移影响区域间住房需求热度变化

自2010年后，上海全市常住人口总量整体维持平稳，近5年常住人口总量稳定在2400万人。截至2018年末，全市常住人口总量约为2424万人，其中户籍常住人口1448万人，占比59.7%；外来常住人口976万人，占比40.3%。而从人口自然增长率指标看，近3年，上海全市常住人口自然增长率呈逐步下滑趋势，2018年为1.8‰，与全国水平5.2‰差距逐渐拉大（见图1）。随着人口基数和自然增长率逐渐趋稳，短期内整体住房需求也将保持稳定。

图1　上海常住人口规模及增长情况（2008~2018年）

资料来源：国家统计局、各年份《上海市国民经济和社会发展统计公报》。

值得关注的是，随着上海城市外扩和新城建设政策引导，中心城区人口逐渐向外迁移：从2007年到2017年的10年间，黄浦区常住人口总量减少了17.1%；而近远郊区域人口则显著增长，同一时期，增速最快的3个行

政区闵行区、松江区、嘉定区常住人口总量分别增长了90.3%、77.2%和58.3%。

人口的迁移也反过来对住房的区域均衡提出了新的要求。对比上海市各行政区人均居住面积①：受益于嘉定新城、南翔新城的开发，嘉定区的人均居住面积在10年间扩大到1.3倍；而同时期相似区位的松江区，也陆续开发九亭、松江大学城、泗泾等住宅板块，人均居住面积从28.8平方米下滑至26.5平方米，低于上海市2017年平均水平27.8平方米（见图2）。分析原因，松江区对人口表现出巨大的吸引力，成为10年间人口增幅第二大行政区，然而居住房屋面积增幅为63.5%，在所有行政区中位列第8名，赶不上人口增幅。由此看来，人口的迁移和区域的住房发展在局部存在不平衡现象。

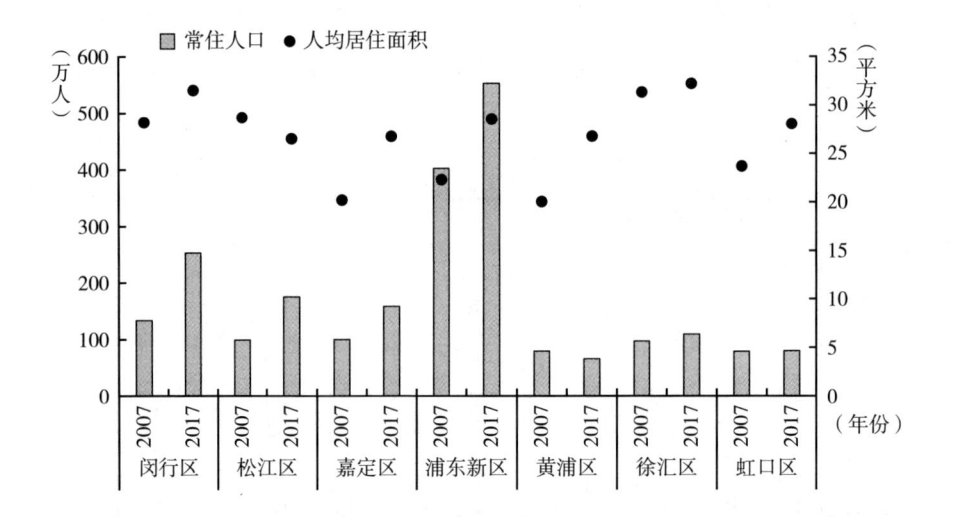

图2　上海市典型行政区常住人口及人均居住面积变化趋势（2007年、2017年）

注：为了实现可比性，2007年行政区边界已经调整为与2017年一致。
资料来源：2008年、2018年《上海统计年鉴》。

2. 上海市住房发展"十三五"规划主要指标

2017年7月，上海市人民政府印发了《上海市住房发展"十三五"规

---

① 此处人均居住面积＝居住房屋建筑面积/年末常住人口。

划》。研究本次规划的主要指标（见表1），可以看出上海市政府在保障房屋多形式供给和提升居民居住条件方面的支持和决心。

表1 上海市住房发展"十三五"规划主要指标

序号	指标名称	单位	属性	到2020年（五年累计）
1	新增供应商品房	万套	预期性	45
2	新增供应租赁住房	万套	预期性	70
3	新增供应保障性住房	万套	预期性	55
4	旧住房综合改造面积	万平方米	预期性	30
5	中心城区二级旧式里弄及以下房屋改造面积	万平方米	约束性	240
6	各类旧住房修缮改造面积（含纳入保障性安居工程的旧住房综合改造面积）	万平方米	预期性	5000

指标主要有三个侧重方向。

一是计划新增供应商品房为45万套，而同时期计划新增供应租赁住房70万套，后者比前者高出55.6%，突出了"针对超大型城市特点，要大力发展住房租赁市场，鼓励住房租赁消费，稳定住房租赁关系，引导居民通过租房解决居住问题，不断提高住房资源利用效率"的政策导向。

二是计划新增供应保障性住房55万套，数量同样多于计划新增供应商品房，切实立足于"既要满足本市中低收入住房困难群众的合理住房需求，又要满足常住人口青年群体和各类人才的住房需求"的目标。

三是强调旧改目标，本次规划的6项主要指标中，有3项围绕旧改。强调"深化体制机制改革，进一步加强住宅小区综合治理；按照'留、改、拆并举，以保留保护为主'的原则，有序推进旧区改造和旧住房修缮改造，促进城市有机更新和特色风貌塑造相协调"。

（二）住房交易市场——限购限贷从严，市场归于理性

上海市于2011年开始对非户籍人群实施限购；2013年11月限购加码，对非户籍购房人群的个人所得税证明或社会保险证明的限购要求从之前的"2年内在本市累计缴纳1年以上"调整至"3年内在本市累计缴纳2年以

上"；2016年3月进一步提出从严执行住房限购政策，将前述准入年限再次提升为"自购房之日前连续缴纳满5年及以上"①。同年11月加码限贷，对拥有1套住房的居民家庭，为改善居住条件再次申请商业性个人住房贷款购买普通自住房的，首付款比例不低于50%；对拥有1套住房的居民家庭，为改善居住条件再次申请商业性个人住房贷款购买非普通自住房的，首付款比例不低于70%。

2016年的"沪九条"及后续的"组合拳"被称为"史上最严"限购政策。此后3年住房交易市场经过大幅缩量、调整观望之后，从2019年下半年开始逐步回归理性交易。

1. 上海市居住类房屋总量趋稳，增量呈下降趋势

根据58安居客房产研究院数据，目前上海共约17000个住宅小区（含商住楼），存量住房套数约900万套，存量面积约70000万平方米。至2019年9月，存量面积增长速度较10年前明显放缓，总量趋于稳定（见图3）。

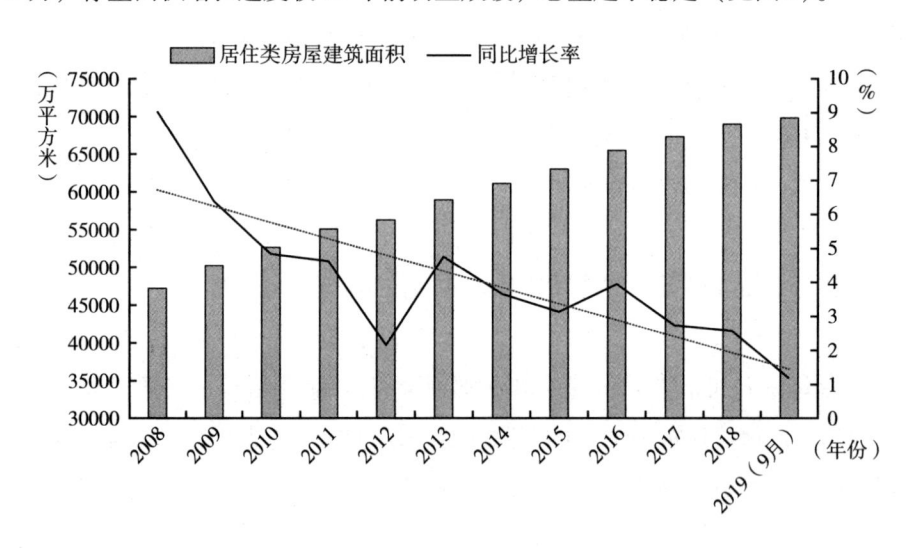

图3　上海市居住类房屋建筑面积走势（2008年至2019年9月）

资料来源：上海统计局、各年份《上海统计年鉴》。

---

① 后调整为符合网签日期前63个月内累计正常缴纳60个月社保或税单。

2. 新建住宅交易量下降，存量住宅①市场成为交易主场

在去库存大背景下，上海全市住宅交易量在 2015～2016 年达到峰值。此后，由于调控趋严趋紧，市场成交进入冷却期，2017 年新房、二手房成交面积同比 2016 年分别下滑 33.6% 和 62.7%；近 3 年，全市年交易量稳定在 2500 万～2600 万平方米（见图 4）。

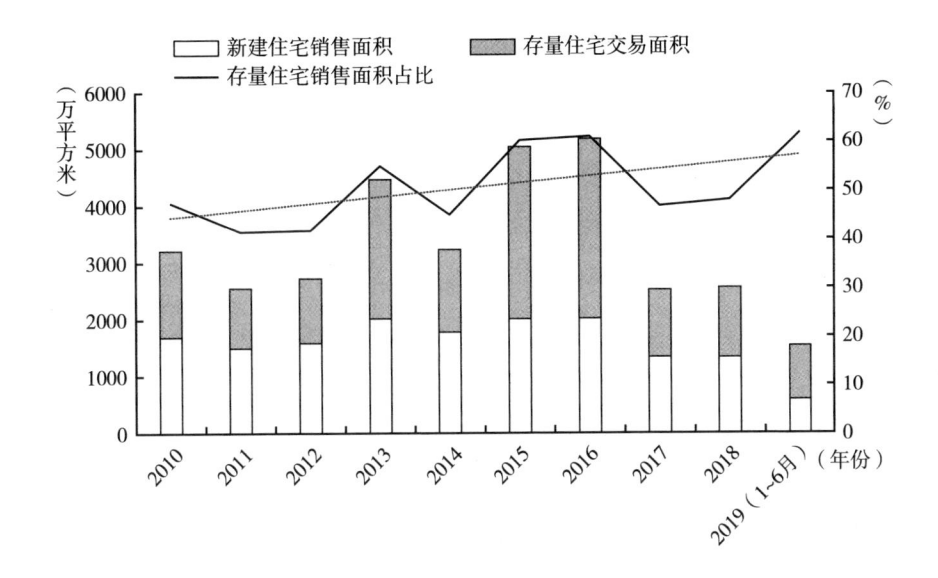

图 4　上海市住宅交易面积走势及交易结构分布（2010 年至 2019 年 6 月）

资料来源：国家统计局、各年份《上海统计年鉴》。

同时可以看到，上海市由增量开发主导的新房市场已趋于减少，而存量住宅在成交面积中的占比呈现攀升趋势。我国正处于增量向存量市场转换的过渡期，而上海市场已经呈现典型的存量主导特征。58 安居客房产研究院监测数据显示，近五年来，上海市存量住宅成交量约 120 万套，约为新建住宅的 3 倍；2019 年上半年，上海存量住宅交易面积占住宅总交易面积的 61.8%。以城市对外来人口的吸引力和庞大而稳定的人口基数为支撑，在

---

① 本文"存量住宅"指已经被购买或自建并取得所有权证书的居住性质的房屋，流通市场上的存量住宅即二手房。

"二孩时代"带来居民居住需求升级的背景下,上海存量住宅的流通将成为解决居民住房需求问题的最主要途径。

3. 近10年来,住宅挂牌价格经过7年上升期,近3年趋于稳定

近10年来,上海住宅挂牌价格的年均增长率为11.0%。2014年前,住宅挂牌价格平稳上行;2015年受到去库存政策影响价格迎来快速上涨,2015~2016年年均挂牌价格增长率达30.0%;直至2016年限购限贷政策趋严,市场于次年开始冷却;2017~2019年市场进入波动调整时期,这三年的年均价格增长率为-1.9%;2019年下半年,挂牌价格回归平稳(见图5)。

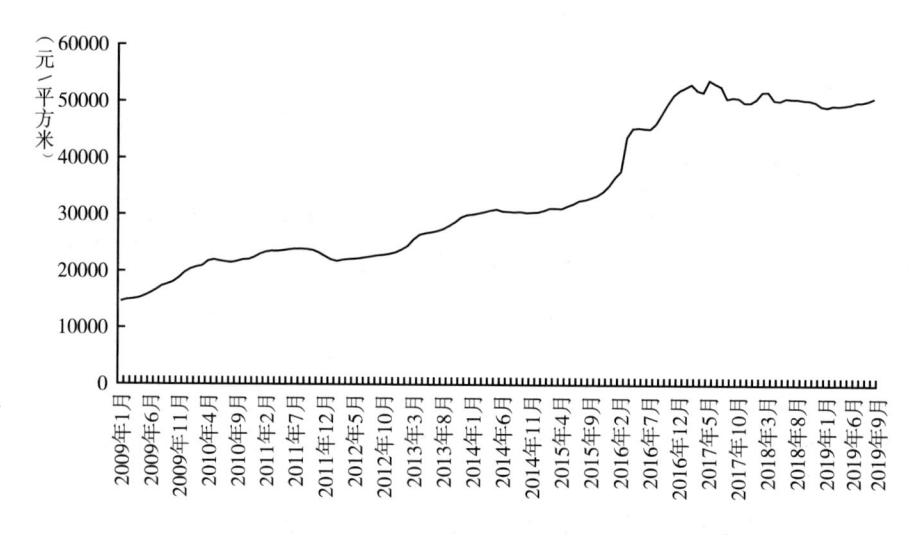

图5 上海市存量住宅线上挂牌价格中位数(2009年1月至2019年9月)

资料来源:58安居客房产研究院数据库。

(三)住房租赁市场——倡导租购并举,建立住房租赁市场体系

城市住房租赁市场的快速发展,主要需要两个方面的支撑:外来人口规模和居民的支付能力。2018年底,上海常住人口总数为2424万人,为全国第二大人口城市,其中外来常住人口976万人,居全国城市首位。按照户均

人口2.66人①折算，上海约有911万户家庭，略超过房屋总数量900万套。2018年上海市城镇非私营单位就业人员平均工资为140270元，为全国水平的1.7倍，具备较强的支付能力。基于上述城市特质，上海在发展住房租赁市场方面具备天然的需求和潜力。

2017年，在"住有所居"的政策目标指引下，"租购并举"长效机制逐步建立；同年7月，上海率先推出纯租赁用地，此后租赁市场进入了发展的快车道。

1. 市场的供应主体多元、供应模式多样，但机构市场渗透率仍然较低

上海市住房发展"十三五"规划提出：到2020年，基本形成多主体参与、差异化供应、规范化管理的住房租赁市场体系。增量方面，上海租赁市场的增量主要来源于租赁用地的建设，坚持以企业为主体，由国资国企发挥引领和带动作用。此外，还允许商办用房等按照规定改建用于住房租赁，同时引导产业园区和集体经济组织建设租赁住房作为补充。鼓励住房租赁企业通过收储、转租、改建社会闲置存量住房等方式开展代理经租业务。

存量方面，截至2019年上半年，上海长租公寓拓展房源量最多的3家运营商分别为V领地青年公寓、旭辉领寓和城方②，其已拓房源总量为53000间左右。推算上海长租公寓房源总量约为15万间，目前上海品牌长租公寓的市场渗透率为10%～15%。

对比发达国家日本，其机构化比例大约为70%，个人房东的物业主要通过经租机构出租。我国租房市场的机构化率还处于较低水平，机构扩容潜力巨大。未来随着市场机构化比例的提升，预计个人出租的需求向机构出租进一步转移，品牌公寓有望得到进一步的发展。

2. 新增租赁用地保持供应，租赁市场进入发展快车道

自2017年7月，上海开始出让纯租赁住房用地。从成交地块数量和面积上看，2017年成交21宗，出让面积63.75万平方米，预计提供16602套

---

① 2017年上海户均人口数据来源于2018年《上海统计年鉴》。
② 上海地产集团租赁住房运营服务品牌。

新建租赁房源；2018年成交34宗，出让面积89.37万平方米，预计提供35077套新建租赁房源；2019年1~9月，成交19宗，出让面积45.85万平方米，预计可至少提供21738套租赁住房（见图6）。目前全国城市中，上海的纯租赁用地供应量居于榜首。

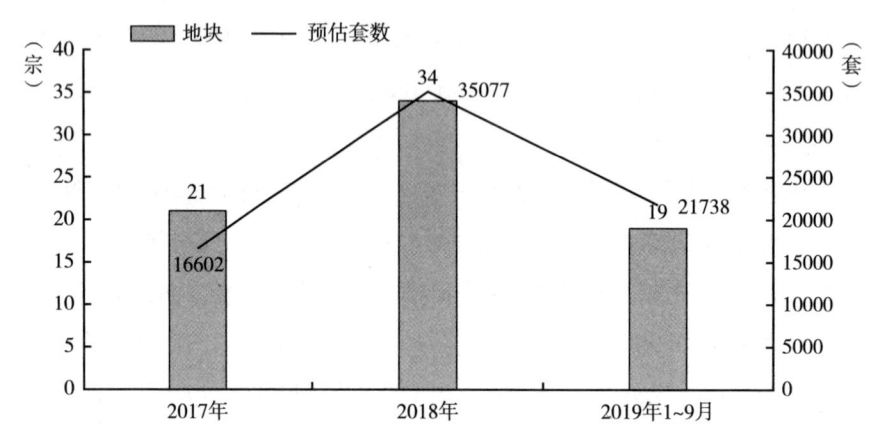

图6　上海租赁住房用地成交及租赁房源预计供应情况（2017年至2019年9月）

资料来源：上海土地市场官网、《上海市国民经济和社会发展统计公报》。

从价格上看，2019年1~9月的纯租赁用地成交楼板价均价仅为5740元/平方米，而同时期普通商品房住宅平均楼板价为纯租赁用地的4~5倍；内环以内区域商品房住宅平均楼板价多位于50000元/平方米上下，价格差距更加明显。纯租赁用地更侧重考虑低收入群体和刚需人群住房需求，将土地底价设定在较低水平（见表2）。

表2　上海市租赁住房用地与普通商品房用地价格对比案例（2019年）

土地用途	地块名称	面积（平方米）	出让金（万元）	楼板价（元/平方米）	出让日期	竞得人
租赁住房	静安区市北高新技术服务业园区N070501单元02-16-B地块	5578.6	10459	7499	2019年5月22日	上海名新投资管理有限公司
普通商品房	静安区市北高新技术服务业园区N070501单元18-03地块	27809.1	343200	49365	2019年6月17日	上海仁崇置业有限公司

资料来源：上海土地市场官网。

从主体上来看，租赁住房用地多数由国企竞得。在过去房地产开发市场快速发展的20年里，开发商以出售物业形式可以快速获取较高利润；相较而言，出租物业因前期投入成本高、投资周期长等，在短期内难以满足开发商对收益回报的需求，尤其在长三角房价水平较高的城市如上海、杭州和南京等地区体现更为明显。现阶段，在政策引导下，国资国企作为特殊的市场参与主体，将承担社会责任作为重要的考量因素，正积极发挥着引领和带动作用。

从布局上来看，上海租赁住房用地多数位于外环线以内的中心城区，浦东、闵行的成交面积占总量的一半以上，2019年上半年还有位于杨浦、虹口、静安等行政区的地块成交（见图7）。而杭州和南京同样处长三角区域，政策支持力度大，作为公寓集中度高的典型城市，租赁用地供应多集中在近郊区域，城市主城区内占比较小：截至2019年上半年，余杭区占杭州总量

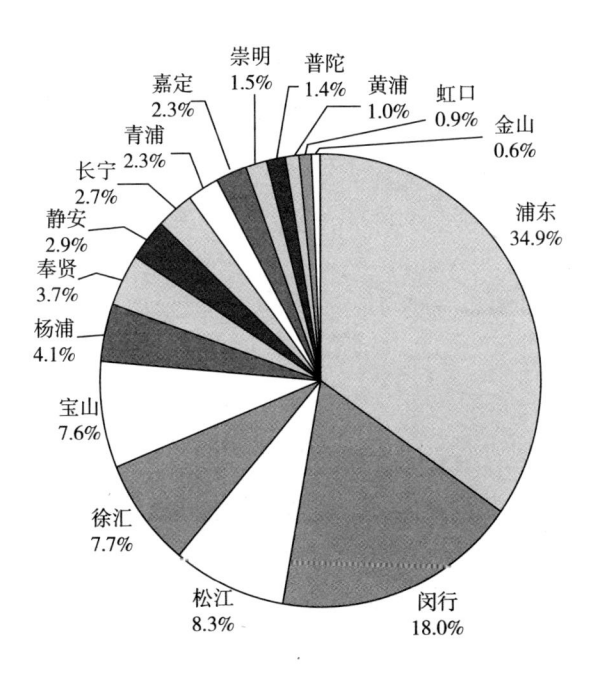

图7 上海市租赁用地各区域面积分布
（2017年至2019年9月）

资料来源：上海土地市场官网。

的26%，其次为江干区；南京的区域聚集程度更高，约46%的租赁用地位于浦口区，其次为栖霞区。上海各个行政区均有推出租赁用地，在布局上更加立足于满足本市中低收入住房困难群众及常住人口青年群体和各类人才的住房需求，主要分布在产业园区、校区、商务密集区、交通枢纽附近。

3. 租金水平长期缓慢上涨，短期受季节性波动影响

由于上海人口基数大、常住人口总量稳定，长期来看，租房市场的需求较为稳定。近3年全市整租平均挂牌单位租金年均上涨3.2%，2019年9月租金水平为65.29元/（月·平方米）；其中整租二房挂牌单位租金年均上涨6.2%，2019年9月租金水平为63.68元/（月·平方米）（见图8）。整体来看，由于小房型一房单位租金更高，而三房及以上的大房型多位于品质更优、年份更新的小区中，因而全市平均单位租金水平略高于二房单位租金水平；但二者差距在最近1年内明显缩小，尤其是全市平均单位租金下跌4.2%，主要缘于三房及以上大房型的租金水平下跌。短期来看，租金在一定程度上跟随市场供需节点发生波动，如春节返乡季、毕业季等。

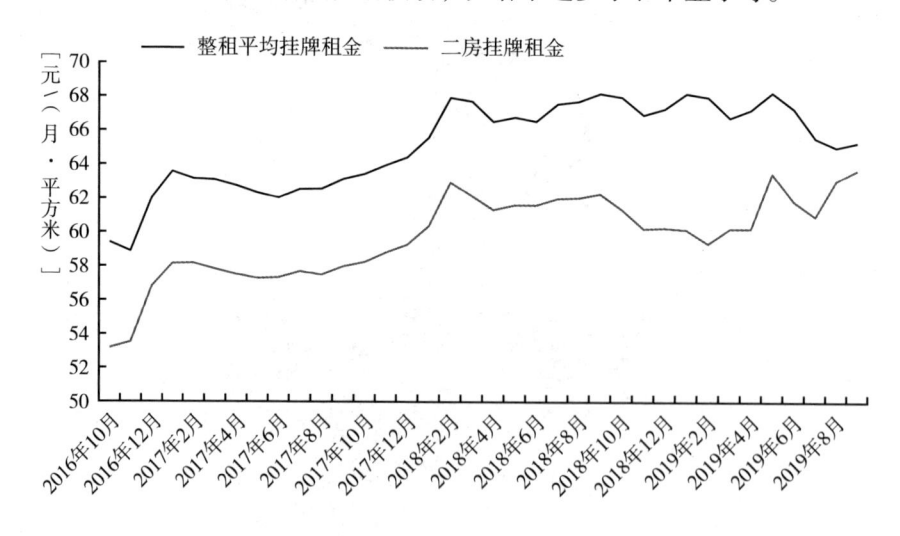

图8 上海市线上挂牌整租房租走势（2016年10月至2019年9月）

注：此处整租平均挂牌租金指一房至四房的平均租金。
资料来源：58安居客房产研究院数据库。

二 上海市住房市场发展中存在的主要问题

（一）住房交易市场供需结构局部不匹配，自购房屋支出较高

1. 不同房型挂牌变化趋势不同，区域供需结构不匹配

通过对安居客线上售房挂牌信息进行分析，我们发现不同房型的挂牌量变化趋势也不相同。

占比最高的是二房。二房在满足刚需群体房型需求的同时又兼具了良好的延展性，受到购房群体的青睐。其挂牌占比基本维持在45%左右，2019年9月与2016年初（调控政策加码时间）对比提升2.3个百分点。

其次是三房。三房常作为首次改善房型，在总价可控的同时，三房功能更加适应"二孩时代"背景下"大家庭"对多卧室房型的需求。近3年来三房的挂牌占比维持在25%左右，2019年9月与2016年初对比上涨2.5个百分点；但因限贷政策影响，三房的交易热度在2016年后也受到了明显压制。

最低的是一房和四房及以上房型。一房同样属于刚需房型，但其延展性却不及二房，加之限贷政策使得上海置换二套住房的成本较高，致使一房的挂牌热度和市场关注受到挤压、首次购房需求热度不高。与2016年初对比，一房的挂牌占比降低了1.6个百分点。四房及以上房型的房源供给和关注群体较为小众，在2016年限购收紧之后交易量缩减明显，2019年9月比2016年初挂牌占比下降3.2个百分点（见图9）。

从区域角度来看，存量住宅交易市场主要集中于城市中外环附近，浦东、闵行、松江、宝山和嘉定为最活跃的几个区域。与挂牌情况进行对比，松江、嘉定、奉贤和黄浦的住房需求更为旺盛（见图10）。

松江区，是一个典型的购房市场需求非常旺盛的区域：一方面，松江区的房源挂牌量在全市的占比明显高于松江区居住房屋面积在全市的占比；另一方面，松江区房源访问量的占比又明显高于房源挂牌量的占比。进一步分

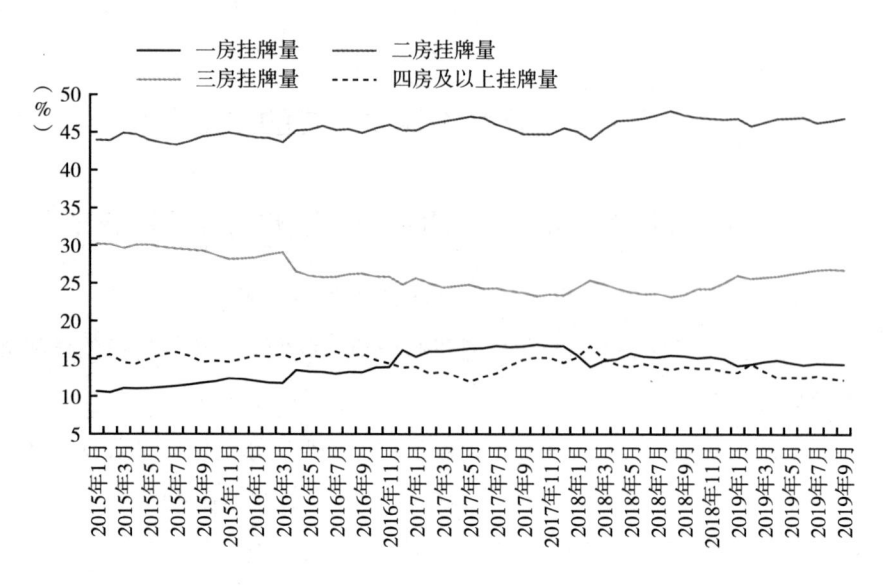

图9 上海市不同房型线上挂牌情况变化（2015年1月至2019年9月）

资料来源：58安居客房产研究院数据库。

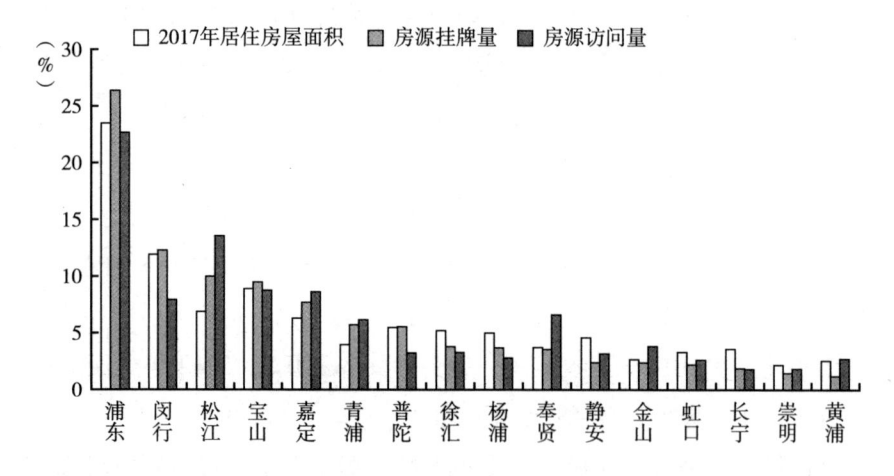

图10 上海市各行政区存量住宅供需情况对比（2018年10月至2019年9月）

资料来源：58安居客房产研究院数据库，2018年《上海统计年鉴》。

析松江区几个重点板块的挂牌和访问数据，九亭、松江老城、小昆山、叶榭、车墩和新桥的关注热度比供应热度明显更高，这些区域存在供不应求的局部不平衡现象（见图11）。

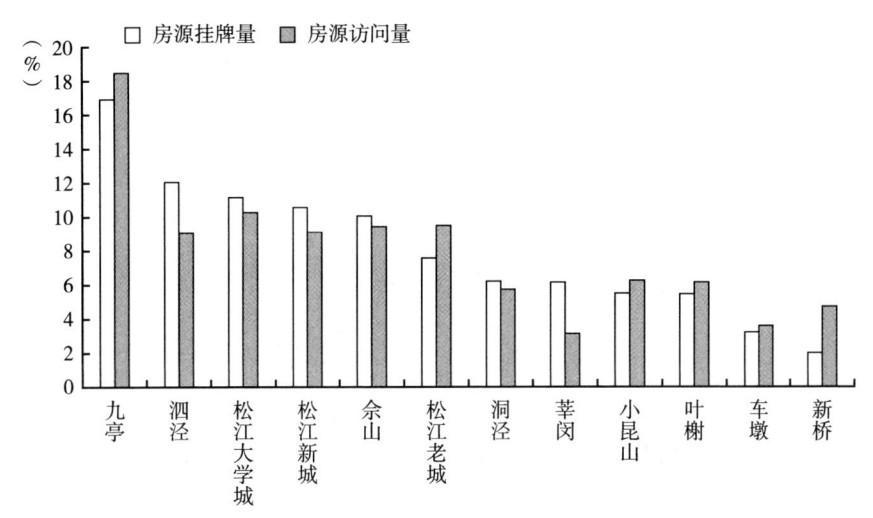

图 11 松江区重点板块存量住宅供需情况对比（2018 年 10 月至 2019 年 9 月）

资料来源：58 安居客房产研究院数据库。

2. 常住家庭首次购房年限①长，自购房屋支出较高

不考虑限购政策的影响，假设城镇常住家庭将税后工资收入全部用于筹集购买首套房产的首付资金，则城镇家庭平均首次购房年限呈现波动缓慢上升的趋势。近三年上海城镇常住家庭的首次购房时间在 5~6 年波动，2018 年首次购房时间为 5.3 年；因 2018 年上海市城镇单位就业人员平均工资明显提高，2018 年城镇常住家庭的首次购房时间出现小幅回落。2018 年，假设购买相同面积的商品房住宅，南京的城镇常住家庭首次购房需要 4 年，而苏州仅需要 3 年②（见图 12）。

消费结构方面，上海的居住支出③在人均消费支出中的占比高于北京，且高出全国水平 12 个百分点；对比美国④，虽然美国的这一占比整体水平

---

① 首次购房年限 =58 同城监测各年度上海市线上房屋挂牌平均价格×（2018 年上海市人均居住面积×户均人口数）×首付比例 30%/（上海市城镇在岗职工税后平均工资×2）。

② 此处上海市城镇单位就业人员平均工资系"城镇非私营单位就业人员平均工资"，南京和苏州使用"城镇非私营单位从业人员年平均工资"。

③ 中国居民消费支出所包含的"居住"指与居住有关的支出，包括房租、水、电、燃料、物业管理等方面的支出，也包括自有住房折算租金。

④ 美国家庭住房支出包括自购房支出、租房支出和家具、水电气、房屋维修支出等。

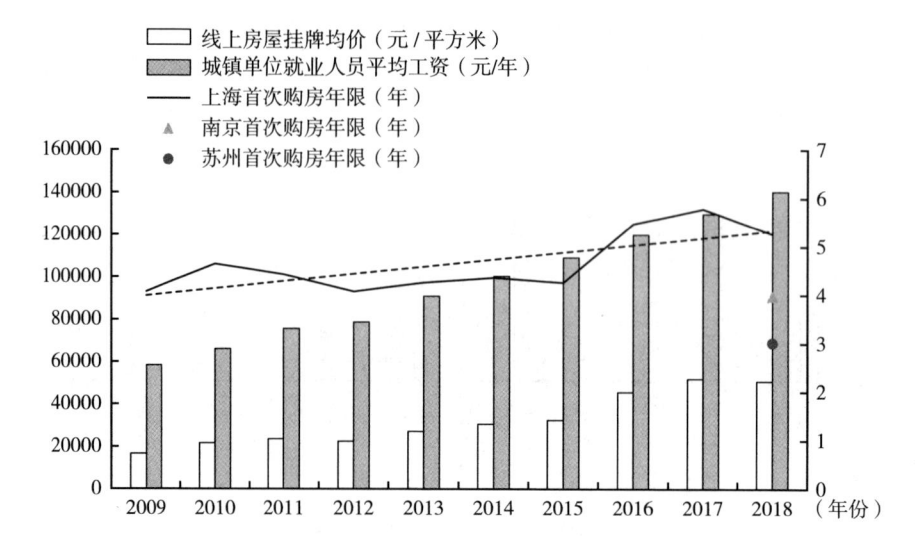

图 12　上海线上房屋挂牌均价、城镇工资及常住家庭首次购房年限走势（2009~2018 年）

资料来源：国家统计局，上海统计局。

高于中国，但纽约市的居住支出占比仅比全美平均水平高出 5 个百分点（见图 13）。这意味着在租赁或购买住房方面，上海市的常住居民所承受的经济成本和压力远高于全国其他大部分城市的居民。

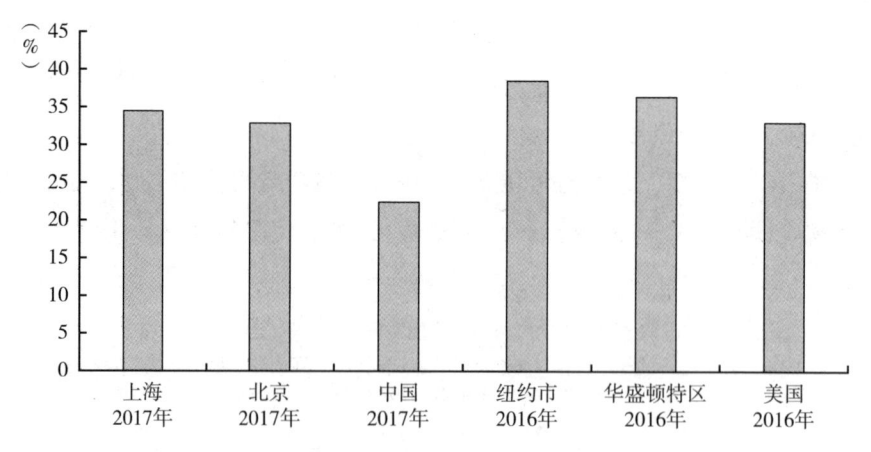

图 13　上海与国内及发达国家重点城市的居住支出对比

资料来源：《中国统计年鉴》、《上海统计年鉴》、美国劳工统计局年报。

（二）住房租赁市场供需结构不匹配，市场规范待建立

1. 不同房型及不同区域的供需结构不匹配

通过对近一年58同城线上租房信息的用户访问数据进行分析，从房型角度，我们发现小房型依旧是租赁市场最受关注的标的，这与租赁市场的主要客群的情况相符。58安居客房产研究院《租房消费行为调查报告》显示，租房人群年龄多集中于35岁以下，其中，21~25岁占比最高，达到34.4%。租房人群中，近三成用户选择与朋友同住，另外有21.6%的租客选择了个人独居。这意味着，独居、年轻化已成租房人群的关键词。租房群体的人群特点决定了其对小房型的需求偏好。58安居客房产研究院数据显示，仅一房房型的房源挂牌量和访问量就占据了整个市场的50%以上。同时，一房的访问占比相较挂牌占比更高，呈现供不应求的特征（见图14）。

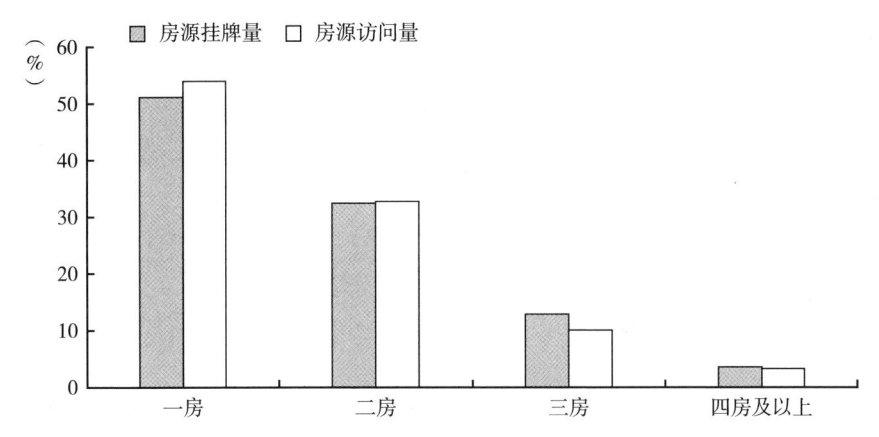

图14 上海市各类房型租房供需情况对比（2018年10月至2019年9月）

资料来源：58安居客房产研究院数据库。

从区域来看，仅浦东和闵行2个行政区的挂牌房源量就占据了整个市场的40%；同时超过50%的访问量集中在浦东、闵行、松江、嘉定这4个行政区域。而与访问量占比的数据进行对比，松江、嘉定、青浦和奉贤这4个行政区在供应方面稍显不足，其他区域基本均衡（见图15）。

图15 上海市各行政区租房供需情况对比（2018年10月至2019年9月）

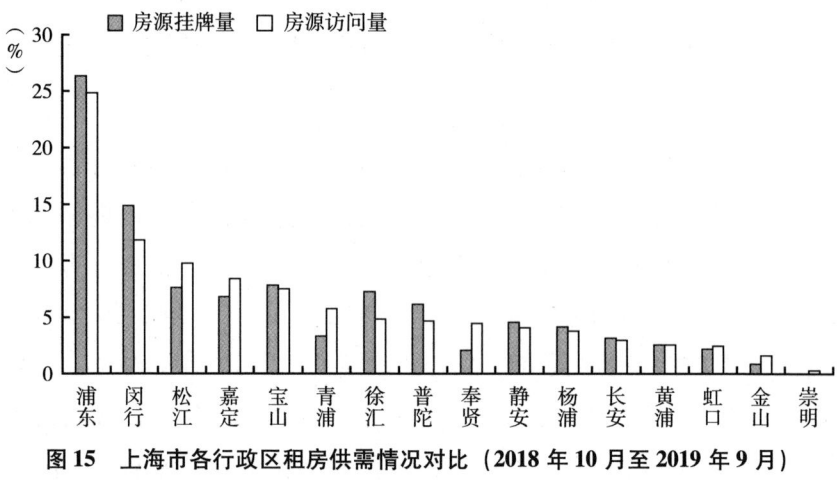

资料来源：58安居客房产研究院数据库。

2. 品牌公寓运营商经营行为待进一步规范

近年来，随着品牌公寓的快速发展，一些经营问题逐步显现，成为舆论关注的重要问题。

一是房源风险：一方面，由于品牌公寓的改造成本较高、回收期限长，可能存在一些运营商降低装修的选材和交付标准，从而遗留不同程度的安全问题，如甲醛超标、消防验收不达标等；同时运营商拓展房源过程中，在初期出现了吸纳农民自建房、违规建筑等现象，这也同样蕴藏了许多安全隐患。另一方面，品牌公寓还处于快速发展扩张阶段，部分运营商未能对房源提前进行尽职调查，在开业后遭遇了停水、停电等问题，严重影响到租客的正常生活。

二是运营商风险：为了吸引更多租客、实现业务规模快速扩张，一些长租公寓在收取租金时引导租客使用贷款等金融工具，从而扩大了运营商自身在吸收和运用资金方面的杠杆效应。但随着杠杆的加大，运营商在盈利不足、面临经营风险时也变得更加脆弱。《58集团2018一季度住房租赁市场报告》显示，截至2018年3月，全国范围内各类长租公寓品牌达1200多家，房源规模逾202万间。而在1200多家长租公寓品牌中，多数是中小企业，这种企业结构在资金链要求极高的长租公寓行业中，无疑有较大的风险。公开资料显示，截至 2019 年上半年，全国已有十余家品牌公寓"暴雷"，引发不同程度的群体事件，严重危害了租客的权益。

（三）早晚通勤时间长，职住分离现象普遍

1. 小区地铁覆盖率虽高，但客流大站多集中于内环内

目前上海的小区中，74.9% 的小区可在周边 1500 米内搭乘地铁[①]。分区域来看，内环以内小区周边 800 米内的地铁覆盖率为 93.8%；将半径扩大至 1500 米，则小区的地铁覆盖率高达 99.7%（见图 16）。其中，黄浦区的小区在 800 米内地铁覆盖率达到 99.0%，徐汇区、静安区、长宁区、虹口区、普陀区、杨浦区的小区则在 1500 米内可实现地铁覆盖率在 93% 以上

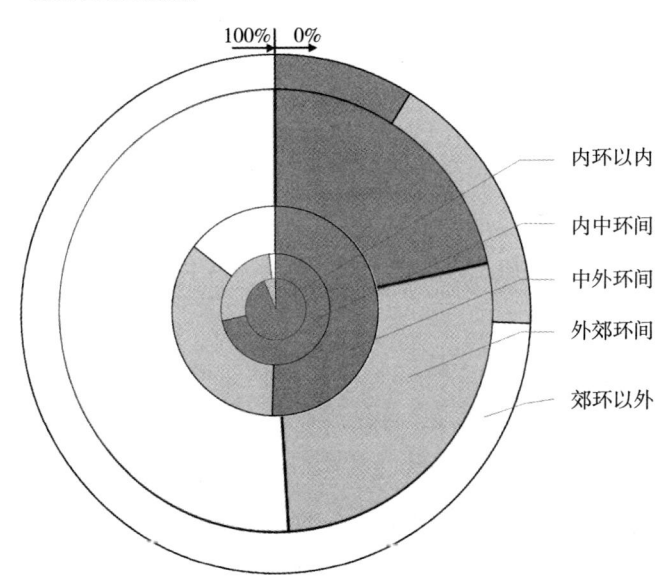

图 16 上海市各环线小区地铁覆盖率情况（2019 年 9 月）

资料来源：58 安居客房产研究院数据库。

---

① 直线距离内至少有 1 个地铁站。

（见图17）。然而，随着偏离市中心的距离加大，小区的地铁覆盖率也出现了明显降低趋势。外郊环之间小区地铁覆盖率仅为内环内的一半。

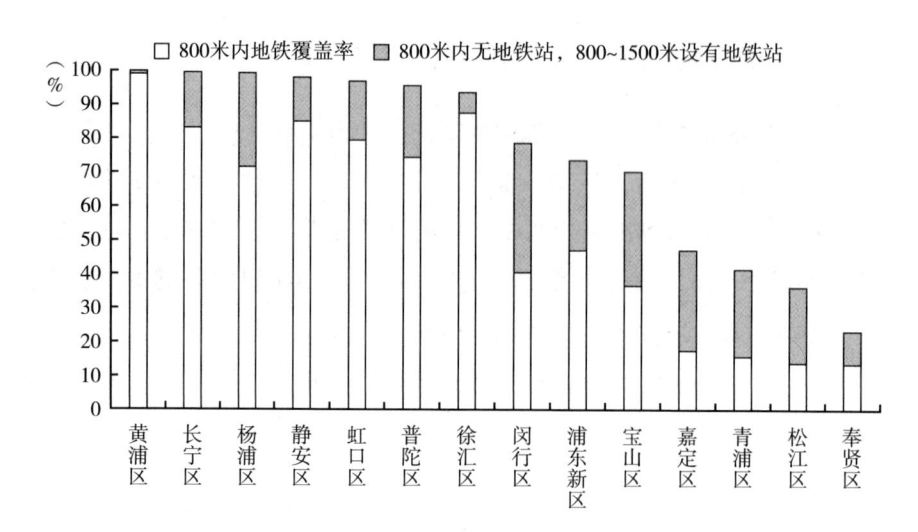

图17　上海市各行政区小区地铁覆盖率情况（2019年9月）

资料来源：58安居客房产研究院数据库。

根据上海交通指挥中心公布的数据，目前上海地铁客流大站较为集中，进出站日均客流前十名的站点如图18所示。

除火车站等交通枢纽之外，上述站点可以吸引客流集中进出站的主要原因在于站点多分布于城市中心区域，周围聚集了众多的商业和办公场所，是办公人群重要的商务活动区域。以上述站点为例：人民广场地铁站周边1500米内覆盖了654幢写字楼，可见商业和办公场所集中度之高；南京东路、上海火车站、陆家嘴3个地铁站周边同等距离内写字楼数量分别为367幢、283幢、132幢，考虑各区域的办公楼平均容积率不同，以上3个站点周边同样容纳了大量办公人口。据上海交通指挥中心2019年7月公布数据，上海地铁工作日客流人次是休息日的1.49倍，也从侧面反映了办公人群在通勤方面的压力。

2. 平均通勤半径大、单程通勤时间长

我们选取了6个重要的商务活动区：陆家嘴、淮海中路、徐家汇、人民

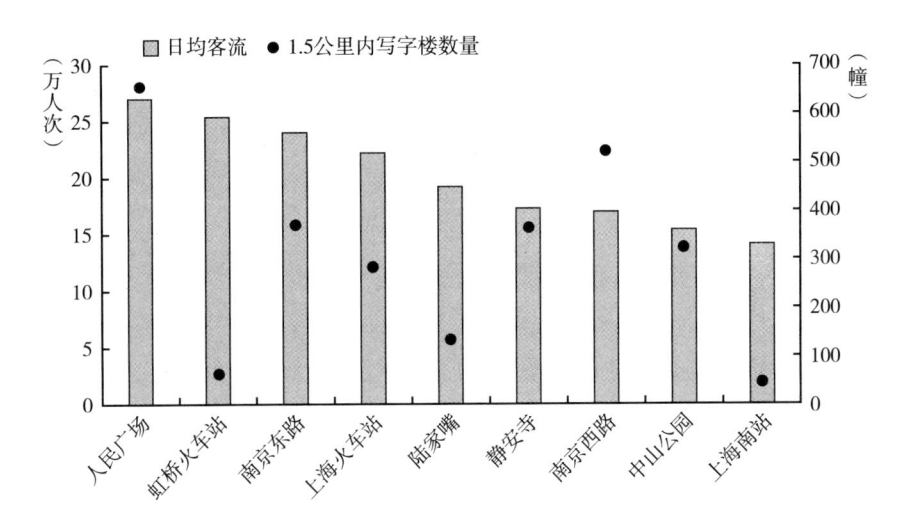

图18　上海地铁进出站日均前十名及其周边写字楼数量统计（2019年7月）

资料来源：上海交通指挥中心2019年7月公开数据，58安居客房产研究院数据库。

广场、虹桥商务区和五角场，对在其中的办公人群的居住地点进行分析，得出如下结论。

目前上海平均通勤半径9～10公里，平均单程通勤时长40～50分钟；上述6个商务区的工作人群居住地点最多集中在浦东、徐汇、闵行、杨浦、黄浦和松江6个行政区（见图19）；平均有25%的人群选择在工作区域直线距离1.5公里内居住，即可步行到达工作地点；约有53%的人群选择在工作区域直线距离5公里内居住，即通过公共交通工具可在30分钟左右到达工作地点。但也有部分人群居住在距离办公地点较远的区域，在抽样样本中，最远单程通勤半径可达50公里以上。

在上述商务区办公的人群中，跨行政区通勤的人群居住地主要分布在闵行、长宁、宝山、普陀、松江、静安等区域；除工作板块外，居住集中的板块主要是金虹桥（闵行）、潍坊（浦东）、建国西路（徐汇）、金桥（浦东）、世博（浦东）、北蔡（浦东）、泗泾（松江）、古北（闵行）、塘桥（浦东）、古美（闵行）、龙华（徐汇）、浦江镇（闵行）、金杨（浦东）（见图20）。

以徐家汇商务区为例，办公人群主要的居住地点分布在徐汇区、闵行

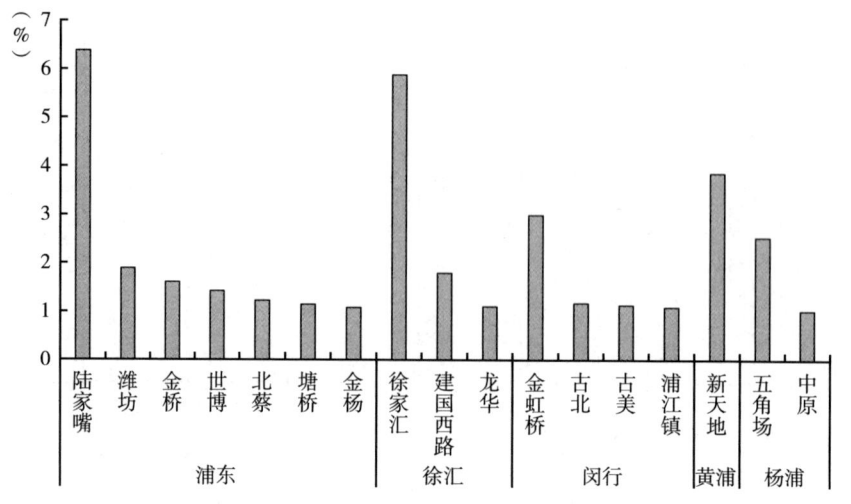

图19 上海市6个重要的商务区办公人群主要居住区域（2019年9月）

注：只展示人群分布最集中的五个行政区里面人数占比超过1%的板块。
资料来源：58安居客房产研究院数据库。

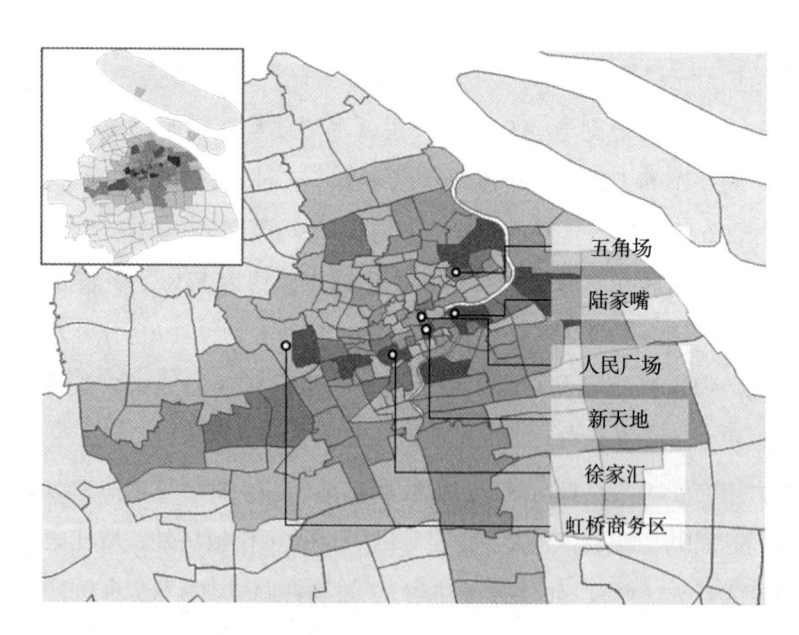

图20 上海市6个重要的商务区办公人群居住区域热度分布（2019年9月）

注：颜色越深表示热度越高，颜色越浅表示热度越低。
资料来源：58安居客房产研究院数据库。

区、松江区和浦东新区（见图21）。推断这些人群居住集中的区域在早晚高峰时段也会面临较大的出行压力。

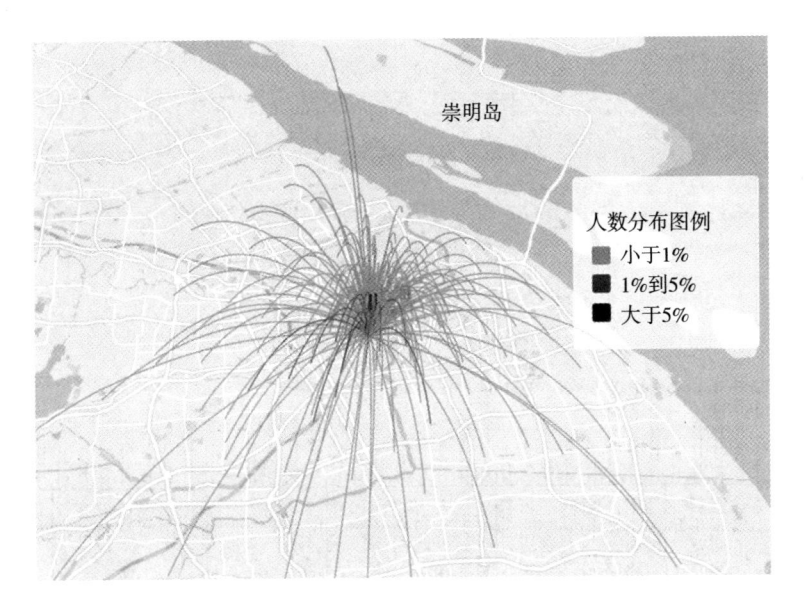

图21 徐家汇商务区办公人群的通勤半径示意（2019年9月）

资料来源：58安居客房产研究院数据库。

"职"与"住"相互分离是办公人群常面临的问题，也是造成早晚高峰时段通勤压力的重要原因。

（四）老旧小区数量较多，带来生活品质问题

1. 老旧小区数量较多，主要集中于市区中心及附近区域

《上海市住房建筑分类表》中对"旧式里弄"的定义为"联接式的广式或石库门砖木结构住宅，建筑式样陈旧，设备简陋，屋外空地狭窄，一般无卫生间，为5（1）类，如建国西路建业里。普通零星的平房、楼房及结构较好的老宅基房屋为5（2）类，郊区设备简单的小楼房，亦归入此类"。

根据58安居客房产研究院数据，竣工年限在1990年前的小区划分为老旧小区；竣工年限在1991～1998年的小区划分为次旧小区。目前上海近

17000个小区中有6000多个次旧及老旧小区；其中老旧小区2300多个，占比39%，居住人数约200万人，主要分布在徐汇区（422个）、静安区（341个）、黄浦区（311个）、虹口区（249个）、杨浦区（252个）和浦东新区（201个）等（见图22）。

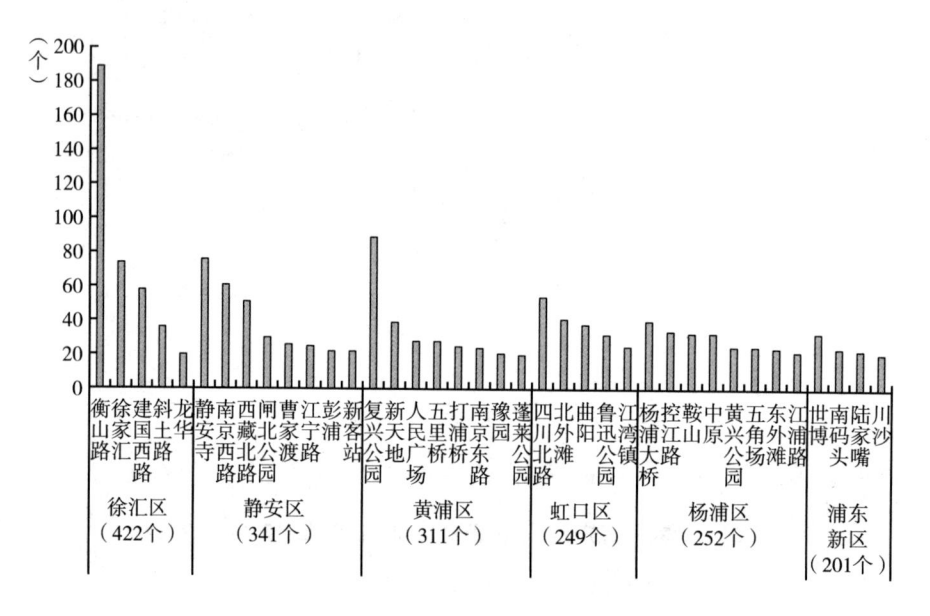

图22　上海老旧小区集中分布区域统计（2019年9月）

注：只展示6个行政区中老旧小区数量超过20个的板块。
资料来源：58安居客房产研究院数据库。

2. 小区存在设施老化、配套资源不足或缺失现象，物管水平普遍不高

老旧小区改造是关系到居民切身利益、受到广泛关注的大问题。房屋结构差、安全隐患多，水电气路和光纤等基本生活配套设施及建材老化，虫害问题，电梯缺失，配建停车设施不足等，都是老旧小区的常见问题。这些问题伴随居民的日常生活起居，在方方面面给生活带来了诸多困扰，居民改造意愿强烈。

加装电梯方面：住建部对外公开资料显示，截至2018年底，全国老旧小区加装电梯已完成1万多部，在施工的有4000多部，正在办理前期手续的有7000多部。公开资料显示，截至2018年9月上海已有204幢房屋通过

居民意见征询，完成加装电梯计划立项工作，已经竣工运行的47台，正在施工的29台。根据58安居客房产研究院数据，目前上海全市约有63%的小区尚未配备电梯；而老旧及次旧小区中约75%的小区未配备电梯，约4700个小区。老旧小区加装电梯原则上需小区全体业主意愿征询通过比例超过2/3方可安装，因居民出于不同原因的考虑，投票统一难度高、推进进程较为缓慢。

面积和房型分布方面：1990年之前竣工的住宅更强调居住属性，房型较为单一，通常为1~2间卧室、客厅缺失，总面积较小；1990~2000年前后，房屋面积逐渐提升，房型设计朝着标准化、个性化发展。1999年建设部修订《住宅建设设计规范》，客厅才真正意义上成为中国住宅标配；2006年后，房型更加强调经济性与功能性兼顾：紧凑、多卧室、多卫、空间进一步划分、功能性强、私密性好、控制总价等成为新的关键词，同时新竣工住宅在设计上也融入了更多的艺术元素和科技理念。上海市全部小区的平均房屋面积为87.1平方米，1998年以前竣工的老旧及次旧小区的平均房屋面积为64.5平方米，1998年之后竣工的平均房屋面积为99平方米，受"7090"政策影响，2006~2015年竣工的住宅平均面积为95~100平方米，相较其他邻近年份处于低位（见图23）。老旧及次旧小区的房屋面积及房型与现阶

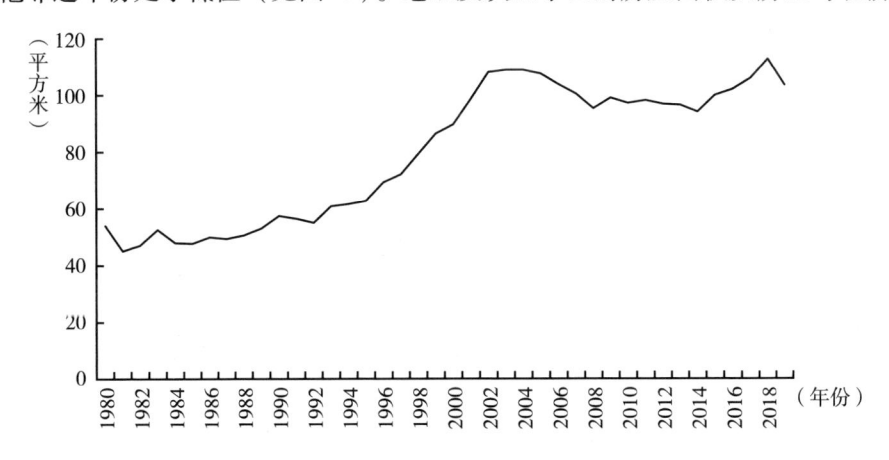

图23 上海不同年份竣工小区的房屋平均面积（1980~2019年）

资料来源：58安居客房产研究院数据库。

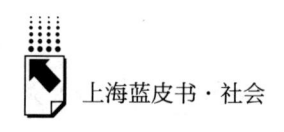

段市场上的主流偏好并不十分匹配。

物业管理方面：全市的小区中由品牌物业公司①管理的小区约6.6%；全国核准的物业服务一级资质企业中，上海有8家，覆盖不足0.5%的小区。而全市的老旧及次旧小区中，品牌物业覆盖小区不足200个，一级资质物业公司没有覆盖。由此可见，上海市小区的整体物业管理水平还有提升空间，尤其老旧小区的物管情况有待进一步改善。

三 改进上海居住市场环境的对策建议

《上海市城市总体规划（2017—2035年）》中这样写道："我们希望，2035年的上海，建筑是可以阅读的，街区是适合漫步的，公园是最宜休憩的，市民是尊法诚信文明的，城市始终是有温度的。"在迈向卓越的全球城市的进程中，上海在新房供应、租房市场管理、旧房改造等方面都需要不断完善有关政策，更好地满足广大人民群众对美好居住条件的需要。

（一）针对购房需求，建议梯度式改善住房供应，减轻刚性需求群体压力

1. 新建商品住房建议对不同区域梯度式改善供应

从行政区维度，松江、嘉定、奉贤和黄浦的住房需求更为旺盛，建议进一步结合居民的关注和需求来布局居住类用地的供应。同时，在城市的核心区域，如土地资源更为稀缺的黄浦区等，建议将购房需求向租赁市场进行引导，通过由存量住房使用权的让渡来化解一部分交易市场的供需矛盾。

2. 确保保障性住房的供应，进一步贯彻租购并举政策，缓解刚需人群购房压力

上海市住房"十三五"规划提出：新增供应保障性住房55万套。从供

---

① 品牌物业公司是指中国物业管理协会发布的《2018年全国物业管理行业发展报告》中所公布的全国物业服务企业综合实力TOP 100的物业公司。

应数量上来看较为充足，在对外出租过程中建议提升扶持的精准性和效率。另外，上海城镇常住居民的租金收入比[①]近3年稳定在20%左右，从成本上看租房比购房更具经济性；但在实际的租赁过程中，种种问题给租客带来的如缺乏"安全感"的租住体验变相刺激了人群的购房意愿。通过进一步贯彻租购并举政策，切实保障租房人群的合法权益、有效解决租赁过程中的各种问题，才能进一步引导购房需求向租赁市场转移，进而降低居住消费在总消费支出中的占比。

（二）针对租房需求，建议从供给侧加强引导和规范

1. 住房租赁鼓励多主体、规模化、市场化供应

目前住房租赁市场的机构参与者有房地产开发商、房地产中介服务商、酒店服务机构及互联网创业公司等。市场参与者众多，但总占有率并不高。全国品牌公寓市场占有率仅为2%，而上海品牌公寓预估市场占有率仅在10%~15%，整体上仍然处于以个人业主对外供应为主的状态。对比发达国家，品牌公寓出租房源比重为25%~30%。[②] 相对庞大的租赁人口以及庞大的闲置物业，从租赁市场整体来看，品牌公寓供应量仍显不足。

只有发挥企业在住房租赁市场的主体作用，由机构吸收社会闲置存量住房代理运营，不断提升住房租赁企业规模化、集约化、专业化水平，坚持企业主体运作，坚持市场化运作，才能充分发挥租赁住房高效、精准、灵活的特点，满足不同层次、不同人群住有所居的需求。

2. 建立行业行为规范及反馈机制

（1）从房源上加强规范监管，进一步推行住房租赁合同网签备案制度。通过制定住房租赁合同网签示范文本、推行住房租赁合同网签备案等方式，可以有效识别并杜绝不规范、不安全的出租房源流入市场，从源头上规范住房租赁市场。

---

① 租金收入比=平均挂牌整租单位租金×人均居住面积×12/税后城镇单位就业人员平均工资。

② 资料来源：同策研究院、公寓最前沿，《2018年中国房地产租赁公寓行业白皮书》。

（2）强化网络住房租赁平台查询建设，进一步提升行业信息公开度、透明度。互联网时代，网络平台已经成为向社会公众传播信息最为便捷、有效的方式。按照"开放、共享"的原则，住房租赁网络平台为企业和群众提供安全、便捷、畅通的房源核验、信息发布、信用评价及查询服务，降低市场信息的不对称性，更好地服务于住房租赁市场，提升租赁体验。

（3）建立住房租赁市场监测监管体系，开通投诉通道。依托网络住房租赁服务平台，加强对租金波动、房屋规范和租客权益保障等方面的监控；面对恶劣违约情况，在开展整治的同时也及时公布负面清单，提高市场监管的预见性、针对性和有效性；开通投诉通道，建立健全反馈机制和矛盾化解机制。可以充分发挥各街镇人民调解委员会作用，将住房租赁纠纷纳入调解范围，维护住房租赁秩序；组建住房租赁公益律师队伍，提供法律援助服务，切实保障租赁人群的合法权益。

3. 充分保障纯租赁用地及住房的供应

截至2019年9月，上海市共出让74宗纯租赁用地，预计至少提供73417套租赁房源。继续保障租赁用地的供应，可有效降低居民居住成本、发展壮大住房租赁产业，进一步推进租购并举的住房体系建设。

（三）针对通勤现状，建议加强城市多中心发展，促进职住平衡，缓解通勤压力

1. 完善"城市主中心—城市副中心—地区中心—社区中心"的公共活动中心体系

城市副中心是面向市域的综合服务中心。在闵行、松江、宝山、嘉定和青浦等人群居住集中的行政区可分别规划设置区域中心，强化城市副中心的综合服务与特定功能。在金山滨海地区和崇明城桥地区设置核心地区中心，承载城市中心部分功能。

2. 借鉴成功案例

以虹桥商务区为例，2016年，国务院通过的《长江三角洲城市群发展规划》首次提出了虹桥商务区是长三角城市群核心的战略规划，计划将大

虹桥发展成为上海连接长三角的桥头堡，联系欧亚、面向世界的门户。以产业带动经济发展、创造更多就业机会，从而吸引人群定居，虹桥商务区在实现职住平衡方面取得了巨大的进展。根据58安居客房产研究院数据，截至2019年8月，虹桥商务区共有200多个小区（含商住楼），覆盖商圈12个，小区平均规模约为550户。其中，近10年内新建成小区近60个，提供58000套房屋，住房房间数较2009年以前增加了42%。

通勤方面：虹桥商务区的办公人群超过半数居住在闵行区，主要分布在金虹桥、古北、静安新城、华漕、古美等板块；近30%的办公人群可以将通勤时间控制在半小时左右，而其余则多在一小时左右。作为城市副中心，虹桥商务区实现了疏解和补充主中心城区的功能。

（四）针对老旧小区，建议基于改造计划切实推进改造进程

老旧小区改造是关切居民生活、提升居民幸福指数的民生大事。上海市住房发展"十三五"规划中提出：5年内中心城区二级旧里及以下房屋改造面积240万平方米；各类旧住房修缮改造面积5000万平方米。基于改造计划，需要切实有效地推进落实。

因为居民的家庭情况各有不同，出于生活习惯、对改造费用的接受程度及其他个人因素的考虑，投票意见常常难以统一。但也存在很多的成功案例，如徐汇区梦蝶苑小区在业主意见征询这一环节就迈出了成功的一步：多层加装电梯业主通过比例为86.4%，两栋楼加装电子门也分别得到业主的投票通过。一方面，待改造的小区街道和居委会工作人员可以多向成功案例小区"取经"，深入交流和探讨推进方案、与群众的沟通方式方法等，着力于排解居民心中的顾虑和疑问；另一方面，小区改造不应只依赖政府单方面的财政划拨，在改造过程中可以引入更多的社会资本，如由第三方免费加装电梯或立体停车库，并在此后若干年内拥有运营和收费权等创新方式，都可以在小区改造过程中纳入考虑范围。

B.3
上海就业状况变化趋势及对策研究

周海旺　韦陆星　顾佳跃*

摘　要： 本文对"十二五"以来上海就业状况与就业政策进行了梳理，发现存在从业人员受教育水平低、青年就业创业难、女性劳动参与率低、老年人力资源开发水平低、失业保险金促进就业作用较弱等问题，并针对以上问题提出了调整高校学科设置、改革就业教育体系，鼓励女性就业、提高女性劳动参与率，开发老年人力资源、支持老年人继续就业，增强失业保险促进就业功能等政策建议。

关键词： 上海　劳动力　就业　失业

就业是民生之本，是社会平稳运行的"压舱石"。习近平总书记多次强调，要坚持就业优先，解决人民群众的就业问题，努力实现更高质量和更充分的就业。最近几年，我国正在积极推进"大众创业、万众创新"，把增加就业与国家的创新发展结合起来。但是，受国际贸易形势及我国产业结构转型的影响，近年来上海经济增长开始减速，并对劳动力市场产生越来越大的影响。深入研究上海就业状况及其发展变化趋势，分析就业中存在的矛盾和问题，并探讨应对的措施，具有重要的现实意义。

---

* 周海旺，上海社会科学院城市与人口发展研究所副所长、研究员；韦陆星、顾佳跃，上海社会科学院城市与人口发展研究所研究生，两人的排名不分先后。

一 上海就业现状及发展趋势

（一）就业人数呈现波动上升趋势，增速缓慢

自2010年以来，上海就业人数呈现波动上升趋势，但增速缓慢。2010～2017年，全市就业人口增加了281.89万人。分时段来看，2010～2013年，全市就业人数逐年增长。2013～2015年，就业人数略有下降，减少了7.4万人。2016～2017年就业人数再次增长，2017年全市就业人数1372.65万人，占全市常住人口的56.76%（见图1）。

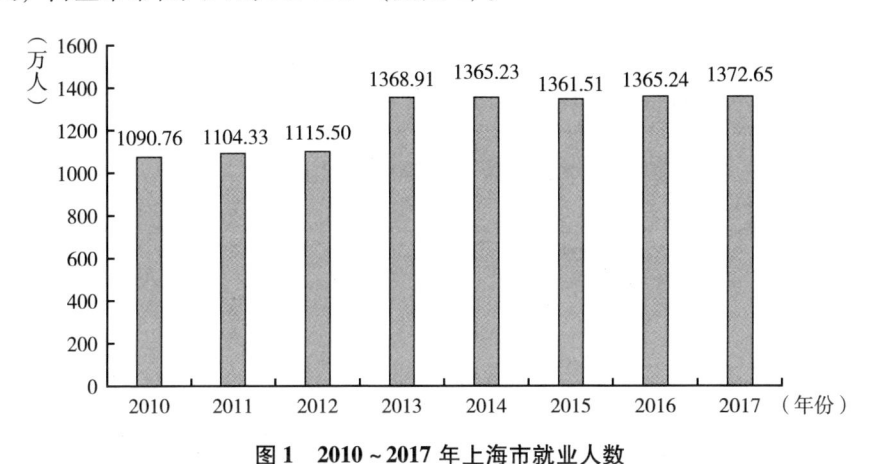

图1 2010～2017年上海市就业人数

资料来源：历年《上海统计年鉴》。

（二）城镇登记失业人数逐年减少，失业率有所下降

2010～2018年，上海城镇登记失业人数逐年减少，城镇登记失业率首次降到4%以下。"十三五"期间全市登记失业人数下降幅度扩大，2017年的城镇登记失业人数较2016年减少2.2万人，2018年则比2017年减少2.65万人。城镇登记失业率平稳下降，于2017年首次下降到4%以内，2018年更是下降到了3.57%（见表1）。

表1 2010~2018年上海市城镇登记失业人数及城镇登记失业率变化

单位：万人，%

年份	2010	2011	2012	2013	2014	2015	2016	2017	2018
城镇登记失业人数	27.73	27.33	27.05	26.37	25.63	24.81	24.26	22.06	19.41
城镇登记失业率	4.20	4.20	4.20	4.20	4.20	4.10	4.10	3.90	3.57

资料来源：历年上海市人力资源社会保障相关统计数据资料。

（三）就业创业帮扶工作取得一定成效

虽然"十二五"期间每年新消除零就业家庭数以及安置就业困难人员数不断下降，但自2016年以来，全市每年新消除零就业家庭数和安置就业困难人员数大幅上升（见图2）。此外，帮助长期失业青年实现就业创业数及帮扶引领成功创业人数虽然每年略有波动，但总体呈上升趋势（见图3）。

图2 2011~2018年上海市新消除零就业家庭数及安置就业困难人员数

资料来源：历年《上海市国民经济和社会发展统计公报》。

（四）常住劳动年龄人口规模扩大，但户籍劳动年龄人口规模缩小

劳动年龄人口是人力资源的重要部分，劳动年龄人口的年龄结构反映了劳动力的年龄状况。本文的劳动年龄人口指的是15~59岁的人口。2000年上

图3 2011~2018年上海市帮扶引领成功创业人数及帮助长期失业青年实现就业创业数

资料来源：历年《上海市国民经济和社会发展统计公报》。

海常住劳动年龄人口有1193.92万人，占总人口的72.77%。2010年上海常住劳动年龄人口有1756.67万人，占总人口的76.31%。常住劳动年龄人口规模扩大，2010年的常住劳动年龄人口较2000年增长了562.75万人（见表2）。

表2 2000年、2010年上海市常住人口年龄构成

单位：万人，%

年份	人口数				占总人口比例		
	0~14岁	15~59岁	60岁及以上	总计	0~14岁	15~59岁	60岁及以上
2000	201.09	1193.92	245.76	1640.77	12.26	72.77	14.98
2010	198.29	1756.67	346.97	2301.93	8.61	76.31	15.07

资料来源：全国第五次人口普查数据、全国第六次人口普查数据。

由于每年《上海统计年鉴》公布的上海户籍人口年龄段的划分与一般的劳动年龄的界限不一样，因此我们只能把18~59岁人口数大致地看作户籍劳动年龄人口数。由表3可知，2010~2017年，上海市18~59岁户籍劳动年龄人口的数量逐年递减，在8年间其数量减少了134.7万人。分年龄段来看，2010~2017年，18~34岁青年劳动人口数量从336.0万人减少到

053

259.0万人，减少了77万人；35~59岁中青年劳动人口数量从599.1万人减少到541.5万人，减少了57.6万人。可见，35岁以下的青年劳动人口减少规模超过了35岁及以上中青年劳动人口减少规模。

表3 2010~2017年上海市户籍人口年龄分布

单位：万人

年份	户籍人口	17岁及以下	18~34岁	35~59岁	18~59岁合计	60岁及以上
2010	1412.3	146.1	336.0	599.1	935.2	331.0
2011	1419.4	147.2	331.0	593.5	924.4	347.8
2012	1426.9	150.7	323.6	585.3	908.9	367.3
2013	1432.3	153.5	313.4	577.8	891.2	387.6
2014	1438.7	158.5	301.3	564.9	866.2	414.0
2015	1443.0	162.1	291.4	553.6	845.0	436.0
2016	1450.0	168.4	275.6	548.2	823.8	457.8
2017	1455.1	173.1	259.0	541.5	800.5	481.6

资料来源：历年《上海统计年鉴》。

（五）第三产业成为吸纳就业最多的产业

上海市三大产业中，第三产业成为吸纳就业人数最多的产业，其次是第二产业和第一产业。2010~2017年，第一产业的就业人数整体上先上升后下降，在2013年达到最高峰50.65万人。第二产业的就业人数整体上也呈现了先升后降的发展趋势，2017年的就业人数为430.51万人，低于2010年的443.74万人。第三产业的就业人数逐年增长，2010~2017年增加了289.77万人。第三产业就业人数与第二产业和第一产业的就业人数差距不断扩大（见图4）。

第一产业和第二产业就业人数占总就业人数的比重呈下降趋势，尤其是第二产业的就业人数比重下降幅度较大。而第三产业的就业人数比重虽有波动，但总体保持上升趋势。由此可发现，近年来，越来越多的人从事第三产业的工作，有部分人离开第一产业或第二产业，投身于第三产业（见图5）。

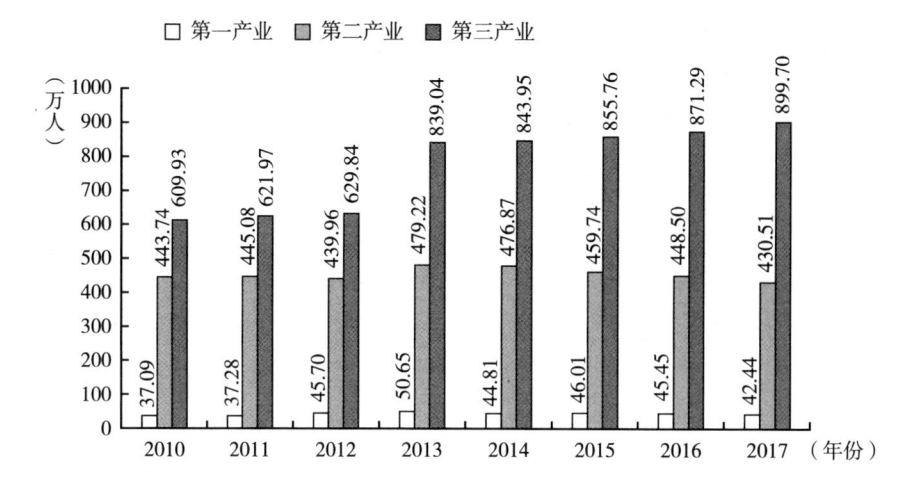

图 4　2010~2017 年上海市三大产业就业人数

资料来源：历年《上海统计年鉴》。

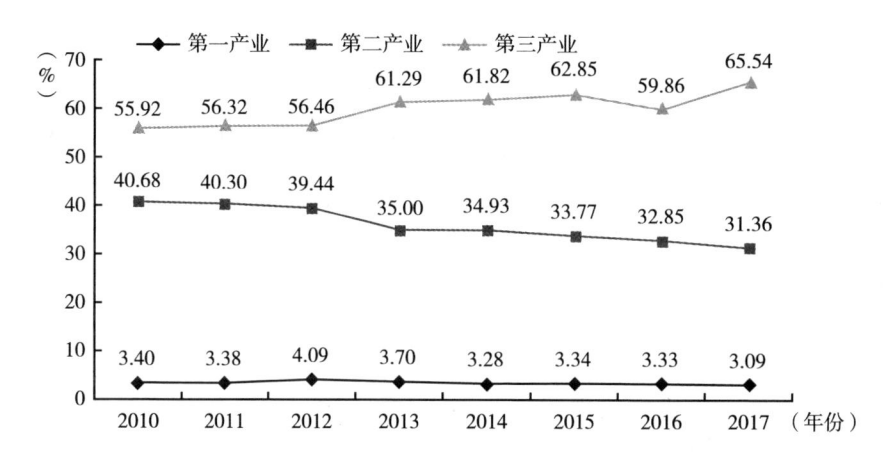

图 5　2010~2017 年上海市三大产业就业人数占总就业人数的比重

资料来源：历年《上海统计年鉴》。

（六）就业人口行业集中度高，服务类行业就业人数扩大

从就业的行业集中度看，全市就业人口主要集中于制造业、批发和零售业、建筑业、租赁和商务服务业这四个行业中，其2017年的就业人数占总就业人数的59.09%。从各行业历年数据看，就业人数呈上升趋势的行业主

要集中于批发和零售业，交通运输、仓储和邮政业，信息传输、软件和信息技术服务业，租赁和商务服务业，教育，卫生和社会工作等行业。其中，批发和零售业，交通运输、仓储和邮政业，信息传输、软件和信息技术服务业，租赁和商务服务业就业人数增长幅度较大。就业人数呈下降趋势的有制造业、采矿业等行业，其中制造业作为就业人数最多的行业，其在2010～2017年的就业人数有所下降，2017年的就业人数比2010年的就业人数少了9.69万人（见表4）。

表4 2010～2017年上海市各行业就业人数

单位：万人

行业	2010年	2011年	2012年	2013年	2014年	2015年	2016年	2017年
农、林、牧、渔业	37.09	37.28	45.70	53.82	48.25	49.03	48.30	46.49
采矿业	0.09	0.05	0.05	0.04	0.04	0.04	0.04	0.04
制造业	341.42	341.41	336.86	367.03	366.14	351.03	341.82	331.73
电力、热力、燃气及水的生产和供应业	6.14	6.27	5.99	4.65	4.32	4.76	4.83	4.57
建筑业	96.09	97.35	97.06	111.07	110.09	108.33	106.36	98.90
批发和零售业	180.69	181.66	185.81	231.00	235.52	238.31	239.06	240.39
交通运输、仓储和邮政业	54.97	58.14	60.11	88.21	87.55	88.20	89.73	89.39
住宿和餐饮业	47.52	47.23	48.89	51.08	51.47	51.91	52.22	55.26
信息传输、软件和信息技术服务业	20.03	27.57	28.12	44.62	45.72	46.26	48.60	52.47
金融业	24.11	28.41	30.05	32.89	34.42	35.07	36.42	35.54
房地产业	35.94	35.59	33.36	48.38	48.64	49.84	50.01	51.88
租赁和商务服务业	58.86	62.31	64.64	126.39	125.88	130.65	133.18	140.13
科学研究和技术服务业	33.11	29.99	29.02	43.57	43.92	44.97	45.75	48.55
水利、环境和公共设施管理业	11.94	11.20	11.60	22.35	20.08	20.16	20.82	21.79
居民服务、修理和其他服务业	62.75	58.86	57.93	35.66	34.92	34.98	36.06	37.88
教育	29.20	30.31	30.11	36.38	36.94	36.13	37.41	39.24
卫生和社会工作	20.41	20.65	20.13	27.83	27.53	27.71	28.70	30.69
文化、体育和娱乐业	11.91	10.65	9.58	10.53	10.77	10.67	11.42	11.72
公共管理、社会保障和社会组织	18.67	19.40	20.49	33.41	33.45	33.46	34.51	35.99
总计	1090.76	1104.33	1115.50	1368.91	1365.23	1361.51	1365.24	1372.65

资料来源：历年《上海统计年鉴》。

二 上海市"十三五"以来促进就业政策演变

（一）调整就业政策，鼓励创业就业

1. 灵活就业管理服务主体范围不断扩大

灵活就业管理的范围不断扩大，从原有的五类人群扩大到了现在的六类，更好地服务灵活就业人员。

2018年1月，为进一步加强来沪灵活就业人员就业管理，出台了《关于对"医院外来护工"等五类来沪从业人员开展灵活就业登记的通知》（沪人社规〔2018〕4号）。开展灵活就业信息登记，对象为：来沪就业，在医疗机构中为患者提供日常生活照料的人员、在农业合作社中从事农业劳动的人员、从事家政服务的人员、个体工商户、在社区养老服务机构从事居家上门照护和社区托养服务的人员。同年3月，将"外来保险营销员"也纳入管理服务范围。

2. 关心困难毕业生就业

关心家庭贫困、身体残疾等困难毕业生，出台了《关于进一步完善本市高校毕业生求职创业补贴发放工作的通知》（沪人社规〔2018〕23号），提供就业创业补贴。每人提供1000元补贴，限领一次。

3. 为外籍优秀人才创业就业提供便利

为落实上海市关于加快建设具有全球影响力的科技创新中心的战略部署，支持外国留学生在我国高等院校应届毕业后直接在上海创新创业，吸引在华外籍优秀高校毕业生的智力资源，为外籍高校毕业生在上海工作提供便利，出台了《关于外籍高校毕业生来沪工作办理工作许可有关事项的通知》（沪人社规〔2017〕25号），涉及人群主要有外国留学生、境外高校外籍毕业生和外籍博士后。

4. 扶持就业困难人群

为进一步做好残疾劳动者就业促进工作，保证就业局势持续稳定，进一

步做好就业困难群体的就业援助工作，出台了《关于实施"残疾劳动者就业促进专项计划"的通知》（沪人社规〔2017〕26号）和《关于进一步做好本市就业援助工作的若干意见》（沪人社就发〔2016〕54号），鼓励用人单位吸纳"就业困难人员"，鼓励"就业困难人员"灵活就业，发挥公益性岗位的就业托底作用，加强"就业困难人员"技能培训，购买社会服务促进困难群体就业，进一步完善就业援助服务。

同时，出台了《关于鼓励本市"特定就业困难人员"在特定行业就业的通知》（沪人社就发〔2016〕56号），本市从事绿化市容、物业管理、涉老服务、邮政快递、养护服务行业的用人单位，以及涉农企业和区县级及以上示范农民合作社，吸纳按照《关于进一步做好就业援助工作的若干意见》认定的"特定就业困难人员"，可按规定申请岗位补贴。

5. 扶持农民创业就业

为让农民有更高的收入，缩小城乡差距，享受更美好的生活，2019年7月，出台了《关于进一步做好本市农民就业创业工作的通知》（沪人社规〔2019〕35号）。一是加大就业扶持力度。低收入农户就业，可享受专项就业补贴；鼓励农民跨区域就业；加强就业托底安置，结合区域经济社会发展特点和优势，积极开发适应农民就业特点的公益性岗位。二是扶持返乡下乡创业。加强政策扶持，积极鼓励青年农民、专业技术人员、高校毕业生等群体返乡下乡创业，开办农民合作社等契合乡村产业特点的创业组织，带动乡村产业振兴和就业增长。三是加强公共就业创业服务。完善农村就业创业服务体系，健全区、镇、村居三级公共就业服务体系，优化村居就业服务机构布局，定期开展就业创业服务进乡村活动，不断扩大服务覆盖面和提升专业化水平。

6. 加大创业补贴力度

通过鼓励创业以带动就业，为初创期创业组织提供社会保险补贴、场地房租补贴、创业一次性补贴和鼓励创业专项补贴。政策上出台了《关于落实本市鼓励创业带动就业专项行动计划有关事项的通知》（沪人社规〔2018〕37号）。

7. 加强职业技能培训

2019年7月,为了积极应对外部因素对就业的影响,确保就业局势保持稳定,出台了《关于做好本市稳就业工作有关事项的通知》(沪人社规〔2019〕34号)。一是加强职业技能培训,支持困难企业开展职工培训。二是加大就业服务力度,真正将就业服务落实到位。

为切实帮助本市青年(大学生)转变就业观念、提升就业能力、实现稳定就业和高质量就业,出台了《关于设立青年(大学生)职业训练营有关事项的通知》(沪人社规〔2017〕23号),职业训练营要根据在校学生、失业青年和在职青年的不同特点和不同需求有针对性地设计训练内容。

为进一步缓解本市人力资源市场结构性矛盾,着力提升青年就业创业能力,出台了《关于进一步做好本市青年就业创业见习工作的通知》(沪人社规〔2017〕22号),组织青年到政府确定的见习基地的特定岗位进行实践锻炼,以开展就业或创业准备活动。

为进一步完善本市社会化职业技能培训补贴机制,提高劳动者的职业技能素质,促进就业,出台了《关于印发上海市社会化职业技能培训补贴管理办法的通知》(沪人社职发〔2016〕55号),参加目录内的培训项目,可按规定的补贴标准享受60%~100%的培训补贴。

8. 强化就业公共服务

为了让求职者和创业者有畅通、便捷、专门的渠道了解职业职位信息、解答心中疑惑,出台许多政策强化了公共服务。以针对青年的服务为例:以"服务主体多元化"为目标,在强化职业指导师、创业指导师队伍建设的同时,成立了由不同行业、不同领域专家组成的专家志愿者队伍。通过多元化的服务主体,满足青年群体多样化的服务需求。

以"供求匹配精准化"为目标,在全市各区和街镇设立了200多个职业介绍服务网点,并在上海公共招聘网设立了青年大学生求职专区,提供实时在线服务。

以"资源流动合理化"为目标,通过失业动态监测、企业用工需求调

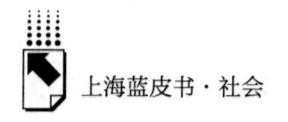

查,以及劳动用工和参保数据分析等手段,加强劳动力供求趋势分析,建立了以"乐业报告"为代表的就业统计分析报告发布制度,引导青年劳动者根据本市产业、行业发展需求合理有序流动。

以"公共服务品牌化"为目标,探索打造了"乐业上海""海纳百创""技能上海"等服务品牌,为服务对象提供高效的公共服务。

9. 开展失业护航稳定就业

通过"护航行动",推动全面、规范实施失业保险支持用人单位稳定岗位政策,努力实现符合申领条件的用人单位全覆盖,进一步降低用人单位成本,为持续发展、减少失业、稳定就业护航。政策上出台了《关于实施失业保险援企稳岗"护航行动"的通知》(沪人社规〔2018〕20号),扩大稳岗补贴政策对象范围、优化稳岗补贴申请发放流程、完善稳岗补贴审核手段。

(二)调整失业保险政策以支持就业

1. 扩大失业保险制度覆盖范围

政策上出台了《关于在沪施工企业外来从业人员参加本市城镇职工基本社会保险若干问题的通知》(沪人社规〔2017〕5号),凡与注册在本市的在沪施工企业建立劳动关系的外来从业人员,应当参加本市城镇职工基本养老保险、基本医疗保险、工伤保险、生育保险和失业保险。

为进一步完善台湾、香港、澳门居民在内地办理失业登记的流程,出台了《关于台湾香港澳门居民办理失业登记的通知》(沪人社就发〔2016〕49号),来沪就业的台湾、香港、澳门居民办理失业登记后,可按规定申请享受相应的失业保险待遇。

2. 加大就业补贴力度

为进一步保障本市公益性岗位从业人员的基本生活,出台了《关于调整本市万人就业项目公共服务类队伍等公益性岗位从业人员收入标准的通知》(沪人社就发〔2016〕19号),调整万人就业项目公共服务类队伍等公益性岗位从业人员收入标准,适当提高本市公益性岗位从业人员月收入标准,对实行全日制工作的万人就业项目公共服务类队伍(河道保洁、林业养护、社区助老、社区助残)从业人员,在现有收入标准 2140 元/月的基础上每人每月增加 170 元,调整为 2310 元/月;千百人就业项目和社区"四保"公益性岗位从业人员的收入标准随最低工资标准的调整作相应调整;本次万人就业项目公共服务类队伍和社区"四保"公益性岗位从业人员收入标准提高后,由失业保险基金继续按最低工资标准的 50% 给予岗位补贴。

3. 为新招用毕业年度高校毕业生的企业提供社会保险缴费补贴

为促进本市户籍高校毕业生就业,出台了《关于做好本市用人单位新招用毕业年度高校毕业生社会保险补贴工作的通知》(沪人社规〔2018〕24 号),符合小型微型企业划型标准的企业新招用 2018 年及以后毕业、具有本市户籍、毕业当年内初次就业的普通高等学校毕业生,且与新招用的高校毕业生签订 1 年以上劳动合同,按照本市上年度职工月平均工资的 60% 为缴费基数计算的用人单位缴纳社会保险费的 50%,提供社会保险补贴。

三 新形势下上海亟待解决的就业问题

(一)从业人员受教育水平低

1. 超过半数就业人口学历在高中以下

劳动者从事社会经济活动的能力很大程度上取决于劳动者的文化素质。2000 年以来,上海就业人口中,小学及文盲半文盲人数所占比例下降,大专及以上人数所占比例大幅上升,从业人员的受教育程度有所提升。2010 年,全市就业人口中,大专及以上文化程度占 28.3%,高中占 21.5%,初中占 40.2%,小学占 9.0%,文盲半文盲占 1.0%。高中及以下学历的就业人员占比 71.7%,就业人口的受教育水平较低(见表 5)。

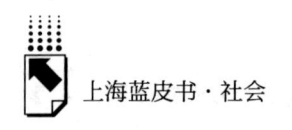

表5　1990年、2000年、2010年上海就业人口的受教育水平构成

单位：%

年份	文盲半文盲	小学	初中	高中	大专及以上	总计
1990	7.0	16.4	41.6	27.1	7.9	100.0
2000	3.3	13.8	42.4	26.8	13.8	100.0
2010	1.0	9.0	40.2	21.5	28.3	100.0

资料来源：全国第五次人口普查、全国第六次人口普查数据。

2. 上海户籍在业人口受教育水平高于外来人口，受过高等教育的比例远远超过外省市户籍在业人口

上海户籍在业人口文化素质高于外来在业人口。2010年，在上海户籍就业人口中，受过大学专科及以上教育的占43%，同样的受教育水平在外省市户籍中就业人口中仅占14.9%。外省市户籍就业人口中初中文化水平的比例最高，为53.6%，紧随其后的是高中和小学，分别占17.5%、12.4%。上海户籍就业人口中，高中占25.9%，初中占25.3%，小学占5.3%，文盲半文盲占0.5%（见表6）。

表6　2010年上海市户籍与外省市户籍在业人口的受教育水平

单位：%

类别	研究生	大学本科	大学专科	高中	初中	小学	文盲半文盲	总计
上海户籍	4.4	19.8	18.8	25.9	25.3	5.3	0.5	100.0
外省市户籍	0.9	7.0	7.0	17.5	53.6	12.4	1.6	100.0
总计	2.6	13.1	12.6	21.5	40.2	9.0	1.0	100.0

资料来源：全国第六次人口普查数据。

（二）青年就业创业难

1. 青年职业见习人数逐年减少，不利于求职就业

青年职业见习意义重大，年轻人很多时候其实并不知道工作是否适合自己，见习就是这样一个试错的机会，方便公司和见习生了解对方，做出双向选择。2011~2017年上海市青年职业见习人数不断下降（见图6）。

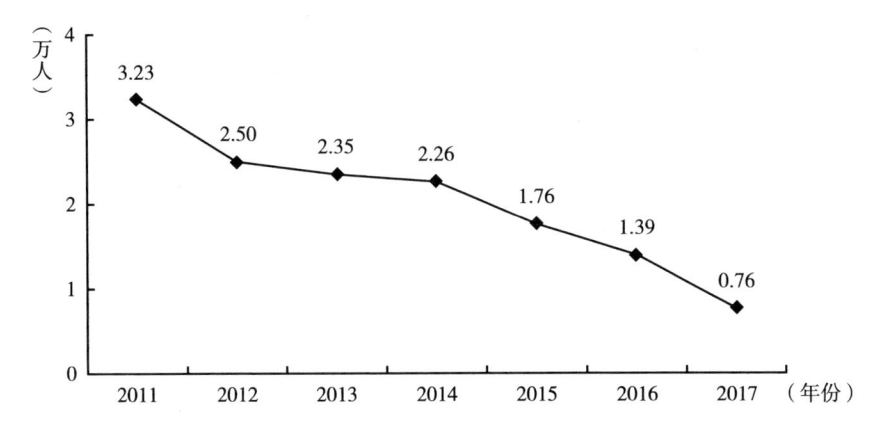

图6　2011~2017年上海市历年青年职业见习人数

资料来源：历年《上海市国民经济和社会发展统计公报》。

2017年上海高校毕业生就业报告指出，有48.8%的毕业生认为求职中最大的障碍是"缺乏实践经验"，29.8%的毕业生认为"自身技能和单位需要不符"；此外，2017年国家统计局上海调查总队对上海市2116名毕业五年以内的大学生展开就业创业情况调查，结果显示大学生认为初次就业成功最重要的三个因素分别为专业背景（54.4%）、有工作或实习经历（45.0%）、具备相关资格证书（39.3%）。[①]

以上事实说明实习见习对求职就业的重要性，但在"十二五""十三五"期间，青年职业见习人数逐年下降，这非常不利于他们求职就业。

2. 大学所学专业与实际工作岗位对口度低

大学生所学专业与工作不对口问题突出。2017年国家统计局上海调查总队对上海市2116名毕业五年以内的大学生展开就业创业情况的调查显示，26.9%的青年大学生目前工作与所学专业对口，32.8%有一定关系，16.4%完全无关。[②] 主要特点为：一是学历越高，专业与工作越对口，研究生中29.3%工作与专业对口，47.1%有一定关系；本科生中29.4%工作与专业

[①] 张腾：《上海青年大学生就业创业情况调查报告》，《统计科学与实践》2017年第10期。
[②] 张腾：《上海青年大学生就业创业情况调查报告》，《统计科学与实践》2017年第10期。

对口，33.6%有一定关系；大专生中20.5%工作与专业对口，27.2%有一定关系。二是理工科学生专业对口情况更明显，理科生中32.3%工作与专业对口，34.8%有一定关系；文科生中24.5%工作与专业对口，33.3%有一定关系。

3. 教育体系中就业创业所占比重低

高校在人才培养课程体系建设中，就业创业相关课程较少，教学方法单一，教学内容差异大，各高校对就业创业重视程度不同，这方面的教育进展也不同。①

培养就业创业这样的实操性技能，不能仅仅靠课程讲授的教学模式。高校应该以深化就业创业教育改革为突破口，更新教育观念，当前高校就业创业教育存在以下不足：一是规划不足，缺乏必要的顶层设计和长远规划，致使目前相当一部分高校的就业创业教育自由无序发展。二是定位不准，没有促进就业创业教育与专业教育协调发展。三是资源不足，课程体系、师资团队以及实践育人平台目前未形成合力育人的格局。

（三）上海女性劳动参与率低

女性作为劳动力资源的重要组成部分，其劳动参与率不断降低是对人力资源的极大浪费。"六普"资料显示，在上海市全部女性人口中，不在业女性人口占44.5%，比2000年上升了0.8个百分点。而在上海市全部男性人口中，不在业男性人口占27%。②

1. 女性就业面临性别歧视问题

在市场经济发展过程中，性别歧视是劳动力市场最普遍、最严重的歧视之一。性别歧视造成了广大具有工作能力和创新意识的女性职工在市场经济发展过程中难以发挥应有的作用，而且侵犯了女性职工的平等就业权和婚育自由。③

---

① 程媛媛：《浅析双创环境下的高校创新创业教育体系构建》，《中外企业家》2019年第33期。
② 《上海劳动力资源与就业状况》报告。
③ 汪东澎：《女性职工就业歧视的原因与对策分析》，《法制与社会》2019年第16期。

对于广大女性职工在劳动力市场方面的歧视主要表现在两个方面：一是就业要求条件的不平等。相同的就业条件下，男性职工的就业率比女性职工高，女性职工被用人单位排斥的事情经常发生，对于女性就业有众多的条件限制。二是就业待遇的不平等。相同的工作绩效，男女职工的薪资报酬差距较大，福利待遇方面也存在不公平的安排，极大地限制了女性职工的职业发展。

2. 女性承担着照料家庭的负担

子女照料对已婚女性的就业选择具有重要影响。子女照料对已婚女性就业概率及周工作时间存在负向影响[1]，特别是2016年实施全面二孩政策以后，女性面对更大的生育压力。

已婚女性作为家庭重要成员，既要照料家庭子女，又要劳动就业，还要娱乐休闲，已婚女性必须对这三者进行理性选择。子女照料在孩子幼小时需要花费大量时间精力，进而引起女性就业变化。具体来说，女性就业时间随子女数量增加而减少，随子女年龄增加而增长。

3. 女性再就业面临重重困难

失业女性是我国经济结构变化和经济体制改革进程中产生的特殊群体，也是一个被边缘化的群体。社会支持对失业女性的帮助程度比较有限。[2]

失业女性的新工作往往和失业前的工作没有关联性，她们多从事服务行业以及其他一些高强度、低收入的工作。失业女性在实现再就业的过程中所受的限制比较大，而失业男性的新工作则与以往没有太大差别，在实现再就业的过程中所受限制相对较少。

社会支持可以帮助失业人员实现再就业，但其对失业女性再就业的帮助相对有限。传统的性别分工和性别观念以及缺乏性别分析的工作设计等是影响失业女性再就业及社会支持的主要因素。

---

[1] 郭新华、江河：《子女照料、家庭负债与已婚女性就业——基于Becker家庭决策模型的微观实证》，《财经理论与实践》2019年第5期。

[2] 孙惠夏：《失业女性再就业社会支持中存在的问题及对策》，《菏泽学院学报》2016年第4期。

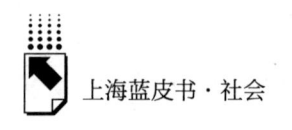

（四）老年人力资源开发水平低

最近三次的人口普查发现，上海在业人口中，老年人口比重较低。上海55~64岁在业人口比例低且呈下降趋势，1990~2010年，从7.69%下降到5.96%。同样，65岁及以上在业人口比例在2010年时仅为0.49%（见表7）。

表7　上海市在业人口年龄结构

单位：%

年份	15~19岁	20~24岁	25~39岁	40~54岁	55~64岁	65岁及以上	总计
1990	3.48	9.96	52.42	25.05	7.69	1.40	100.0
2000	3.60	11.04	41.09	38.04	4.96	1.27	100.0
2010	3.30	14.28	44.92	31.05	5.96	0.49	100.0

资料来源：全国第四次、第五次、第六次人口普查资料。

根据上海市开展的老年人口状况与意愿的历次调查，上海老年人口的就业率持续下降。1998年老年人口的就业率是20.4%，2003年减少到10.1%，2008年下降到6.8%，2013年下降到5.5%（见表8）。

表8　上海市老年人口从事有收入工作的比例变化

单位：%，人

类别	1998年	2003年	2008年	2013年
仍在从事	20.4	10.1	6.8	5.5
没有从事	79.6	89.9	93.2	94.6
合计	100.0	100.0	100.0	100.0
样本数	3524	3865	2869	2768

资料来源：殷志刚、周海旺，《上海市老年人口状况与意愿发展报告（1998~2013）》，上海社会科学院出版社，2014。

目前我国法定退休年龄中男性为60岁，女工人为50岁，女职工为55岁，由于存在部分人员早退的情况，实际的退休年龄男性在58岁左右，女性在53岁左右。大量身体健康、富有经验的劳动力退休，离开工作岗位，这是对人力资源的极大浪费。

（五）失业治理体系不够完善，对失业人员的培训效果有限

1. 一些失业人员并不在现有的失业保障体系内

在失业治理方面，政府包办型的失业管理存在很多弊端，多数非农失业人员，包括农民工、大学毕业生、复员转业军人以及低保对象等社会群体中的无业人员，都没有在失业登记部门进行失业登记。[①] 他们有的不在当地失业登记范畴之内，有的是不愿意被认定为失业，他们享受不了失业保险、再就业培训、再就业心理辅导等保障，一旦长期失业对社会的稳定与经济的可持续发展会造成很多不良影响。

2. 对失业人员提升劳动技能方面的就业培训效果有限

失业人员再就业培训存在问题，一是培训的课程内容有些已经与时代发展需求不适应，即使学会也不利于找到对口工作。二是再就业培训的效果不是很好，培训机构关注的是培训了多少失业人员，能够赚到多少学费，学员关注的是能不能拿到从业资格证书，而对知识和技能掌握得如何并不是特别重视。三是失业人员往往是文化水平低，没有专业技能，学习知识和技能的能力低，受自身条件限制培训效果也不是很好。

（六）就业统计报告对就业的引导不够精准

上海市目前建立了以"乐业报告"为代表的就业统计分析报告发布制度，通过失业动态监测、企业用工需求调查，以及劳动用工和参保数据分析等手段，加强了对劳动力的供求趋势分析，一定程度上引导了青年劳动者根据本市产业、行业发展需求合理有序流动，但仍然缺乏前瞻性和引导性，就业预警机制不够完善。

[①] 史册：《我国城镇非农失业管理存在问题及对策研究》，东北师范大学硕士学位论文，2014。

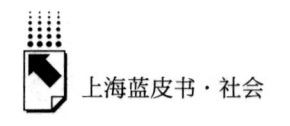

四 对策建议

（一）调整高校学科设置，完善高校就业指导

1. 调整上海高校学科设置

随着我国高等教育普及程度的提升，越来越多的大学生出现在就业市场中，但就业时专业对口的大学生却不占多数。因此，各大高校应该根据各个专业的学科价值、学生就业率、发展趋势等进行全面考核，对于专业发展不好、学生就业率低的专业进行整合或取消，并根据社会发展需要新增相关人才紧缺的专业，缓解大学生就业存在的专业不对口问题。

2. 完善高校就业指导

大学毕业生是就业市场的重要人力资源，学校应肩负起学生就业培训、就业指导的重任，为学生踏入职场做好准备。高校应完善、创新就业指导课程，普及职业生涯规划教育，创办各类职业技能竞赛，增强学生的就业技能。同时，高校应规范大学生的认知实习、顶岗实习，确保每一个学生都能在实习中有所收获。不仅如此，高校可通过建立就业指导网络平台，联合其他高校举办高质量招聘会等方式为学生提供更全面的就业信息，拓宽就业渠道。

（二）鼓励女性就业，提高女性劳动参与率

1. 多方共同解决女性在就业中面临的性别歧视问题

对于用人单位不愿雇用女性员工的现象，政府可建立激励机制，对女性职工达到一定比例的用人单位进行一定的奖励，如减免税费或社会保障费用、实行荣誉评比等，鼓励用人单位聘用女性员工。政府应建立健全常态化监管制度，强化对非公企业女性职工产假、哺乳假等假期的落实，切实保障就业女性的合法权益。对于女性就业者，政府或用人单位应开展劳动法、劳动合同法等法律法规的培训讲座，加强女性对就业性别歧视的辨别能力，传

授相关非法行为取证技巧、普及投诉渠道和救济途径,提高女性的自我保护能力和维权意识。

2. 缓解女性家庭负担,将女性从家庭中"解放"出来

由于家庭分工的不同,传统上女性承担着养育孩子、照料老人、料理家务的负担,因此阻碍了部分女性进入劳动力市场,导致女性的就业压力。对于养育孩子的问题,政府可以借鉴日本在幼儿公共服务方面的改革,缓解女性照顾孩子的压力,从而鼓励更多的女性就业。上海市可以建立灵活普惠的幼托公共服务体制,增加幼托机构的数量、丰富幼托服务,为需要照料孩子的女职工提供幼托支持,并给予幼托机构或女职工适当补贴,减轻女职工的幼托经济负担。对于照料老人的问题,应当发挥社区对于老年人的照料功能,加强社区居家养老服务,建立健全老年人食堂、日间照料中心,缓解女性职工照料老人的压力。不仅如此,政府还可推行"独生子女护理假"政策,为独生子女提供更多照料和陪伴老人的机会。

3. 关注再就业女性,引导再就业女性更好地融入就业岗位

部分女性由于长时间处于失业或待业状态,其缺少职场经验,劳动技能、专业知识都有所退步。因此,在就业市场上再就业女性处于较为弱势的地位,找到心仪的工作、成功融入职场对再就业女性来说具有一定的难度。政府应针对再就业女性提供有针对性的帮扶。可通过为其开展劳动技能、专业知识培训,使再就业女性具备充足的知识技能。为再就业女性开展专场招聘会,拓宽就业渠道。

(三)开发老年人力资源,支持老年人继续就业

1. 改革养老金与退休制度,推行弹性退休制度

上海应根据不同时期、不同人口结构、不同就业现状,缓慢、适度地调整退休制度。弹性退休制度,可以使老年人根据自身需求选择退休或延长退休时间,为老年人继续就业提供政策支持。随着老年人退休年龄的变动,养老金制度势必要进行相应改革。可以通过降低个人缴费率、提高延长退休年龄老年人的养老金领取水平等方式,鼓励老年人延长退休年龄。

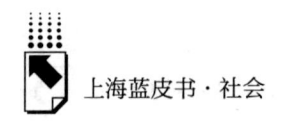

2. 建立老年人力资源开发平台，提高老年人力资源开发效率

老年人力资源开发平台的建立为老年人与用人单位的联系搭建了平台，通过为老年人提供就业服务、为用人单位提供老年人力资源，推动老年就业的发展。老年人力资源平台可通过加强老年人口的就业动态监控，了解老年人就业现状及就业需求，从而为其提供更有针对性的服务。定期举办老年人才招聘会，为老年人就业创造机会，促进退休老年人在劳动力市场的流动。同时，平台还可为老年人提供法律咨询、法律援助，切实保障老年人口的利益。

3. 推广以就业为导向的职业技能培训和就业教育

为了让老年人在劳动力市场更具有竞争力，应该对老年人进行相关就业培训，丰富其劳动知识、技能。可通过老年大学、老年人社团，开展老年人就业技能培训会，丰富课程设置，加强老年人劳动知识技能学习；鼓励企业对老年人的返聘，并加强企业老年人职工的就业培训，使老年人更好地适应工作；发挥社区的作用，加强社区对老年人就业的宣传工作，社区为有就业意愿的老年人提供就业指导或就业岗位。

（四）促进失业人口实现再就业

1. 扩大失业保险的覆盖人群

2017年末，上海市失业保险参保人数为961.84万人，占总就业人口的70.7%，由此可知，失业保险的覆盖面仍有待扩大。农民工作为就业市场的重要人群，应将其纳入失业保险的参保范围，加大工作落实力度，加快将未参保的农民合同制工人纳入参保范围；目前，大学毕业生、退伍军人等青年群体是我国促进就业工作的重点对象，因此应加强对这一青年群体的就业保障，对完成学业、服完义务兵役的青年求职者，应将其纳入失业保险覆盖范围。

2. 增强失业保险基金促进就业方面的作用

失业保险金的主要职能是预防失业和促进就业，2018年末全市失业保险金仍有143.22亿元，由此可知，上海市失业保险金发放的压力不大，应考虑在促进就业方面多投入资金。首先，政府可以将领取失业保险金的额度与失业时间挂钩，针对提前就业的人员发放就业补助等方式来激励失业人员积极寻找工作。其次，加强对失业人员的就业服务，通过对失业人员的动态监测管理和走访摸底，了解失业人员的失业原因及培训需求，针对其培训意愿量身定制个性化培训，提升失业人员就业创业能力；全面落实培训补贴、职业技能提升补贴。最后，为了应对经济结构转变带来的结构性失业，应加强对在业劳动者的职业培训，提升其职业技能，减少失业。

3. 增强就业统计报告的前瞻性与引导性

上海建立的以"乐业报告"为代表的就业统计体系虽在一定程度上实现了对当前就业状况的统计分析，但对未来就业发展趋势进行预测，引导人们合理流向就业岗位等部分还有待完善。因此，现有的就业统计报告应精确化、扩大化、具体化相关就业指标，建立反映就业形势变化的指标体系，如产业用工需求量变化、行业就业人数及失业人数变化、稀缺岗位及紧缺型人才变化等，加强对当前就业形势的总结与未来就业发展的预测，在做出就业预警的同时精确引导就业。

参考文献

张水辉、夏瑾：《全球城市视域下的上海老年就业政策研究》，《经济体制改革》2019年第4期。

张腾：《上海青年大学生就业创业情况调查报告》，《统计科学与实践》2017年第10期。

程媛媛：《浅析双创环境下的高校创新创业教育体系构建》，《中外企业家》2019年第33期。

《上海劳动力资源与就业状况》报告。

汪东澎：《女性职工就业歧视的原因与对策分析》，《法制与社会》2019年第16期。

郭新华、江河：《子女照料、家庭负债与已婚女性就业——基于Becker家庭决策模型的微观实证》，《财经理论与实践》2019年第5期。

孙惠夏：《失业女性再就业社会支持中存在的问题及对策》，《菏泽学院学报》2016年第4期。

史册:《我国城镇非农失业管理存在问题及对策研究》,东北师范大学硕士学位论文,2014。

张晓明:《日本女性劳动参与和劳动福利制度变革评析》,《中国劳动》2015年第16期。

周志太、谢飞梦:《我国弹性延迟退休年龄问题的探讨》,《韩山师范学院学报》2019年第4期。

王桥:《老年人力资源开发:日本实践的启示》,《福祉研究》2019年第2期。

张得志:《中国经济高速增长过程中的劳动就业及其失业预警研究》,复旦大学硕士学位论文,2007。

于阳:《基于新公共服务视角的失业人员再就业培训研究》,《环渤海经济瞭望》2018年第7期。

臧恒凯:《利用我国失业保险基金促进再就业的策略分析》,《人才资源开发》2019年第20期。

袁虹:《日本促进女性公平就业主要做法探析》,《中国妇运》2019年第2期。

臧泽平:《深度老龄化背景下上海老年人力资源开发研究》,华东师范大学硕士学位论文,2015。

B.4 上海收入分配发展趋势、问题与对策研究

于 宁[*]

摘 要: 当前上海人均可支配收入持续增长的同时还面临平衡发展问题,本文对上海收入分配问题进行多维度研究,结合改革开放以来的各类公开统计数据,分析收入分配在经济增长中的行业差距、在老龄化背景下的人群差异、在城镇化进程中的城乡差别。在此基础上提出相应对策建议,在充分体现协调发展与共享发展理念的同时保持经济可持续增长,在提高人民整体收入水平的同时,缩小不同群体之间的收入分配差距,以优化上海全面小康社会建设中的收入分配。

关键词: 上海 收入增长 收入分配

党的十九大报告指出,必须始终把人民利益摆在至高无上的地位,让改革发展成果更多更公平惠及全体人民,朝着实现全体人民共同富裕目标不断迈进。党的十九大把新时代我国社会主要矛盾概括为人民日益增长的美好生活需要和不平衡不充分的发展之间的矛盾。在逐步实现全体人民共同富裕这个时代目标的过程中,一方面要注重提高人民整体收入水平;另一方面要注重缩小收入分配差距,实现效率与公平的相互平衡。

---

[*] 于宁,上海社会科学院城市与人口发展研究所副研究员。

党的十八大确立的一个具体目标是：到2020年，GDP和城乡居民平均收入在2010年基础上分别翻一番。结合上海实践来看，2010年GDP为17436.85亿元，2018年为32679.87亿元，至2020年GDP翻番目标可期；城市居民人均可支配收入2010年为31838元，2018年为68034元，农村居民人均可支配收入2010年为13746元，2018年为30375元，城乡居民人均可支配收入翻番目标均已实现。

在此基础上，党的十九大在描述2020年全面建成小康社会时，指出要让"人民生活更加殷实"，这是一个比收入翻番内涵更丰富的目标。[①] 习近平总书记在党的十八届五中全会第二次全体会议上的讲话中指出，全面建成小康社会，强调的不仅是"小康"，而且更重要的也更难做到的是"全面"。"小康"讲的是发展水平，"全面"讲的是发展的平衡性、协调性、可持续性。十九届四中全会《中共中央关于坚持和完善中国特色社会主义制度、推进国家治理体系和治理能力现代化若干重大问题的决定》（以下简称《决定》）对收入分配进一步从三大方面进行了论述。就增收拉动内需而言，《决定》强调，坚持多劳多得，着重保护劳动所得，增加劳动者特别是一线劳动者劳动报酬，提高劳动报酬在初次分配中的比重。就生产要素多元而言，《决定》强调，健全劳动、资本、土地、知识、技术、管理、数据等生产要素由市场评价贡献、按贡献决定报酬的机制。就兜底弱势群体而言，《决定》提出，重视发挥第三次分配作用，发展慈善等社会公益事业。[②] 由此可见，只有与时俱进，补齐短板，在发展中保障和改善民生，坚持在经济增长的同时实现居民收入同步增长、在劳动生产率提高的同时实现劳动报酬同步提高，才能在充分体现协调发展与共享发展理念的同时保持经济可持续增长，这样的全面小康才能得到人民群众和国际社会的认可，才能经得起历史检验。

---

① 蔡昉：《十九大报告中的提高人民收入水平》，人民网，http://theory.people.com.cn/n1/2017/1101/c40531-29620525.html，2017年11月1日。
② 《观察：中共十九届四中全会〈决定〉释放收入分配三大信号》，中新网，http://www.chinanews.com/cj/2019/11-08/9002375.shtml，2019年11月8日。

上海收入分配发展趋势、问题与对策研究

本文着眼于上海在全面建设小康社会进程中的收入分配问题,当前上海人均可支配收入持续增长的同时还面临着经济增长中的行业差距、老龄化背景下的人群差异、城镇化进程中的城乡差别等问题,如何在实现发展的同时保障公平,这是上海全面建成小康社会的应有之义与现实要求。

一 上海居民家庭人均可支配收入变动情况

(一)人均可支配收入与恩格尔系数变动情况

自改革开放以来,上海城乡人均可支配收入均有大幅增长,城市家庭人均可支配收入从 1980 年的 637 元增至 2018 年的 68034 元,增长了 105.8 倍;农村家庭人均可支配收入从 1980 年的 401 元增至 2018 年的 30375 元,增长了 74.7 倍。同时,城乡家庭的恩格尔系数分别从 1980 年的 56.0% 和 51.7% 降至 2017 年的 24.7% 和 33.8%,食品支出占消费总支出比重的下降反映出城乡居民家庭生活水平的实际提高(见图 1)。

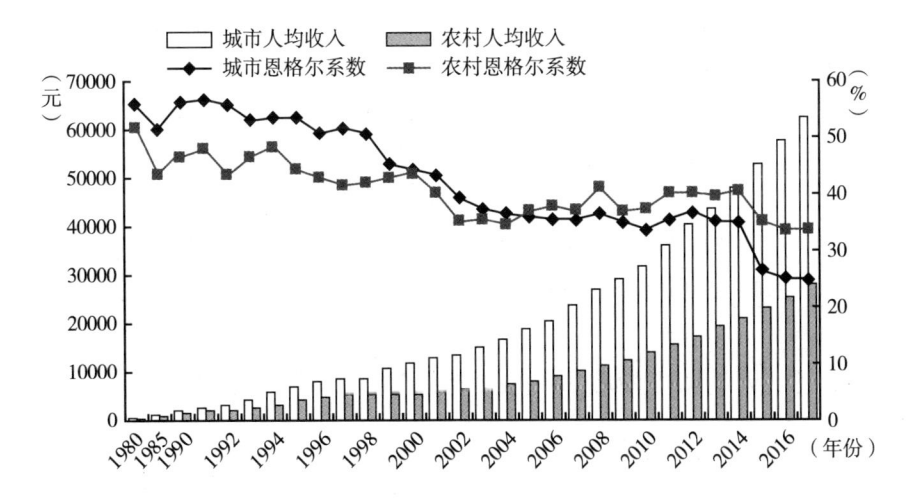

图 1 历年上海城乡人均可支配收入与恩格尔系数变化情况

资料来源:历年《上海统计年鉴》。

（二）人均可支配收入与人均GDP变动情况

在人均可支配收入快速增加的同时，上海的人均GDP也以前所未有的速度迅猛增长，从1980年的2725元增至2017年的13.5万元，增长了48.5倍。与此同时，人均可支配收入占人均GDP的比重也出现了显著变化，城市总体呈增长态势，从1980年的23.4%增至2017年的50.4%，已实现翻番；农村的变化则与城市大不相同，从1980年的14.7%到1991年的30.1%，12年间也翻了一番，然而随后则表现出明显的下降趋势，至2004年降至最低值16.4%，其后逐年小幅回升，2017年为22.5%（见图2）。① 由此可见，从人均GDP占有的角度而言，其是明显向城市居民家庭倾斜的，而这也是城乡收入差距拉大的显著体现。

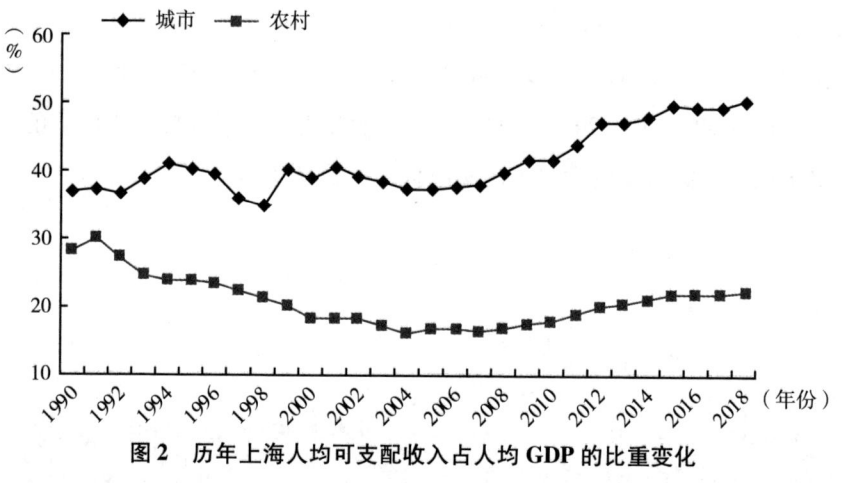

图2　历年上海人均可支配收入占人均GDP的比重变化

资料来源：根据历年《上海统计年鉴》整理、计算而得，2018年数据来源于上海统计网。

（三）人均可支配收入构成变动情况

从上海城市居民家庭人均可支配收入的构成变化来看（见表1），工资

---

① 由于《上海统计年鉴》仅提供了1990年以来的农村人均可支配收入/人均GDP数据，此前数据不连贯，仅有1980年、1985年数据，因此，图2以1990年数据为起点展示上海人均可支配收入占人均GDP的比重变化情况。

性收入的比重在城市家庭显著下降，已从1980年的86.6%降至2017年的57.5%，但仍是全部收入的主要组成部分。转移性收入则有明显增长，从1980年的13.5%增至2017年的24.1%，最高曾达到2001年的36.9%，其中绝大部分为养老金收入。与此同时，城市家庭的财产性收入比重近年来产生了显著变动，2014年及以前该比重一直很低，30余年来从未达到2%，这虽然不排除登记漏报的原因，但财产性收入在当时城市居民家庭收入中所占比重不高这一事实却是不可否认的；2015年以来，财产性收入在城市居民可支配收入中所占比重显著提高，连续三年均在15%左右，2017年已达15.9%，这也是党的十八大报告高度关注收入分配问题，提出"多渠道增加居民财产性收入"后的政策效应体现。

表1 上海城市居民家庭人均可支配收入及构成情况

单位：元，%

年份	人均可支配收入	工资性收入	家庭经营纯收入	财产性收入	转移性收入	工资性收入	家庭经营纯收入	财产性收入	转移性收入
1980	637	551			86	86.6	0.0	0.0	13.5
1985	1075	794	1		280	73.8	0.1	0.0	26.0
1990	2183	1548	1	21	613	70.9	0.0	1.0	28.1
1991	2486	1780		29	677	71.6	0.0	1.2	27.2
1992	3009	2138	3	44	824	71.1	0.1	1.5	27.4
1993	4277	3099	4	37	1137	72.5	0.1	0.9	26.6
1994	5868	4224	28	54	1562	72.0	0.5	0.9	26.6
1995	7172	5002	69	92	2009	69.7	1.0	1.3	28.0
1996	8159	5889	87	61	2122	72.2	1.1	0.7	26.0
1997	8439	5969	150	69	2251	70.7	1.8	0.8	26.7
1998	8773	6004	98	57	2614	68.4	1.1	0.6	29.8
1999	10932	7326	156	68	3382	67.0	1.4	0.6	30.9
2000	11718	7832	120	65	3701	66.8	1.0	0.6	31.6
2001	12883	7975	119	39	4750	61.9	0.9	0.3	36.9
2002	13250	7915	436	94	4805	59.7	3.3	0.7	36.3
2003	14867	10097	377	130	4263	67.9	2.5	0.9	28.7
2004	16683	11422	507	215	4539	68.5	3.0	1.3	27.2
2005	18645	12409	798	292	5146	66.6	4.3	1.6	27.6

续表

年份	人均可支配收入	工资性收入	家庭经营纯收入	财产性收入	转移性收入	比重（以人均可支配收入为100）			
						工资性收入	家庭经营纯收入	财产性收入	转移性收入
2006	20668	13962	959	300	5447	67.6	4.6	1.5	26.4
2007	23623	16598	1158	369	5498	70.3	4.9	1.6	23.3
2008	26675	18909	1399	369	5998	70.9	5.2	1.4	22.5
2009	28838	19811	1435	474	7118	68.7	5.0	1.6	24.7
2010	31838	21745	1628	511	7954	68.3	5.1	1.6	25.0
2011	36230	24454	1994	633	9149	67.5	5.5	1.7	25.3
2012	40188	26752	2267	576	10593	66.6	5.6	1.4	26.4
2013	43851	28518	2317	788	12228	65.0	5.3	1.8	27.9
2014	47710	30629	2345	846	13890	64.2	4.9	1.8	29.1
2015	52962	32010	1303	7915	11734	60.4	2.5	14.9	22.2
2016	57692	34339	1400	8487	13466	59.5	2.4	14.7	23.4
2017	62596	35995	1551	9976	15074	57.5	2.5	15.9	24.1

资料来源：根据历年《上海统计年鉴》整理、计算而得。

对照农村居民家庭的收入构成来看（见表2），工资性收入同样是其主体部分，只是其比重变化相对稳定，1990年为64.0%，2017年为72.9%，其间最高时也未超过80%；同时，转移性收入占比从1999年的4.3%增长至2017年的19.1%，养老金同样是其最主要的构成；财产性收入包括利息收入、租金收入、土地征用补偿等几项具体内容，1999年以来呈现先升后降的变动特征，从1999年的2.3%增至2013年的8.3%，之后又显著下降至3.3%左右，2017年仅为3.1%。

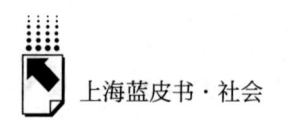

表2　上海农村居民家庭人均可支配收入及构成情况

单位：元，%

年份	人均可支配收入	工资性收入	家庭经营纯收入	财产性收入	转移性收入	比重（以人均可支配收入为100）			
						工资性收入	家庭经营纯收入	财产性收入	转移性收入
1990	1665	1066	539		60	64.0	32.4		3.6
1991	2003	1235	681		87	61.7	34.0		4.3
1992	2226	1454	685		87	65.3	30.8		3.9
1993	2727	1662	949		116	60.9	34.8		4.3

续表

年份	人均可支配收入	工资性收入	家庭经营纯收入	财产性收入	转移性收入	比重（以人均可支配收入为100）			
						工资性收入	家庭经营纯收入	财产性收入	转移性收入
1994	3437	2112	1084	241		61.4	31.5	7.0	
1995	4246	2734	1183	329		64.4	27.9	7.7	
1996	4846	3240	1278	328		66.9	26.4	6.7	
1997	5277	3736	1226	315		70.8	23.2	6.0	
1998	5407	3869	1185	353		71.6	21.9	6.5	
1999	5481	4192	929	127	233	76.5	16.9	2.3	4.3
2000	5565	4310	934	143	210	77.0	16.7	2.6	3.8
2001	5850	4491	967	157	235	76.8	16.5	2.7	4.0
2002	6212	4920	774	205	313	79.2	12.5	3.3	5.0
2003	6658	5284	813	222	339	79.4	12.2	3.3	5.1
2004	7337	5757	886	297	397	78.5	12.1	4.0	5.4
2005	8342	6364	811	430	737	76.3	9.7	5.2	8.8
2006	9213	6892	766	556	999	74.8	8.3	6.0	10.8
2007	10222	7498	754	673	1297	73.4	7.4	6.6	12.7
2008	11385	8182	711	837	1655	71.9	6.2	7.4	14.5
2009	12324	8721	590	932	2081	70.8	4.8	7.6	16.9
2010	13746	9606	589	970	2581	69.9	4.3	7.1	18.8
2011	15644	10493	877	1243	3031	67.1	5.6	7.9	19.4
2012	17401	11496	905	1382	3618	66.1	5.2	7.9	20.8
2013	19208	12378	920	1587	4323	64.4	4.8	8.3	22.5
2014	21192	13430	1035	6727		63.4	4.9	31.7	
2015	23205	17483	1462	775	3485	75.3	6.3	3.3	15.1
2016	25520	18948	1388	859	4325	74.2	5.4	3.4	17
2017	27825	20289	1373	862	5301	72.9	4.9	3.1	19.1

资料来源：根据历年《上海统计年鉴》数据整理、计算而得。

二 收入分配的行业差距

根据前文分析，由于人均可支配收入构成中最主要的组成部分是工资性收入，因此下文将以上海从业人员的行业比较为研究重点，分析收入增长的行业差距情况。

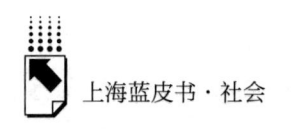

（一）第三产业工资水平增长最快，金融业增速高居榜首

2003~2018年，上海全市从业人员工资水平从25565元增至93984元，2018年是2003年的3.68倍。按产业分，第一、第二、第三产业从业人员工资水平2004年依次为16999元、27290元、28259元，2017年依次为46368元、66149元、97044元。2017年与2004年相比，第一、第二、第三产业工资水平依次为2.73倍、2.42倍、3.43倍。第三产业工资水平的快速增长也符合上海经济转型发展、产业结构优化升级的总体方向（见表3）。

按行业进行区分，上海平均工资增长最快的行业是金融业，2017年是2003年的5.86倍；紧随其后的是卫生、社会保障和社会福利业，2017年是2003年的5.16倍；公共管理和社会组织位居第三，为4.64倍；增速最慢的则是建筑业，为2.33倍。

（二）第二、第三产业工资差距不断扩大，行业之间工资差距过于显著

以产业划分来看，2004年以来各年份工资水平从高到低的排序均为第三产业、第二产业、第一产业。并且，第三产业与第二产业之间的工资差距也有不断扩大的趋势（见表4）。

本文对2003年以来各行业平均工资水平进行了排序比较，2017年工资水平从高到低的各个行业依次为金融业，信息传输、计算机服务和软件业，卫生、社会保障和社会福利业，公共管理和社会组织，科学研究、技术服务和地质勘查业，教育，交通运输、仓储和邮政业，文化、体育和娱乐业，租赁和商务服务业，批发和零售业，水利、环境和公共设施管理业，房地产业，工业，建筑业，住宿和餐饮业，农、林、牧、渔业，居民服务和其他服务业。其中，金融业自2006年升至第一位以来一直保持领跑水平，2017年平均工资为231192元，是社会平均工资水平的2.70倍，更是工资水平最低的居民服务和其他服务业的5.71倍。上海金融从业人员规模从2004年的15.92万人增至2017年的35.54万人，金融从业人数十余年来始终仅占从业人员总数的2%左右，其比重相当之低。

表3 历年上海从业人员平均工资

单位：元

年份	2003	2004	2005	2006	2007	2008	2009	2010	2011	2012	2013	2014	2015	2016	2017	2018
全市合计工资水平	25565	27796	29350	31371	35952	40897	42801	47478	52655	56648	60435	65417	71268	78045	85582	93984
按产业分																
第一产业		16999	18394	19459	21550	23831	29262	31836	31765	33237	32682	36431	38544	43493	46368	
第二产业		27290	28878	29079	31361	34674	36051	39471	44598	48012	50604	53804	56850	61011	66149	
第三产业		28259	29729	33294	40016	46322	48058	53968	60341	65067	69647	73101	80509	88316	97044	
按行业分																
农、林、牧、渔业	15450	16999	18394	19459	21550	23831	29262	31836	31765	33237	36380	37067	39416	43875	46823	
工业	25488	27395	29133	29225	31474	34897	36541	40473	46088	50359	53252	54853	58120	62941	68753	
建筑业	23147	26291	26962	27908	30361	32681	33332	34457	38925	39656	41937	46155	49213	50780	53889	
交通运输、仓储和邮政业	24072	26342	31575	34813	40763	42715	43169	50413	54454	57434	62381	70106	75464	82581	90764	
信息传输、计算机服务和软件业	53756	52389	62916	65704	73799	75965	66763	74028	78146	141018	91305	102881	115122	124414	140361	
批发和零售业	20747	23017	19578	20468	24001	29085	29707	32790	45349	50857	55519	58211	62004	69032	75024	
住宿和餐饮业	18338	20263	22358	22402	24406	24806	24124	27056	30436	33808	38081	39456	41558	44678	47735	
金融业	39446	42685	54663	70546	94674	117463	133297	153603	167173	172077	175241	186445	206679	223339	231192	
房地产业	25315	25531	28638	30308	34363	40485	37027	37394	41146	48475	51885	52658	57590	64585	70631	
租赁和商务服务业	20493	23468	22596	23896	26794	29246	35232	40109	45269	50884	52948	61939	70742	78964	85619	
科学研究、技术服务和地质勘查业	29841	35187	44442	47822	61501	74611	65346	70992	76252	81937	95688	99295	104559	109502	119648	

续表

年份	2003	2004	2005	2006	2007	2008	2009	2010	2011	2012	2013	2014	2015	2016	2017	2018
水利、环境和公共设施管理业	22763	24159	27187	29508	33721	38230	38072	40641	43754	48327	58983	60333	62920	64913	72505	
居民服务和其他服务业	16060	16953	17189	17121	18287	18349	20442	22581	23242	25937	27840	29603	33720	37292	40478	
教育	25456	27496	30797	37819	45833	56121	59918	67909	79019	83074	86885	87118	95957	105164	116170	
卫生、社会保障和社会福利业	26926	29292	33254	40892	49958	61502	64178	70943	87722	98556	105558	105570	115126	123920	138807	
文化、体育和娱乐业	29459	32895	36896	38230	42592	45990	52568	57762	60897	68136	64421	64716	69443	80124	89648	
公共管理和社会组织	28035	30461	34036	41018	48285	58721	65919	73073	89882	90622	95130	96571	107534	117362	129967	

资料来源：历年《上海统计年鉴》。

表4 历年上海从业人员工资水平差异比较

单位：元

年份	2003	2004	2005	2006	2007	2008	2009	2010	2011	2012	2013	2014	2015	2016	2017
全市合计工资水平	25565	27796	29350	31371	35952	40897	42801	47478	52655	56648	60435	65417	71268	78045	85582
按产业分的工资差异（以第一产业工资水平为100）															
第一产业		100	100	100	100	100	100	100	100	100	100	100	100	100	100
第二产业		161	157	149	146	145	123	124	140	144	155	148	147	140	143
第三产业		166	162	171	194	194	164	170	190	196	213	201	209	203	209
按行业分（排序）															
金融业	2	2	2	1	1	1	1	1	1	1	1	1	1	1	1

续表

年份	2003	2004	2005	2006	2007	2008	2009	2010	2011	2012	2013	2014	2015	2016	2017
信息传输、计算机服务和软件业	1	1	1	2	2	2	2	2	5	2	5	3	3	2	2
卫生、社会保障和社会福利业	6	6	6	5	4	4	5	5	3	3	2	2	2	3	3
公共管理和社会组织	5	5	5	4	5	5	3	3	2	4	4	5	4	4	4
科学研究、技术服务和地质勘查业	3	3	3	3	3	3	4	4	6	6	3	4	5	5	5
教育	8	7	8	7	6	6	6	6	4	5	6	6	6	6	6
交通运输、仓储和邮政业	10	9	7	8	8	8	8	8	8	8	8	7	7	7	7
文化、体育和娱乐业	4	4	4	6	7	7	7	7	7	7	7	8	9	8	8
租赁和商务服务业	14	13	13	13	13	13	12	11	11	9	12	9	8	9	9
批发和零售业	13	14	15	15	15	14	14	14	10	10	10	11	11	10	10
水利、环境和公共设施管理业	12	12	11	10	10	10	9	9	12	13	9	10	10	11	11
房地产业	9	11	10	9	9	9	10	12	13	12	14	13	13	12	12
工业	7	8	9	11	11	11	11	10	9	11	11	12	12	13	13
建筑业	11	10	12	12	12	12	13	13	14	14	13	14	14	14	14
住宿和餐饮业	15	15	14	14	14	15	16	16	16	15	15	15	15	15	15
农、林、牧、渔业	17	16	16	16	16	16	15	15	15	16	16	16	16	16	16
居民服务和其他服务业	16	17	17	17	17	17	17	17	17	17	17	17	17	17	17

资料来源：根据历年《上海统计年鉴》数据整理、计算而得。

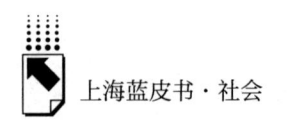

三 收入分配的人群差异

我国人口老龄化速度远远超前于经济社会发展水平，同时面临"未富先老"与"未备先老"的双重挑战。上海作为全国最早进入老龄化社会的城市，同时也是目前我国老龄化程度最高的城市之一。2018年底，上海市60岁及以上户籍老年人口503.28万人，占户籍总人口的34.4%；65岁及以上人口336.90万人，占总人口的23%；80岁及以上高龄人口81.67万人，占总人口的5.6%，占60岁及以上人口的16.2%。占比1/3以上的老年人口的收入水平与生活质量对整个社会的安定团结、和谐发展至关重要。下文的分析将以老龄化为研究背景，进行收入增长的群体差距分析。

（一）退休人员与在职人员的收入差距：养老金替代率偏低

退休人员与在职人员的收入差距可通过替代率这一指标进行比较分析，同时也可由此判断退休人员的生活质量达到怎样的水平、获得怎样的保障。本文将使用平均替代率指标分析比较两类人群之间的收入差距。按照国际经验，养老金替代率大于70%，即可维持退休前的生活水平；处于60%～70%，即可维持基本生活水平；如果低于50%，则生活水平较退休前会有大幅下降。

上海自2000年以来基本养老保障平均替代率水平总体呈先下降后上升趋势，2000～2006年波动下降，由2000年的56.8%降至2006年的45.24%，2007年起逐渐回升，至2013年再次达到50%以上，之后几年继续波动上升，2017年为54.10%（见图3）。

整体而言，当前退休人员养老金增长速度明显慢于在职人员工资增长速度，加之我国多支柱的养老金体系尚未全面建立，因此退休人员的生活来源主要还是基本养老金。2010年第六次人口普查数据显示，上海老年人口中，以离退休养老金为生活主要来源的老人占总人数的80.9%，养老金替代率水平偏低将导致老年人群生活质量下降，不利于社会和谐稳定，也不利于积

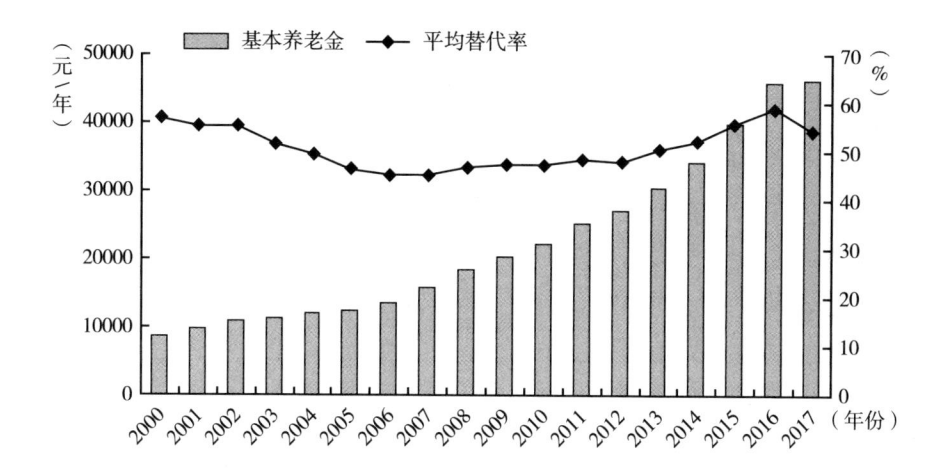

图3 历年上海基本养老保险替代率水平变化

资料来源：根据历年《上海统计年鉴》数据整理、计算而得。

极应对人口老龄化工作的展开，必须引起高度重视。

从上海市老龄科学研究中心与上海社会科学院城市与人口发展研究所联合组织的"上海市老年人口状况和意愿调查"以及全国老龄办《第四次中国城乡老年人生活状况抽样调查上海地区状况报告》的数据来看，上海老年人口的收入来源构成变化主要体现在以养老金收入为主的保障性收入上，其比重整体而言有明显上升，从1998年的67.8%到2015年的86.1%，其间最高为2013年的94.3%（见表5）。对于该比重的变化应当辩证看待，一方面，就基本养老保险制度功能而言，该比重过低说明社会保障制度的作用过于薄弱，不符合国际劳工组织保障劳动者基本权益的规定；另一方面，该比重越高，说明老年人的收入来源越单一，其生活水平通常也相对较低。根据上述分析，结合老年人收入的替代率水平变动情况，以2013年和2015年为例进行对比，可以看出，2015年是在替代率水平较高情况下的保障性收入比例下降，这意味着老年养老金水平显著上升的同时，其他收入来源也更为丰富多元，因此，2015年老年人的经济保障力度高于2013年，同时还有待于进一步提高。

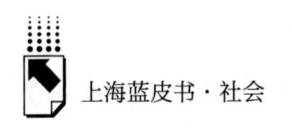

表5 历年老年人口收入来源构成变化

单位：%

类别	1998年	2003年	2005年	2008年	2013年	类别	2015年
养老金	66.7	79.9	84.4	84.3	94.1	保障性收入	86.1
社会救助	1.1	0.8	0.9	0.2	0.2		
劳动收入	10.6	5.2	3.0	5.3	2.8	非保障性收入	13.9
租房收入	—	0.5	1.5	1.5	0.3		
投资收入	2.6	0.3	0.1	0.3	0.2		
子女亲属补贴	18.4	12.8	9.0	6.6	1.7		
其他收入	0.7	0.5	1.1	1.7	0.8		

资料来源：1998~2013年数据来源于"上海市老年人口状况和意愿调查"；2015年数据来源于《第四次中国城乡老年人生活状况抽样调查上海地区状况报告》。

（二）退休人员内部收入差距：性别差异与退休前单位性质差异显著

同时需要注意的是，就退休人员内部而言，养老金收入的差距也是显而易见的，主要体现为性别差异与退休前单位性质差异。

1. 性别差异

老年人口的收入情况存在显著的性别差异，以替代率衡量时尤为明显，特别是2003~2008年的三次调查显示，女性老人的替代率水平已低于40%的最低标准，这意味着部分女性老人的经济收入难以维持其最基本的生活需求。2013年女性老人替代率再次回升到44.5%，但仍低于男性老人13个百分点（见表6），女性老人的经济弱势问题需要引起更多关注。

表6 历年分性别老年收入替代率

单位：元/月，%

年份	老年收入		替代率	
	男	女	男	女
1998	671	445	66.8	44.3
2003	902	653	48.8	35.4
2005	1104	794	49.4	35.5
2008	1691	1306	51.4	39.7
2013	2896	2241	57.5	44.5

资料来源："上海市老年人口状况和意愿调查"。

2. 退休前单位性质差异

退休前单位性质不同引起的收入差异，一方面缘于不同行业从业人员在职时期的工资水平本就具有很大差异；另一方面则是由于养老制度"双轨制"甚或"多轨制"的存在，使得养老金水平的保障情形有失公允也更为复杂。

退休前工作单位性质对养老金水平有很大影响，以2013年"上海市老年人口状况和意愿调查"数据为例，党政机关退休人员养老金水平最高，养老金平均替代率高达92.8%，远高于适度水平；事业单位退休人员养老金水平位居第二，两者分别比企业人员养老金高出2000元和1000元左右。养老"双轨制"形成的不公来源于两个方面：一是待遇的差别，机关事业单位与企业退休人员退休金差距不小，同一地区不同类别人员，差别可达几百甚至上千元；二是保障的差别，机关事业单位养老保险统筹由公共财政承担一部分，甚至公务员无须缴纳，公共财政直接买单，具有稳定性，而企业养老保险统筹由企业与职工共同承担，并按照缴费数额计算养老金，在以工资为缴费基数的前提下，行业工资水平与效益将直接影响到企业职工养老金水平。养老金水平的巨大群体差异不仅不利于保障老年人整体生活水平，也不利于社会和谐稳定，因此，将养老保险制度并轨提上议事日程是大势所趋。

四 收入分配的城乡差别

（一）农村居民收入增速低于城市居民，城乡差距扩大

在考量人均可支配收入水平时，通常以家庭为基本单位。本部分首先对城乡居民家庭的人均可支配收入总体情况进行对比（见图4），可以看出，城市居民家庭的人均可支配收入增长率整体高于农村，自1991年以来的年均增长率为13.38%，而农村仅为11.08%。因此，尽管农村和城市居民的收入都有较快速的增长，但是，两者之间的差距却在不断扩大。

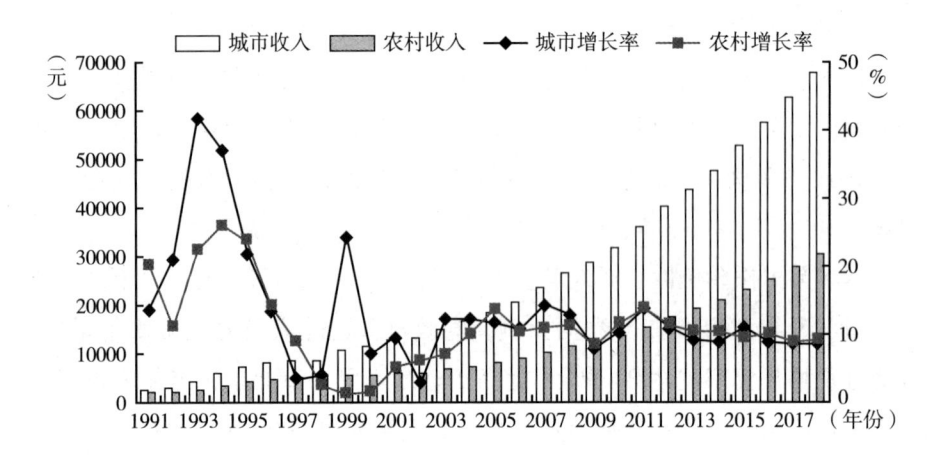

图 4　历年上海居民家庭人均可支配收入的城乡对比

资料来源：1991～2017 年数据根据历年《上海统计年鉴》数据整理、计算而得；2018年数据来源于上海统计网，http：//tjj.sh.gov.cn/html/sjfb/201901/1003022.html。

（二）城市居民家庭之间收入差距扩大，农村居民家庭之间收入分布处于低水平的相对公平

以收入分组法区分不同收入水平的家庭户进行比较，可以发现，城市居民家庭收入的贫富差距显著高于农村。2000～2017 年，城市居民家庭人均可支配收入的年均增长率为 10.01%，对照收入分组法，低收入户、中等偏下户、中等收入户、中等偏上户、高收入户的人均可支配收入增长率依次为8.52%、9.64%、10.29%、10.59%、10.84%（见图 5），由此可见，收入水平越高的组别人均可支配收入增长率也越高，反之亦然，这意味着城市居民家庭之间的收入差距将进一步扩大。

反观农村居民家庭，同样以收入分组法进行比较（见图 6），可以发现，1995～2015 年，各收入组别的人均可支配收入增长率差异不大，总平均增长率为 8.93%，低收入户、中等偏下户、中等收入户、中等偏上户、高收入户的人均可支配收入增长率依次为 9.59%、9.36%、9.33%、8.99%、8.60%，收入水平越低的组别人均可支配收入增长率越高。就这一点而言，

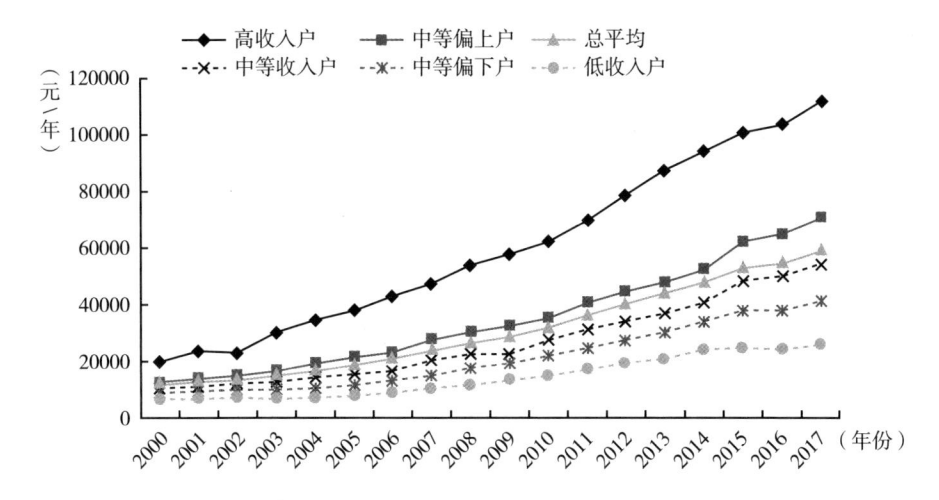

图 5 历年上海城市居民家庭人均可支配收入分组比较

资料来源：历年《上海统计年鉴》。

以城乡内部比较来看，上海城市居民家庭的收入分配差距问题较农村居民家庭显著得多。

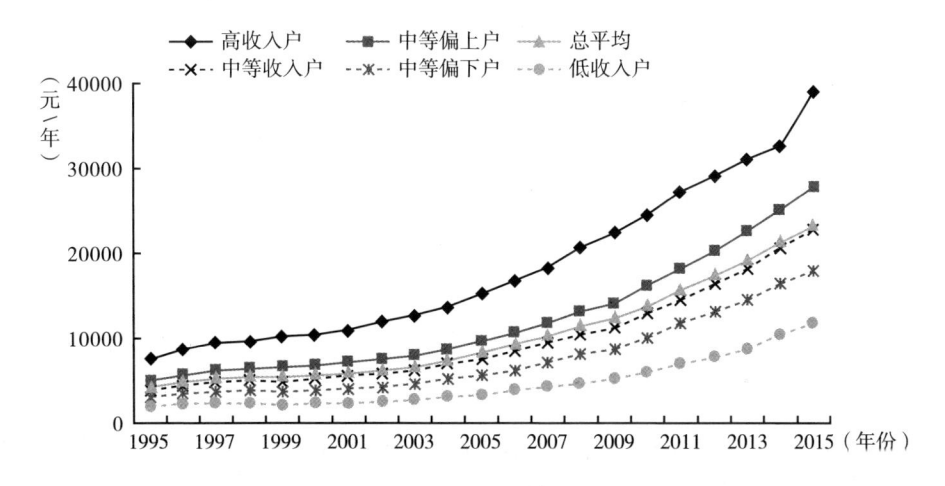

图 6 历年上海农村居民家庭人均可支配收入分组比较

资料来源：历年《上海统计年鉴》。

人均可支配收入的高低直接决定着家庭消费能力与生活水平的高低，下文对上海城乡居民家庭人均生活消费支出占可支配收入的比重进行分组比较。就城市居民家庭而言（见图7），2000～2017年，各收入组别人均生活消费支出占可支配收入比重的平均值为71.5%，按照收入组别从低到高的排序，该比重平均值依次为87.0%、77.9%、73.8%、72.2%、63.3%。由此可见，收入水平越高的家庭，其生活消费支出占可支配收入的比重越小，这意味着收入水平越高的家庭往往会有更多的资金节余用于生活消费以外的投资理财，而这将可能为他们带来更多的财富，从而使不同收入组别的家庭之间的收入差异进一步扩大。同时，我们发现，各组别平均比重为71.5%，该数值仅低于高收入户家庭的平均比重，这也意味着低收入户、中等偏下户、中等收入户与中等偏上户的生活消费支出都高于该比重，只有高收入户家庭的生活消费支出是小于该比重的，也就是说大多数家庭的消费能力和生活水平都低于全市总平均数，可见较多财富是集中在相对较少数家庭中的，这也提示我们对上海收入分配中的贫富差距问题需引起更高的重视。

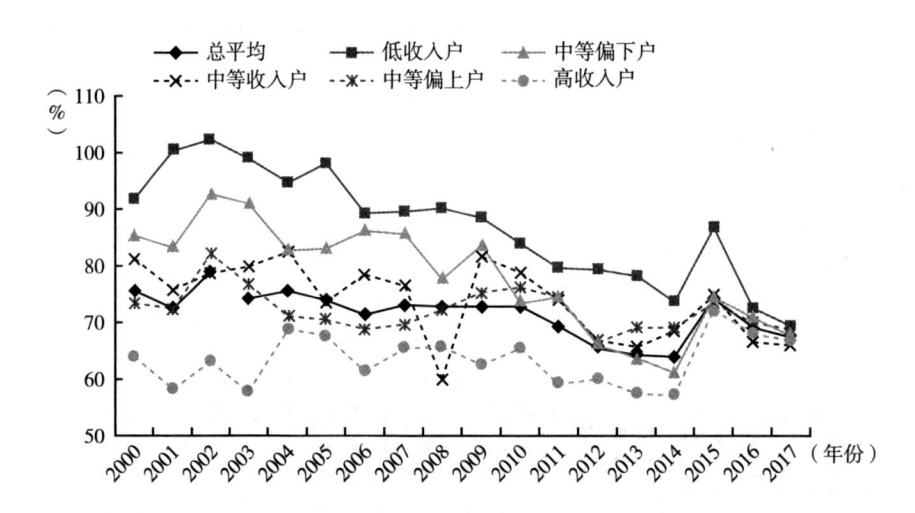

图7 历年上海城市居民家庭人均生活消费支出占可支配收入比重的分组比较

资料来源：根据历年《上海统计年鉴》数据整理、计算而得。

同理而论，就农村居民家庭而言（见图8），1995～2015年，按照收入组别从低到高的排序，该比重平均值依次为105.6%、83.3%、76.4%、75.7%、73.3%，而各组别平均比重则为78.5%。由此，本文形成以下判断。首先，低收入户出现了人均生活消费支出大于人均可支配收入的现象（而且在本文统计的自1995年以来的21个年份中，有14个年份都是这种情况，最近一次为2012年，这意味着农村低收入户的生活处于绝对贫困状态，其稳定的经济来源不足以维持家计，需要依靠其他途径接济）。其次，农村居民家庭各收入组别的该项比重均高于城市居民家庭的相应收入组别，这进一步验证了前文分析的收入分配中的城乡差距，城市居民家庭的消费能力与生活水平都显著高于农村居民家庭。最后，农村居民家庭的该项比重总平均数为78.5%，位于中等收入户与中等偏下户之间，这意味着农村居民家庭的财富分布较城市居民家庭更为均匀一些，但这只是一种低水平的相对公平。

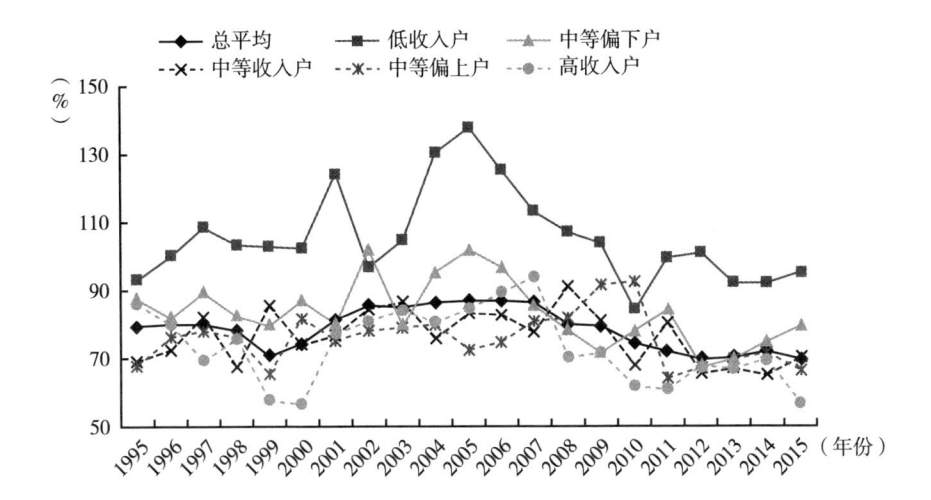

图8 历年上海农村居民家庭人均生活消费支出占可支配收入比重的分组比较

资料来源：根据历年《上海统计年鉴》数据整理、计算而得。

五 促进上海全面小康社会建设进程中收入分配的对策建议

本文研究发现，上海全面小康社会建设中的收入分配问题表现为行业差距、人群差异、城乡差别。下文对此进行相应对策研究，旨在缩小经济增长中的行业收入差距，弥合老龄化背景下的人群收入差异，减少城镇化进程中的城乡收入差别，使整个社会既充满活力又和谐有序，从而顺利实现全面小康社会的建设目标。

（一）缩小经济增长中的行业收入差距

客观来说，只要社会存在行业分工，行业间收入就会有差异，一定范围内的行业收入差距是可以接受的，这也是社会与经济发展的必然结果。但是，长期的较大的收入差距是不利于国民经济健康运行与可持续发展的，必须引起足够重视。

总体而言，从行业间正常收入差异来看，垄断企业员工的素质通常略高于一般竞争性企业，这属于人力资本差异的正常范畴。同时，人力资本的外溢效应也助推了行业收入差距的进一步扩大。高收入行业能吸引集聚更多拥有较高人力资本的劳动者，这些劳动者进入行业后又会带来知识的外溢效应，不仅给其身边同事带来示范效应，而且能带动企业乃至整个行业的学习效应，由此提高行业劳动生产率，这成为部分行业获得高利润与高收入的根源之一。

此外，技术进步红利的行业分配不均衡，也是行业收入差距拉大的一个影响因素。尽管当前技术进步对于提高整个社会的生产效率、推动整个社会的经济发展起着重大作用，但是由于行业特点与工作内容的差异，与时俱进、不断更新的技术对于各个行业的实际影响还是有所差异的。高收入行业往往更容易成为技术进步的主要载体，进而持续成为经济发展和社会进步的主导，技术进步红利也会在这类行业中大量集聚。相对而言，受技术进步影响较小的行业与群体在这一过程中获得的收入增长将滞后于技术敏感型行业与群体，这无形中也拉大了两者之间的收入差距。

然而，人力资本的外溢效应、技术进步红利的分配不均衡等因素只占实际收入差距的一小部分，更多的收入差距则来自垄断企业的特定地位及相应的垄断利润。以前文分析的金融业为例，目前收入差别过大的主要原因是垄断因素使民营资本很难进入，同时其自身又能获得行政扶持，因此获得高收益的机会自然更多。与此形成鲜明对比的则是建筑业、制造业等行业，由于扶持较少，效益较差，且没有完善的工资增长机制，因此收入增长缓慢。由此可见，行业收入差距过大的根源在于行业垄断或者权力制约不力，因此，要积极调整收入分配关系，打破垄断、限制权力是缩小行业间收入差距的根本措施；同时，应当客观认识国有企业在国民经济发展中的特殊地位与特定作用，在支持其发展的同时，也应建立相应机制使其资本收益惠及全民，而不应与一般企业一样仅限于内部循环；再者，各行业应普遍形成工资增长的有效机制，保障工资水平与物价水平、经济发展水平相适应，着力提高中低收入者的工资性收入，努力扭转收入差距扩大的趋势。

与此同时，必须引起重视的是对实体经济的持续关注与实质性支持，这也是缩小行业间收入差距的一个重要途径。由于实体经济是现代产业体系的发展基础，因此，只有牢牢植根于实体经济，不断将现代化工业基础做大做强，我们的现代产业体系才会具有强大的活力和生命力。因此，社会各界应当为实体经济的发展营造环境、创造条件，通过政策调节与推动，促进实体经济尤其是工业经济的发展，使实体经济的收益率与虚拟经济大致相当，从而为缩小行业收入差距提供更多现实可能。

为此，应当对垄断行业的收入分配进行长效监管，将其控制在合理范围内；同时，还要从收入再分配角度不断完善税收调节机制，保障与帮助低收入人群提高收入水平，分享社会经济发展成果。同时，还应进一步重视人力资本要素的加强，从基础层面缩小行业间的人力资本差异，通过加大教育投资力度、增加全民受教育机会、维护充分竞争的劳动力市场、破除行业间劳动力自由流动障碍等政策手段，实现人力资本的自我提升与差异化竞争，使不同类型、不同工作内容的劳动者都能各尽其才、各得其所。

（二）弥合老龄化背景下的人群收入差异

1. 大力发展养老金融，提升老年收入水平

养老金融的发展与完善不仅有助于实现多支柱养老，提升老年人口的收入水平与养老服务支付能力，而且能推动养老服务业高质量发展。通过全面

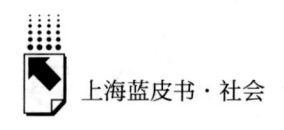

提升老年财富价值，在提高老年人口经济能力和生活水平的同时，为经济社会发展提供更充足的资金支持。

(1) 加强顶层设计与细则配套，完善社会信用体系，强化金融监管

首先，在推动养老金融服务发展的过程中，需要进行顶层设计并配套实施细则。上海要根据中央精神进一步加强养老金融体系构建的政策导向，制定实施相应的配套细则，创造良好的政策环境。其次，完善社会信用体系。结合上海建设科技创新中心的目标定位与优势条件，充分发挥金融信用信息基础数据库的作用，推进金融信息共享，营造诚实守信的良好金融环境，通过完善健全社会信用体系保障老年人金融权益，维护养老金融服务良好信誉。最后，强化金融监管。推动金融监管协调服务机制不断完善，建立风险处置长效机制，加强金融机构内控制度建设，规避重大风险隐患，防范系统性风险。

(2) 服务高、中、低端客户，实现行业融合发展，丰富产品体系

就客户多元化而言，养老金融的可持续发展应将服务对象逐步扩大至各类经济水平的老人，而不是局限于数量有限的高端客户群体。金融机构应当始终坚持为广大老年群体盘活存量资产、改善生活质量的宗旨，开发设计的各类产品应逐步降低购买门槛，使高、中、低端老年客户都能在养老金融市场中选择到适合自己经济能力的理财产品与模式，在其现有基础上提升经济能力，改善生活品质。

就行业多元化而言，各行业内部的养老金融产品应具备更人性化的设计，使产品线更为丰富。特别是将养老金融与老龄产业结合发展，达到长期资金投资长期资产的双赢效果。对于商业保险养老，应当着重发展增额型养老保险品种，增强商业养老保险对老年客户的吸引力。对于与老年社区相结合的保险养老模式，应高度强调老年客户入住后各类服务的长期可持续性，只有可持续的人性化服务才能推动养老金融的可持续发展。此外，还应鼓励保险公司开发长期护理保险产品，适时推出商业性老年护理保险，通过市场机制配置养老护理资源，避免浪费。由于商业护理保险采用非强制的手段，多付多得，少付少得，可以根据居民的收入水平自发调节需求，尤其对于城

市的高收入群体而言,能够有效弥补其对养老护理的高层次需求。

就产品多元化而言,可分为两个层次。首先,在金融服务行业内部,逐步由单一产品向综合化产品方案转变。其次,金融行业与相关养老服务行业、房地产业之间的跨行业联合才能充分发挥各行业自身优势,形成丰富的产品线与完整的产业链。由此可在提高客户便利性的同时加强客户黏性,为金融机构与相关服务机构带来更多的客户与更大的市场。

(3)普及移动支付方式,推广智能投顾理财服务,充分运用区块链技术

首先,在老年客户群体中普及移动支付方式。金融机构可通过各类互联网平台与移动支付方式为银发客户提供金融产品,普及金融理财知识,使银发客户获取金融服务的便利性随着互联网和移动支付的普及而大大提高。其次,推广智能投顾理财服务。智能投顾又称机器人理财,是虚拟机器人基于客户自身理财需求,通过算法和产品来完成以往人工提供的理财顾问服务。通过提供个性化、多元化的智能理财服务,坚守长期投资目标,控制投资风险和减少不理性交易,这将有助于提升养老金融服务的科学性和专业性,更好地实现养老资产的保值增值。最后,充分运用区块链技术。金融机构可根据区块链技术提供的各层面大数据研发设计个性化的金融产品与服务,满足不同客户的养老需求,提升养老金融服务的精细度,增强养老金融服务的安全性。

2.多管齐下,缩小退休人员内部收入差异

就性别差异而言,由于男性与女性的生命周期特征不同,其养老金积累与使用情况也会产生差异,因此,不同主体在制定养老保险制度与计划时(包括政府、工作单位或雇主、个人等多个层次),都应当结合性别特征与生命周期的差异,调整设计出更能弥合性别差异的退休计划,以避免老年女性在退休期间面临养老资金不足的困境。同时,政府与工作单位(或雇主)也应当认识到女性在工作中承担的隐性劳动以及花费在标准化工作之外的劳动时间,并对此予以一定程度的回馈,通过设计特定的薪酬补贴、养老金计划的特别补助、税收政策的性别差异化措施来弥补女性劳动者对社会贡献的额外劳动与时间,以缓解养老金收入分配的性别差异与

结构性问题。

就退休前单位性质不同引起的收入差异而言，国务院已正式发布《关于机关事业单位工作人员养老保险制度改革的决定》。方案明确提出，机关事业单位建立与企业相同的基本养老保险制度，实行单位和个人缴费，改革退休金计发办法。该决定规定，机关事业单位工作人员需缴纳基本养老保险费的比例为本人缴费工资的8%。由于历史遗留问题，从政策制定到制度执行，直至体现政策效果，是一个渐进的过程，不能一蹴而就。改革机关事业单位养老保险制度，实现养老金并轨，要从根本上体现其政策效用，还需多管齐下。第一，从现行的基本养老保险制度入手，将机关事业单位统一纳入缴费体系，按统一标准执行，保障制度公平性；第二，强化推广职业年金制度，多方式、多渠道补充基本养老保险制度在保障力度方面的不足，提升退休人员生活品质。

（三）减少城镇化进程中的城乡收入差别

1. 优化分配制度，加快农村税费改革

我国长期的城乡二元结构造成生产要素占有方面巨大的城乡差异，由此导致城乡之间发展机会的不均衡以及经济收入的差距。为此，在收入分配方面应当对农村适当倾斜，充分运用再分配政策手段，加快农村税费改革，促进农业生产减负增收；完善农村社会保障，使农村居民在养老、医疗、就业等方面获得更多支持与保障。由此缩小收入分配的城乡差距，建立全民共享的保障体系。

2. 积极实施乡村振兴战略，发展大都市现代农业，保留大都市田园风貌

积极实施乡村振兴战略，推动城乡统筹发展。强化乡镇企业扶持政策，降低乡镇企业融资门槛，提高贷款额度，帮助乡镇企业获取充足的发展资金，从而开拓新市场，开发新产品，增强竞争力，增加企业收入。

对标国际社会经验做法来看，大都市郊区现代农业的普遍特征是优质高效，依托高科技支撑，实现全产业链增效。在发展农业方面，应着重加强技术指导，充分利用上海建设科创中心的优势，集中力量打造种源农业、生物

医药农业,[1] 加大农产品创新力度,丰富农产品种类,提高农产品质量,增强农作物抵御病虫害的能力;充分利用上海贸易中心、经济中心的优势,增强市场与物流能力,构建全产业链,打造具有较强竞争力的大都市农业。

大都市的发展始终离不开保留大片农用地和田园风貌,结合上海实际特点,把江南乡村优秀文化遗产和现代文明要素结合起来,把保护传承和开发利用有机结合起来,为上海实施乡村振兴战略提供新的发展动能。

例如,嘉定区与市地产集团在嘉定北部典型农业镇华亭镇的联一村打造了一个集田园、文化、旅游、康养、乡居于一体的乡村旅游休闲项目"乡悦华亭",充分实现了土地利用集约化、生活环境景区化、项目运营专业化、发展收益共享化。[2] 将原有自然村落归并组团,腾出建设用地,导入特色产业,全面提升农村土地产出效益。委托专业团队为农民集中居住设计多种房型,高标准接入生活基础设施与公共服务设施,大大提升村民生活舒适度。在保持集体建设用地性质不变的基础上,引入地产集团建设运营乡村休闲康养项目,实现一二三产业融合发展,为乡村振兴提供持久动力。一方面,把集体经营性建设用地使用权作价入股,共享经营收益;另一方面,农民也可以参与特色农业劳动,获取稳定劳动收入。

又如,崇明区横沙乡在立秋过后的水稻拔节抽穗期,用260亩水稻田打造了一幅创意水稻画,通过农旅融合发展,促进农民增收,推动乡村振兴。[3] 水稻画基地引进彩色水稻种子育苗,按照预先设计的图案,将彩色秧苗种到田里,经过2个多月生长和农技人员不断修整完善,进入拔节抽穗期后,充满创意的水稻画便映入游客眼帘。由崇明区农业委员会、崇明区旅游局、横沙乡人民政府主办的多彩水稻节为游客提供了观赏水稻画的绝佳体

---

[1] 方志权:《大城市要不要乡村振兴?是不是所有乡村都要振兴?》,https://web.shobserver.com/wx/detail.do?id=164280&time=1563668143712&from=timeline&isappinstalled=0,2019年7月21日。
[2] 《上海西北的农家院子美成这样了!实施乡村振兴,嘉定要算好这三笔账》,https://mp.weixin.qq.com/s/26DvYnOxdbIh0tV0MqbnFg,2019年7月23日。
[3] 《创意水稻画为美丽乡村添彩》,https://baijiahao.baidu.com/s?id=1641838405051974074&wfr=spider&for=pc&isFailFlag=1&from=timeline&isappinstalled=0,2019年8月14日。

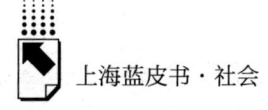

验，也使游客在参与割稻、脱粒掼稻、轧米、包装等农事活动的趣味过程中放松身心、亲近自然，同时也为崇明建设世界级生态岛，发展观光农业、增加农民收入开辟了一条新的道路。

综上所述，上海要充分利用地缘优势、产业优势与科技优势，因地制宜发展具有竞争力、吸引力的现代农业、观光农业、休闲农业，打造都市田园名片，在提高农业发展质量的同时改善农村人居环境，增加农民收入，缩小城乡收入差距。

B.5
上海市民对新高考改革的参与、评价及改进建议

华 桦[*]

摘 要： 新高考改革是1977年恢复高考以来最全面、最系统的一次改革，其主要特征是选择性加大和多元评价。研究显示，高中生认为"英语考两次"是重大利好，"不分文理科"和"学业水平考试成绩计入高考总分"带来的利弊相当。公众总体上对新高考改革持正面评价的比例显著增加。家长通过信息获取和行动参与来帮助学生做好大学升学准备，学校提供的升学指导服务对于应对新高考变化有着积极意义。应当进一步为高中生提供全面系统的升学支持、加强生涯规划教育、增进新高考改革相关信息资源的家校互通、培养专业的大学升学指导人才队伍。

关键词： 上海 新高考改革 考试招生

2019年是上海采用新高考的第三年。2014年上海、浙江试行新高考，2017年首批考生通过新高考进入大学。2018年北京、天津、山东、海南启动第二批改革试点，2019年河北、辽宁、江苏、福建、湖北、湖南、广东、重庆八个省份启动新高考。2020年我国将全面建立起新的高考制度。

---

[*] 华桦，上海社会科学院社会学研究所副研究员。

作为教育改革的重要内容，高考改革长期以来受到社会各界的高度关注。其缘由在于高考的每次调整都关涉相关者的利益分配，从而形成新的利益关系。高考改革是高利益的聚集地，关涉数千万学生的切身利益。高考也是一个高风险的聚集地，任何科目、方式方法的变动会给教育带来极大的波动，引起社会连锁反应。作为高考利益相关者的学生和家长，他们对政策的评价、参与和诉求，对新高考改革的推进和完善具有重要的意义。

一 新高考改革的特征：选择与多元

2013年11月12日，党的十八届三中全会通过《中共中央关于全面深化改革若干重大问题的决定》，该决定指出，推进考试招生制度改革。探索招生和考试相对分离、学生考试多次选择、学校依法自主招生、专业机构组织实施、政府宏观管理、社会参与监督的运行机制，从根本上解决一考定终身的弊端。2014年9月，继《国务院关于深化考试招生制度改革的实施意见》发布之后，上海市政府印发《上海市深化高等学校考试招生综合改革实施方案》，提出改革目标是"调整统一高考科目，完善普通高中学业水平考试制度，建立高中学生综合素质评价制度，形成分类考试、综合评价、多元录取、程序透明的高等学校考试招生模式"。新高考在制度设计上有诸多变革，其中最突出的两个特点分别是"加大考生自主选择权"和"多元评价"。

（一）选择权扩大

考生选择权的扩大主要体现在四个方面。其一，路径选择进一步分化，改变传统高考的纵向分层筛选对人才选拔的局限性，按技术技能人才和学术型人才分类高考，高职院校不再与高考"陪绑"。其二，志愿选择扁平化，一二批次录取合并，给个体带来更加广泛和自由的选择空间。其三，考试科目组合选择多样化，高考科目理论上浙江有35种组合、上海有20种组合。其四，考试时间选择机动灵活，可以选择秋考或春考，外语考试每年有两次考试机会，部分省份的学业水平测试也可考两次。

（二）多元评价

与传统一考定终身的高考评价模式不同的是，新高考采用"两依据、一参考"的多元评价机制。"两依据"指大学招生录取依据高中学业水平测试成绩和统一高考成绩。"一参考"指的是高考录取还要参考高中学生综合素质评价。在"两依据"的评分构架中，学业水平测试由"6选3"中的3门成绩组成，每门满分70分。学业水平测试分为合格考和等级考，如果学生通过合格考，则获得40分。等级考满分30分，等级考成绩以等级呈现，从A+到E，分为五等11级。在计入高考总分时，各等级要换算成相应分值，每个等级之间相差3分。其中A+等级和E等级的人数约占5%，其余等级皆占10%。

新高考自试行以来，改革目标达成度很高，改革成效超出预期。[1] 但在实践中也面临一些问题。一方面，新高考在扩大选择权的同时，也对个体的选择能力提出了挑战，对选择所需的信息、选择的合理性和最优性都提出了新的要求；另一方面，从多元评价来看，学业水平测试采用等级评分方法，虽然避免了"分分必究"，但考生因此也产生了"规避弱项""不当分母"的想法，出现了物理选考人数下降等现象。面对新高考和新变革，亲历其中的学生和家长做出的评价能够更加直观地反映改革成效。

二 学生和家长对新高考政策的评价

本研究的数据来源于"上海民生民意调查"和"新高考下高中生教育选择调查"。前者调查样本量为2000个，以公众为调查对象，采用的是PPS抽样。后者调查样本量为1200个，以高中生为调查对象，采用分层整群抽样。

---

[1] 苏娜、魏晓宇：《改革开放40年高考招生制度改革述评》，《全球教育展望》2018年第7期。

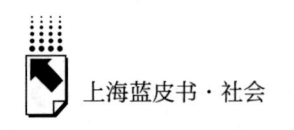

（一）学生对新高考政策影响的评价

新高考政策变化覆盖面广，本研究选取了与学生高考录取结果相关性最为紧密的六项政策，分别是"不分文理科""英语可以考两次""自主招生在高考后举行""加分项目减少""一本二本合并录取""学业水平考试成绩计入高考总分"，请高中生评价其影响（见表1）。

表1　不同高中学生对新高考政策影响的评价

单位：%

类别	市级正面	市级负面	区级正面	区级负面	一般正面	一般负面
不分文理科	30.03	27.06	28.69	34.43	25.95	31.01
英语可以考两次	76.64	2.30	75.54	5.43	75.05	3.38
自主招生在高考后举行	53.29	12.17	46.30	9.04	45.24	9.73
加分项目减少	28.52	25.90	36.51	22.34	23.68	29.18
一本二本合并录取	37.50	12.17	39.07	13.39	53.91	8.03
学业水平考试成绩计入高考总分	31.58	33.22	24.25	37.33	34.26	32.55

1. "英语可以考两次"对学生而言是重大利好

高中生认为对高考结果最能产生正面影响的是"英语可以考两次"，选择比例为75.76%（见图1）。英语考试从"一考"变"两考"，取两次考试中的最高分计入高考成绩。学生多了一次考试的机会，在一定程度上减轻了心理压力，同时也多了选择和安排的自由。在调研中发现，绝大多数学生都会参加两次英语考试，即便一些学生第一次考试的成绩已经达到了预期，仍然不会放弃"二试"的机会。

2. 市级示范高中学生青睐"自主招生在高考后举行"

2014年《国务院关于深化考试招生制度改革的实施意见》提出，"2015年起推行自主招生安排在全国统一高考后进行"。以往自主招生在高考前进行，产生了"小高考"现象和"掐尖"大战，在一定程度上影响中学教学安排和学生的学习心态，引起了较大的社会争议。自主招生在高考后进行，

	正面影响	负面影响	没影响	不了解
不分文理科	27.94	30.98	29.94	11.14
加分项目减少	29.02	26.24	37.36	7.38
学业水平考试成绩计入高考总分	30.34	34.26	22.76	12.65
一本二本合并录取	44.96	10.78	30.43	13.83
自主招生在高考后举行	47.82	10.10	27.70	14.37
英语可以考两次	75.76	3.74	15.99	4.52

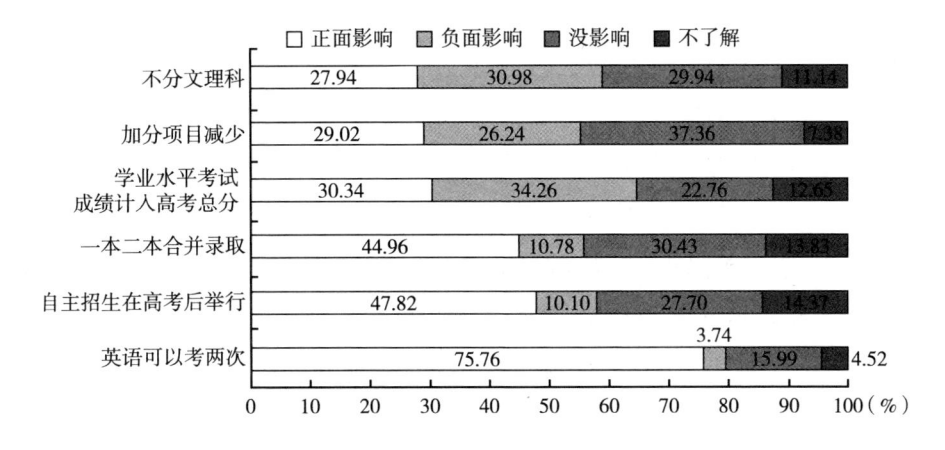

图1 学生对新高考政策影响的评价

可以改变以往高考前考生四处奔波赶考的现象，减轻学生的备考压力，维护教学秩序，同时高考成绩可以直接应用在自主招生中，有利于信息公开和录取公正。针对这一政策的变化，47.82%的学生认为会给自己的高考结果带来"正面影响"，其中，市级示范性高中学生的选择比例为53.29%，比一般高中学生高出8.05个百分点。由于近年来自主招生政策的收紧，以2019年为例，各个高校自主招生认可的奖项类别大幅"缩水"，学科类竞赛基本要求"省级一等奖"及以上级别的奖项。以往获得认可的发表论文、文学作品专著、获得专利等不再纳入其中。受认可的比赛也仅限于有高权威性和公信力的学科竞赛，而这还只是自招的基本条件而已。在这样的前提下，市级示范性高中满足自招条件的学生比例更高，更能体验到政策变化带来的利好。

3. 一般高中学生更加欢迎"一本二本合并录取"

表示"一本二本合并录取"对高考录取有正面影响的，一般高中学生中占53.91%，市级示范高中和区级示范高中的学生中分别占37.50%和39.07%。传统高考的报考和录取按批次统一进行。录取批次越多，意味着大学被人为划分的等级越多。一般情况下，以设置五个批次的省（区、市）为多数。纵向等级制的高考志愿划分导致了学校分层、生源固化等问题，直接引发了社会对教育公平性和公正性的质疑。① 一本二本合并后，不再存在一本分数线对生源的硬性筛选，学生面对的选择池变大，选择的焦点更多聚焦于专业。不变的是，成绩优异的学生依然会选择好院校和好专业。但对于有好专业的一般院校，其招生优势将得到提升，对于分数稍低的考生也可以冲击名校的"冷门"专业，提高了大学招生的双向选择性。

4. 对于新高考的选科和考试政策，高中生表示利弊相当

新高考自2014年在上海、浙江试行以来，在取得改革进展的同时，也面临着问题和挑战。其中引起社会广泛关注的就是新高考中的"选科"问题。学生需要从物理、化学、生物、地理、政治、历史六门中选择三门，参加学业水平等级考试，成绩计入高考总分，即为通常所说的"小三门"，与语数外三科一起，形成"3+3"的科目组合模式。这也是本轮新高考改革中与每位学生关系最为密切的部分。这一改革的出发点是打破文理分科。"3+3"模式相较于上海过去实行的"3+1"模式，不仅增加了考试的科目，同时延长了考试周期，从进入高一就要为选科做准备，高二即可参加地理、生物两科的等级考。在高考新政下，由于考试科目、考试时间发生了变化，意味着高中生必须提前启动课程选择。并且由于学业水平等级考不是采用百分制，而是采用等级制，出现了考生对物理等科目的"弃选"和对地理科目的"热衷"现象。这一切都意味着，在作为高考新政"核心"部分的选科和考试政策下，学生的高中学习将面临新的调整和适应。调查数据显示，"不分文理科"和"学业水平考试成绩计入高考总分"两项政策，认为其给高考结果带来正面影响和负面影响的人数比例均在三成左右。

5. 女生认为"不分文理科"对高考不利的比例更高

对于"不分文理科"，男女生的评价有显著差异。认为具有正面影响的男生和女生比例分别为27.27%和28.55%，女生略高于男生。认为会带来负面影响的男生和女生比例分别为27.08%和33.97%，女生比男生高6.89

---

① 王战：《加快高考改革步伐 取消高考分批录取》，《东方早报》2014年3月15日，http://www.dfdaily.com/html/21/2014/3/5/1125441.shtml。

个百分点。认为没影响的男生和女生比例分别为33.46%和27.11%，男生高出6.35个百分点（见图2）。说明女生对"不分文理科"的政策敏感度更高，认为不利于自己的比例更高。

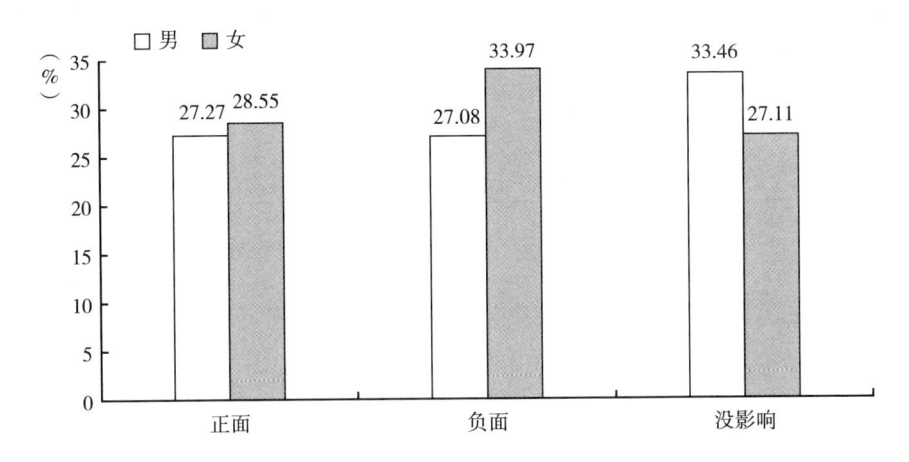

图2 男女生对"不分文理科"的评价

（二）家长对新高考政策影响的评价

高考不仅是学生的个体行为，还备受万千家庭的关注。家长对新高考改革的态度，对于改革的可持续推进不仅具有重要的舆论意义，还能转化为现实的参与实践，形成家校合力，有力推动新高考的发展和完善。

1. 公众总体认为新高考改革"利大于弊"的比例显著增加

使用2015~2018年"上海民生民意调查"追踪数据发现，从公众总体来看，2015年认为新的高考政策对孩子今后升学"利大于弊"的占29.7%，认为利弊各半的占43.2%，弊大于利的占5.9%。2018年，认为利大于弊的比例上升为40.4%，增长了10.7个百分点（见图3）；认为利弊各半的占33.5%，下降了9.7个百分点；认为弊大于利的占4%，下降了1.9个百分点。

2. 超过六成高中生家长对新高考改革持正面评价

纵观2015~2018年的数据，高中生家长中，认为"利大于弊"的比例上升趋势更加稳定和明显，2018年这一比例为53.1%，比2015年上升了

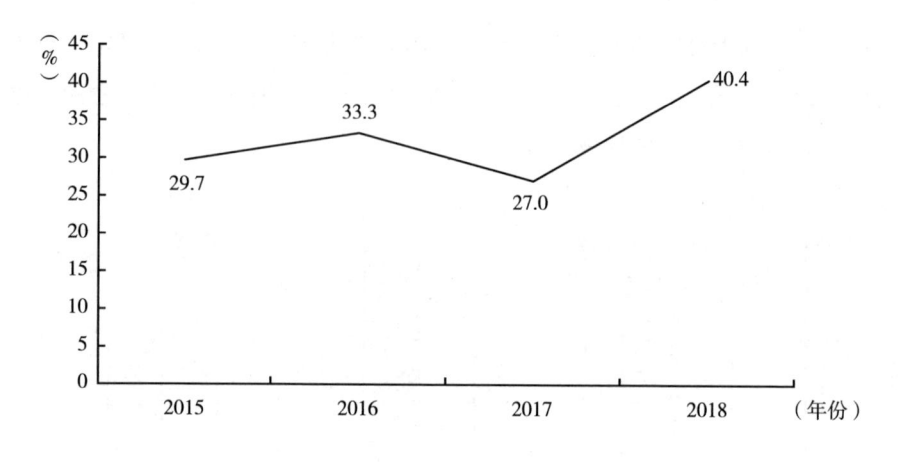

图3 公众认为"利大于弊"的比例

23.4个百分点,上升比例超过50%。评价的前提是认知。过去的四年中,高中生家长对新高考政策影响认知度不断上升,2015年表示不清楚新高考改革影响的占21.2%,2018年这一比例已经下降为3.5%,下降总幅度超过80%(见图4)。相比公众整体,高中生家长对新高考改革的评价更具有政策参考意义。新高考启动以来,政策宣传和普及上日趋精准,增进了高中生家长对新高考的了解。

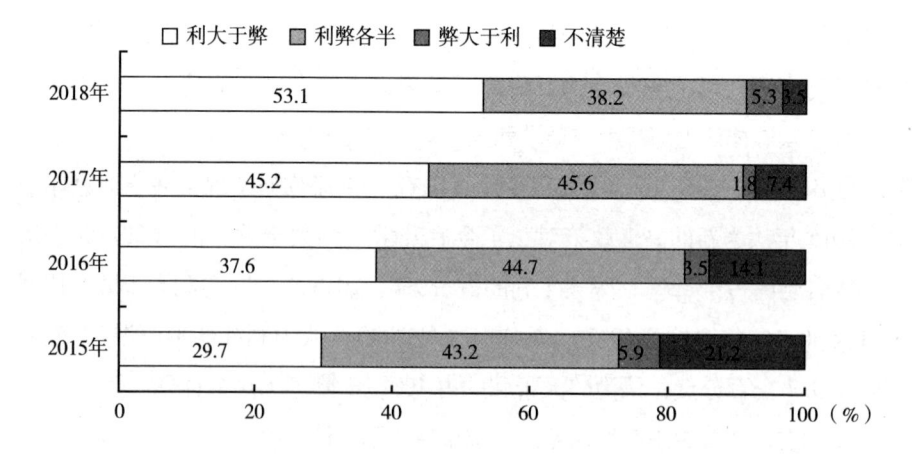

图4 高中生家长对新高考政策影响的评价

3. 示范性高中家长对政策影响持正面评价的比例更高

尽管 2015~2018 年，家长总体上认为新高考利大于弊的比例上升明显，但不同高中的家长对此的评价依然存在差异。一般高中家长对新高考的正面评价，从 2015 年的 10.0% 上升为 2018 年的 37.5%，增幅为 275%。示范性高中家长对新高考的正面评价，从 2015 年的 45.5% 上升为 2018 年的 63.7%，增幅为 40%。从正面评价的增幅看，一般高中家长更高。从实际数据看，2018 年一般高中和示范性高中家长的正面评价占比仍然相差 26.2 个百分点（见图 5）。与此相对应的是，选择"利弊各半"的一般高中家长四年来一直维持在 50% 左右，示范性高中家长对此的选择则从 37.9% 下降到 25.9%。选择"弊大于利"的一般高中家长比例从 2015 年的 8.0% 下降至 2018 年的 2.8%，示范性高中家长选择"弊大于利"的比例在 2018 年反而有所上升。

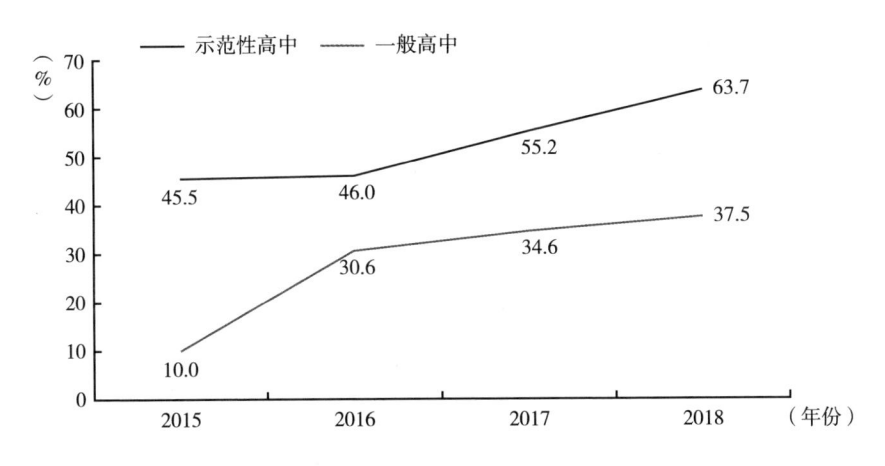

图 5　不同高中家长持正面评价的比例

三　新高考下的家长参与

新高考下个体选择权的加大，意味着大学升学准备不能再局限于过去的"以分备考"，大学升学准备所包含的内容更加丰富，意义也更加重大。在一定程度上，新高考的改革内容超越了传统的高考经验，从规则的了解、熟悉到选择和决定，需要学生和家长一起投入更多的时间和精力。父母可以通过与孩子交流教育价值观，传递大学教育期望，并通过陪伴孩子参观大学、进行大学咨询和相关信息检索，来帮助孩子做好大学升学准备。① 本研究主要从信息获取和行动参与两个方面来探究新高考备考过程中的家长参与情况。

（一）信息获取

教育社会学的研究结果显示，如果家长善于运用社会网络，便可以获得正确的教育讯息，从而采取适合的教育行动，提升子女的学习表现。② 家长与家庭成员以外的教师和其他学生家长之间建立社会网络，保持联系和进行信息交流，在一定程度上有利于促进家长在大学升学准备工作中的参与行动。本调查中，从家长间的交往、家长和教师之间的联系两个维度来考察家长在获取新高考政策相关信息中的表现。

1.经济条件好的家长获取高考信息更具主动性

调查显示，经常、偶尔、从不"主动和老师联系"的家长占比分别为21.03%、56.67%和22.31%。经常、偶尔、从不"与同学家长交流"的家长占比分别为14.8%、41.83%和43.37%。其中，家庭经济状况对获取信息有重要影响，家庭经济好、中、差的父母，与老师主动联系的占比分别为79.06%、77.99%、69.37%，经济条件好的家长获取高考信息的主动性更强。

2.高学历家长与老师的联系更为密切

从家长教育背景看，父亲学历对与老师联系的影响更加显著。父亲学历在本科及以上、专科、高中、初中及以下的，经常主动与老师联系的比例分

---

① 华桦：《新高考下家长参与"大学准备"的影响因素：家庭背景与学校支持》，《教育发展研究》2019年第12期。
② 姜添辉、周倩：《社会阶级与文化再生产——不同社会阶级家长的社会资本对文化再生产之结构化影响及其因应之道》，《教育学术月刊》2017年第1期。

别为27.22%、20.68%、18%和14.74%。在与同学家长交流上，父母亲的学历影响均不显著。

（二）行动参与

家长参与（parent involvement）通常是指家长参与儿童教育的行为，是一系列具体的家长行为和实践。① 大学准备过程中的家长参与，能够给孩子带来更高的大学期望和更多的入学机会。本研究从"父母和你讨论过高考升学的相关事项""父母和你一起去参观过大学""父母参加过有关高考升学的咨询、讲座"三个维度来考察家长的行动参与。

1. 亲子之间的讨论交流是最主要的参与形式

调查显示，选择"父母和你讨论过高考升学的相关事项"的比例最高，达到80.48%，选择"父母和你一起去参观过大学"和"父母参加过有关高考升学的咨询、讲座"的比例分别为28.5%、39.93%。这表明讨论和交流是父母和孩子沟通高考升学事宜的最主要方式。

2. 家庭文化水平对家长参与大学准备具有显著影响

文化水平对家长参与大学准备有显著影响。统计结果显示，家长受教育程度为初中的，参加咨询讲座的比例只有大学本科学历家长的49%。以大学本科学历家长为参照组，家长学历为初中、高中、大专的，和孩子一起参观大学校园的比例分别为前者的40%、36%和61%。② 但在以"和孩子讨论高考升学"为因变量的模型中，没有显著性。

与孩子讨论升学事宜、参加升学咨询/讲座、和孩子一起参观大学校园，这三种具体的家长参与行为，在升学信息获取的开放性、参与大学准备的行动性、家长投入三方面，均呈现由弱到强的特征。相对于和孩子讨论升学事宜，参加升学咨询/讲座和大学校园参观这两项参与行为需要家长更主动地

---

① Martin Woodhead, "Pre-School Education Has Long-Term Effects: But Can They be Generalized?", *Oxford Review of Education* 11, 2 (1985): 133 – 155.
② 华桦：《新高考下家长参与"大学准备"的影响因素：家庭背景与学校支持》，《教育发展研究》2019年第12期。

投入。① 文化程度较高的家长，其从事的工作往往涉及复杂的讯息搜集、分析与判断等，因此也强化了他们在参与大学准备中积极主动接触信息的需求与动机。相应的，文化程度低并且从事体力劳动工作的家长，工作的简易性往往削弱他们搜集新知的需求与动机，② 因此对需要高投入和高主动性的大学升学准备行动参与不足。

四 新高考下学生接受升学指导服务的情况

新高考一方面给个体带来更加广泛和自由的选择空间；另一方面选择面的扩大也提高了选择难度，如何从高考志愿选择清单中挑选出符合意愿、匹配能力并且能提高命中率的志愿，如何对备考学科投入的精力和时间加以合理选择、分配和平衡，这些问题都对个体选择能力提出了挑战，常常造成学生的困扰。③ 从高中生对新高考政策的评价看，部分学生对新高考政策还缺乏了解并伴有消极认知。因此学校应当提供适当的升学指导，帮助学生更加充分、全面、细致地了解政策，因势利导，合理规划。

与传统上将升学指导狭义理解为"志愿填报"不同的是，升学指导服务囊括了与升学准备和大学选择相关的所有资源、服务和政策支持。国内以往的升学指导主要定位于帮助学生了解高校、了解历年录取分数线和录取规律、了解招生政策、了解竞争对手。④ 升学指导的启动时间往往临近高考，升学指导的内容往往围绕志愿填报，而与高中课程和学习之间关联性微弱。在新高考下，升学指导的内涵更加丰富，对大学选择的影响在时间和空间上都将有所拓展。

---

① 华桦：《新高考下家长参与"大学准备"的影响因素：家庭背景与学校支持》，《教育发展研究》2019年第12期。
② 姜添辉、周倩：《社会阶级与文化再生产——不同社会阶级家长的社会资本对文化再生产之结构化影响及其因应之道》，《教育学术月刊》2017年第1期。
③ 华桦：《高考新政与个体高等教育选择》，《当代青年研究》2016年第4期。
④ 梁爽：《高考考生择校行为与择校满意度关系的研究》，华东师范大学硕士学位论文，2008。

（一）3/4的学生接受过升学指导服务

从学生的实际体验来看，在学校接受过升学指导服务的比例为74.89%，约占3/4。接受率最高的是"如何选择考试科目"，48.47%的学生选择此项，约占一半。其后依次是"如何提高学习成绩"，占40.42%；"介绍大学录取信息"，占33.16%；"职业规划"，占30.97%；"心理辅导"，占14.35%；"介绍大学资助信息"，占14.09%。

从学校类型看，市级示范高中接受过升学指导服务的学生比例更高，有84.82%。接受率前三位的升学指导项目中，市级示范高中学生的选择依次是"如何选择考试科目""职业规划""如何提高学习成绩"；区级示范高中和一般高中学生的选择均是"如何选择考试科目""如何提高学习成绩""介绍大学录取信息"，但一般高中学生选择"职业规划"的比例比区级示范高中高出7.29个百分点。

（二）高中生认为大学资助信息最为有用

在对高考升学指导是否有用的评价上，表示很有用、比较有用、不太有用、完全没用的分别占9.83%、56.12%、25.83%和8.22%。对于接受过的升学指导项目，认为有用的比例排名前三的分别是："介绍大学资助信息"，选择比例为80.62%；"介绍大学录取信息"，为79.1%；"职业规划"，为77.5%。

（三）"提高学业成绩"是高中生最渴望的升学支持

在学生希望得到的帮助上，80.33%的学生选择了提高成绩，47%选择高考志愿填报指导，46.74%选择了合理安排学习进度。市级示范高中学生，希望合理安排学习进度和职业规划指导的意愿更强，区级示范高中在高考志愿填报指导上的意愿更强，一般高中在提高成绩和合理选择考试科目上的意愿更强。

进一步的分析发现，即使认为升学指导不太有用和完全没用的高中生，也对于高考志愿填报指导、合理安排学习进度等升学指导服务表示出较强的需求，这表明，升学指导服务并非不重要，恰恰相反，现有的升学指导还需进一步提升质量和精准性，更好地满足学生需求。

（四）接受过升学指导的学生对新高考政策的评价更积极

调查显示，升学指导有助于学生更好地认知和理解高考新政，并能够从政策中找到与自身需求契合的积极面。例如在学校里得到过升学指导的学生，选择新高考政策对自己产生"积极影响"的比例均高于没有在学校接受过升学指导的学生；选择对新高考政策"不了解"的比例均低于没有在学校接受过升学指导的学生（见表2）。

表2　不同学生对新高考政策影响的感知

单位：%

类别	接受指导 积极影响	接受指导 不了解	没有指导 积极影响	没有指导 不了解
不分文理科	30.78	8.07	23.00	16.71
英语可以考两次	78.44	2.86	70.87	7.28
自主招生在高考后举行	50.14	11.92	43.69	18.69
加分项目减少	30.78	5.20	25.67	11.38
一本二本合并录取	45.68	12.21	43.61	16.63
学业水平考试成绩计入高考总分	33.29	10.18	24.88	17.15

五　对策建议

（一）为学生提供多层面、多维度的升学服务

过去对学生上大学的支持和服务较多注重提供资金上的帮助，例如提供助学金、奖学金、低息贷款等。但是，家庭经济条件较差的学生，所缺乏的不仅仅是金钱，同时还缺乏文化、信息、社会资本等各个层面的资源。他们

获取升学信息的渠道较为单一，信息量不足，缺乏自信，获得的教育期望和激励不足，在升学准备上投入的时间和精力不够充分，从而影响了他们的大学教育机会。应当为学生提供多层面、多维度的升学服务支持，在经济资助之外，提升信息获取的可及性和公平性，通过学业辅助计划增强学生的学习兴趣和信心，同时在心理辅导和干预以及社会性能力的发展上给予更多的关注，形成综合性的政策服务体系。

（二）将升学指导服务融入生涯规划和教育过程中

2018年上海市教委发布了《关于加强中小学生涯教育的指导意见》，提出要构建大中小幼有机衔接、内涵丰富、科学适合的生涯教育内容体系。[①] 这凸显了新高考政策下生涯教育的重要性和必要性。随着新高考政策的推行，不仅在小学和初中阶段要融入生涯规划，在高中阶段更要发挥升学指导服务的专业优势，以精准的信息资源和有针对性的指导策略来提升生涯规划的价值。升学指导服务与生涯教育具有内在统一性，升学指导服务覆盖学业准备、学业规划、志愿选择、资助申请等多个环节，其着力点是帮助学生实现兴趣与能力的匹配，以及教育和职业的链接。在新高考下，从高一开始就进入大学升学准备过程，在这一意义上讲，高中生的升学指导服务与生涯教育是融为一体的。

（三）进一步对体制内外的高考规划与指导服务加以整合

新高考下升学指导已然跳出了"填报志愿"的狭义范畴，在专业的深度、服务对象的广度、服务时间的跨度上都有了更高更精准的要求。但在实践中，一些升学指导服务仍然存在形式僵化、内容陈旧等问题，例如升学指导由学校老师尤其是班主任承担，学生获得的升学指导服务质量很大程度上依赖于老师自身的知识储备和精力投入；还有一些家长通过互联网检索、朋

---

① 上海市教育委员会：《上海市教育委员会关于加强中小学生涯教育的指导意见》，http://plan.51xuanxiao.com/article-6389，2018年3月28日。

友圈交流来获取信息，虽有一定效果但冗杂的信息也让家长头疼；还有传统的通过家长会统一宣讲政策要点，也存在针对性不强等缺点。除此以外，当前帮助学生做好大学选择和报考准备的部分职能是由市场来承担的。除了大型讲座之外，更以小班授课、一对一辅导等分类别和分层次的个性化服务吸引了部分家长。不可否认，市场化的咨询机构在信息搜集和整理上具有强大的能力。但在趋利的价值取向下，也存在服务品质参差不齐的现象。应当进一步整合体制内外的高考规划信息和资源，在充分发挥市场服务灵活性的同时，通过政府购买服务来维护升学指导服务的公益性导向，加强行业规范建设，提升服务的专业性。

（四）加强专业的大学升学指导人才队伍培养

当前，学校内的升学指导实际工作通常由学校教师担任。一方面，由于高中教师各有其职，这无疑增加了教师工作负担，并且缺乏工作机制的常态化；另一方面，高中教师对高校专业信息、职业分类信息、高考选拔信息的掌握不够系统全面，为学生提供的意见参考受限于个人的经历和认知。随着生涯导师制在高中的建立，加强专业的大学升学指导人才队伍培养和资格认证应当纳入政策规划之中。同时鼓励高中与大学建立长期的交流渠道，例如大学招办和系所负责人进高中开展升学指导讲座，组织高中生参观大学校园和参与大学社团活动，形成高中—大学阶段的有效链接。①

---

① 华桦：《促进高等教育获得的政策支持——基于"高中—大学"链接的视角》，《当代青年研究》2017年第3期。

B.6 上海婚姻变迁的趋势特征和原因分析[*]

张亮 刘汶蓉[**]

摘 要: 本文利用政府统计数据和抽样调查资料,分析了近年来上海婚姻变迁的特征、趋势和原因。研究发现,上海婚姻变迁的趋势特征主要表现在:初婚年龄不断提高,晚婚已成普遍趋势;结婚仍是绝大多数人的必经之途,未现单身浪潮迹象;初育行为推迟,但不育只是少数人的理想与选择;离婚率持续攀升,但总体水平不居全国前列;个人幸福主义获认同,婚姻不可离异性的观念降低。本文认为,导致上海婚姻变迁的原因主要有:全球化、现代化背景下婚姻家庭遭遇结构性困境,个体主义价值观念传播导致婚姻价值观念的情感化,社会领域性别平等的提升和家庭领域固守传统性别化期待衍生的个体婚姻困境,社会政策调整助推婚姻行为的波动。本文最后从推进上海婚姻服务的角度提出了几点思考与建议。

关键词: 上海 婚姻 生育 婚育趋势

婚姻家庭在亲密关系私人化和价值多元化的今天依然具有重要的制度意义,是各国社会政策的焦点。但因为婚姻家庭实践的私人性、速变性和多样

---

[*] 特别说明:本文是2019年度上海市民政局科研课题"上海婚姻家庭文化的现状与对策研究"的部分成果。
[**] 张亮,博士,上海社会科学院社会学研究所助理研究员;刘汶蓉,博士,上海社会科学院社会学研究所副研究员。

性，政策制定者难以把握发展趋势，难以确定合理有效的介入方式和介入程度，亟须研究者提供基于经验证据的实证研究和判断，在研究和政策制定之间架起桥梁。

以儒家家族主义传统为支撑的中国家庭承载着超越两性亲密关系的意义，更强调合作生育和子嗣延绵的社会制度意义，而结婚生子也构成中国人自我价值实现、人生圆满的重要价值来源。另外，结婚率、生育率与人口结构息息相关，也与社会经济发展动力紧密相连。但21世纪以后，随着城镇化、少子化、全球化、人口大规模流动等社会结构性变迁，婚姻家庭文化价值观发生重大变化。因此，青年婚恋问题进入国家政策视野。2017年，中共中央、国务院印发《中长期青年发展规划（2016—2025年）》，强调要对青年人进行婚恋观、家庭观的引导和教育，而准确把握当下的婚姻家庭脉搏是进行有效引导和教育的前提。

本文旨在理解和描述当下上海婚姻的现状、趋势和原因，并提出可能的政策介入路径和举措。研究资料来自政府部门公布的统计数据、公开的抽样调查数据，以及上海社会科学院社会学研究所开展的相关调查数据。

一 上海婚姻变迁的特征描述

近年来，关于大城市青年结婚难、单身潮、不婚不育等报道常见于各大媒体。与农村地区的男青年婚姻挤压问题不同，大城市青年的婚姻问题更多地被认为与文化观念和生活方式转变有关，是全球现代化进程中亲密关系转型[1]、婚姻去制度化[2]、第二次人口转型浪潮[3]的一部分。我们将利用政府统计数据和抽样调查资料，描绘和分析上海青年人婚姻观念、行为的总体变迁特

---

[1] 〔英〕安东尼·吉登斯：《亲密关系的变革：现代社会中的性、爱和爱欲》，陈永国、汪民安等译，社会科学文献出版社，2001。
[2] Cherlin, A. J., The Deinstitutionalization of American Marriage, *Journal of Marriage and Family*. 2004, 66: 848–861.
[3] Lesthaeghe, R., The Unfolding Story of the Second Demographic Transition, *Population and Development Review*. 2010, 36 (2): 211–251.

征。同时，我们还注意将全球化的婚姻家庭普遍趋势与中国的婚姻家庭制度背景、文化传统背景相结合，通过国内、国际比较，以确定上海的婚姻变迁在国内和国际上的坐标位置，在更大的层面对上海婚姻变迁的特征做出客观判断。

（一）初婚年龄不断提高，晚婚已成普遍趋势

自20世纪90年代以来，上海男女的初婚年龄呈现持续攀升的变动趋势。如图1所示，2018年上海男女的平均初婚年龄分别为30.65岁和28.81岁，比1990年分别提高了6.07岁和5.87岁，比2010年分别提高了1.82岁和2.3岁。

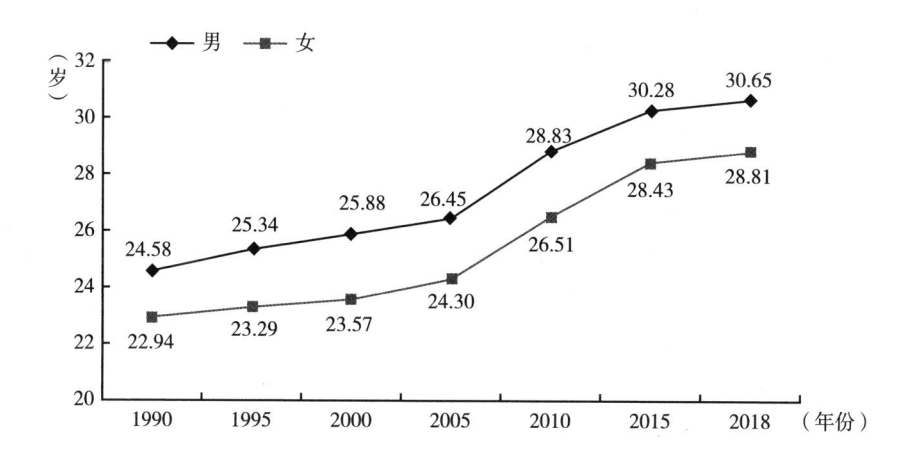

图1 上海男女平均初婚年龄变化趋势（1990～2018年）

资料来源：1990～2005年数据根据上海2010年人口普查资料计算得出，2010～2018年数据来自上海市民政局婚姻管理处《上海市婚姻登记统计情况专报》。

尽管近30年来，上海男女青年的平均初婚年龄持续递增，但从经合组织（OECD）提供的国际数据的比较结果来看，上海青年依然更早地步入婚姻殿堂，初婚年龄的推迟速度更为缓慢。在20世纪90年代初，大多数经合组织国家的女性平均初婚年龄在22～27岁，男性的平均初婚年龄在24～30岁。到2017年，几乎所有经合组织国家的女性平均初婚年龄上升到27～34岁，男性上升到29～37岁。2017年经合组织国家的女性平均初

婚年龄为30.2岁，男性平均初婚年龄为32.5岁，比上海高出1.5岁左右（见图2）。

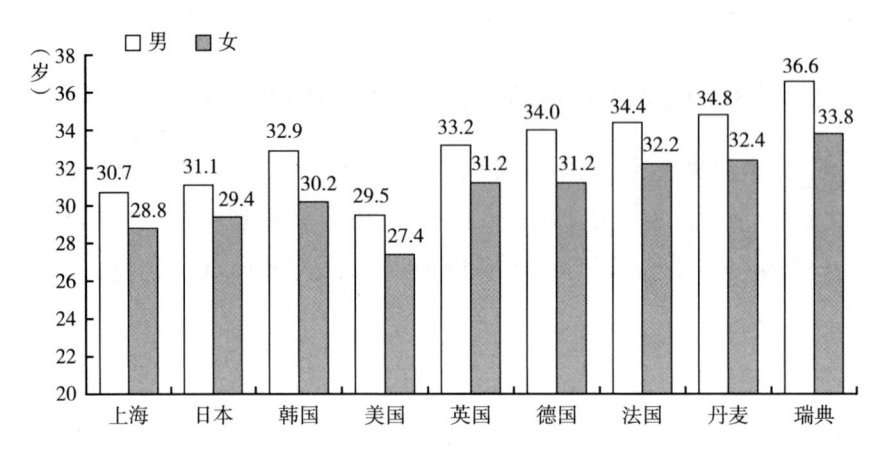

图2　男女平均初婚年龄的国际比较（2017年）

	上海	日本	韩国	美国	英国	德国	法国	丹麦	瑞典
男	30.7	31.1	32.9	29.5	33.2	34.0	34.4	34.8	36.6
女	28.8	29.4	30.2	27.4	31.2	31.2	32.2	32.4	33.8

资料来源：上海数据来自上海市民政局婚姻管理处《2017年上海市婚姻登记统计情况专报》；经合组织国家数据来自OECD Family Database，http://www.oecd.org/els/family/database.htm。

（二）结婚仍是绝大多数人的必经之途，未现单身浪潮迹象

进入21世纪以后，一些研究者观察到我国的结婚登记数在减少，离婚率则逐年上升，单亲、丁克、单身户比例在增加[1]，由此推断我国婚姻制度产生了多元化趋势等判断。加上近年来媒体对大城市不婚不育现象，特别是剩男剩女问题的热议，引发各界对我国结婚率会持续下降的担忧。但从长时期的统计数据看，上海乃至中国并未进入不婚比例剧增的"后现代家庭"时代。

首先，从登记结婚人数看。图3显示，自2003年以来，上海登记结婚对数都维持在10万对以上，2006年上海登记结婚对数达最高点，为

---

[1] 张翼：《中国阶层内婚制的延续》，《中国人口科学》2003年第4期；唐灿：《中国城乡社会家庭结构与功能的变迁》，《浙江学刊》2005年第2期。

16.56万对，之后时有波动起伏，但至2015年时保持在14万对上下。近三年登记结婚对数又有较大回落，2018年降至10.51万对，恢复至2003年水平。

图3 上海登记结婚人数变动趋势（2000~2018年）

资料来源：2000~2017年结婚对数来自上海市统计局《上海统计年鉴2018》，中国统计出版社，2018；2018年数据来自上海市民政局婚姻管理处《2018年上海市婚姻登记统计情况专报》。

其次，从15岁及以上人口的婚姻状况来看。从图4可发现，近10年来，上海15岁及以上人口中的未婚人口比例并没有上升，相反，无论男女都略有下降。从女性人口看，2005年15岁及以上的女性人口中未婚者的比例约为19%，有配偶者占72.1%；2015年两个比例分别为14.8%和75.7%。男性人口同样如此，未婚者的比例从2005年的23.7%降至2015年的19.3%，而有配偶者的比例则从72.3%上升至76.6%。

当然，如果仅看20~39岁年轻人的婚姻状况，2005~2015年的10年间，女性未婚者比例在任何年龄段都有所上升，其中20~24岁年龄段增长了3.8个百分点，25~29岁年龄段增长了11.9个百分点，30~34岁年龄段增长了8.0个百分点，35~39岁年龄段增长了3.9个百分点。男女比较可知，虽然总体上男性的未婚比例一直高于女性，但性别差距在减小。以25~34岁年龄段为例，未婚人口比例的性别差距从2005年的22.7个百

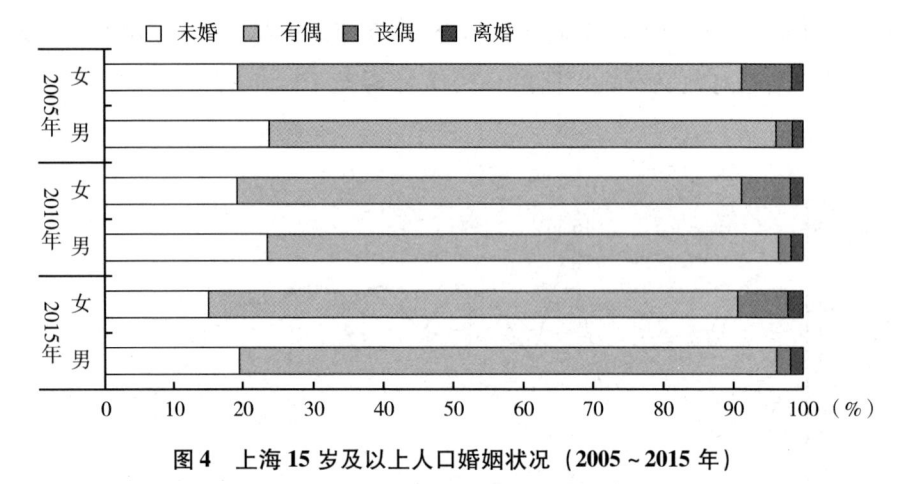

图 4　上海 15 岁及以上人口婚姻状况（2005～2015 年）

资料来源：根据相关年份上海人口普查和抽查数据计算得出。

分点降至 2015 年的 14.1 个百分点，10 年间缩小了 8.6 个百分点（见表 1）。正是女性未婚人口比例上升速度快于男性，在很大程度上形成了公众对女性青年结婚难的焦虑。

表 1　2005～2015 年上海 20～39 岁未婚人口状况的变动

单位：%

类别	年龄	2005 年	2010 年	2015 年
男性	20～24 岁	84.9	83.0	82.8
	25～29 岁	39.1	41.6	45.9
	30～34 岁	12.4	13.4	16.9
	35～39 岁	6.4	6.1	7.0
女性	20～24 岁	72.5	72.5	76.3
	25～29 岁	23.4	29.0	35.3
	30～34 岁	5.4	8.7	13.4
	35～39 岁	1.9	3.3	5.8

资料来源：根据相关年份上海人口普查和抽查数据计算得出。

与全国及其他地区相比，上海青年人的未婚比例在国内并不算高，人口总体的婚姻状况更显传统。如表 2 所示，2016 年上海 15 岁以上人口中未婚者占 17.0%，有配偶者占 77.1%。其中，未婚者人口比例不仅低于全国平均水平,也低于北京、天津和重庆。相应的,上海有配偶者的比例也为四个直辖市中最高的。

表2　15岁以上人口的婚姻状况分布的国内比较(2016年)

单位:%

类别	未婚			有配偶			离婚		
	总体	女性	男性	总体	女性	男性	总体	女性	男性
北京	21.3	17.7	24.6	72.6	73.5	71.7	2.1	6.4	1.8
天津	19.1	17.4	20.6	74.2	73.0	75.3	2.0	7.4	2.4
上海	17.0	15.1	18.8	77.1	76.5	77.7	2.0	6.2	1.7
重庆	17.1	13.9	20.3	73.7	74.9	72.6	2.9	8.3	4.2
全国	18.9	15.7	22.1	73.6	74.8	72.5	1.9	7.9	3.3

资料来源:《中国统计年鉴2017》,中国统计出版社,2017。

总体而言,近年来上海未婚人口比例未呈现明显的上升趋势,传媒热炒的单身浪潮并未出现,青年男女只是推迟了进入婚姻的年龄,婚姻仍是绝大多数人的选择。

婚姻作为一种制度,上海青年不仅从行为上普遍遵循,在观念上也是将结婚视为理想人生目标。2010年的抽样调查结果显示,51.7%的上海女性赞同"结婚是个人自由,所以结婚或不结婚都可以"。但同样指标的国际比较研究结果显示,2002年,英国、德国、瑞典和美国女性对"结婚是个人自由,所以结婚或不结婚都可以"持肯定态度的比例已分别达98.2%、81.6%、82.0%和56.9%(见表3)。即使在被认为较为传统的亚洲国家日本和韩国,女性对"结婚是个人自由,所以结婚或不结婚都可以"持肯定态度的比例也分别达84.0%和85.1%。

(三)晚婚导致初育推迟,但不育只是少数人的理想与选择

与女性初婚年龄上升相伴随的是初育年龄的提升,2018年上海户籍女性的平均初育年龄已达30.1岁,比2010年的28.25岁推迟将近2岁。国际比较来看,2017年经合组织国家的女性平均初育年龄为29.10岁,而上海女

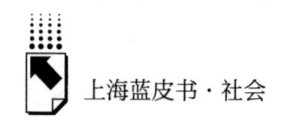

表3 女性对"结婚是个人自由,所以结婚或不结婚都可以"态度的国际比较

单位:%

类别	中国上海	日本	韩国	英国	德国	瑞典	美国
很赞成	16.3	63.1	25.9	86.6	57.7	62.3	34.9
较赞成	35.4	20.9	59.2	11.6	23.9	19.7	22.0
讲不清	10.4	2.2	0.2	0.2	0.5	4.0	4.7
较反对	31.2	8.7	8.7	0.7	13.3	8.4	17.8
很反对	6.7	5.2	6.0	0.9	4.6	5.6	20.5
合计	100.0	100.0	100.0	100.0	100.0	100.0	100.0

资料来源:徐安琪等,《转型期的中国家庭价值观研究》,上海社会科学院出版社,2013。

性为29.81岁,略高于经合组织国家平均水平。具体而言,上海女性的初育年龄已经高于很多西方发达国家,仅低于亚洲的日本、韩国,以及欧洲的希腊、西班牙和意大利等国家(见图5)。需要指出的是,许多欧美国家的女性初育年龄相对较低,一个重要的原因是女性非婚生子比重快速上升,而在初育年龄超过30岁的国家,女性的非婚生育水平相对较低,尤其是亚洲的日本和韩国。

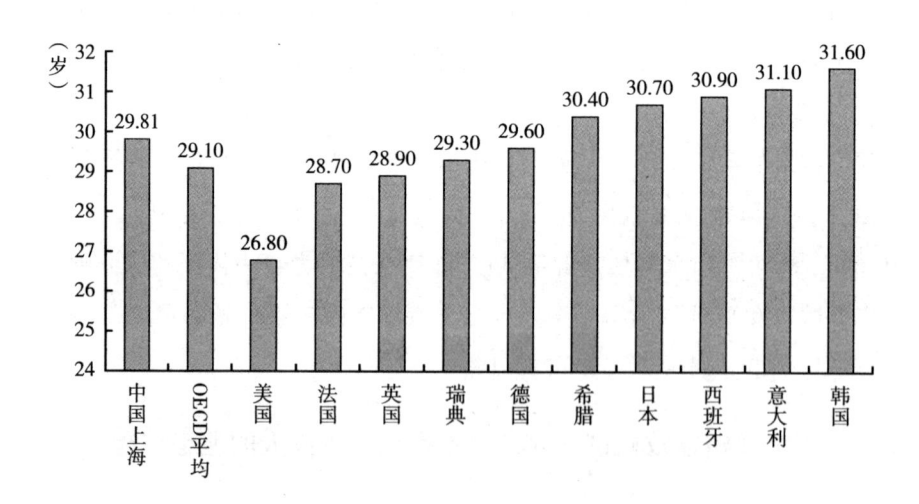

图5 上海女性初育年龄及国际比较(2017年)

资料来源:上海数据来自《2017年上海市卫生计生数据》;经合组织国家数据来自OECD Family Database,http://www.oecd.org/els/family/database.htm。

尽管上海女性的生育年龄不断推迟，晚育趋势明显，但这并不意味着不育或"丁克"趋势的上升。人口普查资料显示，在40~44岁女性中，1995年仅有3.1%的人无活产子女，到2015年，该比例也只升至7.0%，无子女女性的比例在20年间仅增加了约4个百分点。也就是说，生育依然是上海女性普遍的行为选择，她们只是晚育而不是不育。国际比较来看，上海无子女女性的比例同样属于较低水平。经合组织的统计数据显示，在2010年前后，英国、西班牙和奥地利的40~44岁妇女中超过20%的人没有子女，美国、加拿大、瑞典、芬兰等国的比例在10%~20%，低于10%的主要是南美洲、东欧和亚洲国家，例如智利、墨西哥、土耳其、捷克斯洛伐克和韩国等（见图6）。

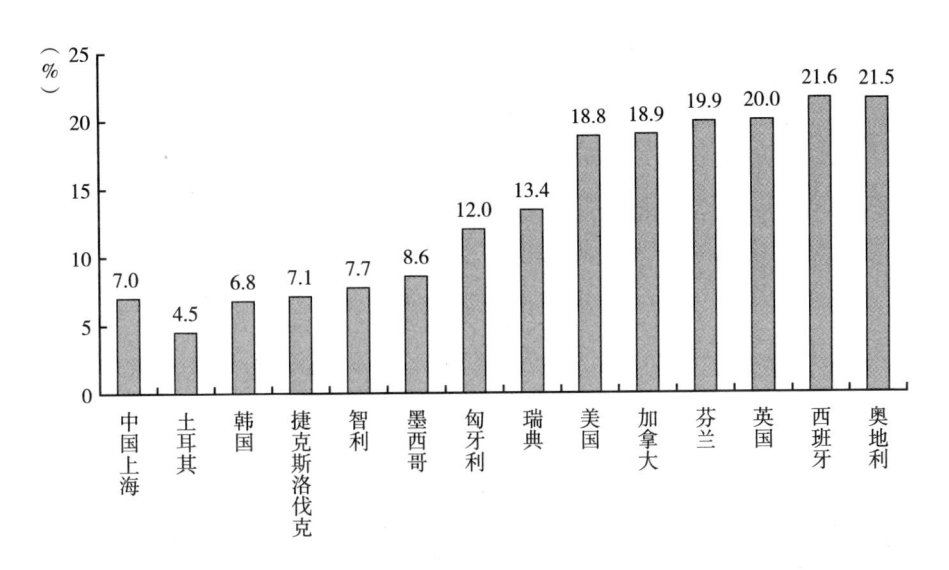

图6　40~44岁无子女女性比例的国际比较

注：上海为2015年数据，其他国家为2010年前后数据。
资料来源：《2015年上海市1%人口抽样调查资料》，中国统计出版社；OECD Family Database，http://www.oecd.org/els/family/database.htm。

有关生育意愿的调查同样表明，上海青年对为人父母的身份认同并无明显变化，一直高度肯定生育的价值和必要性。2008年家庭价值观变迁研究的调查结果显示，上海被访者对"结婚后不要孩子"的说法持基本赞同态度的只占1.7%（非常赞同的仅为0.4%），回答"讲不清/无所谓"的也只有13.9%。在问及"假如可以自由选择，最理想的是生几个孩子"时，选择0个孩子的比例也只有2.4%。这些都表明自愿不育只是少数人的选择。另一项于2016年在上海进行的青年就业、生活及价值观调查显示，两个孩子被认为是最理想的子女数，占比达54.2%，理想子女数为一个的在三成左右（30.9%），只有12.9%认为不要孩子最理想。

（四）离婚率持续攀升，但总体水平不居全国前列

从粗离婚率的变化趋势看，在21世纪之前，上海的离婚率低于全国平均水平，20世纪七八十年代与全国水平更是相去甚远。90年代以后离婚率开始明显上升，至2000年突破1‰且超过全国平均水平，之后一直在全国平均水平之上保持大幅增长，至2015年突破4‰，2016年、2017年离婚率有较大的回落，目前低于全国水平。

从上海市民政局登记离婚对数的变化趋势看（见图7），上海离婚登记数量1985~1999年的增幅相对平缓，2000年之后曲线斜率明显变大，且表现出明显的大幅波动。进入21世纪之后，上海的登记离婚对数在2001~2003年有所下降，但从2003年开始突然大幅爬升，同比增长29%，随后的三年中均保持大幅上升。2006~2011年每年的离婚登记数基本持平，但2013年突然大幅增加，当年登记离婚数达到60408对，同比增长37%，2014年又大幅下降，同比下降12%；2015年上升，2016年又直线拉升至73845对，同比增长28%；随即2017年又断崖式跳水至50405对，同比下降32%；2018年略有上升，离婚登记数为51429对。

地区比较结果显示，网上流传的"北上广深离婚率前四"的说法并不准确。[①] 事实上，2014年上海离婚率在全国31个省级行政区中排名第15位，2015年排名第14位，2016年排名第12位，但2017年跌至第25位。

---

① 中商产业研究院：《2016年中国离婚大数据分析：北上广深离婚率最高》，中商情报网，http://www.askci.com/news/finance/20160901/14594658879_2.shtml；《2019中国离婚率最高的十大城市有哪些?》，律师365网，http://www.64365.com/zs/835032.aspx。

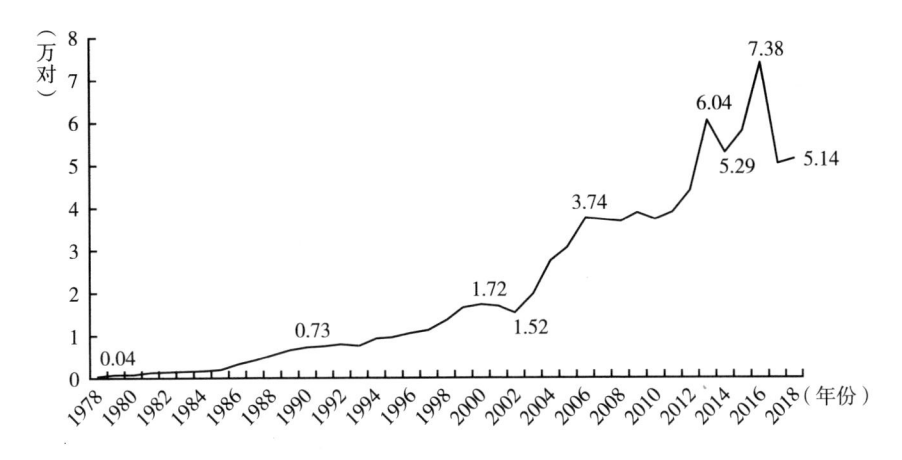

图7 上海市登记离婚对数的变动趋势（1978~2018年）

资料来源：上海市民政局婚姻管理处提供。

自2010年以来，上海的离婚率仅在2011年、2013年和2016年高于全国平均水平，其余三个年份都维持在平均水平左右。

对2017年中国31个省级行政区粗离婚率的比较发现（见表4），我国目前离婚率相对较高的地区集中在黑龙江、重庆、吉林、内蒙古等地区，粗离婚率多数在4‰~5.5‰，其中黑龙江超过5‰。而离婚率相对较低的地区主要集中在江西、山西、甘肃、广东、海南、西藏等地区，其中广东、海南和西藏不到2‰。

表4 全国31个省级行政区的粗离婚率及排名（2017年）

单位：‰

排名	1	2	3	4	5	6	7	8	9	10
行政区	黑龙江	重庆	吉林	内蒙古	安徽	辽宁	天津	贵州	四川	北京
粗离婚率	5.19	4.93	4.90	4.00	3.89	3.81	3.78	3.77	3.76	3.71
排名	11	12	13	14	15	16	17	18	19	20
行政区	江苏	湖北	河南	宁夏	河北	新疆	湖南	陕西	浙江	青海
粗离婚率	3.59	3.38	3.32	3.27	3.10	3.07	3.03	2.84	2.80	2.76
排名	21	22	23	24	25	26	27	28	29	30	31
行政区	山东	福建	云南	广西	上海	江西	山西	甘肃	广东	海南	西藏
粗离婚率	2.73	2.72	2.66	2.47	2.43	2.41	2.23	2.07	1.99	1.93	1.20

资料来源：《中国统计年鉴2018》，中国统计出版社，2018。

对2017年的数据进行比较还可知，在四个直辖市中，重庆、天津、北京位居高离婚率梯队，分别居第2、第7和第10位，但上海的粗离婚率水平仅排在第25位。而且，与全国其他地区的上升趋势不同，上海、北京、天津的粗离婚率在2017年都发生了大幅下降，其中，上海的粗离婚率已降至低于全国平均水平。

（五）个人幸福主义获认同，婚姻不可离异性的观念减少

据上海市民政局的统计（见图8），2018年，离婚登记的51429对中，感情不和而离婚的是20586对，占总数的40.03%；感情破裂而离婚的是14911对，占总数的28.99%；性格不合而离婚的是13351对，占总数的25.96%；经济困难而离婚的是53对；第三者插足而离婚的是423对；因两地生活而离婚的是459对；因教育子女问题而产生离婚矛盾的是13对；家庭纠纷而离婚的是456对；夫妻性生活不和谐而离婚的是27对；一方有违法犯罪行为而离婚的是2对；一方有不良生活习惯而离婚的是120对；

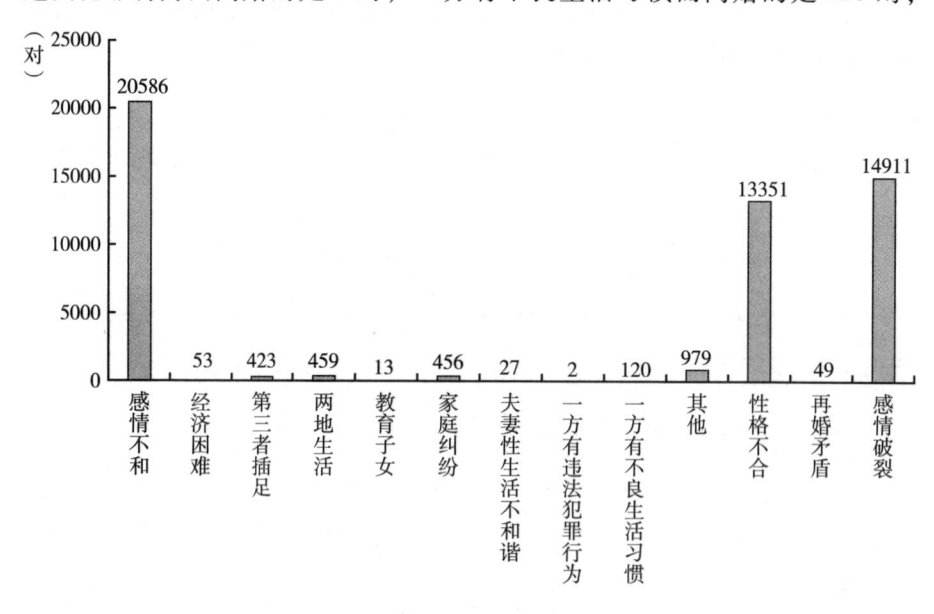

图8　2018年上海协议离婚的原因统计

资料来源：上海市民政局婚姻管理处提供。

再婚矛盾而离婚的是 49 对；其他 979 对。虽然感情不和也会由生活中具体事务所导致，但总体而言，当前的离婚当事人更强调情感因素而非实质性的生活困境。

2019 年全国妇女思想状况调查结果显示，对"婚姻是神圣的，结了婚就不能轻率离婚"的观点，合计有 74.5% 的上海女性表示赞同，且与全国平均水平没有显著差异（见表 5）。但表 6 结果显示，上海女性显著更不赞同为了孩子忍受不幸福的婚姻，有 19.5% 的上海女性表示"很不赞同"该观点，不仅显著高于全国平均水平，也高于北京、广州、天津和重庆。

表 5　女性对"婚姻是神圣的，结了婚就不能轻率离婚"观念的态度

单位：%

类别	北京	上海	天津	重庆	广州	全国
很不赞同	2.0	3.0	2.5	2.8	6.0	4.0
不大赞同	9.0	9.0	9.5	10.8	8.0	12.1
讲不清	12.2	13.5	16.8	17.5	16.0	15.7
比较赞同	27.8	26.0	34.8	29.8	28.0	30.0
非常赞同	49.0	48.5	36.5	39.2	42.0	38.3
合计	100.0	100.0	100.0	100.0	100.0	100.0

资料来源：2019 年全国妇女思想生活状态调查。

表 6　女性对"有了孩子以后，即使婚姻不幸福也不应该离婚"观念的态度

单位：%

类别	北京	上海	天津	重庆	广州	全国
很不赞同	15.8	19.5	15.0	15.5	18.0	16.4
不大赞同	24.0	21.8	29.5	30.0	28.7	31.6
讲不清	22.0	21.0	15.2	20.2	19.0	19.7
比较赞同	17.2	18.2	18.2	13.8	15.0	16.1
非常赞同	21.0	19.5	22.0	20.0	19.3	16.1
合计	100.0	100.0	100.0	100.0	100.0	100.0

资料来源：2019 年全国妇女思想生活状态调查。

进一步进行分年龄比较，由数据可知，18～35岁上海青年女性的婚姻神圣观念和为了孩子不离婚的观念显著淡化。如表7所示，合计16.7%的青年人明确表示不赞同"婚姻是神圣的，结了婚就不能轻率离婚"，远高于中年组的9.2%和老年组的8.7%。对于"有了孩子以后，即使婚姻不幸福也不应该离婚"的观念，青年组表示"比较赞同"和"非常赞同"的合计29.5%，远低于中年组的39.4%和老年组的52.2%。

表7 上海女性离婚观念的年龄差异（N=400）

单位：%

类别	婚姻是神圣的,结了婚就不能轻率离婚			有了孩子以后,即使婚姻不幸福也不应该离婚		
	18～35岁	36～50岁	51～65岁	18～35岁	36～50岁	51～65岁
很不赞同	3.2	2.9	2.9	22.4	20.6	10.1
不大赞同	13.5	6.3	5.8	28.2	18.9	14.5
讲不清	14.1	13.1	13.0	19.9	21.1	23.2
比较赞同	22.4	25.7	34.8	16.7	17.7	23.2
非常赞同	46.8	52.0	43.5	12.8	21.7	29.0
合计	100.0	100.0	100.0	100.0	100.0	100.0

资料来源：2019年全国妇女思想生活状态调查。

二 上海婚姻变迁的原因分析

（一）全球化、现代化背景下婚姻家庭遭遇结构性困境

首先，自20世纪80年代开始的改革开放、90年代开始全面实行的市场化改革和21世纪初加入WTO，在中国的快速现代化发展之路上，家庭作为社会的基本单元受到全面冲击。经济全球化、工业化、城市化、人口迁移日益成为影响家庭生活的重要因素。经济增长、收入水平提高能改善家庭生活质量，但与此同时，在竞争性的生产主义的精神下，工作变得越来越临时性、流动性，许多人不得不牺牲他们的私人家庭生活，接受"996"、即时

回应的工作模式,以保持他们在劳动力市场的竞争力。这已成为影响家庭组建和保持家庭稳定、影响生育和再生育行为的重要因素。[①] 因此,尽管大多数上海青年依然期望遵循社会所认可的"标准化人生"模式的生活轨迹,适时结婚、生儿育女,但由于达到兼顾工作与家庭生活的物质和时间条件越来越困难,晚婚晚育的趋势将继续保持。

其次,现代社会成员流动性强,人们活动的空间大大拓展,选择的自由度大大增加,但同时也对婚姻家庭关系的稳定产生不利影响。一方面,由于社会流动增加,现代社会夫妇之间的同质性减少,而异质性增加,在社会与家庭背景、职业、阶层、宗教信仰、价值观念、生活方式等方面存在着差别乃至迥然相异,使婚姻调适产生了困难;另一方面,现代社会阶层体系日益开放,人们在不同阶层之间流动上升,这种变化同时伴随着个人身份、地位、声望的升降,既定的婚姻家庭关系如果不能适应这种变化就可能难以维系。经济社会的结构性变化加大了维系婚姻家庭的困难,这也是高度向往白头偕老的终身婚姻与离婚率持续上升的观念与行为背离的原因所在。

(二)个体主义价值观念传播与婚姻价值观念的情感化

伴随着我国现代化进程的推进,强调尊重人的自主性、追求自我发展、倡导平等与自由理念的个体主义价值观念不断发展。概括起来,个体主义价值观对婚姻家庭行为的影响主要体现在两个方面。一是将婚姻引向情感化和心理化的发展道路。在媒体和市场、消费主义和青年文化运动等的共同作用下,集灵魂伴侣、情感陪伴和工具支持于一体的"完美配偶"理想诞生,极大地提高了青年人对高质量婚姻的期待,也催生了广泛的婚姻焦虑。对当下的上海青年人而言,与"不想结婚"相比,"理想婚姻不可得"的困扰更甚。

二是社会普遍对爱、情感满足、自我实现式婚姻关系的追求,在提高婚

[①] Cherlin, A. J., Goode's "World Revolution and Family Patterns": A Reconsideration at Fifty Years, *Population and Development Review*. 2012, 38 (4): 577–607;陈卫民:《社会政策中的家庭》,《学术研究》2012 年第 9 期。

姻质量的同时也显著削弱了双方在婚姻磨合过程中的耐力和忍受力。中国"家本位"的文化传统和制度结构使个人难以轻易地做出离婚选择，这也从文化心理上降低了对婚姻的个性化需求和情感满足的期望；而现代社会的"个体本位"文化使人们对婚姻家庭关系的选择可以独立从容地进行，一旦一方婚后感觉未得到其所期望得到的东西，既定的婚姻家庭关系便难以维持下去。

事实上，随着个体主义价值观念的普及，人们对婚姻中情感和谐的追求越来越高，在一定意义上成为离婚率走高的推手。一项在上海开展的200个"80后"离婚诉讼案例调研中，因生活压力申请离婚的占1%，因双方父母干涉婚姻生活而申请离婚的占3%，有外遇问题而申请离婚的占9%，因家庭暴力而申请离婚的占10%，因婚前缺乏足够了解而申请离婚的占23%，因对方缺乏家庭观念申请离婚的占26%，因性格不合申请离婚的占28%。可见，对于上海的"80后"群体来说，双方对情感诉求、相互理解和尊重更为重视，婚姻不满意来自生活经济困境的很少。[①]

（三）社会领域性别平等的提升和家庭领域固守传统性别化期待衍生的个体婚姻困境

随着中国社会经济的快速发展，我国妇女发展和性别平等事业在各个方面不断推进，尤其是在北上广等大城市，女性在各级教育上获得公平的受教育机会，受教育水平不断提高，并由此带来职业层次和经济收入的上升，社会领域的性别平等大为提升。然而，家庭领域依然延续着强调男女差异和分工的本质主义的性别观念，婚姻的性别化差异期待未受挑战，主要表现在：青年择偶梯度总体沿袭传统，"男强女弱、男高女低"的择偶梯度和匹配定式虽然在观念测量上有所松动，但在现实婚配上表现甚微。受教育程度对女性初婚年龄的推迟效应大于男性，30岁以上的女性受教育程度越高结婚可

---

① 潘庸鲁、沈燕：《80后离婚问题实证研究——以上海某法院200件申请离婚案为例》，《中国青年政治学院学报》2013年第5期。

能性越低,印证了高学历女性面临婚姻挤压的事实,也印证了文化刻板印象的延续,年龄依然被视为女性最重要的婚姻资本。在婚姻缔结过程中,支付彩礼、举办风光婚礼、购买婚房被视为男方应当承担的责任,男性需要更长的时间来完成组建家庭所需的经济积累,成为大城市青年初婚年龄不断推延的原因之一。

社会领域和家庭领域性别观念的内在张力还导致男女不再有确定的可供交换的资源,也失去了传统的互补性分工的基础,造成婚姻的效益和吸引力下降,青年人在婚姻外徘徊。

(四)社会政策调整助推婚姻行为的波动

21世纪以来,上海离婚登记数表现出两个明显的上扬节点,一个是2003年,一个是2013年。登记离婚对数从2003年开始突然大幅爬升,2006~2011年离婚登记数基本持平,2013年突然大幅增加,当年登记离婚数达到60408对。在很大程度上,离婚数大幅波动的背后是相关政策调整的影响。2003年,国务院颁布的婚姻登记条例大大简化了在民政部门办理登记离婚的手续,这一方面保障了离婚自由;另一方面也给那些冲动型离婚或草率型离婚打开了方便之门,导致2003年的离婚数量激增,同比2002年增加了约29%,2004年比2003年又增加了约39%,创历史增幅最大值。

2010年之后,上海离婚登记数呈现戏剧性涨跌,均与房地产政策相关。自2000年以来,我国的房价水平以年均8.6%的速度持续上升,远远超过了同期的CPI增速,为抑制投机投资性购房,防止房价上涨过快,我国2010年开始出台房屋调控政策。但2013年的"国五条"、2016年的"新国五条"都掀起了"假离婚潮"[1],引起社会各界的广泛热议。有研究显示,大城市的离婚率与房价有紧密关系,房价越高、波动越大,离婚

---

[1] 谢伟:《楼市有风险离婚需谨慎》,搜狐财经网,http://business.sohu.com/20130322/n369795004.shtml;《假离婚潮再现,这种方式买房至少有两大风险》,https://zhishi.fang.com/xf/qg_185454.html?from=ask。

率越高。[1]

如前所述，2013年和2016年上海离婚登记数分别同比增长37%和28%，2014年和2017年又分别同比下降12%和32%。从复婚比例看，上海2010年办理复婚登记共5514对，2011年6570对，2012年8068对，2013年14730对，2014年17286对，2015年17984对，2017年18925对。复婚率持续走高，一部分原因是简单离婚程序导致冲动离婚数量增加，从而冷静后复合的数量增加，但也有一部分原因是消化房屋限购政策下的假离婚。

三 对推进上海婚姻服务的几点思考与建议

家庭是社会最基本的元素，是人类最重要的栖身之所。家庭也是社会治理和社会服务的重要内容，不管是婚恋介绍、婚姻登记，还是婚俗改革、婚姻家庭辅导、反对家庭暴力等，无不关系到最基本的社会服务和最基础的社会治理。从西方福利国家的发展经验来看，婚姻不稳定、非婚生育比例高，是导致女性与儿童人群贫困和社会治理成本高的一个重要因素。而过低的生育率，特别是受教育水平较高、收入中等偏上的人群由于生育的机会成本过高、工作压力过大而不育，导致人口结构的不可持续。因而，在以经济建设为主导的现代化建设进程中，既要重视通过政策设置直接规范人们的婚姻家庭行为，也要注重通过文化引导来间接地影响人们的婚姻生育行为。

（一）完善婚恋公共服务，扩大青年择偶渠道

一是进一步规范婚介行业服务行为，培育健康的婚恋服务市场。加强婚介监管工作，杜绝虚假广告、虚假信息，打击婚托和欺诈行为，促进婚恋市场规范发展。

二是健全政府部门、群团组织、社会力量共促青年婚恋工作的协同推进

---

[1] 范子英、胡贤敏：《未预期的收入冲击与离婚：来自住房市场的证据》，《华中科技大学学报》（社会科学版）2015年第1期。

机制，为青年提供更多的交友机会，提升青年的婚恋交友能力。充分利用互联网、大数据等现代技术，依托微博、微信公众号、微信群等线上服务平台，拓展婚恋咨询、活动发布、报名的线上渠道，塑造有别于其他市场化平台的服务优势。

（二）加强婚姻教育和服务，促进青年人婚姻稳定

在婚姻情感化和心理化趋势下，夫妻双方如何做到"相互尊重"、"相互促进"和"共同发展"是保持婚姻凝聚稳定的最佳路径。这不仅需要当事人对婚姻有科学的认识，还需要有良好的沟通能力和冲突解决技巧。如今，青年人的经济独立和心理成熟年龄不断推迟，心理上的高期待和生活中的低能力并存，往往是造成他们婚姻亮红灯的重要原因。因此，开展和加强专业化的婚前教育和健康婚姻培训是当前上海亟待发展的事业。

设立促进婚姻健康的公共服务项目。虽然婚姻家庭变迁有很多是由于经济、法律和文化因素引起的，但夫妻间的沟通模式、态度和行为会影响到婚姻的成功和失败，而这些关系要素是可以通过教育干预进行控制和改变的。各级政府和相关部门可以设立专项基金，通过购买服务的形式，让专业的非营利组织、企业公司向公众提供婚姻宣传和服务，开展以下促进婚姻健康的项目活动：①婚姻价值的公共宣传；②婚姻沟通技巧，包括冲突管理、问题处理、关系处理、沟通技巧等；③婚姻示范项目，即在社区树立模范夫妇或婚姻榜样；④在高中进行婚姻价值观、关系技能和婚姻安排的教育；⑤婚前教育，对打算结婚的人进行婚姻技能培训。

（三）以公共政策和舆论为抓手，改善家庭生态系统

现代化、个体化发展进程正在不断解构千百年来婚姻所承载的社会秩序和道德秩序的价值意义，保卫婚姻和家庭成为各国共同面临的议题。当下而言，首先需要在更广泛的公共政策制定理念上重视家庭。世界发展历程表明，强调个体竞争的市场经济对人类初级群体和人际纽带产生了巨大冲击，人类社会的可持续发展需要经济再生产和人口再生产的均衡发展，只有通过

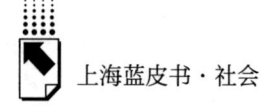

建立一套以支持家庭和妇女为核心的积极社会政策体系，才能实现工作和家庭的平衡发展。其次，需要从舆论上宣传和鼓励支持员工履行家庭职责，营造家庭生活友好型的人文环境，在现代人的价值话语和行为实践上为家庭生活留出空间。最后，要在家庭领域加强性别平等文化建设，倡导建立新的家庭分工模式，打破传统的婚姻期待和性别刻板印象，倡导多元、弹性的性别文化。

B.7 上海养老服务发展现状、问题及对策研究

高 慧[*]

> **摘　要：** 2010年以来，上海在不断深化以居家为基础、社区为依托、机构为支撑、医养结合的养老服务格局的基础上，持续推进"五位一体"社会养老服务体系建设，不断满足社会化养老服务需求。但面对扩大化、多样化、专业化、区域化的养老服务需求，存在养老服务供给和利用率区域差异明显、养老服务结构性矛盾突出、养老服务队伍建设需要加强、养老服务的社会参与还有待深化、养老服务智能化/信息化需要大力推进等主要问题。深化上海养老服务需要重视提高养老服务设施使用效率、着重扩大医疗康复护理服务供给、切实加强养老服务队伍建设、继续深化养老服务社会化运作机制改革、大力推进养老服务智能化/信息化和深入推进长三角养老服务区域合作。
>
> **关键词：** 上海　机构养老服务　社区居家养老服务　医养结合服务

随着人口老龄化的加快发展，养老服务作为基本公共服务的重要组成部分，越来越受到重视。《上海市城市总体规划（2017—2035年）》提出了

---

[*] 高慧，硕士，上海社会科学院城市与人口发展研究所助理研究员。

"构建多元融合的15分钟社区生活圈,至2035年,社区公共服务设施15分钟步行可达覆盖率达到99%左右"的目标要求。《上海市深化养老服务实施方案(2019—2022年)》(沪府规〔2019〕26号)也提出了"到2022年,社区嵌入式养老服务方便可及,机构养老服务更加专业,家庭照料能力明显提升,与上海国际大都市生活品质相适应的老年人长期照护服务体系进一步完善,养老服务更加充分、均衡、优质"的目标要求。

上海比全国早20年进入老龄化社会,目前是全国人口老龄化、高龄化程度最高的大城市,与国际大城市相比,老龄化程度也处于高水平。[①] 上海主动应对人口深度老龄化的挑战,积极探索完善养老服务体系,实现了多个"全国率先",在满足老年人养老服务需求方面取得了很大成效。但面对日益增长的需求,上海社会化养老服务供给还不够均衡、不够充分、不够优质,亟须深化养老服务工作。

本文主要回顾2010年以来上海养老服务发展的现状与特点,分析面临的主要问题及成因,在此基础上提出针对性的对策,以期为上海深化养老服务工作提供参考。

一 上海养老服务发展的现状与特点

2010年以来上海在不断深化以居家为基础、社区为依托、机构为支撑、医养结合的养老服务格局的基础上,持续推进"五位一体"社会养老服务体系建设,不断满足社会化养老服务需求。

(一)养老服务的供给不断增加

自"十一五"规划开始,上海将养老服务纳入"上海市国民经济和社

[①] 根据国际通用标准,一个国家或地区65岁及以上的人口超过7%(或者60岁及以上人口超过10%)则进入老龄化社会;65岁及以上的人口超过14%,则进入深度老龄化社会。1979年,上海65岁及以上的人口占总户籍人口的7.2%,在全国率先进入老龄化社会,比全国早20年。2000年,上海65岁及以上的人口占总户籍人口的14.1%,进入深度老龄化社会。

会发展规划纲要",2014年在全国率先编制《上海市养老设施布局专项规划(2013—2020年)》(沪府〔2014〕73号),并以实事项目为抓手,不断增加养老服务供给。

1. 机构养老服务供给不断增加

"十二五""十三五"时期,上海分别将每年新增5000张床位数、7000张公办床位数列入市政府实事项目,并且各年份基本都超额完成。截至2018年底,上海全市共有养老机构712家,比2010年增加87家,平均每年增加近11家;床位数144194张,比2010年增加46353张,平均每年增加近5800张,一直保持着比较快的增长速度。2010年以来,养老机构床位数占60岁及以上户籍老年人口的比例维持在3%左右(见表1)。

表1 2010年以来上海养老机构及床位数的发展变化

年份	养老机构 (家)	床位数 (张)	新增床位数 (张)	其中公办新增 床位数(张)	床位数占老年 人口的比例(%)
2010	625	97841	10843	5863	3.1
2011	631	101896	5541	1869	3.0
2012	632	105215	5227	2824	3.0
2013	631	108364	5155	2023	2.8
2014	660	114907	8245	5829	2.8
2015	699	126015	12478	9857	2.9
2016	702	132806	10633	8457	2.9
2017	703	138361	12842	7088	2.9
2018	712	144194	10569	7103	2.9

资料来源:2018年《上海社会福利年报》,各年份《上海市老年人口和老龄事业监测统计信息》。

2. 社区居家养老服务供给不断增加

上海将建设社区老年人日间照顾机构(2006年)、助餐点(2008年)、社区长者照顾之家(2015年)、认知症老人照护床位(2018年)、为符合条件的长期护理保险参保老人提供300万人次的居家照护服务(2018年)等先后列入市政府实事项目。2018年社区老年人日间照顾机构641家,比

2010年翻了一番多；日托月均服务老年人数2.5万人，是2010年的近3倍。2018年助餐点达到815个，比2010年增加411个，平均每年增加50多个；助餐月均服务老年人数8.9万人，比2010年增加4.9万人，平均每年增加6000多人（见表2）。

表2 2010年以来上海社区老年人日间照顾机构、助餐点及服务老年人变化

年份	社区老年人日间照顾机构（家）	日托月均服务老年人数（万人）	助餐点（个）	助餐月均服务老年人数（万人）
2010	303	0.9	404	4.0
2011	326	0.9	450	4.8
2012	313	1.1	492	5.4
2013	340	1.2	533	6.0
2014	381	1.4	576	6.8
2015	442	1.5	634	7.3
2016	488	2.0	633	7.6
2017	560	2.3	707	8.1
2018	641	2.5	815	8.9

资料来源：各年份《上海市老年人口和老龄事业监测统计信息》。

上海大力发展社区嵌入型养老服务。从2014年起，上海推广小规模、嵌入式、多功能的社区长者照护之家，同时加快集助餐、日托、康复、护理、养老顾问、辅具推广等于一体的"枢纽型"社区综合为老服务中心的建设。据统计，2018年上海社区综合为老服务中心180个，是2016年（32个）的近6倍；社区长者照护之家155家，城镇化地区街镇全覆盖，比2016年（73家）翻了一番多；床位数4298张，比2016年（2184张）翻了近一番。另外还有400多家社区养老服务组织，为30多万人提供上门照护服务。

（二）养老服务的需求评估体系不断完善

老年照护统一需求评估体系是上海"五位一体"社会养老服务体系的重点，也是建立长期护理保险制度的基础。

自 2013 年 5 月 1 日起，上海率先在全国正式实施地方标准《老年照护等级评估要求》（沪质技监标〔2013〕65 号）。

2014 年 12 月，上海将原民政、卫生、医保等三套针对老年人照护需求的评估标准进行整合，形成一套统一的评估标准和照护等级（照护等级分为1～6 级）。通过第三方评估机构，对老年人身体状况开展评估，根据评估结果，为老年人提供相应的照护服务。

2015 年初，上海在全国率先实施老年照护统一需求评估，根据评估结果，按照照护等级提供相应的养老服务，探索建立轮候、转介机制，并通过梯度化的医保支付、财政补贴政策，实现养老服务资源的优化配置。

2016 年，上海市政府办公厅印发《关于全面推进老年照护统一需求评估体系建设的意见》（沪府办〔2016〕104 号），并开始实施上海市老年照护统一需求评估标准，60 周岁及以上具有上海市户籍的老年人，以及长护险参保人员，均可申请评估。

2018 年 1 月 1 日，为规范本市老年照护统一需求评估工作，根据《上海市老年人权益保障条例》，上海市人民政府办公厅印发了《上海市老年照护统一需求评估及服务管理办法》（沪卫计基层〔2018〕012 号）。

（三）养老服务的保障水平不断提高

1. 增强老年人养老服务的支付能力

从 2004 年开始，上海实施养老服务补贴制度，针对低保、低收入等家庭的老年人实际困难，通过发放"补贴券（卡）"的方式，实施养老服务补贴制度，2018 年受益人群达到 8.2 万人，享受养老服务补贴共计 5.7 亿元。2017 年长期护理保险试点后，为加强两项制度的衔接，出台了困难家庭老年人统一需求评估费用和长护险服务费用自付部分的补贴政策，2019 年再次调整了养老服务补贴标准，小时服务单价由 25 元调整到 32 元，进一步提升支付保障能力。另外，做好老年综合津贴工作，自 2016 年 5 月 1 日实施以来，截至 2019 年 6 月底，全市累计发放老年综合津贴 168.07 亿元，惠及老年人 375.6 万人。

2.推动医养结合

上海制定出台《关于全面推进本市医养结合发展的若干意见》(沪民福发〔2015〕19号)。一是鼓励有条件的养老机构内设医疗机构。2018年全市设有医疗机构的养老机构达到299家,比2013年增加了164家,平均每年增加32.8家;占养老机构总数的42.0%,比2013年上升了21.6个百分点。二是以社区卫生服务中心为载体承担医疗服务支撑作用。2017年上海无内设医疗机构的养老机构、社区托养机构(社区老年人日间照顾机构、长者照护之家、综合为老服务中心等)与社区卫生服务中心或者其他医疗机构实现签约服务基本覆盖。同时,促进社区卫生服务中心通过建立家庭病床形式为社区老年人提供上门医疗护理服务。目前,社区综合为老服务中心普遍设有社区卫生站或护理站。

另外,上海不断加强养老服务队伍的建设和推动"智慧养老"的应用。

(四)养老服务的社会参与更加多元

上海出台了"土地供应""建设运营补贴""以奖代补""税费减免""公建民营"等一系列鼓励社会参与养老服务的扶持政策,调动了各社会主体的参与积极性,并成为上海养老服务工作中的重要组成部分。

1.社会力量积极参与养老机构服务

如表3所示,2010年以来,民办养老机构养老床位数整体呈不断增加趋势,由2010年的52185张增加到2018年的63107张,占全市比例超过了40%,其中2010年、2011年、2012年这三年都超过了50%;民办养老机构新增养老床位数有波动,其中2017年新增床位数最多(5754张),而2011年占全市比例最高(66.3%)。

2017年以来,上海在静安区、闵行区两区试点并推广养老机构公办民营。2018年全市360家公办养老机构中,公建民营134家,占37.2%,其中静安区、闵行区养老机构公建民营的比例分别为61.1%和59.3%。

表3 2010年以来上海民办养老机构养老床位数和新增床位数变化

单位：张，%

年份	民办养老床位数	占全市比例	民办新增床位数	占全市比例
2010	52185	53.3	4980	45.9
2011	53193	52.2	3672	66.3
2012	54329	51.6	2403	46.0
2013	54110	49.9	3132	60.8
2014	56572	49.2	2416	29.3
2015	58257	46.2	2621	21.0
2016	59421	44.7	2176	20.5
2017	61706	44.6	5754	44.8
2018	63107	43.8	3466	32.8

资料来源：2018年《上海社会福利年报》。

2. 民办力量积极参与社区居家养老服务

2012年底，以民办非企业性质运营的社区居家养老服务中心完全覆盖上海市的所有街镇，为21.2万老年人提供上门服务或者日间照料。

二 上海养老服务发展面临的主要问题及成因

尽管上海养老服务发展取得了很大的成效，但面对扩大化、多样化、专业化、区域化的养老服务需求，仍然面临以下几个主要问题。

（一）社会化养老服务需求总量进一步扩大

1. 深度人口老龄化快速发展，高龄人口急剧增长

根据预测（见表4），2020～2025年是上海深度人口老龄化快速发展阶段，60岁及以上老年人口规模由2020年的541.8万人增加到2025年的603.8万人，人口老龄化率由2020年的36.0%上升到2025年的39.3%，此后增速有所放缓，到2050年，60岁及以上老年人口规模持续增加到680.8万，人口老龄化率持续上升到45.0%；2025～2040年高龄人口将进入急剧

增长阶段,80岁及以上老年人口规模由2025年的83.9万人增加到2040年的227.0万人,人口高龄化率由2025年的13.9%上升到2040年的34.7%。

表4 上海户籍人口老龄化、高龄化预测

单位:万人,%

年份	老年人口规模	人口老龄化率	高龄老年人口规模	人口高龄化率
2018	503.3	34.4	81.7	16.2
2020	541.8	36.0	77.3	14.3
2025	603.8	39.3	83.9	13.9
2030	627.7	40.6	117.6	18.7
2035	637.7	41.2	178.3	28.0
2040	654.0	42.5	227.0	34.7
2045	675.1	44.2	237.7	35.2
2050	680.8	45.0	223.9	32.9

资料来源:周海旺,《我国大城市养老服务体系的实施成效与难题破解——以上海养老服务体系的促进对策为例》,《上海城市管理》2014年第3期。

2. 家庭人口结构变迁,养老功能进一步弱化

一是独子化、小型化。上海第一代独生子女的父母已经陆续进入老年期,从2013年起,上海新增老年人口中80%以上将为独生子女父母。上海家庭代际结构不断向"421"转变。二是空巢化。如表5所示,2018年上海

表5 2011年以来上海户籍纯老和独居老年人变化

单位:万人,%

年份	纯老老人数	纯老老人占老年人的比例	独居老人数	独居老人占纯老老人的比例
2011	74.90	21.5	22.36	29.9
2012	84.60	23.0	23.35	27.6
2013	90.42	23.3	23.51	26.0
2014	96.60	23.3	24.63	25.5
2015	98.66	22.6	26.39	26.7
2016	116.03	25.3	28.33	24.4
2017	118.34	24.5	28.51	24.1
2018	133.00	26.4	31.01	23.3

资料来源:各年份《上海市老年人口和老龄事业监测统计信息》。

纯老老人数为133.00万人，比2011年翻了近一番，占全市老年人的26.4%，比2011年上升了近5个百分点，其中独居老年人31.01万人，比2011年增长了近40%，占纯老老人的23.3%。

今后上海家庭结构独子化、小型化和空巢化将进一步加剧，家庭养老功能进一步弱化，空巢老年人尤其是高龄空巢老年人对社会化服务需求将更加迫切。

3. 社会化尤其是社区居家养老意愿强，年龄越大越明显

在希望的养老方式中（见表6），47.9%的静安区中老年居民希望社区居家养老，7.8%希望机构养老，两者合计55.7%，并且随着年龄的增加，中老年人希望社区居家养老、机构养老的比例趋于上升，而希望家庭养老的比例趋于下降，其中80岁及以上高龄老人希望社区居家养老、机构养老的比例分别高达61.5%和19.2%。

表6 静安区分年龄组中老年居民希望的养老方式

单位：%

养老方式	50~59岁	60~69岁	70~79岁	80岁及以上	合计
家庭养老	33.2	33.3	32.6	19.2	32.7
社区居家养老	45.9	48.0	48.6	61.5	47.9
机构养老	7.9	6.9	8.0	19.2	7.8
说不清	13.1	11.8	10.9	0.0	11.6
合计	100.0	100.0	100.0	100.0	100.0

资料来源：2019年7~8月本单位在静安、闵行两区"中老年居民养老服务现状与需求情况"的问卷抽样调查数据（静安区、闵行区的样本数分别为851份、922份）。下同。

（二）养老服务供给和利用率区域差异明显

1. 养老服务供给区域差异明显

一是养老机构养老服务供给区域差异明显。2018年全市养老机构床位数占户籍老年人口的比例达到了2.9%，但区域差异大。如图1所示，除了崇明、浦东两区，郊区其他7个区养老机构床位数占户籍老年人口的比

例都超过了3.5%的市级目标要求,其中青浦、嘉定两区比例最高(4.7%),而除了长宁、虹口两区,中心城区其他5个区养老机构床位数占户籍老年人口的比例都还没有达到2.5%的市级目标要求,其中黄浦最低(1.6%)。

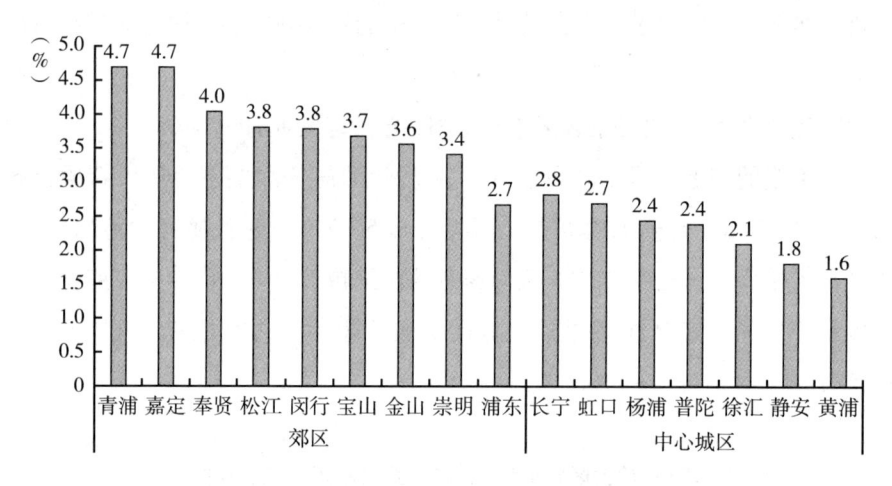

图1 2018年上海各区养老机构床位数占本区户籍老年人口的比例

资料来源:由2018年《上海社会福利年报》中各区养老机构床位数和《2018年上海市老年人口和老龄事业监测统计信息》各区户籍老年人口数计算得到。

二是社区居家养老服务供给区域差异明显。《上海市养老设施布局专项规划(2013—2020年)》(沪府〔2014〕73号),明确到2020年,全市社区居家养老服务设施按照每千人40平方米的标准配置。上海有些区已经超额完成了这一配置标准,如2018年闵行区社区养老服务设施建筑面积11.77万平方米,提前超额完成每千人40平方米(共计9.7万平方米)的指标,而还有一些区尤其是中心城区远远没有达到这个指标。

中心城区养老服务设施规划落地难,原因有很多:一是土地资源紧张、挖掘空间有限;二是涉及部门多、协调难;三是房产商推诿、配套养老设施建设力度小等。另外,近几年大规模的旧区改造也成为养老服务设施的减量因素。

2. 养老服务使用率区域差异明显

一是养老机构入住率低且区域差异明显。2010 年以来,上海在平均每年增加近 6000 张养老机构床位数的同时,却面临养老机构入住率低且区域差异大的问题。据统计,2018 年上海 712 家养老机构共有 144194 张床位,入住老年人 84028 人,入住率仅为 58.3%,低于 2011 年的 64.3%,除了浦东、闵行两区,郊区其他各区养老机构的入住率都低于中心城区各区,其中青浦仅为 26.7%(见图 2)。中心城区养老机构入住率高主要是因为人口老龄化程度高但养老床位建设不足,而郊区却正好相反。另外,上海公办养老机构一般收费低而服务质量又有保障,所以公办养老机构往往"一床难求",而郊区民办养老机构因为地理位置远、收费高、服务质量难以保障等多种因素入住率低。

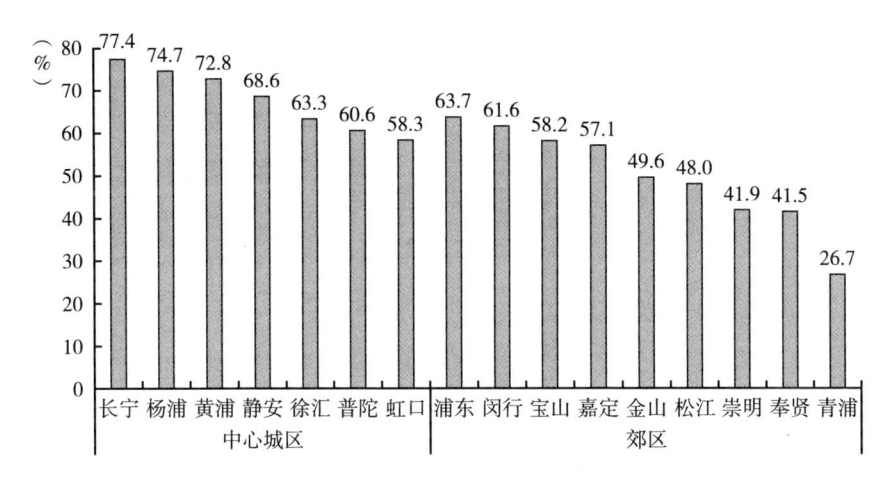

图 2 2018 年上海各区养老机构的入住率对比

资料来源:2018 年《上海社会福利年报》。

二是社区居家养老服务使用率区域差异明显。以社区老年人日间照顾机构为例,2018 年上海有社区老年人日间照顾机构 641 家,月均服务老人数 2.5 万人,平均每个社区老年人日间照顾机构月均服务老人数 39 人。有些区的社区老年人日间照顾机构增加很快但月均服务老人数却增加缓慢,平均每个社区老年人日间照顾机构月均服务老人数不足 10 个,甚至有些社区老年人日间照顾机构建成2~3年了，入托老人却寥寥无几。因为有些社区老年人日间照顾机构定位不明确、界限不清楚、功能不齐全等，老年人及家属对于日托形态接受程度低，相比较而言，老人更希望免费参与其他形式多样的活动。

3. 15分钟养老服务圈区域差异明显

如图3所示，静安区中老年居民步行到最近的社区卫生服务中心、综合为老服务中心、长者照护之家超过15分钟的比例分别为38.6%、49.5%和50.8%，闵行区的比例更高，分别为53.8%、64.8%和66.6%。

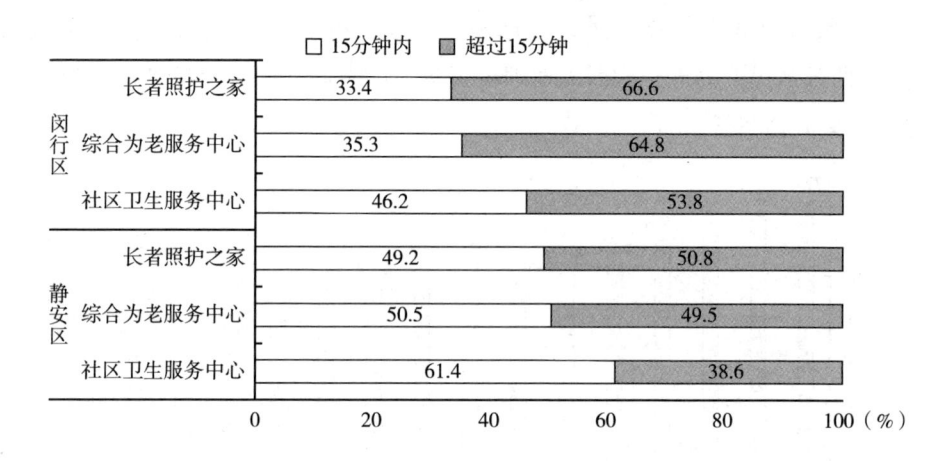

区	设施	15分钟内	超过15分钟
闵行区	长者照护之家	33.4	66.6
闵行区	综合为老服务中心	35.3	64.8
闵行区	社区卫生服务中心	46.2	53.8
静安区	长者照护之家	49.2	50.8
静安区	综合为老服务中心	50.5	49.5
静安区	社区卫生服务中心	61.4	38.6

图3 静安区、闵行区中老年居民到养老和医疗场所的步行时间

（三）养老服务结构性矛盾突出

1. 养老服务需求多样化，尤其对医疗服务需求迫切

一是养老服务场所需求的多样化和专业化。无论是静安区还是闵行区的居民希望增设的养老设施多样化，其中社区卫生服务中心/站、助餐点、社区综合为老服务中心是最希望增设的三大场所，另外对养老院、长者照护之家、老年大学也都有不同程度的需求（见图4）。

二是社区养老服务内容需求的多样化和专业化。无论是静安区还是闵行区，助医、助洁、助餐都是居民迫切需要的三大服务，其中静安区

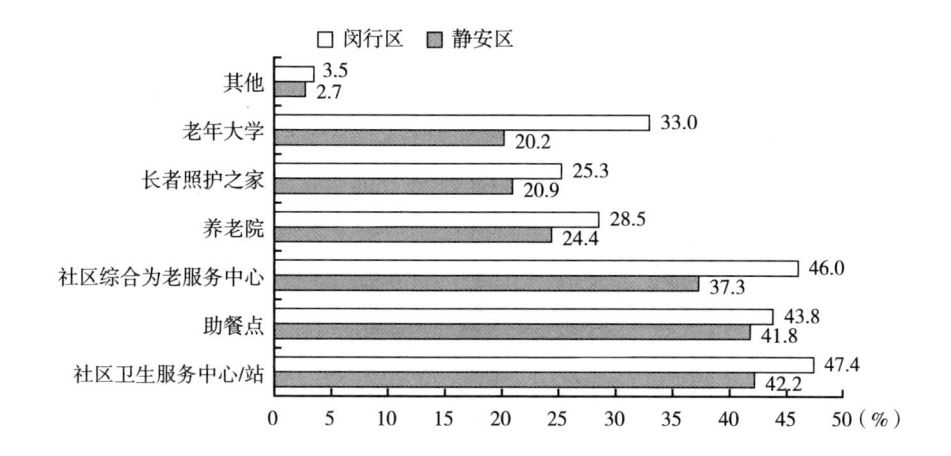

图4 静安区、闵行区中老年居民希望增设的养老服务场所（多选题）

居民随着年龄的增加对各项社区养老服务内容的需求都趋于上升（见图5、图6）。

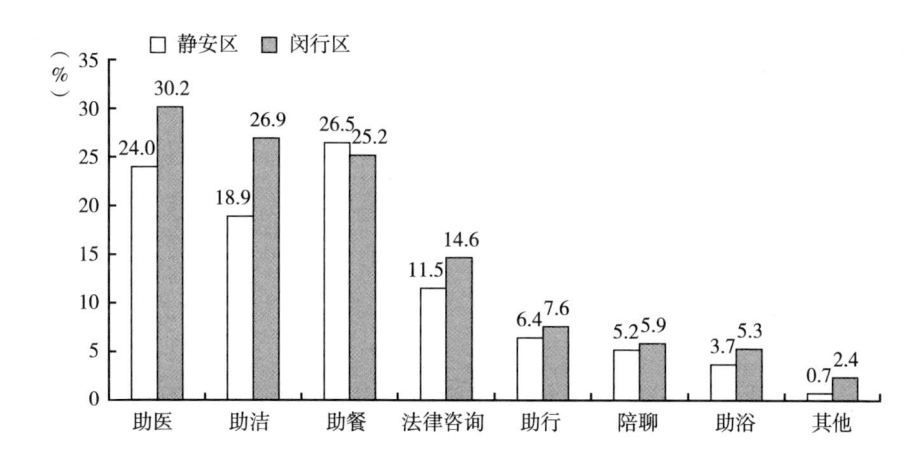

图5 静安区、闵行区中老年居民最迫切需要的养老服务内容（多选题）

三是养老机构需求的多样化和专业化。无论是静安区还是闵行区的居民对养老机构的医疗保健、配套设施、合理收费三者都最看重，另外对护理服务、食住条件、绿化环境、娱乐活动也有不同程度的看重（见图7）。

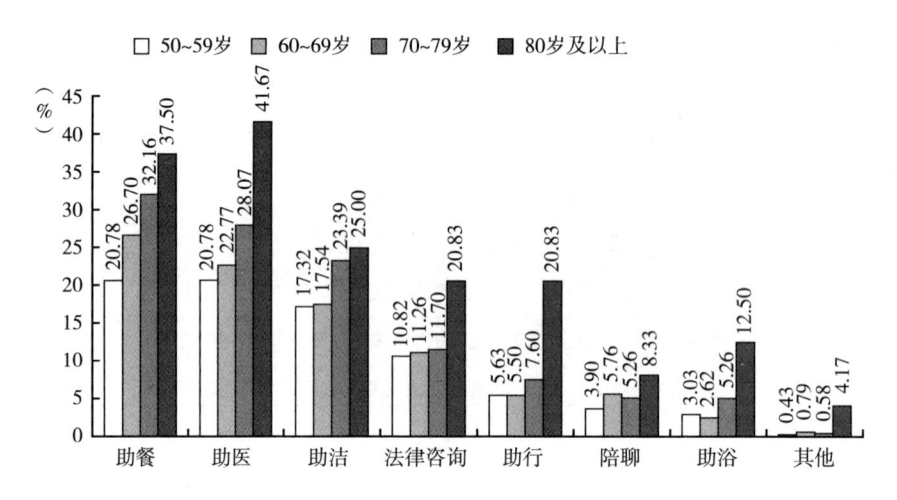

图6　静安区分年龄组中老年居民最迫切需要的养老服务内容（多选题）

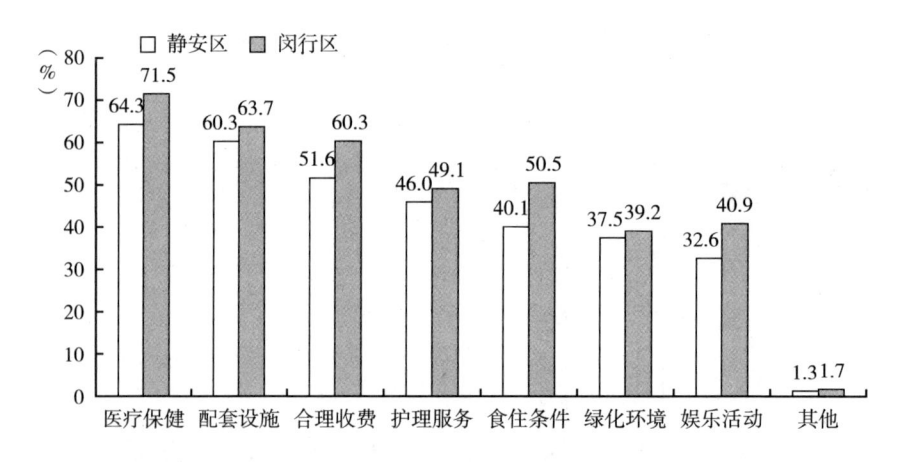

图7　静安区、闵行区中老年居民最看重的机构养老服务方面（多选题）

2. 养老服务供给缺乏多样化、专业化，尤其是医疗康复服务缺乏

与养老服务需求相比，上海养老服务供给缺乏多样化、专业化，其中医疗康复服务紧缺更加明显。

一是养老机构医疗康复服务缺乏。目前，住养老机构的老人多以80岁及上高龄老人为主，中度、重度护理级别的老人为主，特别是保基本养老机构收住的老人多数为统一需求评估达四级及以上的老年人，疾病增多、活动不方便,随着年龄增加对医疗康复服务需求的依赖性越来越强,但目前养老机构医疗康复服务普遍缺乏。2018年全市设有医疗机构的养老机构299家,占养老机构总数的42.0%。养老机构内设医疗机构在医疗构成中应属于社区卫生服务中心的分支或补充,其服务人群与社区卫生服务中心服务的部分人群基本一致,主要为老年人,但没有纳入公共卫生体系,多数因科室设置不全、人员配置不足、素质水平参差不齐、医疗设施不到位等各种原因不能满足院内老年人医疗服务需求。另外,内设医疗机构医护人员存在人员紧缺、年龄普遍较高、收入偏低、流动性大、招聘困难等情况,难以满足目前养老机构入住老年人的医疗康复服务需求。

二是社区居家医疗机构康复服务更加缺乏。目前,社区居家养老服务仍然以提供基本生活照料服务为主,相关医疗康复服务能力更是明显不足。

三是认知症照护服务缺乏。随着养老行业的发展,其对认知症照护等细分领域也提出了新的要求,专业服务能力亟须提高。上海市还没有对认知症老人总数进行精确统计。但根据国际上一般公认的60岁及以上老年人7%认知症障碍患者估算,2018年全市户籍老年人中具有认知症障碍的老年人估计有35万余人,对专业认知症照护需求十分迫切,但认知症床位数紧缺,2018年全市仅有认知症床位数1316张。除了极小部分认知症老人能入住养老机构,全市绝大多数认知症老人只能居住在家中并由家人或者保姆照料。

另外,助餐服务供需的缺口也很大。2018年上海享受助餐服务的老年人8.9万人,占336.9万65岁及以上户籍老年人口的2.6%,与《关于提升本市老年助餐服务水平的实施意见》(沪民养老发〔2019〕6号)中提出的"到2022年,助餐服务供给能力达到全市65岁及以上户籍老年人口的5%"还有一定的距离,与老年人助餐服务的需求差距更大。

(四)养老服务队伍建设需要加强

出于社会地位低、收入待遇低、晋升机制少等原因,上海养老机构

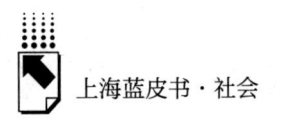

"招人难""留人难"的问题仍然存在。

1. 护理人员总量缺乏

上海市地方标准《养老机构设施与服务要求》(DB31/T 685—2013)中规定护理人员与入住老年人的配比要求,但目前养老机构普遍缺乏护理人员。上海养老机构由2011年的631家增加到2018年的712家,入住老人由2011年的65503人增加到2018年的84028人,而护理员却由2011年的20090人减少到2018年的16512人,每名护理人员需要服务的老人数由2011年的3.3人增加到2018年的5.1人。另外,2018年养老机构入住老人的平均年龄为82.9岁,其中80岁及以上高龄老人占75.5%,高于2011年的66%,中度、重度护理老人也比2011年更多,对护理人员总量的需求也更多。

2. 护理人员整体素质偏低

上海养老机构护理人员不仅总量缺乏,而且整体素质偏低,普遍年龄偏大,文化和技能水平偏低。如表7所示,2018年上海养老机构护理人员中女性超过了九成,51岁及以上年龄者占了近六成,初中及以下文化程度者占了近九成。

表7 2018年上海养老机构护理人员的基本构成

单位:%

类别		占比
性别	女性	91.2
	男性	7.8
年龄	40岁及以下	5.9
	41~50岁	34.2
	51岁及以上	59.9
文化程度	初中及以下	87.3
	高中/中职	10.6
	大专	2.1
合 计		100.0

资料来源:2018年《上海社会福利年报》。

3. 专业人员更加缺乏

2018年上海养老机构卫技人员只有3222人，仅占从业人员总数的10.3%；社工只有379人，仅占从业人员总数的1.2%。另外，长期护理保险制度推开后，部分承接长护险业务的机构人员薪资待遇得到了大幅提升，在整个行业中形成很大的不平衡，进一步加剧养老服务队伍的不稳定。

（五）养老服务社会参与还有待深化

一方面，养老服务领域的社会组织和企业在规模、品牌、影响力上与行业发展的需求还存在差距；另一方面，现有的扶持政策对社会力量特别是对营利性机构还有排斥参与竞争的规定和做法，影响了其参与养老服务的积极性。表现之一，民办养老机构参与公建养老机构运营的比例还不够高，2018年为37.2%，有的区还不足5%，民办养老机构参与运营公办养老机构还有待加强。表现之二，民办养老机构有弱化的趋势。民办养老机构由2010年的332家增加到2018年的352家，增加了20家，而公办养老机构（包括公办民营养老机构）增加了67家；民办养老机构床位数占全市的比例由2010年的53.3%下降到2018年的43.8%，下降了近10个百分点，公办养老机构床位数则正相反。

（六）养老服务智能化/信息化需要大力推进

在当前普遍智能化、信息化的时代背景下，养老服务仍然以人力服务为主。某些具有优越硬件环境的养老机构，集成了云计算、人脸识别、虚拟现实技术等先进的信息化设备，能够为具有认知困难的老人提供缓解和康复认知症的服务。但是，全市范围内这些机构屈指可数，智能化养老产品进入社区的更少。

1. 社区居家养老智能化程度低

目前，一些智能化养老产品，比如自动监控、自动呼叫的各种设备，只在部分机构开始使用，还没有进入社区、家庭。即使在社区、家庭有少量智能化养老产品，功能也比较单一。

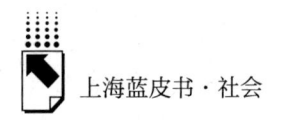

2.社区居家养老信息化缺乏整合

目前，上海缺乏统一的信息化标准及规范的管理机制，造成系统和平台建设水平参差不齐、资源难以共享利用、信息和数据安全难以保障等问题，制约了智慧居家和社区智慧养老的发展。

三 上海养老服务深入发展的对策建议

针对养老服务面临的突出问题，结合《上海市城市总体规划（2017—2035年）》和《上海市深化养老服务实施方案（2019—2022年）》等提出的目标要求，本文主要是从调结构、补短板、提效率的角度，提出以下深化上海养老服务的对策建议。

1.重视提高养老服务设施使用效率

一是充分考虑区域差异。上海各区人口老龄化程度、土地建设规划、经济社会发展水平存在差异，因而养老服务的供需矛盾也存在差异。因此，全市养老服务设施的规划、布局应该充分考虑各区特征，设立科学合理的市区标准和目标。各区在建设养老服务设施的时候，也要结合区情，在重视养老机构设施建设的同时，更要重视养老服务设施的使用效率，避免片面追求超额完成市级目标而盲目建设。

二是充分利用闲置养老服务资源。一方面，鼓励入住率不高的养老机构服务向社区辐射。在全市推广闵行区"机构+社区"开放式养老服务融合发展模式，在不降低养老机构服务质量的基础上，鼓励入住率不高的养老机构发挥养老资源优势，将助餐、助浴、助洁、日托、短期托养、居家护理、照护培训、辅具租赁、康复保健等服务提供给社区老年人。另一方面，拓展未得到充分利用的社区居家养老设施的功能。如社区老年人日间照顾机构可以扩大助餐、文化娱乐和医疗康复功能以吸引老年人。

三是加快社区嵌入式养老服务设施布点。提升"15分钟养老生活圈"的养老服务设施功能，完善社区养老服务设施骨干网，继续打造社区综合为老服务中心，增强社区养老资源与服务的统筹调配能力。同时，进一步推动长者照护之家、社区老年人日间照顾机构、助餐点、社区护理站及社区卫生服务中心/站等社区嵌入式养老服务设施建设，做实生活照护服务和专业照护服务。

2. 着重扩大医疗康复护理服务供给

一是将内设医疗机构纳入公共卫生服务体系。根据养老机构实际情况，在内设医疗机构的人员配置、设施设备添置、专业培训学习、开展医疗卫生服务、药品零差率等方面给予财政支持，促进医疗服务水平提升。内设医疗机构医护人员在资格认定、职称评定、技术准入等方面与其他医疗机构同等对待，强化养老机构医护人才保障机制，提升医疗服务水平。

二是扩大医疗护理资源辐射范围。依托全市康复医联体，推动建立"医—护—康—养"服务体系，鼓励医疗护理康复专业人员到养老服务机构提供服务。发挥优质护理资源作用，推进"互联网+护理服务"，为老年患者提供延续护理、居家护理等服务。

三是加强认知症照护服务。一方面，加强功能改造。对有条件、有需求的养老机构，调整优化养老机构的功能结构，通过失智、失能功能区改造，认知症照护单元改造等途径增加照护床位，增加认知症照护床位的整体数量。另一方面，加大补贴力度。在制定和修改养老机构运营考核奖励政策时，对收住认知症老人的养老机构给予每床每月一定的奖励补贴，对认知症照护服务人员给予每人每月一定的特殊岗位津贴。另外，加大资源共享力度。充分挖掘社区卫生服务中心、养老机构、医疗机构现有的专业医护力量、场地、设施及设备等认知症资源，让社区中认知症老人、家庭共享，并提供"喘息式服务"。

3. 切实加强养老服务队伍建设

一是加大培养力度，充实专业人员。以上海市民政局、上海开放大学合作办"老年服务与管理"大专班为契机，开设认知症、老年护理、医疗服务等相关专业和课程，培养相关专业人才。上海市教育局鼓励大中专、职业院校设置相关专业和课程，培养专业养老服务人才。

二是加大培训力度，提升专业技能。建立健全养老护理员队伍培训机制,加大养老护理、医疗康复、家政服务等养老护理相关职业工种的培训及补贴力度。建立市区两级养老服务实训基地,引进具有中专护理资质人员,加快培养中层次的照护专业人员。

三是加强政策激励,稳定从业人员。一方面,直接奖补养老服务人员。目前,上海已有对养老服务机构招聘养老护理员、专业技术人员的"以奖代补",但没有对这些人员进行奖补。今后在对养老服务机构的奖补资金中,要拿出至少50%的额度直接补贴给养老服务人员,从而提高他们的收入水平。另一方面,实行入职奖补。中(高)职以上毕业生到养老机构服务满两年,给予一定的入职奖补。另外,制定养老护理人才优待政策,对优秀护理人才在申请公租房、申请子女入学方面加分。

四是发动退休人员,壮大服务队伍。积极组织、动员全市已经退休的医疗、康复、心理咨询等专业人士,鼓励老人"老有所为",加入养老护理队伍。

4. 继续深化养老服务社会化运作机制改革

一是深化养老机构社会化运营改革。加快推进公办养老机构改革,大力推进公办民营,继续鼓励社会资本参与经营规模化、连锁化的公办养老机构,公办养老机构民营化水平不低于80%。支持各类主体进入养老服务市场,集中清理废除在公建民营、养老设施招投标、政府购买养老服务中涉及排斥营利性养老服务机构参与竞争的政策。针对养老机构的不同特点,明确不同机构的发展侧重点,引导养老机构形成完整的覆盖兜底线—保基本—市场化的服务网络。

二是深化社区养老服务社会化运营机制。在现有养老服务企业和社会组织的基础上,打造一批连锁化、规模化的具有一定影响力和知名度的社区养老服务企业和社会组织,重点打造社区居家养老服务品牌。

5. 大力推进养老服务智能化/信息化

一是建立全市养老服务综合信息平台。在智能化和信息化的时代背景下,上海市政府应充分应用"互联网+养老"技术,在现有的上海养老服务信息平台上,引入智能养老顾问、新版养老地图、养老服务机构查询、养老政策智能搜索等主要功能，为社区群众提供精准的、个性化的养老服务信息。民政部门应运用大数据和智能化推荐等技术，让老年人根据自身身体状况、经济状况等信息，利用平台的自主查询、智能向导服务等功能，获取各种服务建议。

二是积极探索智慧养老技术应用。普遍推广物联技术应用，聚焦老年人生活照料、紧急救助等智能服务，通过购买费用补贴、租赁费用减免、纳入长护险项目等手段，推进智能可穿戴设备、辅助行动设备、紧急呼叫设备等智慧养老产品在机构、在社区和在家庭的广泛应用，提升照护服务效率。

6. 深入推进长三角养老服务区域合作

2018年5月11日，在上海举行的首届"长三角民政论坛"上，沪苏浙皖四省市签署合作备忘录，明确将深入推进长三角民政事业一体化发展战略，其中，确定"社会养老服务业发展"为首个区域合作项目。[①] 上海需要积极推进长三角养老服务区域合作，在更大地域范围、更多服务领域推动上海养老服务发展。

一是推进互通互认。以"一地认证，三地认可"为目标，探索研究老年照顾需求评估、养老服务相关标准、养老护理员资格等的互通互认。

二是推进异地结算。联通各地区养老基金管理调剂，研究并建立长三角养老服务补贴异地结算机制。先行先试开展上海长护险和养老服务补贴有关待遇异地结算工作，支持老年人选择异地养老。

---

① 沪苏浙皖民政厅：《长三角区域养老合作与发展·上海共识》，2018年5月11日。

健康上海篇

Healthy Shanghai

B.8
上海老年健康水平变化及康复医疗服务的发展

杨 昕[*]

摘 要： 虽然社会经济的发展和医疗卫生水平的提高带来了人口预期寿命的延长，但预期寿命与健康预期寿命之间仍不是同步延长的关系。康复医疗服务作为帮助人们避免和消除因疾病带来的功能障碍的重要手段，在延长健康预期寿命、改善生命质量方面具有显著的效果，因而获得各方的关注。近年来，上海户籍人口呈现越来越明显的高龄少子化特征，户籍人口退行性疾病发病率较高，慢性病对人口的健康负面影响较大，人们对康复医疗的需求将不断增长。与此同时，上海作为全国康复医疗服务体系建设试点地区，自2011年开始构建分层

---

[*] 杨昕，上海社会科学院城市与人口发展研究所副研究员，博士。

级、分阶段的康复医疗服务体系，如今已经粗具规模，但仍存在资源总量不足、质量有待提高、专业队伍扩张缓慢、康复医疗负担较重等问题。本文从上海人口的年龄结构和健康变动趋势出发，结合人口（特别是老年人口）的健康水平变化，对上海康复医疗服务的发展进行梳理，在分析存在问题的基础上，提出一些可供参考的意见建议。

关键词： 上海 老年人口 老年健康 康复医疗

随着社会经济的快速发展和医学水平的不断提高，人们越来越认识到健康在生命过程中的重要性，特别是对于那些因病导致功能障碍的人来讲，如何避免或消除因疾病带来的功能障碍是他们关注的焦点问题。

世界卫生组织曾指出许多疾病带来的残疾并不是不可控制的，现有的医学技术已经可以使一半以上的功能障碍得到控制或者延迟发生。有研究报告指出，在发达国家，康复医疗服务是病患整个治疗过程的重要组成部分。这一点对脑血管意外存活患者的意义尤为重大，积极的康复医疗会使这一人群中90%重新获得行走和生活自理能力，其中甚至有30%的患者能够恢复工作，反之能够重获自理能力甚至工作的比例只有6%和5%。因为对康复医疗服务重视程度的差异，发达国家"中风"的致残率仅为30%，而在我国残疾率达到75%以上。这种差异在儿童先天残障领域也同样存在，无论是先天语言、听力障碍，还是先天运动障碍，患者都有极大可能通过尽早接受康复治疗而得到治愈或者情况改善，进而获得正常生活。[1]

虽然我国的康复医学发展起步较晚，但国家为了应对人民群众对康复医

---

[1] 《申银万国证券康复医疗行业深度报告：急需康复的中国》，搜狐网，https：//www.sohu.com/a/141634950_785118，2017年。

疗服务的需求，仍付出了很多努力。"十五"规划中康复医疗服务发展的重要性被重申，2012年卫生部在"十二五"康复医疗工作指导意见中提出探索初步建立分层级、分阶段的康复医疗服务体系。① 在这一工作的实践过程中，可以看到康复医疗服务受到多种因素的影响，其中人口的规模、年龄结构和健康水平变化直接影响到康复医疗服务的需求总量和项目种类，值得深入研究。

上海是我国康复医学的学科发展重镇，具有较强的康复医疗服务供给能力，作为国家康复医疗服务体系建设的试点城市之一，自2011年起上海就相继出台了多项政策文件，从机构设置、人才队伍建设、转诊规范等方面推进这一工作。另外，上海也是我国经济最发达、户籍人口老龄化程度最高的地区之一，康复医疗服务的需求规模较大。以上海为例谈人口、健康水平和康复医疗服务之间的关系显然具有典型意义。本文将着重从上海人口的年龄结构和健康变动趋势出发，结合人口（特别是老年人口）的健康水平变化，对上海康复医疗服务的发展进行梳理，在分析存在问题的基础上，提出一些可供参考的意见建议。

一 上海户籍人口年龄结构变化趋势

不同年龄的人患病概率不同，患病病种不同，因病致残的概率也不同。以往研究表明，除先天性疾病外，年轻人群因意外伤害而导致的功能性障碍比例较高，而老年人由于各种生理机能减退，易患影响自主生活能力的慢性病，因病而导致的功能性障碍比例较高。因此，不同年龄结构的人口，其克服功能性障碍所需的康复医疗服务项目将有所不同。上海近年来的人口和年龄结构变化呈现如下特征。②

---

① 《卫生部关于印发〈"十二五"时期康复医疗工作指导意见〉的通知》（卫医政发〔2012〕13号），中央人民政府官方网站，http://www.gov.cn/gzdt/2012-03/05/content_2083699.htm。

② 在本文的分析中，如无特别说明，均以户籍人口为分析口径。

上海老年健康水平变化及康复医疗服务的发展

1. 老年人口的规模和比重都呈现上升的趋势，但阶段性特征有所差异

伴随着人口寿命的延长，上海市户籍65岁及以上人口的规模不断增长，从1953年第一次人口普查时的12.25万人增加到2018年的336.90万人，65年间增长了26.5倍。而同期老年人口占全部人口的比重从1.97%上升到23.02%（见图1）。上海市户籍人口进入超老龄社会。

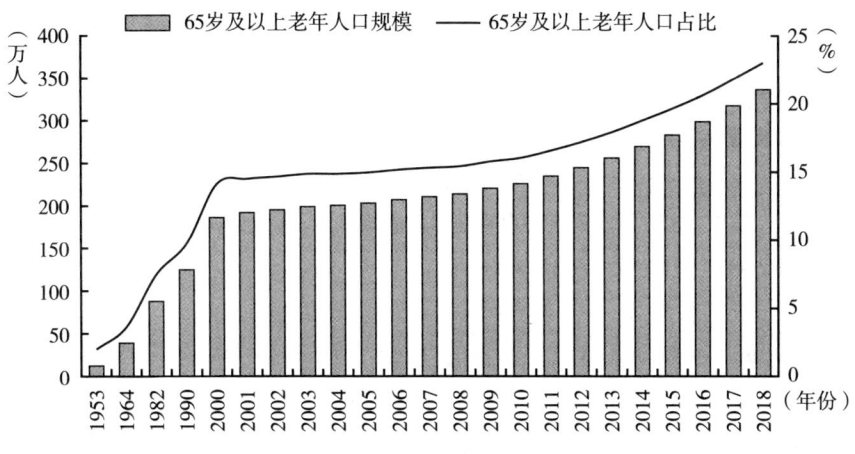

图1 1953年以来主要年份上海65岁及以上老年人口变化

资料来源：①上海市统计局编《上海市国民经济和社会发展历史统计资料（1949—2000年）》，中国统计出版社，2001。

②历年《上海市老年人口和老龄事业检测统计信息》，上海市民政局、上海市老龄办、上海市统计局。

③上海市公共数据开放平台，https://data.sh.gov.cn/。

在这个过程中，户籍老年人口规模的增长速度呈现先降后升的变化特征。2004年之前，老年人口的年均增长率从20世纪五六十年代的18.19%下降到90年代的4.92%，最终降到2003~2004年的0.79%；之后逐年回升，2016~2018年增速已经恢复到6%以上（见图2）。从绝对数量来看，老年人口的年均增长量则是加速变化的。1953~1982年上海户籍65岁及以上的老年人口规模增加了75.78万人，年均增长不到3万人，1982~2000年增长了98.50万人，年均增长5.47万人，而2000~2018年增长了150.37万人，年均增长8.35万人。可以预见，在未来十多年上海户籍老年人口的规模仍将继续加速增长。

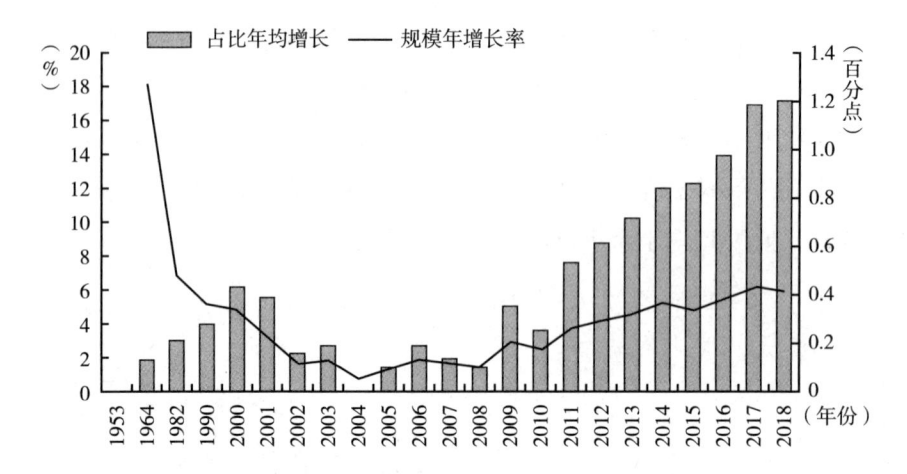

图2　1953年以来上海户籍老年人口规模及占比的年均增长情况

资料来源：根据相关数据计算得到。

如果看老年人口占总人口比重的变化，则呈现先升后降再升的特征。在2000年以前，老年人口占比从每年增长0.14个百分点，逐渐加快到每年增长0.44个百分点，之后增长幅度逐年走低，2003~2004年老年人口占比没有发生变动。但从2004年开始，老年人口占比的年增长幅度再次上扬，特别是2010年以后，年增长幅度从0.26个百分点上升到1个百分点以上，2017~2018年老年人口占比增长了1.21个百分点。结合上海户籍人口的生育水平和死亡水平，可以预见未来5~15年上海户籍人口的老龄化程度将继续加速深化。

2.老年人口的内部结构变化明显，80岁及以上高龄老人的占比已接近1/4

已有的研究表明老年人的身体健康状况会随着年龄的上升而下降，特别是80岁之后，健康状况的恶化会加速。[1]因此，勾勒老年人口的内部结构变化趋势能够更加准确地估计需求情况。

自2000年以来，上海不同年龄组的老年人口规模变动趋势差异明显，其中65~69岁人口经历了J形变化，从2000年的66.72万人下降到2004年

---

[1]　曾毅等：《老年人口家庭、健康与照料需求成本研究》，科学出版社，2010，第88~89页。

的55.36万人,进而又增加到2018年的128.65万人;70~79岁人口经历了先升后降的波浪形变化,从2000年的92.89万人上升到2007年的108.5万人,接着下降到2013年的100.38万人,之后用5年的时间增长到126.58万人,2016年以来每年这一年龄段户籍人口增加10万人左右;而80岁及以上的高龄人口在这期间呈现的是先加速后减速的增长特征,在2013年以前每年的增长规模从2.37万人增加到4.52万人,之后逐年放缓,到2017年和2018年仅每年增长1万人左右(见图3)。

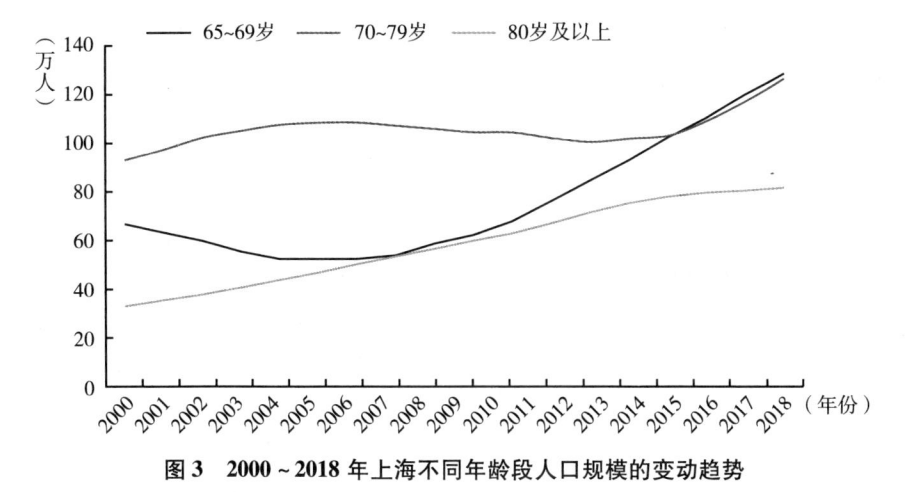

图3 2000~2018年上海不同年龄段人口规模的变动趋势

资料来源:历年《上海市老年人口和老龄事业检测统计信息》,上海市民政局、上海市老龄办、上海市统计局。

不同年龄段人口的不同变化特征最终使得它们各自的占比发生了相应变化。2000年时65岁及以上户籍老年人口中70~79岁组的比例最高,为48.25%,其次是65~69岁组,为34.66%,80岁及以上组的占比仅为17.09%。到2010年时,70~79岁组的占比仍最高,为46.14%,65~59岁组次之,但已经下降到27.44%,而80岁及以上组的占比上升到26.42%。到2018年,65~69岁组的人口占比已经超过70~79岁组,达到38.19%,70~79岁组其次,下降到37.57%,而80岁及以上组下降到24.24%。

根据2000年以来分年龄人口变动的趋势,未来5~10年70~79岁组和80岁及以上组人口规模的增长将超过65~69岁组,70~79岁组将再次成为占比最高的年龄组，而80岁及以上组的占比将超过65～69岁组。而10年之后，80岁以上人口将出现跳跃式增长，高龄化程度进一步加深。

3. 总和生育率略有回升但仍保持在超低水平，超少子化特征明显

如前文所说，除了成年人因病因事故导致的身体功能障碍外，儿童先天残障也是康复医疗服务的重要对象。上海由于长期处于超低生育水平下，青少年人口比重严重偏低，少子化成为上海户籍人口的另一个重要特征。

上海是我国人口生育水平最先下降的地区，而且生育水平的明显下降在实施计划生育政策之前就已经开始。1978年时上海户籍人口的总和生育率为1.2，1990年时恢复到1.3[1]，但2000年第五次人口普查时又下降到0.96，2003年进一步降低到0.64，这几乎是世界范围内的最低值。2003年以后，上海户籍人口生育水平有所回升，但在2014年达到1.14的高点后，近几年始终在1附近波动（见图4）。鉴于全面二孩政策实施后的生育意愿释放并没有带来预期的生育水平的明显回升，未来上海户籍人口的生育水平大概率会保持在目前水平甚至再次下降。

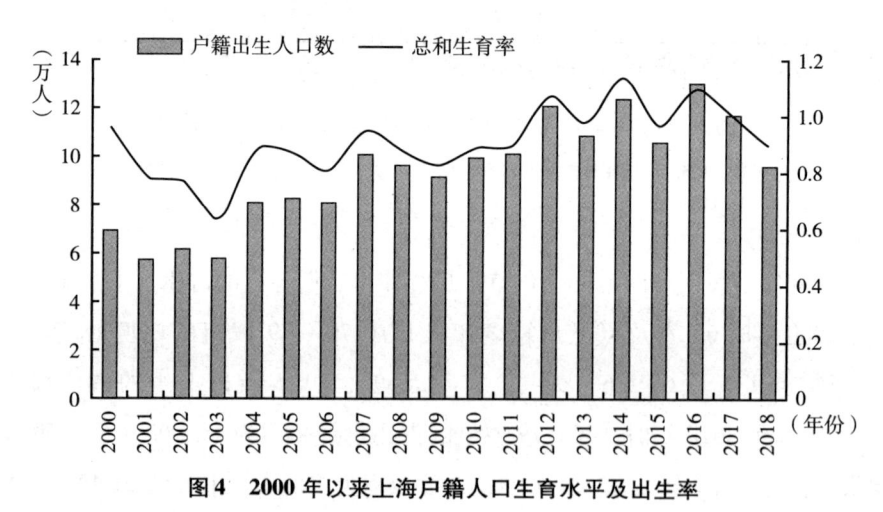

图4 2000年以来上海户籍人口生育水平及出生率

资料来源：上海市卫生与健康委员会。

---

[1] 高向东等：《上海人口结构特征易引发系列问题》，《中国社会科学报》2011年8月30日，第218期。

与生育水平变动相应的是出生人口规模的变化。近20年来上海户籍出生人口呈现螺旋式上升的趋势，2000年户籍出生人口6.95万人，2016年达到阶段性高点的13.07万人，但之后两年大幅减少，到2018年时出生人口仅有9.6万人。鉴于育龄期妇女人数的规模大幅下降，可以预期，即使生育水平保持不变甚至略有升高，每年的出生人口规模可能仍将下降。

从年龄结构的角度来看，上海的青少年人口占比严重偏低，少子化特征明显。2000年第五次人口普查时上海0~14岁人口占比为12.2%，2009年时降到8.3%。即使将0~17岁作为青少年，2017年的青少年比重也只有11.88%，比同年全国0~14岁占全部人口的比例还低4.91个百分点[①]。根据人口学统计标准，一个社会中0~14岁人口占比15%~18%属于"严重少子化"，15%以内属于"超少子化"。上海即使按照0~17岁的划分口径，也属于超少子化范围。而且，这种超少子化存在的时期已经超过20年。鉴于2003年之后上海的出生人口规模有一个快速上升的阶段，在未来3年内上海的青少年人口占比会继续下降，但3年之后将有所上升。只是，根据目前上海户籍人口的生育水平，"超少子化"特征还会持续多年。

4. 18~64岁劳动年龄人口中年轻人数量快速减少，老化较为明显

与其他年龄组相比，上海近十多年来18~64岁年龄组人口规模变化不是很明显。先从2004年的981.95万人缓慢上升到2010年的1047.70万人，接着又缓慢下降到2017年的966.85万人。十多年间的变动幅度在80万以内。但从结构上看，年轻人数量快速减少、35岁及以上（特别是60~64岁）的人口增长速度较快。

2004年时18~34岁的年轻人有304.46万人，占18~64岁年龄组人口的32.06%，之后5年里年轻人的数量略有上升，规模最高时达到337.12万人，占比为32.31%。但从2009年开始，18~34岁组人口快速下降，2017年下降到258.97万人，8年之间减少了78.15万人。与此同时，35~64岁

---

① 根据《中国统计年鉴2018》的数据，2017年我国0~14岁年龄人口有2.33亿人，占全国总人口的16.79%。

组的人口却从667.16万上升到707.88万人，特别是60~64岁组人口，从62.7万人上升到166.38万人（见图5）。

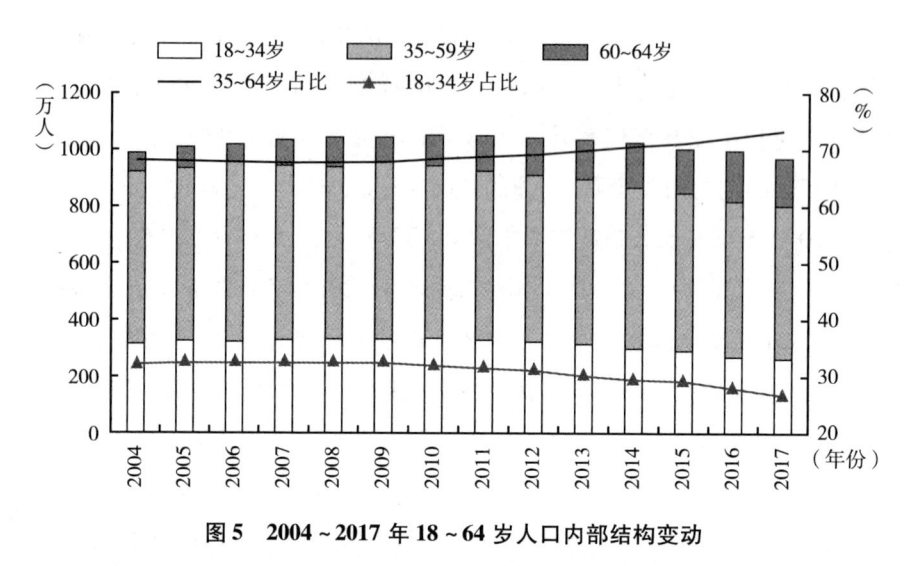

图5　2004~2017年18~64岁人口内部结构变动

资料来源：上海统计局主编《上海统计年鉴》（2005~2018），中国统计出版社。

总体而言，自2000年以来上海户籍人口的高龄少子化特征依旧突出，而老年人口、劳动力人口高龄化和老化的趋势日益明显，青少年人口在未来十年内虽然会有所增加，但从占比来看，上海户籍人口仍处于超少子化阶段。由于总和生育率长期处于超低水平，上海户籍人口的出生规模在未来可能会有所下降。在这样的人口结构变动背景下，未来康复医疗服务的对象主要还是老年人口，到2035年前后，由于高龄老人的增长会加速，高龄老人的服务需求可能会有爆发式增加。

二　上海人口健康情况的变化趋势

影响康复医疗服务需求的因素除了人口规模和年龄结构变化，还有人群的健康水平、疾病谱、慢性病控制等。自2000年以来，上海人口健康情况的变化有如下特征。

1. 平均预期寿命已经超过发达国家的平均水平，但延长速度在放慢

平均预期寿命是被用于评价一个国家或地区人口的生存质量和健康水平最常用的参考指标，也是综合反映一个国家或地区疾病防治和医疗卫生服务水平的重要指标。

1990年以来，上海户籍人口的平均预期寿命从75.46岁延长到2018年的83.63岁，28年间延长了8岁多，其中男性从73.16岁延长到81.25岁，女性从77.74岁延长到86.08岁。在这期间，1999年女性的预期寿命首先超过了80岁，2004年全部人口的预期寿命超过80岁，2011年男性的预期寿命也超过了80岁（见图6）。

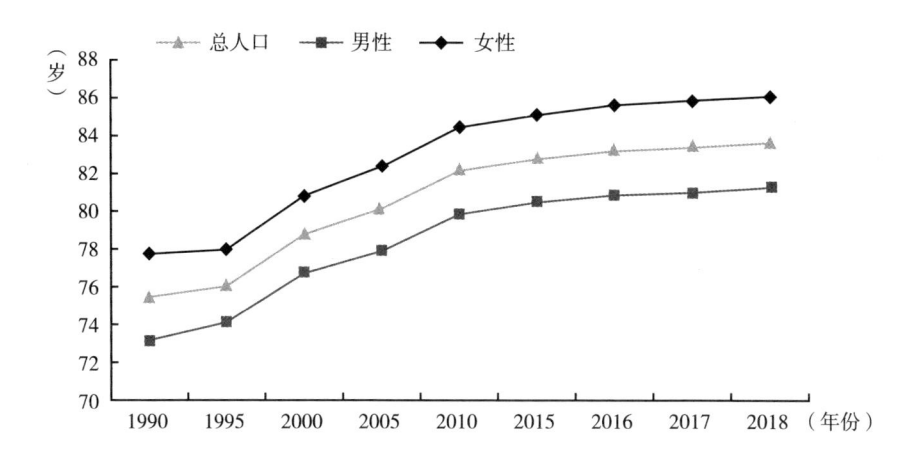

图6 1990年以来主要年份上海户籍人口的平均预期寿命

资料来源：①上海统计局主编《上海统计年鉴2018》，中国统计出版社，2018。
②《2018年上海市老年人口和老龄事业监测统计信息》，上海市民政局、上海市老龄办、上海市统计局。

通过比较上海市户籍人口平均预期寿命和同期的世界发达国家平均预期寿命，我们可以看到上海市平均预期寿命的延长速度要快于发达国家，且呈现延长速度随时间推移逐渐放慢的趋势。2005~2010年平均预期寿命增加了2岁，但2010~2015年平均预期寿命仅增加了0.62岁（见表1）。

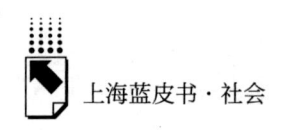

表 1　1990 年以来主要年份的上海和部分发达国家平均预期寿命

单位：岁

年份	中国上海	发达国家	日本	德国	丹麦
1990	75.46	74.16	79.42	75.98	75.23
1995	76.03	74.80	80.51	77.31	76.14
2000	78.77	75.59	81.80	78.62	77.34
2005	80.13	76.93	82.65	79.73	78.58
2010	82.13	78.43	83.27	80.45	80.14
2015	82.75	79.28	83.98	81.27	80.91

资料来源：①上海数据来自上海统计局主编《上海统计年鉴2018》，中国统计出版社，2018。
②发达国家数据来自联合国《2017 年世界人口展望》，United Nations, Department of Economic and Social Affairs, *Population Division* (2017). World Population Prospects: The 2017 Revision, DVD.

2. 健康平均预期寿命的变化符合疾病期扩张假说，且女性较男性扩张速度更加明显

平均预期寿命是根据分年龄死亡概率计算得到的，因而不能反映残障存活的时间长短。而关于平均预期寿命和健康存活时间之间的关系，学界有三种不同假设：一是 Fries[1] 等学者提出的疾病期压缩假设，即人们的健康存活时间的延长会快于平均预期寿命的延长，则功能缺损时间占总的生命长度的比例会下降；二是 Gruenberg[2] 和 Kramer[3] 等人提出的疾病期扩张假设，即人们的健康存活时间的延长会慢于平均预期寿命的延长，则功能缺损时间占总的生命长度的比例会上升；三是 Manton[4] 提出的动态均衡假设，即人们的健康存活时间的延长会与平均预期寿命的延长保持同步，则功能缺损时间占总的生命长度的比例会保持稳定。

---

[1] Fries J. F., Aging, Nature Death and the Compression of Morbidity. *The New England Journal of Medicine*, 1980 (303): 130-135.
[2] Gruenberg E. M., The Failure of Success. *Milbank Q*, 1977 (55): 3-24.
[3] Kramer M., The Rising Pandemic of Mental Disorders and Associated Chronic Diseases and Disabilities. *Acts Psychiatrica Scandinavica*, S2851980 (62): 282-297.
[4] Manton K. G., Changing Concepts of Morbidity and Mortality in the Elderly Population. *Milbank Q*, 1982 (60): 183-244.

为了更加清晰地反映人们的健康状况,健康平均预期寿命被构建出来。这一指标将疾病、残损、失能、残障等发生的可能性考虑其中,因而较平均预期寿命更加准确。计算健康平均预期寿命的方法很多,其中沙利文法因所需数据简单而被广泛应用。有学者利用 2013 年上海市人口分性别分年龄死亡率以及 2013 年上海市老龄科研中心和上海社会科学院共同完成的《上海市老年人口状况与意愿跟踪调查》的数据,测算了该年上海老年人分年龄分性别的预期余寿与健康预期余寿(见表2)。

表2 2008年、2013年上海市60岁及以上分性别的健康预期余寿

单位:岁

年龄	男性			女性		
	2008年	2013年	差值	2008年	2013年	差值
60~64岁	20.77	19.45	-1.32	23.04	20.53	-2.51
65~69岁	16.66	15.34	-1.32	18.55	16.16	-2.39
70~74岁	12.83	11.66	-1.17	14.26	12.01	-2.25
75~79岁	9.25	8.09	-1.16	10.30	8.19	-2.11
80~84岁	6.25	5.24	-1.01	6.84	4.75	-2.09
85岁及以上	3.99	3.35	-0.64	4.20	2.55	-1.65

资料来源:王美凤,《上海市居民预期寿命变动及健康预期寿命测算分析》,《人口信息》2019年第5期,第28页。

该研究成果表明,上海户籍人口抽样调查的数据支持疾病期扩张假说,也就是说虽然分年龄的死亡率下降了,但这种下降是由于医疗技术水平的提高带来的非自理时间的延长(鉴于该研究将能否自理作为是否健康的标准,因而是自理健康预期寿命)。2008~2013年,随着平均预期寿命的延长,健康预期余寿在各个年龄组都有所缩短,且女性比男性缩短的时间更长。而比较不同年龄组的结果,则可以看到健康预期余寿随年龄的上升而下降,缩短的幅度也随年龄的上升而下降。

3. 近十年里循环系病和内分泌营养代谢病的死亡专率上升很快,慢性病对健康预期寿命影响明显

康复医疗服务并不能对所有因病造成的功能性障碍发挥作用,因而在研

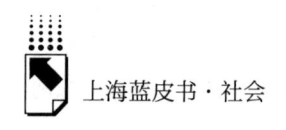

究康复医疗服务时，人群的患病种类也是需要考察的方面。

自20世纪90年代以来循环系病、肿瘤和呼吸系病就一直是上海疾病死亡专率最高的三类疾病。1990年上海循环系病死亡专率为194.82人/10万，占死亡总数的29.0%；2000年上升到234.21人/10万，占死亡总数的32.7%；2005年上升到258.14人/10万，占死亡总数的34.26%；2010年达到272.12人/10万，占死亡总数的35.28%；2015年达到338.69人/10万，占死亡总数的39.32%；2017年达到350.85人/10万，占死亡总数的40.40%。1990~2000年的十年间死亡专率上升了约40人/10万，而2010~2017年的七年间死亡专率上升了近80人/10万，占死亡总数的比例超过40%。这些数据表明，近十年来包括高血压、心脑血管病、脑中风等在内的循环系病是上海人口健康的最大威胁。

除此之外，内分泌营养代谢病是近十年来死亡专率和占死亡总数比例都快速上升的疾病。2005年该类疾病的死亡专率为30.28人/10万，占比4.02%，居当时死亡原因的第五位。2010年上升到32.69人/10万，占比4.24%，2015年上升到43.29人/10万和5.03%，居当时死亡原因的第四位。2017年其死亡专率和占死亡总数比例已经达到45.96人/10万和5.29%。

如果将慢性病患病情况与健康预期寿命结合起来，可以看出不同疾病对于健康预期寿命的影响。有研究者用上海市静安区2011年的抽样调查数据计算出分年龄分病种的健康预期寿命损失率（见表3）。

表3　2011年分年龄分病种的健康预期寿命损失率

单位：%

类别	60~64岁	65~69岁	70~74岁	75~79岁	80~84岁	85岁及以上	平均
高血压	29.5	33.6	39.4	46.9	53.0	57.6	43.3
心脑血管病	49.5	51.3	55.5	61.3	70.7	76.9	60.9
糖尿病	31.1	35.0	38.8	47.5	49.8	56.8	43.2
支气管炎、气肿、哮喘、肺炎	36.6	40.5	45.2	53.5	64.1	78.3	53.0
心脏病	35.5	39.7	46.7	55.7	63.2	73.8	52.4

资料来源：彭伟霞，《上海市静安区老年人健康预期寿命及其对策研究》，复旦大学博士学位论文，2013，第24~25页。

该研究显示，对于60岁及以上人群而言，心脑血管病、高血压、心脏病、糖尿病及呼吸系统疾病是对人口健康水平影响最大的慢性病，其中心脑血管病导致的健康期望寿命平均损失率高达60.9%，呼吸系统疾病和心脏病的损失率也超过50%。如果分年龄来看，这些疾病对健康的影响随年龄的上升而上升。

总体而言，虽然上海人口的平均预期寿命在以较快速度延长，但健康水平的改善并没有同步发生，自理能力障碍在老年人口中发生率很高，这使得根据自理能力比例计算的健康余寿在2008~2013年不仅没有增加反而减少。慢性病对于老年人的健康影响非常明显，特别是心脑血管病、心脏病、高血压、糖尿病等。

三 上海康复医疗服务的发展

自1989年卫生部首次将康复医疗机构建设纳入医院分级管理的轨道，康复医疗服务发展已经走过了30年。但康复医疗服务真正获得重视和大力推广却是近10年的事。在这个过程中，上海始终走在全国前列，呈现以下特征。

1. 分层级分阶段的康复医疗服务体系雏形初现

2011年卫生部颁布《建立完善康复医疗服务体系试点工作方案》，明确提出在试点地区统筹区域内康复医疗资源，逐步构建分层级、分阶段的康复医疗服务体系[①]，上海作为试点地区之一立即着手推进此项工作。

卫生部颁布工作方案的同一年，上海市卫生局就制定了市级试点工作方案，在全市选取徐汇、静安、宝山和松江四个区作为试点工作区域。根据《上海市建立完善康复医疗服务体系试点工作方案》的要求，各试点区需结合自身实际情况，合理确定辖区内各级各类医疗机构的功能定位。三级医院

---

① 何成奇：《解读〈卫生部建立完善康复医疗服务体系试点工作方案〉的基本思路》，《中国康复医学杂志》2012年第6期。

主要提供疾病急性期的早期康复服务，改善患者预后、预防残疾发生、减轻残疾程度，同时承担区域内康复医疗工作的业务指导、人才培养、科研、教学指导等工作；二级医院及社会办康复医院主要提供疾病稳定期的系统化康复治疗服务，同时承担三级和一级医院向下、向上转诊的患者治疗工作；社区卫生服务中心则以区域内的居民为服务对象，主要负责疾病恢复期患者的康复医疗服务。二、三级医院提供的康复医疗服务以住院服务为主，而社区卫生服务中心提供的康复医疗服务以门诊为主。

上海的分层级、分阶段康复医疗服务体系以医联体为主要形式，被称为"3+2+1"模式。这种模式都是以一家三甲医院为核心，向下整合若干二级医院和社区卫生服务中心，不同层级医疗机构之间可以双向转诊，通过转诊扩大三级医院优质资源的辐射范围，同时提升基层医疗机构的服务水平。而根据三级医院的专科特点，可以形成各具特色的康复医疗服务。以徐汇区为例，徐汇区是上海优质医疗资源最为集中的区域，辖区内的三甲医院占比全市最高且优势专科门类较多。徐汇区的特殊康复医疗服务联合体包括：以市第六人民医院、第八人民医院骨科和龙华医院中医科为基础的骨科康复；以中山医院、龙华医院和徐汇区中心医院脑血管康复医疗为基础的神经疾病康复；以上海市精神卫生中心为支撑的精神疾病康复；以国际和平妇幼保健院为依托的婴幼儿康复。

除了构建医联体，上海市还鼓励部分二级医院转型为康复、老年医疗护理机构，通过这种方式实现康复床位的较快增长。其中华山医院康复医学科杨浦区分中心是全国范围内第一家整体转型成立的康复专科医院，核定床位数达到440张，实际开放床位500张。

2. 康复医疗服务资源快速增加

政府的大力推进让上海康复医疗服务资源快速增加。虽然目前并没有发布过全市数据，但根据2011年、2014年高校研究团队对上海市卫生系统、残联系统和民政系统的康复医疗资源的抽样调查，仍能够看出短期内，无论是康复医学科设置、康复床位还是康复专业技术人员都有了明显的增加（见表4）。

表4 上海市2011年康复医疗服务资源的抽样调查基本情况

医院级别	康复医学科(含医院)(个)	占比(%)	床位数(张)	占比(%)	康复医师、治疗师(人)	密度(人/百万人口)
三级	27	60.00	24	0.09	352	
二级	68	47.22	1043	3.87	573	
一级	69	29.49	229	5.07	263	
残联民政	16	40.00	190	9.56	151	
总计	180	38.88	1486	2.53	1339	58.16

资料来源：郑洁皎等，《上海市康复医疗资源调查报告》，《中国康复医学杂志》2013年第28卷第2期，第143~147页。

2014年的抽样调查在全市范围内抽取了219家医疗机构作为调查样本，其中包括116家区级和市级综合医院、5家康复医院和98家社区卫生服务中心。此次调查发现，在有效回收的96份综合医院问卷中，设立康复医疗门诊或开设康复病房的医院有91家，占比达到94.79%，编制床位数达到2199张，实际开放2573张。在这次调查的全部医疗机构中康复医师和康复治疗师有1181人，另有康复护士666人，2011年至2014年8月三类专业人员增长率分别达到8.46%、12.31%和10.76%。[①]

2014年还开展了对全市社区卫生服务中心的康复医疗服务的调查。该调查队在上海全市17个区的237家社区卫生服务中心进行了问卷调查。结果显示，有83家社区卫生服务中心设置了康复医学科，占比35.02%，有133家没有独立设置科室但提供康复医疗服务，占比56.12%。社区卫生服务中心有资质的康复从业医师有26人，康复从业治疗师291人，无资质的康复医师和康复治疗师分别有689人和138人。

到2019年11月底，从上海市卫健委网站上可以查到各级各类设有康复医学科的机构（包括二三级综合医院及其分院、护理院、康复医院、社区卫生服务中心）已经有481家。

---

① 陈刚等：《上海市康复医疗资源与服务开展现状调查》，《中国康复理论与实践》2015年第21卷第12期。

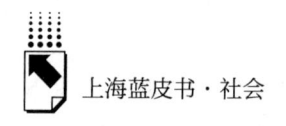

3. 借助高科技手段实现优质康复医疗资源的广覆盖

上海构建康复医疗服务的医联体，很重要的一点是希望让优质医疗资源能够覆盖更广泛的人群。而随着高科技手段越来越多地运用到医疗服务里，这一愿望能够更加彻底地实现。2019年12月，上观新闻报道黄浦区康复三级网络建设签约仪式举行。根据该协议，瑞金康复医院与半淞园路街道社区卫生服务中心结对，双方能够利用物联网、移动互联网搭建具备康复远程健康教育、健康干预、网上诊疗等功能的远程医疗服务协同平台。而这一平台的搭建意味着从高一级医院向下转诊到社区内进行康复治疗的患者在社区卫生服务中心也能享有高水平专家的服务。这一平台还能够同时对社区康复医师、全科医师给予康复医学理论和实践指导。

四 上海康复医疗服务发展存在的瓶颈问题

1. 社会保险对康复医疗服务的保障水平仍然较低，患者康复医疗负担较重

虽然近年来我国在社会保障体系完善方面做了大量工作并取得明显进步，但总体而言，保障水平仍然较低，特别是农村居民的保障水平非常低。与全国其他地方相比，上海的社会保障体系无论在保障范围还是保障水平上都处于先进行列，但对于需要康复医疗服务的患者而言，可能仍存在不足。

有康复需求的劳动年龄人员基本无法正常获得劳动报酬，而有康复需求的退休人员，其退休金又大大低于在职职工工资，因此，康复患者相对其他居民处于经济弱势地位。但康复医疗服务需求往往是长期的、花费高昂的，因而有康复需求的人群容易因病致贫、因病返贫。从这个角度讲，社会保险应当为此提供支持。但失能失智或者能力受限人群一般占全部人群的比例仅在15%左右，对这部分人群的高额支持可能会有悖于社会福利的普惠原则，因而政府在进行相关政策改革时会特别慎重。这也是康复医疗项目进入医保报销名单推进缓慢的原因。

2017年上海市人力资源和社会保障局、上海市医疗保险办公室、上海市卫健委、上海市民政局和上海市残疾人联合会联合发布了《上海市基本医疗保险医疗康复项目医保支付规范》，列出了43项可以纳入医保的康复医疗项目，高于国家标准。但总体而言，对于长期患者来讲仍显不足。

2. 康复医疗服务的资源相对其他医疗服务仍较为缺乏、服务项目较为单一

根据上海市卫健委网站的查询结果，上海全市各级各类医疗机构约有5548家，但其中设有康复医学科的有481家，占比仅为8.67%，即使考虑到有部分社区卫生服务中心的康复医疗服务挂在其他科室名下，能够提供这类服务的机构占比仍然很低。而从空间占比等角度来看，康复医疗服务资源仍然缺乏也是事实。2014年的抽样调查数据显示，有64.98%的社区卫生服务中心缺乏应有的康复治疗的场所和设备。

而从服务项目上看，社区卫生服务中心开展的康复治疗项目主要是物理因子治疗，占所有康复服务供给的88.94%，开展运动疗法治疗的占服务量的9.45%，而能够开展作业治疗、言语治疗、认知功能训练、吞咽训练等治疗的社区卫生服务中心非常有限，服务量仅有1.61%。考虑到上海的高血压、心脑血管病、糖尿病、脑卒中等疾病的发病率较高，而高龄人群的发病率又是其他人群的数倍，作业治疗、言语治疗、认知功能训练、吞咽训练等服务需求显然无法得到满足。

3. 康复医疗专业技术人员队伍建设速度仍不能满足需求，专业人员缺口较大

康复医疗服务是一项专业技术含量较高的工作，需要经过专业训练的人员才能胜任。由于我国的康复医学发展年限较短，而且培养渠道也较为单一，康复医学人才的培养速度比较慢。这种教育培养方面的不足，造成我国康复医疗专业技术人员缺口较大的现实。上海虽然有着众多的医学高等院校和三甲医院，但也无法很好地解决这一问题。

与发达国家相比，上海的康复医师数量仍显得不足，数次的抽样调查显示康复医师人数每10万人口不到10人；而欧美、日本等发达国家康复治疗师人数一般为每10万人口30~70人。[1] 从质量上看，上海康复医疗专业技

---

[1] 方国恩：《中国康复医学会2015康复医学创新与发展论坛专题报告》，http://news.xinhuanet.com/health/2015-12/17/c_128539474.htm，2017年8月29日。

术人员的学历水平也有待提高。2014年的抽样调查表明，康复医疗从业人员中有相当多的无资质人员，其中康复从业医师中这一情况较为严重，社区卫生服务中心中这一情况相对严重。

4. 民众对于康复医疗服务本身的认知有待提升，康复医疗服务市场活力不足

我国康复医学相较发达国家起步较晚，且相关知识和理念的宣传不足，这使得公众对康复医疗服务的必要性和重要性认识较发达国家落后。上海在推进康复医疗服务体系建设的过程中，对于康复医疗知识的推广和宣传还有待加强，康复知识不仅在普通民众中普及不足，甚至部分医疗机构的医务工作者都不甚了解。知识和理念的不足给未来康复事业的发展带来了一定的阻碍。

五　政策建议

1. 鼓励社会力量参与康复医疗服务的提供，将康复服务与养老服务相结合，促进康复服务的社区化、家庭化

老龄化的趋势无法逆转，因而健康老龄化成为未来人口发展的关注点。近年来，国家大政方针已经指明了清晰的方向。上海作为人口高龄化速度不断加快、程度日益加深的地区，采取措施改善老年人的健康状况，降低因病造成功能受限的比例刻不容缓。在这样的发展形势下，将康复服务与养老服务相结合，将康复医疗服务融入老年人的日常照料活动中去，显然有利于提高老年人特别是高龄老人的健康水平。目前来看，康复医疗服务与日常生活照料相结合在机构中已经实现，但进入机构养老的老人毕竟只占全部老人的极少数。因而有必要让这种新型的服务模式更多地在社区和家庭实现。而要实现康养服务的社区化、家庭化，就必须鼓励社会力量的积极参与，以增加服务供给，而由此产生的费用应由服务享有人与社会保险共同承担。

2. 进一步加强康复医学教育的规范化，同时拓展康复医疗专业从业者的培养渠道

康复医疗专业从业者队伍与其他专业从业者队伍一样是有结构的，既需

要专业要求高的康复医师，也需要专业要求相对较低的护理人员。从上海的康复医疗服务资源的现状来看，康复医师的缺口相对护理人员更大。而提高康复医疗服务的水平恰恰有赖于高水平的专业技术人员队伍。因而，必须进一步加强相关人才的培养。对于康复治疗师的培养，我国已经仿照发达国家设立了康复医学本科专业，上海拥有多所全国知名的医学院校，在这方面相对具有优势。在这一类专业人才的培养过程中，需加强专业技术和职业道德等方面的教育，同时要注重学科的交叉培养和融合，不仅是康复医学专业与其他西医专业，还有康复医学专业与中医学，特别是针灸、推拿、火罐等传统医学内容和手法。除了全日制教育外，还要重视"干中学"的培养方式，充分发挥三级医院的人才培养功能，通过短期培训、轮岗学习等方式提高基层医疗机构从业人员的技术水平。

3. 逐步扩大医疗保险覆盖范围，完善支付方式改革，通过政策设计鼓励康复医疗需求的下沉

为了有效减少康复医疗服务需求者因病致贫和因病返贫，逐步扩大社会保险对康复医疗服务的覆盖范围是政府的努力方向。政府应通过对不同康复医疗服务提供的保障水平进行差别性设计，鼓励康复医疗服务需求向社区和家庭倾斜，以便与分级康复医疗服务体系相契合。首先，逐步将更多康复医疗服务项目纳入基本医疗保险，或者结合长期护理保险的实行纳入长期照护保险。其次，在设计报销比例时，对在社区和家庭中完成康复医疗的患者的报销比例予以不同程度的倾斜。最后，充分发挥商业保险在康复医疗服务中的作用，鼓励商业保险公司开发相应的商业保险项目。

4. 重视康复医学知识的宣传教育，提高市民对康复医疗重要性的认识，营造良好的社会氛围

营造良好的社会氛围是推动康复医疗服务发展的重要条件，而康复医学相关知识的科学普及是营造良好社会氛围的有效手段。上海的市民素质较高，对医疗卫生相关知识的关注度较高，具有普及康复医学知识的社会基础。应当依托社区卫生服务中心、为老服务点等机构和场所，加大康复医学知识的宣传力度，让市民充分了解康复医疗对于健康的重要性，提升人们对

于康复医疗服务的接纳程度。要宣传与普及康复医学对提高国民健康水平的重要性，将相关内容与心脑血管疾病、糖尿病等慢性病的防治与管理结合起来，强化居民，特别是潜在风险人群对康复医疗服务的认知。除此之外，还要加强对于普通基层医务工作者或者相关行业从业者的宣传和教育，鼓励他们积极参与宣传教育活动，提高自身素养。

B.9
健康上海建设中居民健康状况及其影响因素研究

虞慧婷 王春芳*

摘 要： 随着社会的发展、人们生活方式的转变，以及人口老龄化进程的加快，人群疾病谱已发生巨大变化。本文通过描述上海人口老龄化进展，人口生育水平和生育特征变化，探讨人口疾病模式的转变，分析主要慢性疾病对人群寿命的影响，及其危险因素如吸烟、有害饮酒、肥胖、血压升高和血糖升高等的流行状况，为慢性疾病的防控提供依据。

关键词： 人口老龄化 生育率 慢性疾病 危险因素

2016年，党中央、国务院召开全国卫生与健康大会，发布《"健康中国2030"规划纲要》，2019年成立健康中国行动推进委员会，发布《健康中国行动（2019—2030年）》。上海也随后发布了《"健康上海2030"规划纲要》和《健康上海行动（2019—2030年）》，旨在积极有效应对当前我国突出的健康问题，实施十年全民疾病预防和健康促进行动，推动实施健康中国战略。

本文从上海人口现状入手，详细描述上海人口老龄化进展，人口生育水平和生育特征变化，探讨人口疾病模式的转变，分析循环系统、呼吸系

---

* 虞慧婷，上海市疾病预防控制中心信息所，副主任医师；王春芳，上海市疾病预防控制中心信息所，主任医师。

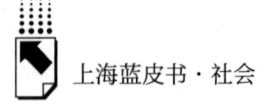

统、肿瘤和糖尿病等主要慢性疾病对人群寿命的影响，及其危险因素如吸烟、有害饮酒、肥胖、血压升高和血糖升高等的流行状况，为慢性疾病的防控提供依据。

一 上海人口健康状况及变化趋势

（一）人口总量状况

人口历来都是影响社会和经济发展的重大问题，同时又是社会经济发展程度的重要体现。与全国人口总量变化趋势一致，近15年上海人口总量呈增长态势，沪籍人口数从2002年的1334万人增长到2017年的1455万人，增长幅度（121万人，9%）略高于全国平均水平（8%）（见图1）。

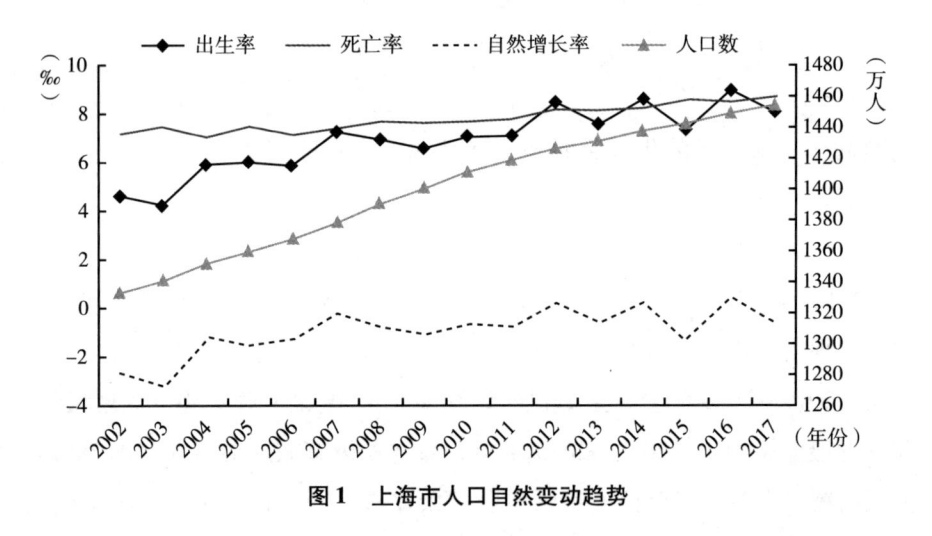

图1 上海市人口自然变动趋势

与全国不一致的是，上海人口规模变化与人口出生率、死亡率和自然增长率的变化并不契合，人口自然增长率并非和人口总量一样呈显著的上升趋势。2002~2007年，人口自然增长率略呈上升趋势，但总体上为负数，2007年以后人口自然增长率在0附近波动。这说明上海的人口增长模式已非自然增长模式，而是以人口迁移增长为主，上海作为"移民城市"的特点表现得越来越明显。

从国际典型特大城市发展经验来看,在城市化快速发展时期,人口向特大城市集中是一个必然趋势。近日,国家发改委发布的《2019年新型城镇化建设重点任务》提出要进一步完善落户政策,对于上海这样的超大城市,将进一步提升城市吸引力,改善人口状况。

(二)人口老龄化现状

随着社会经济的发展、人们生活水平的提高和医疗技术的进步,人类寿命得到了大幅增长,在此背景下,人口老龄化已成为一个全球性的问题。上海市自20世纪70年代末进入老龄化社会,依据2000年第五次人口普查数据,全国则于2000年进入老龄化社会,上海比全国提前20多年进入老龄化社会。另外,上海人口老龄化的程度和速度超过了世界老龄化的程度和速度。联合国统计数据显示,1995~2018年,世界老年人口占总人口的比重从6.6%上升至12.8%,而上海市自1990年60岁及以上老人已经达到总人口的13.98%,至2018年该比例达30.90%。按联合国新标准,1990年上海市65岁及以上老人也达到总人口的9.26%,至2018年该比例达20.14%(见图2)。

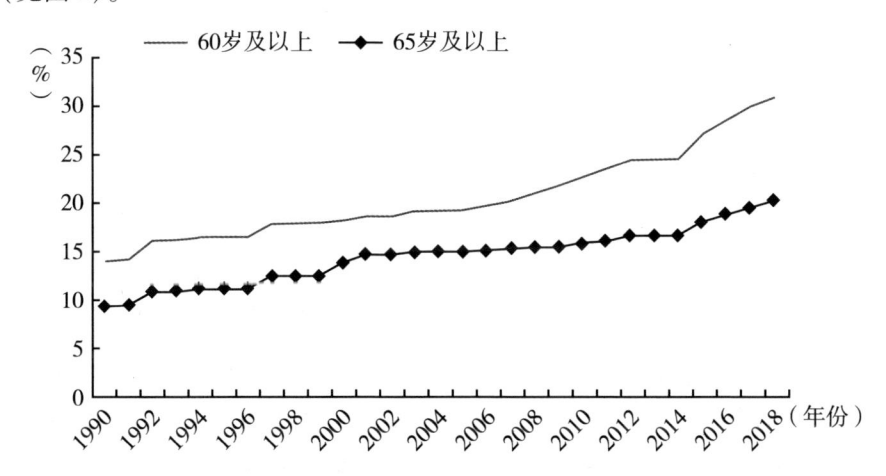

图2 上海市老龄化趋势

上海市人口金字塔已由20世纪50年代的"宝塔形"转变为当下的"葫芦形"(见图3)。从中可以较为清晰地看出1953~1957年的第一次人口生育高峰及其带来的80~90年代的生育高峰。未来的20年，上海市老龄化程度将进一步快速加剧，如何积极应对人口老龄化，已经上升为关系党和国家重大发展的战略问题。

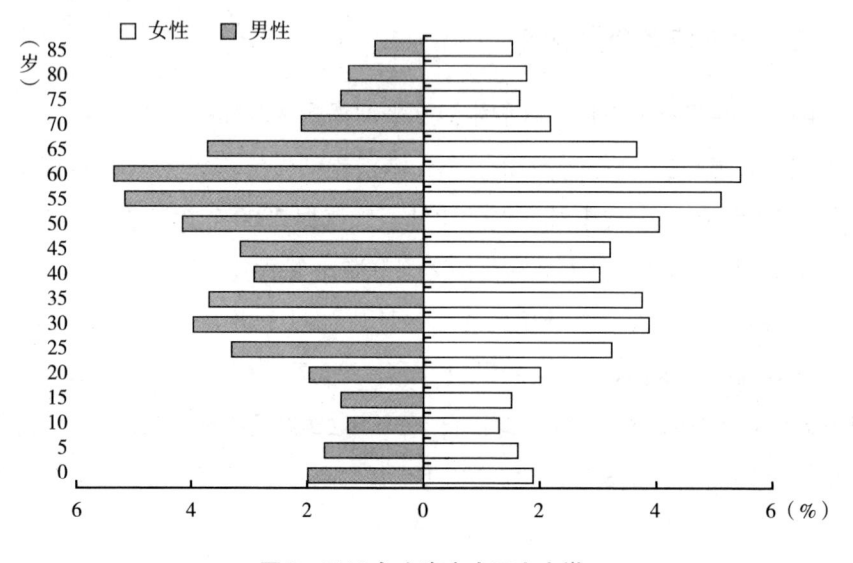

图3 2018年上海市人口金字塔

（三）上海人口疾病模式转变

1. 死亡率变化趋势

随着老年人口数量的增长、比重的上升，老年人口的健康对人群总体健康状况的影响越来越大。老年人是疾病的高发人群，老龄化进程改变了人群疾病模式。受老龄化的影响，近30年上海市居民的粗死亡率呈上升趋势，从1990年的6.7‰上升至2018年的8.5‰。为剔除人口老龄化的影响，用1990年全国人口普查的人口结构对粗死亡率进行标化，则标化死亡率从4.4‰降至2.0‰，说明分年龄组分析，人群的死亡率水平总体上呈下降趋势。

从年龄组死亡率来看，随着总死亡水平的下降，人口死亡水平的年龄模式从早期的高婴儿和老年人口死亡率为特征的"U"形分布向以低婴儿死亡率的"J"形分布转变。所有年龄组中，婴儿死亡率仍相对较高，随后快速下降，5~9岁组的死亡率达到最低水平，10岁以后死亡率随年龄增长呈指数上升趋势。从性别来说，各个年龄组女性死亡率均低于男性，但在婴儿期和10~19岁两者非常接近（见图4）。

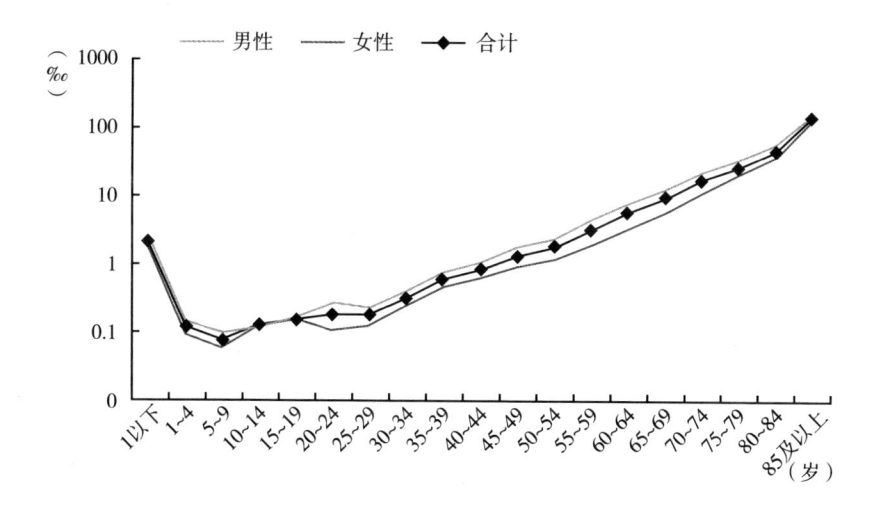

图4 上海市各年龄组人群死亡率

2.死亡原因变化趋势

20世纪90年代至今，上海市居民的前三位死因保持为循环系统疾病、肿瘤和呼吸系统疾病，且前两种疾病的占比呈上升趋势，2018年三种疾病所致死亡占总死亡的比例超80%。传染病所导致的死亡在新中国成立初期居首位，现已下降至第10位。值得注意的是，内分泌等疾病占总死亡的比例呈现上升趋势，这与糖尿病发病风险的上升有关（见表1）。

3.重大慢性病过早死亡率

早死率是指30~69岁人群死于某种疾病的概率，与期望寿命一样不受人口年龄构成的影响，可以在不同时间和区域间进行比较。世界卫生组织（WHO）推荐将心脑血管疾病、肿瘤、糖尿病和慢性呼吸系统疾病四类慢

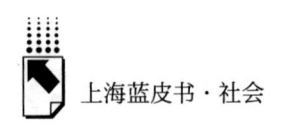

表1　上海居民主要死亡原因历史变迁

单位：%

顺位	1992年		2012年		2018年	
	死因	占比	死因	占比	死因	占比
1	循环系统疾病	30.4	循环系统疾病	37.0	循环系统疾病	41.3
2	肿瘤	25.3	肿瘤	30.7	肿瘤	30.8
3	呼吸系统疾病	19.9	呼吸系统疾病	10.5	呼吸系统疾病	8.2
4	伤害	6.9	内分泌等疾病	4.7	内分泌等疾病	5.3
5	消化系统疾病	3.7	伤害	4.5	伤害	4.6
6	传染病	2.4	消化系统疾病	2.8	消化系统疾病	2.3
7	精神障碍	2.2	神经系统疾病	1.2	神经系统疾病	1.5
8	内分泌等疾病	1.8	精神障碍	1.1	精神障碍	1.1
9	泌尿系统疾病	1.3	泌尿系统疾病	0.9	泌尿系统疾病	0.9
10	先天性疾病	0.7	传染病	0.9	传染病	0.8

性病早死概率作为各国评价慢性病控制水平的重要指标。2015年9月，联合国制定了新的全球可持续发展目标——四类慢性病早死概率2030年在2015年的基础上降低1/3；《"健康中国2030"规划纲要》也指出2030年全国重大慢性病过早死亡率比2015年降低30%，上海低于9%，对上海市慢性病防控工作提出了更高的要求。

2015年上海重大慢性病过早死亡率为10.07%，2018年降至9.19%，远低于2010年和2015年全国重大慢性病早死概率（20.87%和18.54%）。分疾病看，2018年心脑血管疾病、肿瘤、糖尿病和慢性呼吸系统疾病的早死概率分别为2.61%、5.90%、0.56%和0.35%；其中男性分别为3.92%、7.67%、0.79%和0.55%，均高于女性的1.27%、4.09%、0.33%和0.15%，且上海男性和女性早死概率的差距大于全球平均水平。

（四）期望寿命

期望寿命是综合衡量人群死亡水平的重要指标，不受人口年龄结构的影响，可在不同时点、不同地区和不同人群间比较，常用来衡量一个国家或地区居民的健康水平。

1. 期望寿命的变化趋势

随着上海市医疗卫生水平的迅速提高，各年龄组居民死亡水平有所下降，上海市居民期望寿命有了显著提升。2017年上海市居民期望寿命已经上升到83.4岁，比全国平均水平高约7岁，与长寿之国日本的差距由20世纪90年代初的3.4岁，缩短到0.5岁。近15年，上海市期望寿命增长4.1岁，增长幅度达5%，平均每年增长0.28岁，高于0.25岁的世界平均水平（见图5）。

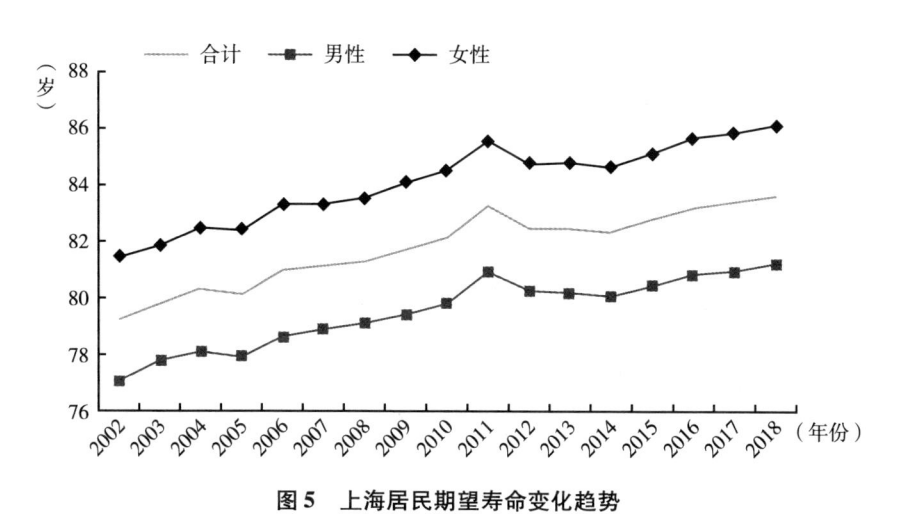

图5 上海居民期望寿命变化趋势

2. 各年龄组对期望寿命增长的贡献

上海市各年龄组对期望寿命增长的贡献呈现"S"形变化趋势。15岁以前，各年龄组对期望寿命的贡献呈下降趋势，且男性高于女性，在10~14岁降至最低；15~49岁，各年龄组对期望寿命的贡献呈上升趋势，男性仍高于女性；50岁以后各年龄组男性死亡率下降对期望寿命增长的贡献低于女性，男性50~75岁仍呈上升趋势，75岁以后急剧下降，女性在50~84岁均呈上升趋势，仅在85岁及以后略微下降（见图6）。

总体上，上海居民期望寿命的提高主要得益于婴儿死亡率和60岁及以上老年人口死亡率的降低。两个年龄组对男性期望寿命增长的贡献分别为

0.45岁（11.5%）和2.31岁（59.0%），对女性的贡献分别为0.36岁（8.0%）和3.24岁（72.7%）。

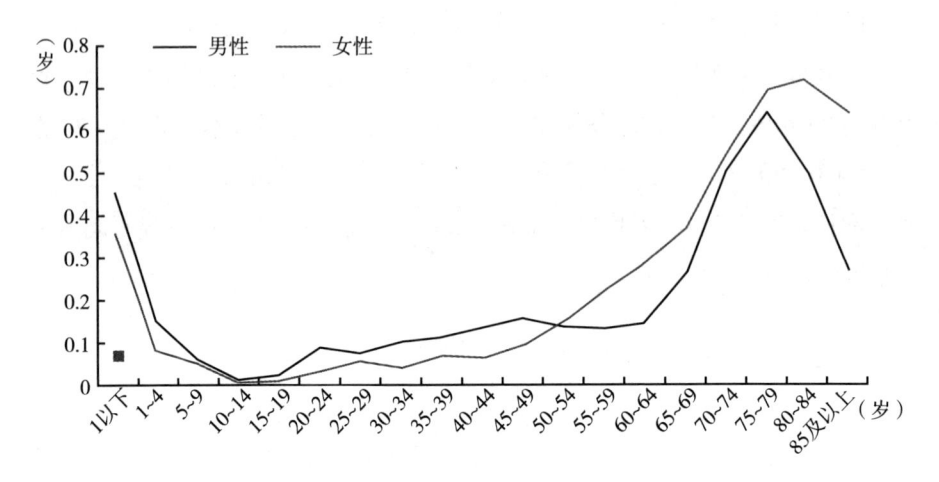

图6 上海市近15年各年龄组死亡率下降对期望寿命增长的贡献

3. 不同死因对期望寿命增长的贡献

从死亡原因分析，新中国成立初期，上海人口死亡原因构成中居前三位的分别是传染病、循环系统疾病和消化系统疾病，20世纪60年代后期，上海人口疾病模式发生转变，循环系统疾病、肿瘤和呼吸系统疾病成为前三位死因，且该排序位次一直保持到2018年，而传染病造成的死亡从首位退出前三，且在随后的几十年一直保持下降的趋势。

分析各类死因对期望寿命的影响，呼吸系统疾病、肿瘤和循环系统疾病死亡率的下降对期望寿命增长的贡献最大。三类疾病死亡率的下降对男性期望寿命增长的贡献分别为1.14岁（28.4%）、0.85岁（21.3%）和0.46岁（11.5%）；对女性期望寿命增长的贡献分别为1.09岁（24.4%）、0.54岁（12.2%）和0.80岁（18.0%）（见图7）。值得注意的是，男性内分泌、营养和代谢性疾病以及女性神经系统疾病死亡率的下降对期望寿命增长的贡献是负的，说明二者的年龄组死亡率总体略呈上升趋势，对人群的健康威胁增加。

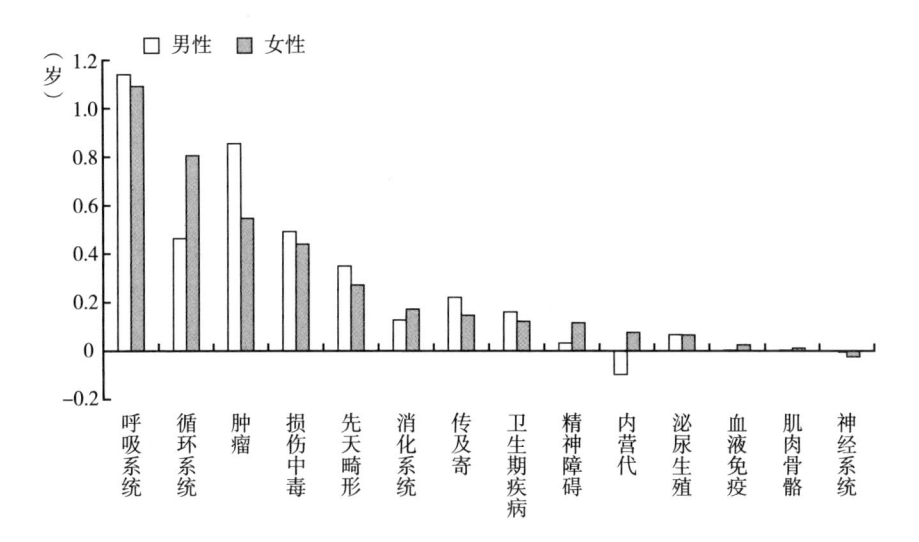

图7 上海市近15年各类疾病死亡率下降对期望寿命增长的贡献

（五）妇幼健康

1. 孕产妇

妇女儿童健康是全民健康的基石，是人类可持续发展的基础和前提。21世纪初，上海市孕产妇死亡率为23.4人/10万，已达国内领先水平。近20年，随着妇幼保健体系的不断完善，妇幼健康事业取得辉煌成就。2018年上海市孕产妇死亡率下降到1.2人/10万，与同期其他全球一线城市和国家相比，如中国香港1.8人/10万、日本东京2.6人/10万、新加坡10.0人/10万等，处于领先地位。

2. 婴儿死亡率

妇幼保健水平的提高使得上海市婴儿死亡率情况也得到极大改善。21世纪初，上海市婴儿死亡率为8.5‰，处于国内领先水平。近20年，随着医疗技术的高速发展和保健体系的不断完善，上海市婴儿死亡率也呈逐年下降的趋势，2018年已降至3.5‰，达到世界先进水平（中国香港1.5‰、日本东京2.0‰、新加坡2.1‰）。

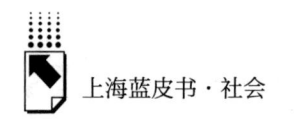

二 上海市民健康相关影响因素变化趋势

随着上海社会经济的发展和人们生活方式的改变，以心脑血管疾病、恶性肿瘤、慢性阻塞性肺病、糖尿病等疾病为主的慢性非传染性疾病已对上海市居民健康和社会经济构成严重威胁。国内外大量研究证实，吸烟、酗酒、不良饮食习惯、缺乏体力活动等不良行为是慢性疾病发生的主要危险因素，有效控制这些不良行为，对降低慢性疾病的发生率和控制其发展有重要作用。2007年上海市疾病预防控制中心依据本市慢性病防治的需求，建立了覆盖全市范围的慢性病及其危险因素监测系统，掌握与慢性病有关的主要行为危险因素在地区和时间上分布情况的流行特点和变化趋势。

（一）慢性病危险因素

1. 吸烟行为

烟草危害，已成为21世纪人类健康的最大危害之一，因吸烟而引发的各种疾病也成为世界各国公共卫生领域的一大焦点问题。大量研究表明，吸烟可以导致肺癌、口腔和咽部恶性肿瘤、喉癌、食管癌、胃癌、肝癌、胰腺癌、肾癌、膀胱癌和宫颈癌。此外，吸烟还可导致慢性阻塞性肺病和心脑血管疾病，是冠心病、脑卒中、主动脉瘤和外周血管疾病的主要原因之一，是心脑血管疾病的独立危险因素。

本文吸烟率指现在吸烟者在总人群中的比例。监测数据显示，2007～2013年，上海与全国的吸烟率均呈现下降趋势。上海居民总的吸烟率从2007年的25.8%下降至2013年的21.1%，5年下降了4.7个百分点，下降幅度为18.2%；同期全国吸烟率从29.0%下降到27.3%，下降了1.7个百分点，下降幅度为5.9%。其中，上海男性吸烟率从2007年的48.9%下降至2013年的39.6%，5年下降了9.3个百分点，下降幅度为19.0%；同期全国男性吸烟率从54.4%下降到51.8%，下降了2.6个百分点，下降幅度为4.8%（见表2）。上海男性吸烟率低于全国平均水平，且吸烟率的下降幅度高于全国水平，但不论是全国还是上海，男性仍处于较高吸烟水平。依据"健康行动（2019—2030年）"，2030年我国成人吸烟率要降低到20%，上海要降到18%。按此下降趋势，上海基本可以实现行动目标，但从全国来说任务艰巨，控烟力度有待加大。

另外值得注意的是，虽然上海与全国一样，女性吸烟率低于男性，但未呈现下降趋势，女性吸烟的健康危害远高于男性，而男性吸烟率的居高不下更易造成女性的二手烟暴露，因此女性所受的烟草暴露的健康危害也值得重点关注。

表2 上海和全国人群吸烟率变化趋势比较

单位：%

年份	上海			全国		
	合计	男性	女性	合计	男性	女性
2007	25.8	48.9	0.9	29.0	54.4	2.3
2010	24.5	46.2	1.1	28.3	53.3	2.5
2013	21.1	39.6	1.0	27.3	51.8	2.3

2. 有害饮酒

有害饮酒指男性饮酒者平均每天纯酒精摄入量大于等于61克，女性饮酒者平均每天纯酒精摄入量大于等于41克的饮酒行为，其可能增加心血管疾病、恶性肿瘤、消化系统疾病、神经和精神疾病的发病风险，也有可能增加非故意伤害、暴力、危险行为等的发生风险。

监测数据显示，2007~2013年，上海与全国的有害饮酒率均呈现上升趋势。上海居民有害饮酒率从2007年的1.8%上升至2013年的5.6%，上升了3.8个百分点，上升幅度为211.1%；同期全国有害饮酒率从3.3%上升到8.8%，上升了5.5个百分点，上升幅度为166.7%（见表3）。分性别来看，男性有害饮酒率远高于女性，但是女性有害饮酒率的上升比例高于男性，值得关注。

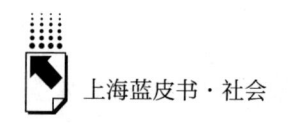

表3 上海和全国人群有害饮酒率变化趋势比较

单位：%

年份	上海 合计	上海 男性	上海 女性	全国 合计	全国 男性	全国 女性
2007	1.8	3.5	0.1	3.3	6.1	0.5
2013	5.6	6.5	1.1	8.8	10.7	1.8

3. 肥胖

按中国肥胖问题工作组的标准，体质指数BMI大于28即为肥胖。1999年世界卫生组织已将肥胖定义为一种慢性疾病，肥胖还与高血压、糖尿病、冠心病、脑卒中、大肠癌、骨关节炎和痛风等疾病有关。

监测数据显示，2007~2013年，上海与全国的肥胖率均呈现上升趋势。上海居民肥胖率从2007年的7.1%上升至2013年的9.4%，上升了2.3个百分点，上升幅度为32.4%；同期全国肥胖率从7.6%上升到14.1%，上升了6.5个百分点，上升幅度为85.5%。全国来看，女性肥胖率略高于男性，但是上海2007年时女性肥胖率略高，2010年及以后女性肥胖率就低于男性（见表4）。

表4 上海和全国人群肥胖率变化趋势比较

单位：%

年份	上海 合计	上海 男性	上海 女性	全国 合计	全国 男性	全国 女性
2007	7.1	6.8	7.4	7.6	6.6	8.5
2010	7.4	8.4	6.3	12.0	11.8	12.1
2013	9.4	10.5	8.3	14.1	14.0	14.1

4. 高血压和糖尿病

随着上海人口的老龄化和生活方式的变化，高血压和糖尿病已成为常见的慢性疾病，同时也是心脑血管疾病最主要的危险因素。研究实践表明，这两类疾病是可以预防和控制的，有效控制血压和血糖水平，可明显减少脑卒中及心脏病事件。

2013年上海居民高血压、糖尿病患病率分别为24.5%和17.6%，其中男性分别为26.8%和19.3%，女性分别为22.1%和15.8%；同期全国平均水平分别为27.8%和10.4%，男性分别为29.6%和11.1%，女性分别为26.0%和9.6%。不论是高血压还是糖尿病，男性患病率均高于女性。

高血压和糖尿病的知晓率、治疗率和控制率是反映社会高血压和糖尿病控制状况的有效指标。2013年上海市高血压的知晓率、治疗率和控制率分别为52.0%、48.3%和19.9%，糖尿病分别为57.0%、47.1%和50.3%。

（二）妇幼和生殖健康影响因素

1. 生育率略升但长期保持在较低水平

总和生育率是一个衡量妇女生育水平的综合指标，综合考虑育龄妇女在不同年龄结构上的生育率，可以直接用来比较不同时期妇女的生育率水平，同时又可作为女性终身生育水平的估计，对人口的长期宏观决策有重要的参考意义。2004~2017年上海市总和生育率略呈上升趋势，平均每年增长0.020（见图8），依此增长速度至2078年，上海人口才能达到2.1的世代更替水平。

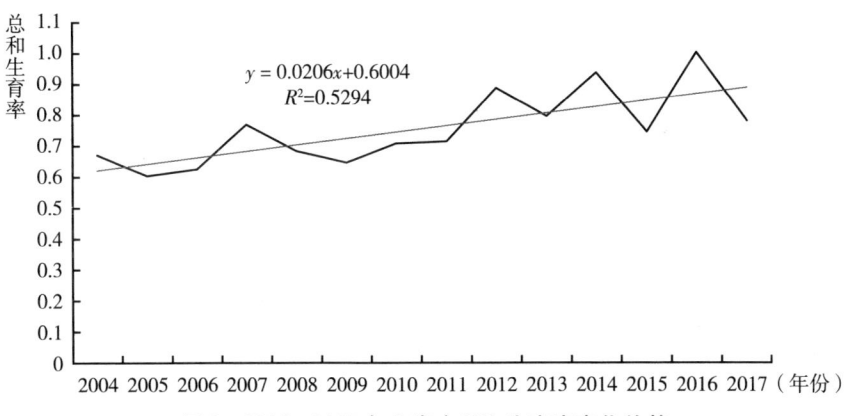

图中公式：$y = 0.0206x + 0.6004$，$R^2 = 0.5294$

图8 2004~2017年上海市总和生育率变化趋势

2. 生育年龄呈上升趋势

社会的发展使得女性经济地位、生活观念发生转变，同时生活节奏的加快、结婚年龄的推迟、生育成本的上升导致了女性生育年龄的推迟。近年来，上海市女性平均生育年龄呈现不断推迟的趋势。2004年上海女性平均生育年龄为26.6岁，至2018年推迟至29.8岁，14年推迟了3.2岁，平均每年推迟0.2岁。同样，女性初育年龄也呈现推迟的趋势。2004年上海初育女性的平均年龄为25.7岁，2018年推迟至28.7岁，14年推迟了3.0岁，平均每年推迟0.2岁，总体上较全国平均初育年龄晚1~1.5岁。随着生育年龄的推迟，上海市高龄产妇的比例也呈上升趋势。从2004年的1.8%上升到2018年的5.0%，上升了3.2个百分点，上升幅度高达178%（见图9）。

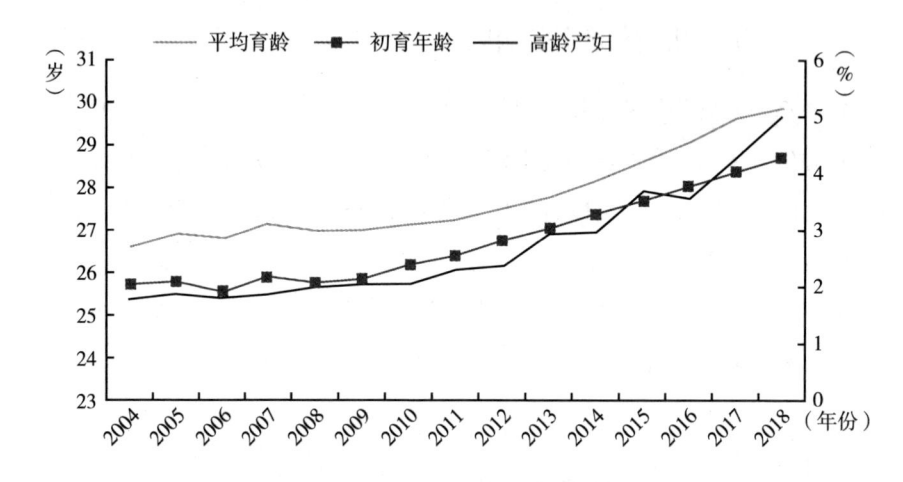

图9 2004~2018年上海市生育年龄变化趋势

注：高龄产妇，指35岁以上的初产产妇。

3. 不育现象增多，辅助生殖技术广泛应用，多胎发生率上升

随着现代生活节奏加快，生育年龄推迟，生存环境、生活方式和饮食习惯的改变，不孕不育现象激增。WHO估计全球不孕夫妇超过4800万对，我国育龄夫妇不育率高达15.5%，不孕不育成为全球性公共卫生问题，不仅损害患者身心健康，影响夫妻情感，引发家庭矛盾，甚至破坏社会和谐。"辅助生殖技术"作为目前治疗不孕不育的主要方法而被广泛应用，满足生育需求，但潜藏健康风险，最主要的直接结果就是使得多胎妊娠的发生率激增，导致新生儿早产、低体重的风险增大。

近年来，上海市多胎新生儿的发生率呈上升趋势。2004年多胎新生儿仅占出生总数的1.8%，到2018年该比例上升至4.0%，上升了2.2个百分点，增长幅度高达122%。

4. 剖宫产率呈下降趋势，但仍处较高水平

世界卫生组织在通过对全球性的剖宫产手术与产妇和新生儿健康关系进行评估后，认为理想的剖宫产率为10%～15%，过高的剖宫产率将影响产妇和胎儿的生命健康。

近20年来，我国和世界上许多国家一样，剖宫产率都呈现较高水平，尤其是在中高收入国家，剖宫产率持续上升的趋势更加明显。我国卫生部门发布多项政策，以期降低剖宫产率。国家卫健委公布，2018年我国剖宫产的比例为36.7%，是2010年至今唯一一个控制住剖宫产率的国家。在此背景下，上海市孕产妇剖宫产率的控制情况有待进一步加强。

2018年上海市剖腹产率高达45.6%，高于2018年全国平均水平，一方面与上海产妇平均生育年龄（29.8岁）和高龄初产妇（30岁以上初产妇）比例（22.3%）较高有关；另一方面与上海整体医疗水平以及经济水平有很大关系。但纵向来看，相对于2010年52.9%的剖宫产率有了大幅下降，而控制过高的剖宫产率离不开卫生部门的重视和行政干预，同时还需强化孕期管理控制母婴体重、预防并发症，严格控制手术指征，改善和提高助产服务，推广分娩镇痛的新技术和新理念，引入陪伴分娩、导乐分娩等服务，让更多的孕产妇能够进行正常的自然分娩。

5. 早产发生率呈上升趋势，是影响婴儿健康的重要因素

早产是引发新生儿疾病，导致婴儿死亡的重要原因。此外，早产儿可能还面临较高的过敏、呼吸系统等疾病的风险和发育迟缓等方面的问题。生育年龄的推迟、双多胎增多等都是早产的重要危险因素。

从图10来看，早产和多胎发生率的年度变化曲线非常相似，上海市新生儿早产的发生率呈上升趋势。2018年上海市早产发生率为7.4%，较2004年的5.2%增长了2.2个百分点，增长幅度高达42%。

进一步分析单胎和多胎新生儿，可以看出，单胎新生儿的早产率上升趋势较为轻微，每年以0.06%的幅度上升；而多胎新生儿的早产发生率呈显著上升趋势，每年上升的幅度高达1.12%，两者再叠加多胎发生率的上升，导致早产的发生率激增（见图11）。

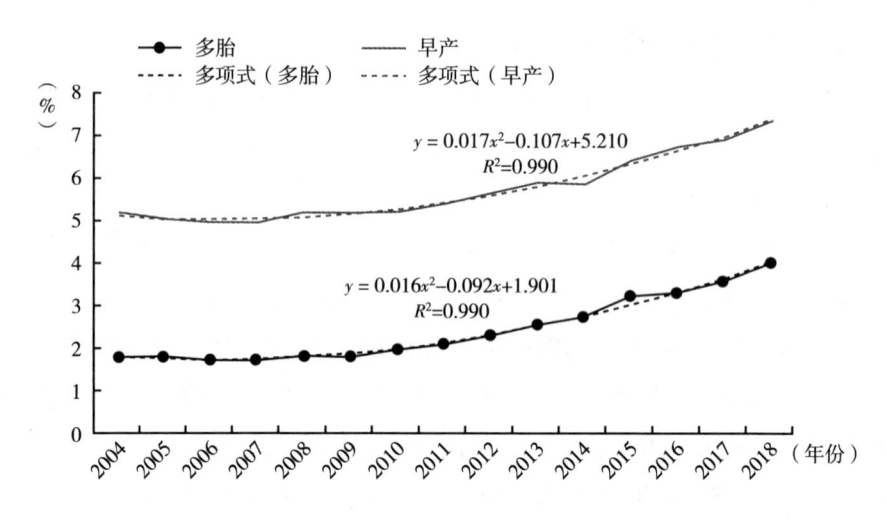

图10 2004～2018年上海市早产和多胎发生情况

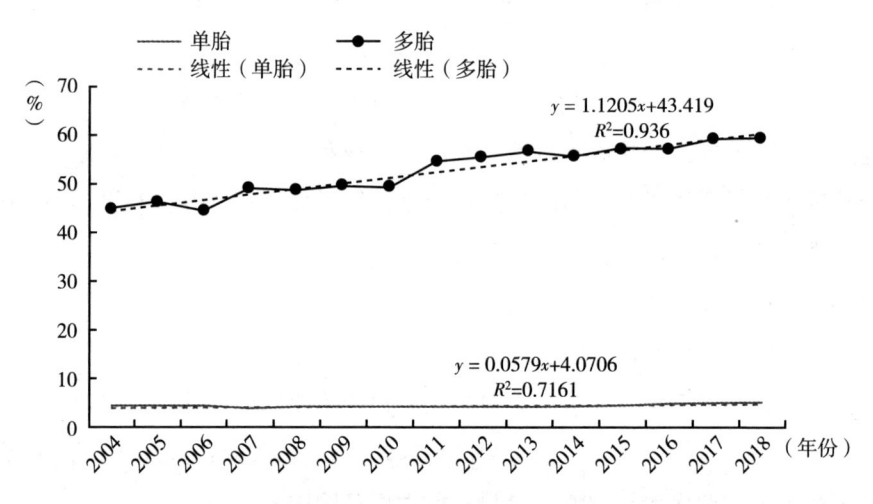

图11 2004～2018年上海市单胎和多胎新生儿早产发生率

三 提升上海市民健康水平的政策建议

（一）积极实现健康老龄化

人口老龄化是社会发展的必然趋势，也是人口发展的普遍规律，关注和了解老年人口的健康有利于实现健康老龄化。随着老年人口的增长、老年人口比重的升高，人口老龄化带来的社会问题将越来越突出。从医疗卫生角度上看，老年人是疾病的高发人群，老龄化进程必将改变人群疾病模式，医疗服务体系将面临巨大压力。《"健康中国2030"规划纲要》中也阐明了促进健康老龄化的具体措施，包括：推进老年医疗卫生服务体系建设，加强常见病、慢性病的健康管理和健康促进；推动医养结合发展，鼓励社会力量积极参与，促进老年人预防、诊疗、康复、临终关怀等医疗服务与居家、社区和机构提供的养老服务的有机结合；推动开展老年心理健康与关怀服务；推动长期照护服务发展，针对不同经济水平、健康水平的老人建立多层次长期护理保障制度；实现老年基本药物可及性的覆盖。

（二）完善生育配套政策，提升生育率，控制生育年龄的推迟

人口再生产是社会再生产的必要条件，而低生育率却成为现代化形影不离的副产品。全球主要经济体生育率陷入低迷、人口日益萎缩的趋势，受到世界范围内众多经济和人口学家的关注。从人口发展的历史经验来看，1.5的总和生育率是国际公认的"低生育陷阱"的警戒线，一旦滑到1.5以下就很难回升。除了瑞典和法国外，目前还没有别的国家在跌破1.5之后重新回到1.5的水平，更没有一个国家回到2.1的世代更替水平。虽然上海市总和生育率呈现微弱上升趋势，但仍然难以弥补育龄女性人数显著下降所导致的出生人数的下降趋势。因此迫切需要及时完善"全面二孩"政策的相关配套措施，切实让符合条件的家庭想生、敢生、能生，确保"全面二孩"生得下、生得好、养得起，从而加速总和生育率的提升，改善人口发展趋势。

纵观全球生育水平低、鼓励生育的国家，均采用了政府生育补贴政策以及税收减免政策等来降低生育成本。同时完善幼托教育机构，解决生育家庭后顾之忧。在职业发展中，也需维护女性权益，不断完善和发展社会保障制度和生育保险制度，更好地维护女性权益，协调女性职业和生育的矛盾，提高妇女生育意愿。

女性初育年龄和生育间隔直接影响着人口增长速度和结构变化，生育推

迟现象的增多，必将影响人口质量、社会福利和经济发展等。在市场经济中，生育行为越来越受到经济因素、社会因素甚至政治因素的影响。女性的职业发展、生育成本、照护压力，以及对生活品质的追求等诸多因素，对生育行为的约束越来越强。目前生育推迟的趋势愈演愈烈，其社会影响正逐渐被人们认识并关注，提倡和鼓励女性在最佳生育期生育，更有利于保障女性人身权益、社会权益，提高人群生育水平，保障人口素质，保证女性健康，促进社会正常稳步发展。

（三）全社会动员，多部门合作，加强慢性病防控效果

世界卫生组织在《全球慢性病报告2014》中绘制了世界各国关于慢性病早死概率的统计地图，指出影响重大慢性病早死概率的危险因素主要有吸烟、有害饮酒、肥胖、血压和血糖升高。慢性病防控工作最重要的切入点就是采取有针对性的预防和干预措施，有效地防控疾病相关危险因素。2007年、2010年和2013年上海开展的三次人群慢性病及其危险因素监测结果均显示，吸烟、有害饮酒、高血压和高血糖等危险因素，男性的暴露率一直高于女性，这是导致男性四类主要慢性病早死概率远高于女性的重要原因，只有同时控制好烟草、有害饮酒、血压、血糖和肥胖，才能更好地控制慢性病的早死概率。

因此，对重大慢性疾病进行有效控制，除社会经济发展、医疗条件的改善、医药技术的进步、医疗保障体系的建立健全，还要将各种危险因素同时作为干预的重点，进行强化干预，进一步促进各项全民干预措施的逐步实施，发动多部门参与，全社会动员，并加大力度执行，以达到强化慢性病防控效果，实现健康中国战略目标。

1. 加强控烟措施，宣传烟草暴露危害，强化被动吸烟回避技巧

烟草对健康的危害已成为目前全球最严重的公共卫生问题之一，我国吸烟人口超过3亿，每年因吸烟相关疾病所致死亡超100万人，因二手烟导致的死亡人数超10万。为顺利实现健康中国行动的控烟目标，一方面要降低吸烟率，可探索通过税收、价格调节、宣教和公共场所全面禁烟等综合手段

提高控烟成效，同时逐步建立和完善戒烟服务体系；另一方面需要提高居民自身健康认识，在禁止吸烟场所劝阻他人吸烟，能够主动拒绝或者及时避开二手烟的危害。为此，首先需加强二手烟健康危害的知识宣教，并开展有针对性的培训，提升女性拒绝二手烟暴露的言辞技巧和运用法律手段积极保护自身利益的能力。

2. 提高重视，加强宣教，多部门合作，减少有害酒精使用

世界卫生组织《酒精与健康全球状况报告》显示，全球有 300 多万人因有害使用酒精而死亡，占死亡总数的 1/20，有害使用酒精导致全球 5% 以上的疾病负担。尽管有充分的证据证实有害使用酒精具有严重的公共卫生后果，但是大部分人对"安全饮酒"知识知之甚少，也没有相对应的防控政策。而由于酒精相关问题的多样性，减少有害使用酒精的政策必须由卫生、司法、财政、贸易、农业、教育等部门，以及社区和经济运营者共同参与。其中卫生部门具有重要作用，可以从个人角度针对治疗有害使用酒精相关病症患者开展宣教，让社会了解有害使用酒精的公共卫生和社会后果，并倡导采取有效的社会应对措施进行预防和干预。

3. 合理膳食，加强体育锻炼，控制肥胖发生

当今社会，经济的发展、物质的丰富、生活方式的改变，使得超重和肥胖取代了营养不足和传染病等传统健康问题，成为目前健康问题的突出原因，对人群健康形成重要威胁。预防和治疗肥胖是降低肥胖相关疾病发病率和死亡率的有力措施。高脂（能量密集）膳食和久坐、少动的生活方式是导致肥胖率迅速上升的主要生活因素，加强肥胖危害的教育，合理控制饮食，坚持有效的运动疗法，保持合理健康的生活方式是降低肥胖和肥胖相关疾病发生率的有效措施。同时肥胖的控制更需要全社会的共同参与，通过提高健康认识、改变社会文化、加强运动环境建设等多种相关因素，形成良好的社会氛围，才能防止肥胖的蔓延，将我国的肥胖问题控制在发展蔓延之初。

4. 提升知晓率，坚持长期治疗，积极控制血压血糖

上海居民高血压和糖尿病患者中有近一半的患者不知道自己患有此类疾病，接受治疗的也不足一半，高血压得到控制的甚至不足二成，可见高血压

和糖尿病的防治仍然任重道远。《中国高血压防治指南》和《中国 2 型糖尿病防治指南》均指出，高血压和糖尿病的防治需要坚持以预防为主，防治结合的方针，从控制危险因素、早诊断早治疗和患者规范化管理入手，加强公众健康教育和积极推进社区防治。从儿童和青少年入手，在教育中增加健康生活方式的内容，培养良好生活习惯，尽早降低未来发病风险。同时开展疾病的全面筛查和评估，提高人群知晓率，让患者积极改变不良生活方式，改善血压、血糖情况，规范管理并长期平稳控制血压和血糖水平，提升人群治疗率和控制率，改善人群健康状况。

参考文献

任远：《历史的经验：中国人口发展报告（1949—2018）》，经济管理出版社，2019。
上海市统计局：《上海统计年鉴2018》，中国统计出版社，2018。
国家统计局：《中国统计年鉴2018》，中国统计出版社，2018。
王桂新：《国外大城市人口规模控制问题的经验与启示》，《南京社会科学》2016年第5期。
王昊晨：《中国死亡人口死亡模式研究》，河北大学硕士学位论文，2012。
Mendis S., Davis S., Norrving B., Organizational Update: The World Health Organization Global Status Report on Noncommunicable Diseases 2014, One More Landmark Step in the Combat Against Stroke and Vascular Disease, Stroke. 6.018；5.723；5.787；6.032；6.239, 2015, 46 (5).
Lee B. X., Kjaerulf F., Turner S., et al., Transforming Our World: Implementing the 2030 Agenda Through Sustainable Development Goal Indicators, J. Public Health Policy. 1.75；1.775；1.652；1.556；1.37537 (1 Supplement).
曾新颖、李镒冲、刘世炜等：《1990~2015年中国四类慢性病早死概率与"健康中国2030"下降目标分析》，《中华预防医学杂志》2017年第3期。
Kyu H. H., Abate D., Abate K. H., et al., Global, Regional, and National Disability-adjusted Life-years (DALYs) for 359 Diseases and Injuries and Healthy Life Expectancy (HALE) for 195 Countries and Territories, 1990 – 2017: A Systematic Analysis for the Global Burden of Disease Study 2017, The Lancet, 2018, 392 (10159).
上海市疾病预防控制中心：《上海市慢性病及其危险因素监测报告2013》，上海科学普及出版社，2014。

贺丹、张许颖、庄亚儿等：《2006~2016 年中国生育状况报告——基于 2017 年全国生育状况抽样调查数据分析》，《人口研究》2018 年第 6 期。

Population G. B. D. , Fertility C. , Population and Fertility by Age and Sex for 195 Countries and Territories, 1950 - 2017: A Systematic Analysis for the Global Burden of Disease Study 2017, *Lancet*, 2018, 392 (10159).

Ma Y. , He X. , Qi K. , et al. , Effects of Environmental Contaminants on Fertility and Reproductive Health, *J Environ Sci* (China), 2019, 77.

Mascarenhas M. N. , Flaxman S. R. , Boerma T. , et al. , National, Regional, and Global Trends in Infertility Prevalence Since 1990: A Systematic Analysis of 277 Health Surveys, PLoS Med. 14; 14.429; 13.585; 11.862; 11.675, 2012, 9 (12).

Zhou Z. , Zheng D. , Wu H. , et al. , Epidemiology of Infertility in China: A Population-based Study, BJOG, 2018, 125 (4).

吴菲、郑杨、程旻娜：《重视危险因素监测，助力慢性病有效防控》，《上海预防医学》2019 年第 2 期。

B.10
上海深化医药卫生体制改革提高医疗保障水平

金春林　冷熙亮　等[*]

摘　要： 2016年5月，上海市政府印发《上海市深化医药卫生体制综合改革试点方案（2016—2020年）》。三年来，试点方案实施成效初显。为此，本文围绕试点方案确定的医院管理、分级诊疗、医保制度建设、药品供应保障、公共卫生服务五项重点任务，以及财政投入、服务价格、薪酬制度、人才队伍建设和信息化建设五个方面配套改革任务，对2016~2018年上海市深化综合医改试点工作进展及成效进行评估，分析存在的主要问题，提出进一步完善医药体制改革工作的建议。

关键词： 医院管理　家庭医生　分级诊疗　药品供应　公共卫生

2016~2020年是上海市深化医药卫生体制改革的关键时期和攻坚阶段。为巩固扩大前一阶段医药卫生体制改革成果，将改革推向深入，建成全覆盖、可持续的基本医疗卫生制度，不断提高人民群众健康水平，上海市制定

---

[*] 金春林，上海市卫生和健康发展研究中心主任，研究员；冷熙亮，上海市卫生健康委员会处长；柯林，上海市医疗保障局主任科员；张昀羿、刘元凤，上海市卫生健康委员会主任科员；陈秀芝、李芬、王月强，上海市卫生和健康发展研究中心助理研究员；朱碧帆、方欣叶、徐嘉婕、王瑾，上海市卫生和健康发展研究中心实习研究员。

并实施了《上海市深化医药卫生体制综合改革试点方案（2016—2020年）》。试点方案明确了总体思路和主要目标，提出了医院管理、分级诊疗、医保制度建设、药品供应保障、公共卫生服务五项重点任务，以及财政投入、服务价格、薪酬制度、人才队伍建设以及信息化建设五个方面的配套改革任务，共包含31项重点任务和19项配套任务。

一 改革试点的总体进展

自2018年被确立为改革试点以来，上海市现代医院管理制度建设稳步推进，分级诊疗制度正在形成，基本医保制度日益健全，药品供应保障制度更加完善，公共卫生服务体系更加有效，医药卫生领域相关改革持续统筹推进，人民健康得到了更加有力的保障。从2015年到2018年，上海市三大健康指标取得重大进展，户籍人口人均预期寿命从82.75岁提高到83.63岁，孕产妇死亡率从6.66人/10万下降到1.15人/10万，婴儿死亡率从4.58‰下降到3.52‰。

二 重点改革任务进展

（一）完善治理机制，建立现代医院管理制度

1. 深化公立医院管理体制改革

市级层面，深化市级医院"管办分开"改革，进一步落实政府部门的管理职责和申康医院发展中心的办医主体职责。建立健全市级医院总会计师委派管理制度，基本实现市级医院委派全覆盖的目标和任务。通过实行总会计师制度进一步规范医院经济运行。区级层面，各区成立公立医院管理委员会，建立健全公立医院改革联动协调机制。

2. 建立公立医院医疗服务评价体系和管理机制

运用大数据方法、卫生经济学和疾病诊断相关分组（DRGs）管理原理，

测算公立医院病种组合指数，构建更加科学合理的医疗服务综合评价体系。深化市级医院诊疗难度评价，拓展病种绩效管理。按每半年、全年更新医疗服务评价结果，形成监测简报，利用云管理App进行可视化展示，推动公立医院通过对病种结构进行优化，回归公立医院的公益性本质。

3. 强化规划引领约束作用

制定《上海市卫生计生改革和发展"十三五"规划》等16个专项规划，聚焦老年护理、康复和儿科等医疗资源短缺领域，加强人财物方面的建设。同时，又制定实施"上海健康服务业50条"，积极发展社会办医疗机构，形成多种形式并存的办医格局。

4. 建立健全医药费用调节控制和监管机制

制定《关于控制上海市公立医院医疗费用不合理增长的实施意见（试行）》，建立各级各类公立医院每病种组合指数对应的费用标准。建立医药费用全程监测机制，年初制定本年度的控费目标，年中对实际费用超出标准费用的医院进行提示整改，年终要进行全面的考核，并依据考核结果采取奖励和惩罚措施。从2016年到2018年，上海市公立医院医疗费用控制取得显著成效，医疗费用增幅分别为13.3%、9.7%和8.5%。

5. 推进现代医院管理制度建设

按照《关于加强公立医院党的建设工作的意见》（中办发〔2018〕35号）的要求，制定上海市加强公立医院党建工作"1+2"文件，全面贯彻落实党委领导下的院长负责制。复旦附属中山医院等六家公立医院被纳入国家现代医院管理制度建设试点，并制定了科学规范的试点工作方案及措施，此外，上海市50余家二、三级医院制定出台了医院章程，用章程来引领医院的改革与发展。

6. 取消以药补医机制

深化医药分开改革，采用"走小步、不停步"的方法，于2015年12月到2017年2月，调整医疗服务价格，转变医疗收支结构，取消药品加成。对于调价补偿率低于85%的公立医院，采取过渡性的政府财政补贴制度，帮助医院度过改革的瓶颈期，三年内各级财政给予补助约10亿元。

（二）以家庭医生制度为基础，推进分级诊疗制度建设

1. 深化社区卫生服务综合改革

制定实施《关于加强本市社区健康服务促进健康城市发展的意见》，推进社区医疗卫生健康服务体系建设与发展。以项目实施效果和健康绩效为评价的导向，创新社区卫生服务中心综合评价机制，建立标化工作量考核与应用指导模型。同时，将中医药服务融入社区。通过社区综合改革的一系列措施，显著提升居民满意度和获得感。

2. 做实家庭医生签约服务

有序推进"1+1+1"医疗机构组合签约，切实落实签约居民预约优先转诊、畅通双向转诊、慢性病长处方、延伸上级医院处方等优惠政策，逐步引导居民改变就医习惯，形成更加科学合理的就医秩序。

3. 加大二、三级医院对基层医疗机构的支持力度

二、三级医院均设立与社区卫生服务中心对接联动的部门，进一步推进"两个50%"的专科（专家）门诊号源向家庭医生开放政策的落实。进一步细化为签约患者优先预约专家门诊、优先安排住院和手术的管理流程，逐步形成上下联动的分级诊疗模式。

4. 推进医疗联合体建设和发展

制定实施《关于本市推进医疗联合体建设和发展实施意见》，探索建立区域型、专科型和辐射型等多种模式的医疗联合体。在健康管理、医联体建设、分级诊疗和医保支付模式等方面进行探索。聚焦儿科、妇产科、眼科、肿瘤等建设特色专科医疗联合体，推进中医专科专病联盟建设。

（三）完善基本医保制度，提高保障能力和水平

1. 创新完善基本医保制度

2016年1月1日，上海市正式实施全面覆盖城镇居民和农村居民的城乡居民基本医疗保险制度。2016年4月1日，274万左右外来从业人员医保待遇与本市职工社会保险面上待遇实现全面并轨。2017年4月1日，已经

完成约62万人的镇保待遇转为城镇职工医保工作。跨省异地就医住院医疗费用直接结算取得重大进展，截至2018年底，外省市备案到上海市人员共78.6万人，住院费用直接结算27.3万人次，涉及医疗总费用65亿元。2018年9月，在全国率先启动长三角一体化跨省异地就医门诊费用直接结算试点，初步实现本市与苏浙皖三省8个统筹地区的互联互通门诊直接结算。对接国家医保药品目录（2017年版），2017年12月本市实施新版医保药品目录。

2.完善参保人自费医药费用控制机制

制定实施《关于进一步加强本市医保定点医疗机构自费药品采购和使用管理的通知》，规范管理自费药品的采购和使用。对自费药品实行"品种直接挂网，价格议定成交"的挂网采购。进一步扩大卫生医保联合投诉受理范围，规范医疗服务行为，减轻参保人员自费负担。

3.强化医保监管

通过结算数据和信息分析等方式，对医保费用或服务行为异常的执业医师进行约谈。开展"打击欺诈骗取医疗保障基金专项行动"，行为覆盖面包括各类医疗机构、药店以及医师和参保人员。本市医药机构检查数量占比、处理违法违规参保人员总数、移交司法机关人数、暂停医保卡直接结算人数四项指标排名全国第一。

4.开展长期护理保险制度试点

2017年1月1日起，实施《上海市长期护理保险试点办法》，按照"小范围，全要素"原则，选择徐汇区等三个区开展试点，通过对试点地区进行总结、优化，逐步优化受理、评估、服务和结算等经办服务流程和质量，并于2018年1月在全市展开长护险试点。2018年，全市完成需求评估26.6万人次，服务老人23.4万人，其中接受居家照护服务14.8万人。

5.加快发展多种形式补充医疗保险

2017年，以减轻参保职工自费负担为目标，进一步推进职工医保个人账户历年结余资金购买商业保险的工作。截至2018年底，两款专属产品累计赔付898人次，赔款3564.9万元。完善上海市城乡居民大病保险办法，报销比例从50%提高至55%。

6. 深化医保支付方式改革

制定实施《关于深化本市医保支付方式改革的实施意见》，实行多元复合式的医保支付方式。做好103个病种的医保支付方式改革试点工作，科学核定病种费用标准，加强诊疗行为监管。完善预算管理政策，深化医保费用数学模型应用，提高医保总额预付管理的科学化和精细化水平。

（四）健全药品供应保障制度，切实降低医药费用

1. 完善医药采购"阳光平台"

2016年，实现将中药饮片和可单独收费的医疗器械纳入阳光采购。2017年，邀请第三方对医疗机构药品采购进行客观的评价。2018年，通过使用全市统一的医疗器械代码和字典规则，对医疗器械采购的全过程进行全面监管，促进合理采购。同时，借助"阳光平台"的作用，推进公立医疗机构药品招标采购的"两票制"。

2. 持续推进药品带量采购

2016年，出台《关于印发上海市公立医院药品集中采购工作实施意见的通知》，扩大带量采购品种范围，实施第二批6个品种带量采购，药价平均降幅62.6%。2018年，积极开展仿制药质量和疗效一致性评价，进一步扩大带量采购品种范围，实施第三批29个品种带量采购，26个药品中标，平均降幅54%。牵头推进国家药品集中采购和使用试点城市建设，创新联合采购办公室的日常工作形式。

3. 探索建立部分高价药品谈判采购机制

2017年，将部分临床使用广、疗效确切的高价药品试行纳入医保支付范围，其中有216个品规平均降幅约14%，最大降幅达到71%。2018年，将国家17种谈判药品加入上海市医保目录内。

4. 开展药品医疗机构集团采购

2016年，5家三级医院和6个区县组成公立医疗机构药品集团采购联

盟。2017年，进一步扩大采购联盟成员单位范围。2018年，完善GPO采购模式，滚动实施采购工作。

（五）提升公共卫生服务能力，保障城市公共卫生安全

1. 加强居民健康管理

实施《上海市建设健康城市2015—2017年行动计划》，重点围绕市民健康素养提高和健康行为的养成，通过科学健身等5项市民行动，稳步推进健康城市建设。

2. 完善急救医疗服务体系

积极贯彻落实《上海市急救医疗服务条例》，规范急救医疗服务，维护急救医疗秩序。加快上海市医疗急救分站建设，进一步缩短急救平均反应时间，开通"962120"热线开展非急救转运业务，将急救与非急救业务分开，完善分类救护服务模式。加强市级医院急诊和EICU一体化信息系统建设，推动医院完善急诊急救管理规范，优化院内急诊分级救治标准及流程，加强急性创伤救治中心、脑卒中临床救治中心和胸痛中心建设，推进与院前急救工作衔接，全面提升急救医疗服务质量。

3. 提升疾病防控能力

加强疾病预防控制体系建设，妥善处理应对"长春长生问题疫苗事件"，建立疫苗全环节、全过程、可追溯综合监督管理的体制机制，全市传染病疫情保持平稳。同时，进一步改进传染病监测体系，加强重点传染病防控工作。

三 配套改革任务进展情况

（一）完善政府投入机制

上海市政府卫生投入由2016年的383.1亿元增加到2019年的493.7亿元（预算数），年均增长8.8%，高于同期财政支出的年均增速（6.8%）。

制定《关于加强本市公立医院财务和预算管理的实施意见》，规范成本核算与控制，加强支出和结余管控。根据分类指导原则，对中医、传染病、精神病、职业病、妇产、儿科、康复等专科医院采取差别化补偿政策。完善社区卫生服务中心投入机制，逐步建立与基本项目、标化工作量、服务质量相匹配的财政补偿方式。积极支持院前急救体系能力建设、儿科产科能力建设等重点项目，提高公共卫生服务综合能力。

（二）理顺医疗服务价格

按照"控总量、腾空间、调结构、保衔接"的原则，利用取消药品加成后的调价空间，从体现医疗服务价值角度，分四批调整1397项医疗服务项目价格。强化价格、医保等相关政策衔接，调价增加部分均按规定纳入医保支付范围。为巩固破除以药补医成果，2018年7月，调整497项医疗服务价格，同步推进优化医疗服务、强化费用控制、提升患者就医体验等配套措施。制定《关于推进本市医疗服务价格改革的实施意见》，进一步推动医疗服务价格改革与医疗服务定价机制的完善，逐步缩小政府定价范围，基本理顺医疗服务比价关系。

（三）建立与医疗卫生行业特点相匹配的人事薪酬制度

制定《上海市公立医院薪酬制度改革试点工作实施办法》，开展公立医院薪酬制度改革试点工作，根据"4411"测算模型合理确定公立医院薪酬水平，建立动态增长机制。制定《上海市公立医院绩效评价办法（试行）》，根据不同类型公立医院的功能定位，分级分类设定绩效考核评价指标体系，逐步推进考核结果与医院评价、财政投入、薪酬分配、医保预算等挂钩。深化内部绩效分配制度改革，将服务量、服务质量、病种难易度、患者满意度、临床科研产出和教学质量、成本控制、医药费用控制、医德医风"八要素"落实到各科室、各岗位的考核与分配，逐步实现"两切断、一转变"。

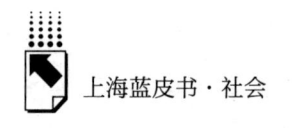

（四）加强医学学科发展与医学人才队伍建设

构建与具有全球影响力的科技创新中心相匹配的医学、药学研究与创新体系，加大对重点研究领域的投入力度，完善投入机制。建设医学协同创新集群，实施智慧医疗专项研究计划，其中获得2018年度国家科学技术奖励的就有10项成果，占上海市总数的一半，占全国总数的38.5%。制定并实施市级医院临床技能和临床创新三年行动计划，加快市级医院临床研究体系的建设和发展，打造国内一流、国际先进、学科特色鲜明的临床诊疗中心项目，全面提升市级医院诊治疑难杂症临床服务水平和科技创新能力。推进医改教改联动，不断完善"5+3+X"毕业后医学教育体系。目前，上海市全科医生数为3.3人每万人口，已经提前完成国家确定的2020年的目标。

（五）加强卫生信息化建设和应用

构建基于电子病历系统、电子健康档案系统的健康信息网和健康大数据中心，实现各级各类医疗卫生机构互联互通、信息共享。推进"上海市健康管理云"建设，实现对疾病的全程健康管理，支撑居民自主健康管理。加快医保智能信息化系统建设，将医生对患者的诊断以及开具处方过程纳入医保监管范围，促进信息共享和合理诊疗，减少重复就诊、开药和检查，确保医保基金合理支出。深化医联信息系统建设，对接"市民云"，实现智能化便民服务系统升级，建立以患者为核心的智能化临床数据中心，深化医疗信息跨机构、跨区域、跨专业的互认共享。

四 存在的主要问题

（一）现代医院管理制度建设方面

公立医院改革进入攻坚期，触碰深层次矛盾，利益关系错综复杂，党委领导下的院长负责制在实际的执行过程中还存在诸多不足与问题，公立医院内部治理结构与权力约束机制有待进一步完善。

（二）分级诊疗制度建设方面

各级各类医疗机构的实际工作与其功能定位还存在偏差，规范合理的就诊秩序尚不完善。基层医疗卫生机构的服务能力仍需进一步增强，签约居民的获得感和满意度有待进一步提高。

（三）医疗保障体系建设方面

目前，上海市基本医保实现全覆盖，保障水平逐步提高，但与分级诊疗制度建设等相匹配的基本医保支付制度有待进一步完善，按病种付费试点、医保费用精细化管理等改革仍需加快推进。

（四）药品供应保障体系建设方面

基层医疗机构药品供应政策有待进一步完善。医保药品带量采购工作有待进一步扩大试点范围。仿制药质量和疗效一致性评价工作仍需加快推进。

（五）公共卫生服务体系建设方面

上海市卫生应急从综合管理到现场处置各方面的人才队伍建设尚显不足，部分基层卫生应急的业务能力和资源配置还相对薄弱，城市紧急医学救援体系建设需进一步完善。

（六）相关配套改革政策仍需协调推进

医药卫生体制改革各项政策的协同性有待加强，还需进一步完善政府投入机制，理顺医疗服务价格。医药人才队伍结构有待优化，特别是康复、儿科、老年护理、精神卫生等方面的人才紧缺。各级各类机构之间的信息化系统有待进一步互联互通互认。

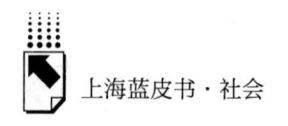

五 下一步推进医药卫生体制改革的建议

（一）进一步深化公立医院改革，加快现代医院管理制度建设

坚定公立医院公益性的本质和使命，全面落实党委领导下的院长负责制，正确认识并认真落实党委领导与院长负责的辩证关系。完善以公益性为导向的公立医院绩效考核指标体系，改变以创收为核心的分配机制。进一步完善医院内部的治理结构和权利规制，加快推进现代医院管理制度建设。

（二）进一步增强基层服务能力，稳步推进分级诊疗制度建设

优化社区健康服务，发布社区健康服务项目清单，推广面向居民的健康账户。全面改进家庭医生签约服务，建立以服务效果为评价导向的激励机制，不断提高签约居民满意度和获得感。根据服务半径、服务人口等要素，在上海市布局58个医疗服务圈，分类分步逐步推进区域医疗中心的建设和发展，进一步提高患者获得高质量高水平医疗服务的地理可及性，提高患者的获得感。

（三）进一步深化医保支付方式改革，完善基本医疗保障制度

稳步开展国家按疾病诊断相关分组（DRGs）付费试点，探索推进以按病种付费为主的多元复合式医保支付方式。开展全病种大数据病组分值系统试点，测算病种费用，完善年终清算考核办法。研究适应区域医疗中心和医疗联合体管理体制特点的医保支付方式。支持长三角区域一体化发展，稳步扩大门诊直接结算统筹区和医疗机构范围。

（四）进一步完善药品价格形成机制，确保阳光公开

继续牵头推进国家组织药品集中采购和使用试点，积极做好联合采购办公室日常工作，协同推进上海医药采购中心建设。落实新版国家基本药物目

录，适当放宽基层医疗机构药品供应相关政策。加快推进仿制药质量和疗效一致性评价，对通过评价的品种在临床优先选用等方面给予综合扶持。

（五）进一步提高疾病防控和急救能力，完善城市公共卫生服务体系

合理开展海陆空立体救援工作，加强紧急医学救援管理和救援技术的专业教育、人才培养、学科建设。将地面救援、空中救援和水上救援真正有机结合，固化救援机制和模式。完善卫生应急工作联动协调机制，加强城市紧急医学救援体系建设。

（六）统筹推进相关领域改革，发挥政策叠加效应

1. 完善政府投入机制

贯彻落实《医疗卫生领域中央与地方财政事权和支出责任划分改革方案》，推进上海市财政事权与支出责任划分改革，完善市和区分担机制，逐步建立权责明确、财力均衡、标准适宜、约束有力的基本公共服务制度体系和保障机制。

2. 深化医疗服务价格改革

通过更加精细的比价研究和更加准确的成本测算，进一步完善医疗服务定价机制，深化医疗服务价格改革。通过降低常规检查项目的服务价格和提高医务人员技术劳动的服务价格来突出医务人员的劳动价值和专业价值。研究互联网诊疗收费政策，促进"互联网+医疗健康"发展。

3. 健全与医疗卫生行业相匹配的人事薪酬制度

科学合理地核算确定公立医院的编制总量，不断地改进和优化公立医院机构编制管理方式，建立动态调整机制。完善"4411"测算模型，强化落实以公益性为导向的绩效考核机制，科学合理地核定公立医院的薪酬水平与结构，进一步提高公立医院绩效工资分配的自主权，充分保障医务人员合法合理的收入，充分调动医务人员的积极性。

4. 推进人才队伍建设和医学科技创新

完善医学学科布局，加快重大疑难疾病"尖峰、高峰、高原"学科建

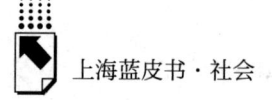

设。通过加大院校培养力度、扩大住院医师规范化培训招录名额、实行收入分配倾斜政策等措施，缓解儿科、产科、精神、病理、护理、急救、传染病等方面专业人才紧缺问题。大力推进医学科技创新体系建设，进一步促进精准医疗和智慧医疗的发展，加快大数据与人工智能等新技术在卫生健康领域的示范和应用。

5. 加强卫生信息化建设和应用

推进医药卫生信息互联互认，启动卫生行业信息基础设施云建设。加强医保信息系统四期和医药采购"阳光平台"二期建设，争取成为国家医保信息化试点地区。推进医联二期建设，拓展医联功能，提升服务能级。

B.11
从卫生总费用规模和结构变化看上海的卫生事业发展

金春林 朱碧帆 等*

摘 要： 2001年以来，上海的卫生总费用支出持续增长，2018年上海市卫生总费用达到2301.60亿元，占GDP比重突破7%。近年来，卫生总费用增速放缓，个人现金卫生支出水平稳定下降，但费用机构分配欠合理，基层医疗卫生、公共卫生机构占比偏低。应建立公平、高效、可持续的卫生筹资体系，加快构建优质高效的整合型医疗卫生服务体系，同时优化医疗资源配置，创新跨区域服务机制。

关键词： 卫生总费用 卫生筹资 个人卫生费用负担

上海市卫生总费用核算工作开展至今，已积累了2001～2018年18年的核算结果。卫生费用核算是国民经济核算的一个组成部分，用于衡量一个国家、地区卫生筹资水平的充足程度，国际上也把卫生费用核算结果作为反映一个国家、地区整个卫生事业发展的重要的宏观经济信息。

---

* 金春林，上海市卫生和健康发展研究中心（上海市医学科学技术情报研究所）主任，研究员；朱碧帆、李芬、王力男、王常颖，上海市卫生和健康发展研究中心（上海市医学科学技术情报研究所）科研人员；顾淑玮、马强，江西中医药大学科研人员。

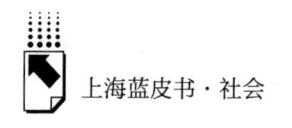

一 卫生筹资来源

我国在开展卫生费用核算时,一般采用三分法对卫生筹资来源进行划分,即卫生总费用由政府卫生支出、社会卫生支出和个人现金卫生支出三个部分组成;而国际上则通常采用二分法划分卫生筹资来源,即卫生总费用由广义政府卫生支出和私人卫生支出两个部分组成。本文分别采用三分法和二分法对上海市2001~2018年的卫生费用核算结果进行分析。

(一)筹资总量和结构(国内口径)

2018年上海市卫生总费用(Shanghai Total Expenditure of Health, STEH)筹资总额(来源法)为2301.60亿元,占GDP的比重为7.04%(见图1)。2001~2018年卫生总费用年均增长率(以实际值计算,下同)达10.19%,高于同期GDP年均增长率(6.60%)。人均卫生总费用9495.89元,较上年增加865.59元,2001~2018年人均卫生总费用占人均可支配收入的比重稳步提升,从9.57%增长至14.80%(见表1)。比较2002~2018年同期卫生总费用增速和GDP增速可以发现,前者普遍高于后者(见图2)。

图1 2001~2018年上海市卫生总费用及其GDP占比

从卫生总费用规模和结构变化看上海的卫生事业发展

表1 2001~2018年上海市卫生总费用（来源法）

年份	上海市生产总值(GDP) 名义值（亿元）	增长速度（以实际值计算,%）	卫生总费用(STEH) 名义值（亿元）	增长速度（以实际值计算,%）	卫生总费用占GDP比重（%）	人均卫生总费用（元）	人均卫生总费用占人均可支配收入比重（%）
2001	5257.66	—	202.63	—	3.85	1232.47	9.57
2002	5795.02	11.40	220.31	9.89	3.80	1356.01	10.23
2003	6762.38	12.30	266.19	16.27	3.94	1555.76	10.46
2004	8165.38	14.30	315.48	12.19	3.86	1810.87	10.85
2005	9365.54	11.50	362.13	11.58	3.87	2036.25	10.92
2006	10718.04	12.80	401.46	9.27	3.75	2211.80	10.70
2007	12668.89	15.20	485.67	17.90	3.83	2613.83	11.06
2008	14276.79	9.70	559.83	12.21	3.92	2964.48	11.11
2009	15287.56	8.40	656.66	18.74	4.30	3417.75	11.85
2010	17436.85	10.20	751.99	10.64	4.31	3265.74	10.26
2011	19539.07	8.30	931.00	19.66	4.76	3965.98	10.95
2012	20558.98	7.50	1092.35	19.87	5.31	4588.86	11.42
2013	22264.06	7.90	1248.68	13.90	5.61	5170.21	12.26
2014	24068.20	7.10	1347.80	6.94	5.60	5556.40	12.09
2015	25659.18	7.00	1536.60	14.42	5.99	6362.02	12.76
2016	28183.51	6.80	1838.00	16.30	6.52	7595.98	13.99
2017	30632.99	6.90	2087.09	11.68	6.81	8630.30	14.63
2018	32679.87	6.60	2301.60	10.19	7.04	9495.89	14.80

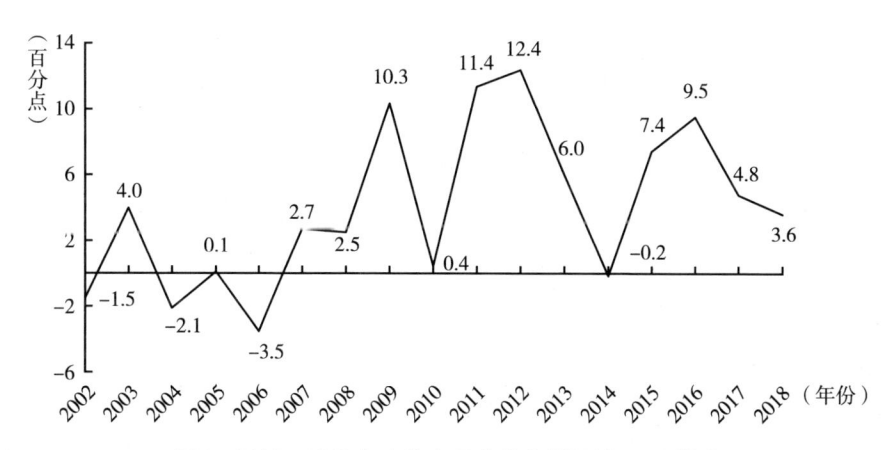

图2 2002~2018年上海市卫生总费用相对GDP增速

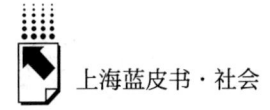

从筹资构成来看，社会卫生支出仍旧是上海市卫生总费用最主要的筹资渠道。2018年政府卫生支出占卫生总费用比重为22.07%，社会卫生支出占比最高，为57.63%，个人现金卫生支出（Out-of-Pocket，OOP）占比则为20.30%（见图3）。2001~2018年，上海市卫生总费用及其各筹资渠道均保持持续增长趋势（见图4）。

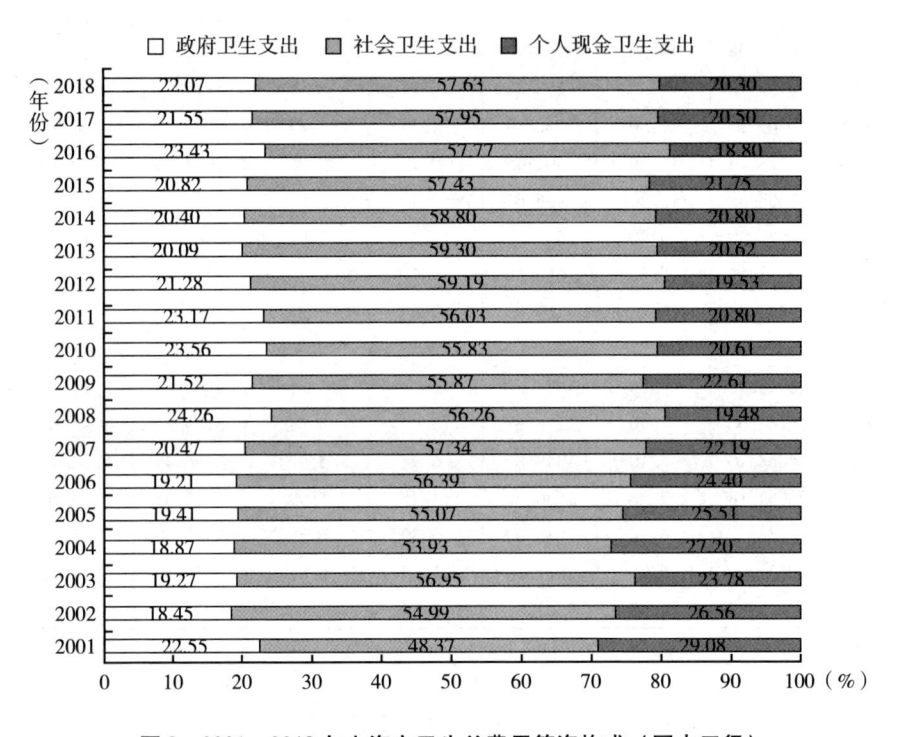

图3 2001~2018年上海市卫生总费用筹资构成（国内口径）

2018年上海市卫生总费用中政府卫生支出为507.92亿元，占财政支出比重为6.08%，略高于2017年（5.96%）；占GDP比重为1.55%，基本与2017年持平（1.47%）（见图5）。其中，医疗卫生服务支出（275.34亿元）占比最高，达54.21%；其次为医疗保障与保险补助支出（195.21亿元），占比为38.43%。

2018年上海市卫生总费用中社会卫生支出达到1326.4亿元。其中，社会医疗保障支出占比为82.75%（1097.6亿元），占比最高；其次为商业健

从卫生总费用规模和结构变化看上海的卫生事业发展

图4 2001~2018年上海市卫生总费用（来源法）增长趋势

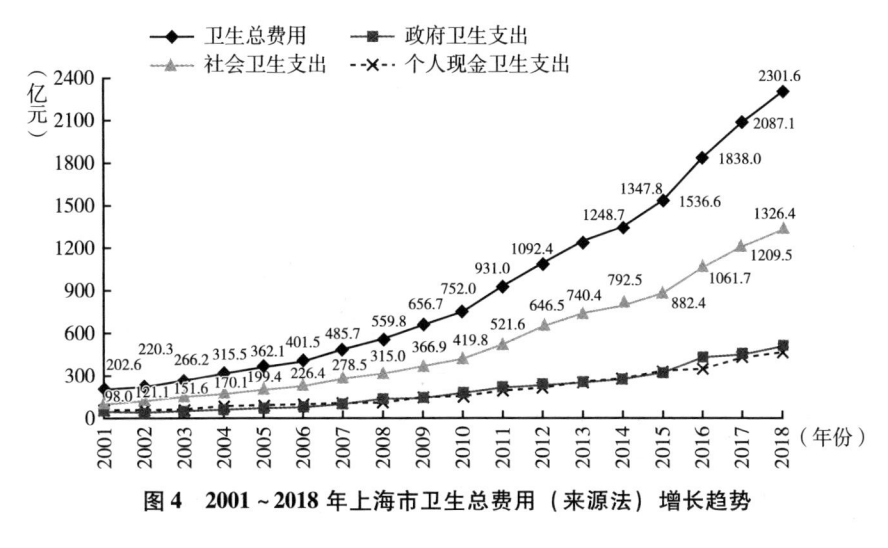

图5 2001~2018年上海市政府卫生支出占财政支出、GDP比重变化趋势

康保险费（215.61亿元），占比为16.26%（见图6）。从本市基本医疗保险来看，2018年职工医保参保人数达到1524.82万人，比2017年增加28.04万人，基金收入为1133.94亿元，比2017年减少224.09亿元；城乡居民基本医疗保险参保人数达到342.76万人（其中大学生参保人数54.15万人），较2017年减少1.87万人，基金收入80.22亿元（含财政补贴收入70.59亿元），比2017年增加16.24亿元。

个人现金卫生支出方面，2018年上海市居民OOP达467.26亿元，占卫

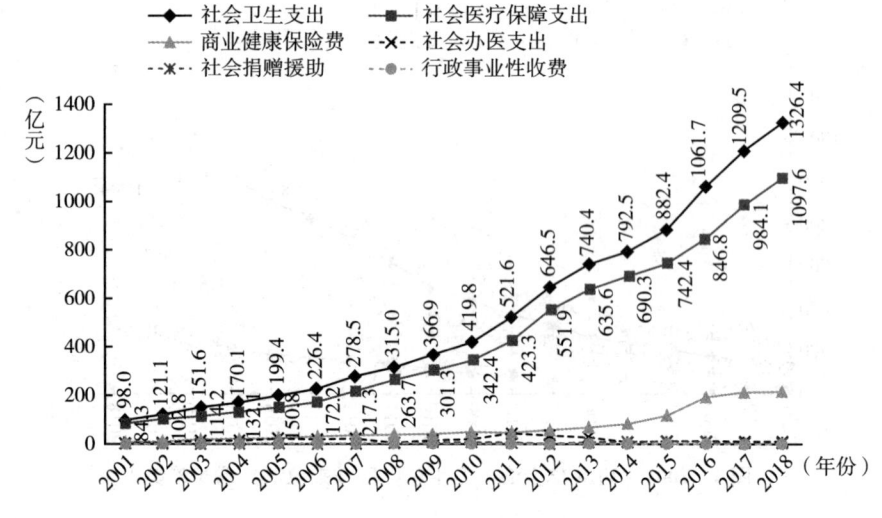

图6 2001~2018年上海市社会卫生支出增长趋势

生总费用比重为20.30%，较2017年（20.50%）下降了0.20个百分点。2001~2018年OOP占卫生总费用的比重呈波动下降的趋势，2018年较2001年（29.08%）减少8.78个百分点。

（二）筹资结构（国际口径）

2018年上海市广义政府卫生支出占卫生总费用的比重为70.13%，私人卫生支出占比为29.87%，较2017年（30.90%）减少了1.03个百分点。2001~2018年，广义政府卫生支出占卫生总费用的比重呈现先上升后下降的波动趋势，在2012年达到最高峰（75%），随后几年略有回落（见图7）。

二 卫生费用机构分配

（一）分配总量

2018年，上海市卫生总费用（机构法）总额为2425.40亿元，较2017年（2218.08亿元）增长了207.32亿元。其中，医院（1677.24亿元）占

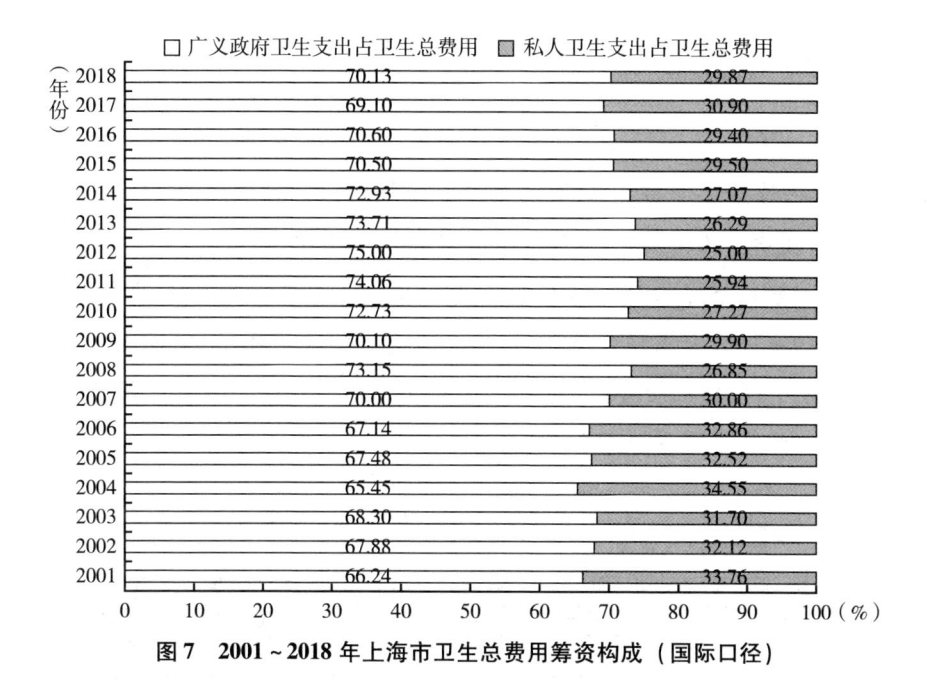

图7 2001~2018年上海市卫生总费用筹资构成（国际口径）

绝大部分，达69.15%；其次为基层医疗卫生机构（319.84亿元），占比为13.19%（见图8）。

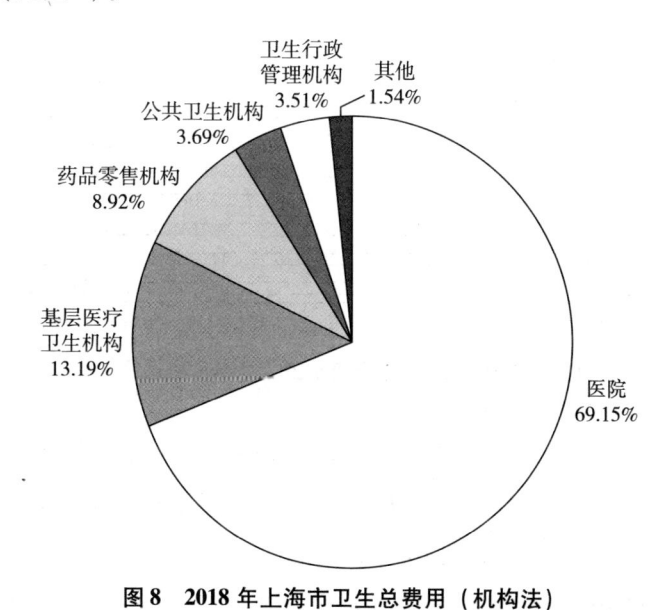

图8 2018年上海市卫生总费用（机构法）

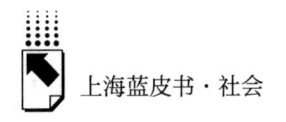

（二）分配流向

2001～2018年，上海市卫生总费用的分配流向呈现医院为主的特点，医院费用占比始终保持在62%以上，2015年占比达到最高值71.80%，近两年略有回落。2018年，医院费用占卫生总费用比重（69.15%）较2017年（69.34%）下降0.19个百分点。与此同时，基层医疗卫生机构费用占比（13.19%）较上年（12.82%）略有升高，但较2001年（18.27%）减少了5.08个百分点。2018年公共卫生机构费用占比（3.69%）较2017年（3.90%）略有下降（见图9）。

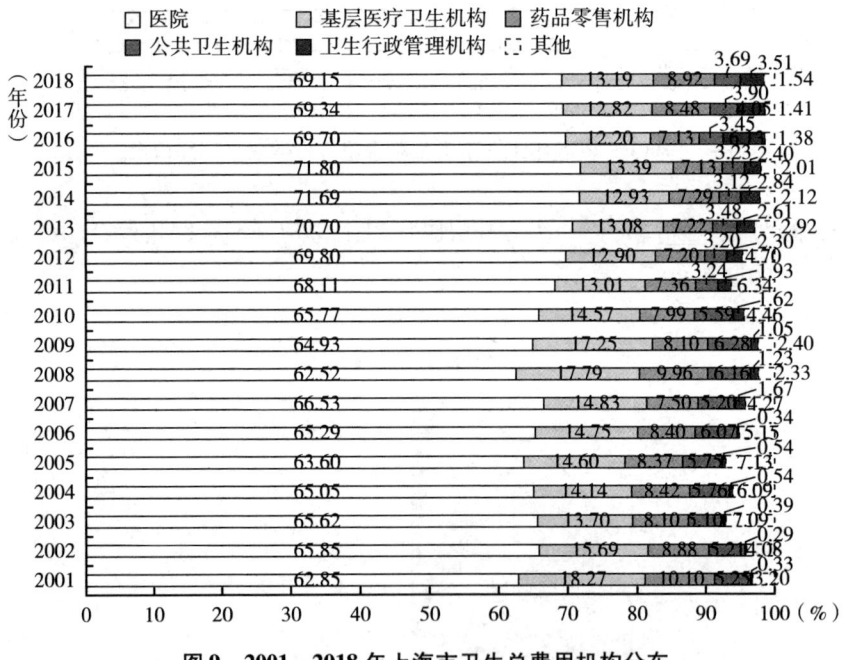

图9 2001～2018年上海市卫生总费用机构分布

从医疗费用的分配情况来看，全市45.15%的门诊费用发生在三级医院，二级及以下医院占比为24.39%，社区卫生服务机构占比仅为16.20%，门诊部占比为12.47%（见图10）。

从住院费用的分配情况来看，全市超过2/3的住院费用发生在三级医

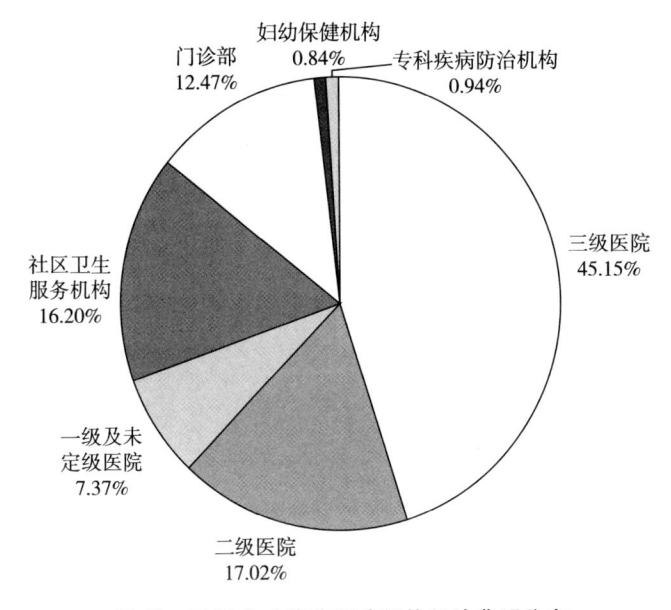

从卫生总费用规模和结构变化看上海的卫生事业发展

图10　2018年上海市医疗机构门诊费用分布

院，二级及以下医院占比达到29.79%，其他类型医疗机构的住院费用占比仅为2.13%（见图11）。

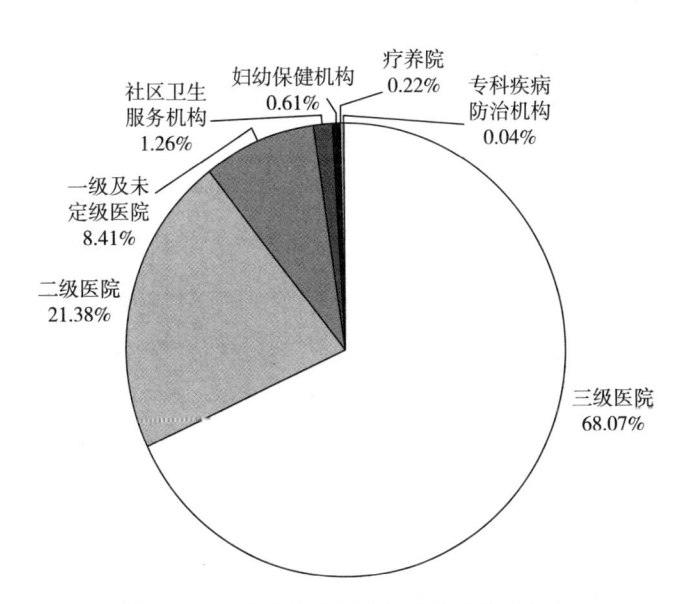

图11　2018年上海市医疗机构住院费用分布

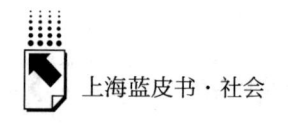

三 比较分析

（一）来源法与机构法差异

2001~2018年上海市卫生总费用来源法、机构法的差值总体呈上升趋势、略有起落，总体上流向医疗卫生机构的费用高于同期卫生筹资总额。2016年以来，差值呈现下降趋势（见图12）。根据文献研究结果，造成来源法和机构法核算结果差异的原因包括：①外省市来沪就医的患者，其医疗费用计入上海市机构法核算结果，而无法体现在来源法核算结果中。②医保基金结余部分计入来源法核算结果，而无法体现在机构法核算结果中。2011年由于医保政策调整，外来从业人员加入上海市职工医保，导致基金结余剧增。到2018年，上海市职工医保统筹基金累计结余达到1485.47亿元，个人账户累计结余达到903.96亿元，两者相加相当于上海市全年的卫生总费用。③来源法中OOP可能存在被低估的情况。

图12 2001~2018年卫生总费用来源法和机构法差值变化趋势

（二）外来就医费用分析

上海是患者跨省就医的主要流入地，分析2018年全市医疗卫生机构医疗费用中外来就诊患者的占比,可以发现,2018年全市外来就医费用达到252.19亿元,占总医疗费用的14.65%,其中门急诊费用中外来就医的占比为7.53%,住院费用中外来就医的占比则为22.44%,其中三级医院住院费用中近30%为外省市患者就医所产生的费用(见表2)。

表2 2018年上海市外来就医费用及其占比

单位:亿元,%

医疗机构	门急诊费用			住院费用			总费用		
	外来	全市	外来占比	外来	全市	外来占比	外来	全市	外来占比
医院	65.23	625.33	10.43	183.87	804.29	22.86	249.10	1429.62	17.42
其中:三级	56.65	406.03	13.95	166.15	559.46	29.70	222.80	965.49	23.08
二级	6.47	153.07	4.23	15.34	175.71	8.73	21.81	328.78	6.63
社区	1.83	145.69	1.26	0.03	10.35	0.29	1.86	156.04	1.19
其他	0.68	128.22	0.53	0.55	7.34	7.49	1.23	135.56	0.91
合计	67.74	899.24	7.53	184.45	821.98	22.44	252.19	1721.22	14.65

注:其他为门诊部、妇幼保健机构、专科疾病防治机构、疗养院之和。

分析住院服务中的外省市患者发现,长三角地区(江苏、浙江和安徽)的外来就医出院人数位列前三,累计占比65.98%;这3个省的患者费用累计占67.32%。其次是江西、河南和福建3省。上述6省住院患者人数和费用约占外来就医总住院人数和费用的80%(见图13)。

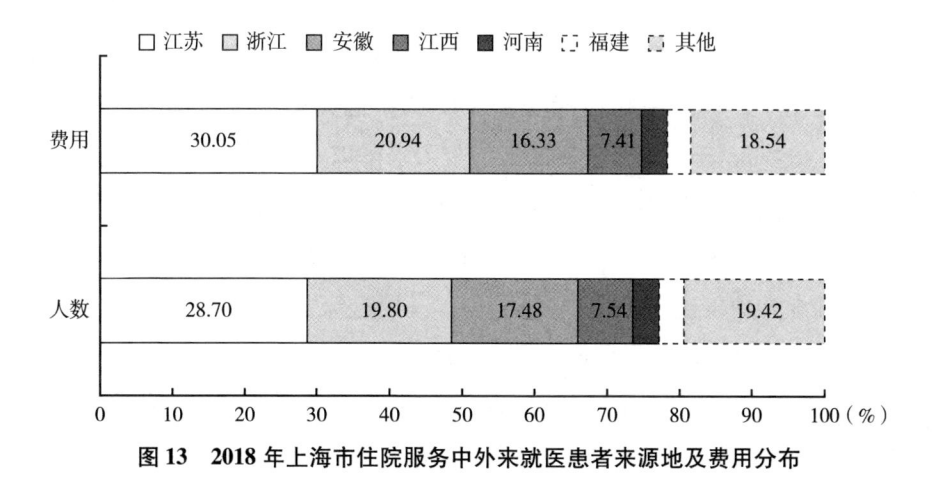

图13 2018年上海市住院服务中外来就医患者来源地及费用分布

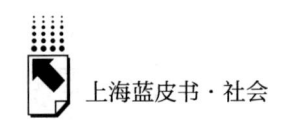

四 主要特点

（一）卫生总费用增速放缓，个人现金卫生支出水平稳定下降

2018年上海市卫生总费用首次超过2300亿元，卫生总费用占GDP比重突破7%。从增速来看，总体而言卫生总费用的增长速度高于GDP的增长速度。近年来，我国及一些主要省份经济增长速度出现了下降趋势，2016年以来，上海市GDP增速持续放缓，2018年降至6.60%，为近18年来的最低点。同样地，上海市卫生总费用总量增长的同时，其增速也逐渐放缓。经济下行压力下，持续高速增长的公共财政投入将难以为继，公立医疗资源大规模扩张的时期已经过去，控制医疗卫生费用不合理增长将成为未来5年，甚至"十四五"期间的重要任务。另外，OOP占卫生总费用的比重是医改中最受到关注的指标之一。上海市卫生筹资渠道以社会卫生支出为主，OOP占比由2001年的29.08%逐渐降至2018年的20.30%。随着政府财政投入力度的加大，基本医疗保险全面推进，反映在筹资结构上则是逐步优化，这也是评价医改成效的关键循证依据。

（二）社会筹资占比高，政府对卫生事业投入力度持续加大

2018年上海市社会卫生支出占卫生总费用比重最高，达到57.63%。社会卫生支出中，社会医疗保障支出（1097.6亿元）占绝大部分，比重为82.75%。这得益于上海市较高的人均收入水平以及由此带来的较高的医保筹资水平。为进一步推进供给侧结构性改革和去产能、去库存、去杠杆、降成本、补短板五大重点任务，上海市近年来逐步推行减税降费，对职工基本医疗保险缴费比例进行下调，减轻用人单位负担。2016年1月1日起，上海市职工基本医疗保险缴费比例由原来的13%调整为12%，2017年进一步降低至11.5%，其中单位缴纳基本医疗保险费的比例由原来的8%调整为7.5%。此外，为进一步完善上海市多层次医疗保障体系、更好地发挥职工

医保个人账户医疗保障作用，2017年1月1日起，上海市职工医保参保人员可使用本人医保个人账户中的历年结余资金，购买经保监会批准、经政府允许的商业医保产品。两个因素叠加，导致医保基金收入增幅放缓，个人账户支出增加，进一步缓解医保基金的资金沉淀压力。近年来，商业健康保险费用呈现快速增长，2018年总量达到215.61亿元。这与我国近年来陆续出台的鼓励引导政策有关，《国务院关于促进健康服务业发展的若干意见》（国发〔2013〕40号）、《国务院办公厅转发卫生计生委等部门关于推进医疗卫生与养老服务相结合指导意见的通知》（国办发〔2015〕84号）等文件中，均明确提出了要大力发展商业健康保险。商业健康保险因其灵活性可以很好地发挥市场驱动作用，满足居民多样化的健康需求，促进多元化保险筹资模式日趋完善。

2010~2018年政府卫生支出占财政支出的比重整体呈稳定上升的趋势，表明政府对卫生领域的关注和投入持续增加。同时，政府投入的结构和方向也在不断优化。一方面，逐年加大财政对医疗保障事业的投入。整合城乡医保制度，2017年，在新农合与居保实施并轨的基础上，整合小城镇医保与职工医保，统一筹资标准和保障待遇，逐步缩小不同保障制度之间的差异，促进保障公平性。另一方面，落实政府投入责任，对医疗卫生机构的投入力度逐年加大，同时对中医、专科疾病防治等公益性较强的医疗卫生机构实行倾斜投入政策。

（三）费用机构分配欠合理，基层医疗卫生、公共卫生机构占比偏低

从上海市卫生费用机构分配来看，2018年医院仍旧占绝大部分，占比为69.15%，基层医疗卫生机构、公共卫生机构费用占比分别为13.19%、3.69%。其中，医院占比较2001年增长了6.3个百分点，而基层医疗卫生机构、公共卫生机构费用占比分别下降了5.08个、1.56个百分点。上海市优质医疗资源集中，伴随着社会经济的发展，居民健康需求逐步提高，外省市来沪看病就医的人员也逐年增加。此外，由于外来就医人员多以疑难杂症和急危重症为主，就医集中在三级医院。在自由就诊的现实情况下，可以预

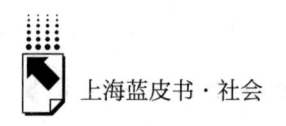

见在未来一段时间内，医院将持续成为机构费用的最主要流向。在医改方针"保基本、强基层、建机制"的引导下，上海市通过一系列的惠民便民措施，包括实施新一轮社区卫生服务综合改革、建立完善家庭医生制度、开展"1＋1＋1"医疗机构组合签约、全面实施国家基本和重大公共卫生服务项目、组建区域医疗联合体等，吸引居民下沉至基层就诊，推进社区卫生服务向社区综合健康管理模式转变。目前此类措施取得了一定的成效，然而在卫生费用机构分配上还未体现，仍需加大对基层医疗机构、公共卫生机构的投入力度。

五 政策建议

（一）建立公平、高效、可持续的卫生筹资体系

近年来，我国经济增长速度下行压力增大，在人口老龄化程度不断加深、医疗新技术取得突破等因素的共同影响下，医疗费用不断攀升，而政府财力及社保基金在未来则面临着较大的下行压力。因而，建立一个公平、高效、可持续的卫生筹资体系至关重要。OECD国家的实践证明，建立"早期预警系统"实时监测卫生支出，有助于识别可能节省的空间，及时推出修正措施。可采取的政策举措包括以下3个维度：①供给侧改革，如支付方式改革，引入供方竞争机制，鼓励仿制药替代产品发展，推动（药品/耗材）联合采购；②需求侧改革，如建立健康守门人制度，建立首选药物目录；③公共管理、协调和筹资政策，如对药品价格/利润的直接控制，卫生技术评估、监测和评价。

个人卫生支出（OOP）占卫生总费用的比重既反映了一个国家、地区居民的卫生费用负担，也反映其筹资风险保护水平。研究发现，OOP占卫生总费用的比重应在30%左右，上海市个人卫生支出占比在2006年降到25%以下，至24.40%，之后几年不断下降，在20%上下波动，基本达到了"健康上海2030"提出的要求，即到2030年个人卫生支出占卫生总费

用比重不超过20%。然而从居民的就医负担来看，因病致贫、因病返贫的现象依旧时有发生，对于困难群众、大病患者来说经济负担沉重，重特大疾病的保障力度依旧存在不足，需实施"精确识别、精确帮扶"的减负方式。

从上海市卫生总费用的筹资结构可以看出，政府、社会、个人筹资的比例近年来维持在2∶6∶2的水平，社会筹资成为最重要的渠道。而在医保基金筹资能力逐渐下降、支出压力与日俱增的情况下，如何实现基于价值的医保战略购买，是实现医保基金平稳运行，同时满足居民不断提升的健康服务需求的途径之一。一方面，应当针对不合理的医疗服务需求和过度服务进行识别和监控，实现精准控费；另一方面，通过精细化管理降低医疗机构运行成本，通过合理诊疗减轻患者负担，通过完善基于绩效考核的投入机制来提高管理效率。在这一现实要求下，部分地区探索实行基于大数据的医疗机构和医保基金管理，提升管理效率，使传统的医保管理和经办方式从"经验决策"向"数据决策"转变。

（二）加快构建优质高效的整合型医疗卫生服务体系

2016年，世界银行、WHO和中国政府共同发布《深化中国医药卫生体制改革　建设基于价值的优质服务提供体系》，其中，构建以人为本的整合型服务（People-Centered Integrated Care，PCIC）作为核心建议被提出。分级诊疗制度、多种形式的医联体/医共体、专科联盟建设等均为整合型医疗卫生服务体系在我国的落地载体。同时，整合型医疗卫生服务体系也是促进优质医疗资源下沉、有效控制医疗费用不合理增长的有力抓手。上海应当加强以区域医疗中心为核心的医联体建设，联合区域内其他医院、社区卫生服务中心、康复和护理等机构形成紧密合作关系，推进医疗卫生资源整合和上下联动，为区域内居民提供全程连续的健康管理、疾病诊治服务。同时发挥优质医疗资源辐射、引领和溢出效应，促进医疗资源和居民就医"双下沉"，实现医疗服务能力和效率"双提升"，从而既能够缓解大医院人满为患的现状，也能够促进卫生费用的合理分配。

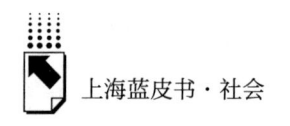

（三）优化资源配置，创新跨区域服务机制

上海市要建设亚洲医学中心，其医疗资源不仅服务于本市居民，同时辐射周边地区，承担大量外省市患者，尤其是长三角区域患者的医疗服务。因此，上海的医疗卫生资源配置不仅要考虑本市居民的需求，同时要考虑外来患者就医需求。首先，从资源配置角度来看，在充分测算本市居民的需求基础上，为外省市患者预留一定资源。考虑到外来患者就诊以疑难杂症为重，应当充分测算历史就诊数据，有序规划相应资源和学科。其次，从跨区域服务提供来看，应当提升公共服务便利化水平，创新跨区域服务机制。2019年12月，中共中央、国务院印发《长江三角洲区域一体化发展规划纲要》，提出要在长三角区域建立异地就医直接结算信息沟通和应急联动机制，完善住院费用异地直接结算，开展异地就医门急诊医疗费用直接结算试点工作。目前，上海已经实现了与苏浙皖三省8个统筹地区的互联互通门诊直接结算。此外，可采取与长三角地区合作办院、设立分院、组建医联体等形式，扩大优质医疗资源覆盖范围。共建医疗协作信息系统，实现双向转诊、转检、会诊、联网挂号等远程医疗服务，推动优质医疗卫生资源统筹布局。

参考文献

张毓辉、陶四海、赵郁馨：《国内外政府卫生支出口径的异同及结果分析》，《中国卫生经济》2006年第3期。

上海市人力资源和社会保障局：《2018年度本市社会保险基本情况》，http://rsj.sh.gov.cn/201712333/xxgk/zdly/01/201906/t20190603_1297140.shtml，2019年5月20日。

王力男、陈雯、谢之辉等：《上海市外来就医现状及对医疗服务体系的影响分析》，《中国卫生经济》2012年第12期。

金春林、王力男、李芬：《上海市卫生总费用来源法与机构法核算结果差异原因分析》，《中国卫生经济》2013年第8期。

上海市人力资源和社会保障局：《2016年度本市社会保险基本情况》，http://

rsj. sh. gov. cn/201712333/xxgk/zdly/01/201711/t20171103_ 1270735. shtml，2017 年 6 月 1 日。

上海市人力资源和社会保障局：《2017 年度本市社会保险基本情况》，http：//rsj. sh. gov. cn/201712333/xxgk/zdly/01/201806/t20180621_ 1283369. shtml，2018 年 6 月 8 日。

OECD（2015），*Fiscal Sustainability of Health Systems：Bridging Health and Finance Perspectives*，OECD Publishing，Paris，https：//doi. org/10. 1787/9789264233386 – en.

崔晴川、蒋炜：《国际视角剖析中国卫生总费用筹资结构的"适宜性"》，《重庆大学学报》（社会科学版）2016 年第 6 期。

上海市人民政府：《"健康上海 2030"规划纲要》，http：//www. shanghai. gov. cn/nw2/nw2314/nw2319/nw12344/u26aw55477. html，2018 年 4 月 2 日。

杨圣贤：《天津市卫生总费用筹资现状分析与对策研究》，天津医科大学硕士学位论文，2013。

中国医药卫生体制改革联合研究合作方：《深化中国医药卫生体制改革，建设基于价值的优质服务提供体系》，http：//documents. worldbank. org/curated/en/707951469159439021/pdf/107176 – REVISED – PUBLIC – CHINESE – Health – Reform – In – China – Policy – Summary – Oct – reprint – CHN. pdf，2019 年 12 月 12 日。

中华人民共和国中央人民政府：《中共中央　国务院印发〈长江三角洲区域一体化发展规划纲要〉》，http：//www. gov. cn/zhengce/2019 – 12/01/content_ 5457442. htm？tdsourcetag = s_ pcqq_ aiomsg，2019 年 12 月 1 日。

长三角篇

Yangtze River Delta

B.12
上海在长三角社会发展中的引领力分析

刘玉博*

摘　要： 2019年是决胜全面建成小康社会的关键之年，本文着重分析上海社会发展水平及在长三角区域中的引领力。研究发现，与区域内其他城市相比，上海在公共教育、医疗卫生和社会保障等方面排名靠前，但城乡融合水平不尽如人意。研究表明，上海社会发展综合水平在长三角区域具有绝对的领先性，且形成了以上海为中心的社会发展圈层分布结构。报告对比分析了上海与世界部分先发国家和城市在教育、医疗和社会保障等主要方面存在的差距，并提出了上海进一步提升社会发展水平、全面建成小康社会的政策建议。

关键词： 上海　社会发展　区域引领力　长三角一体化

---

* 刘玉博，经济学博士，上海社会科学院城市与人口发展研究所助理研究员，研究方向为城市经济和人口迁移。

到 2020 年全面建成小康社会是"两个一百年"奋斗目标的第一个百年奋斗目标,要促使形成民主更加健全、科教更加进步、文化更加繁荣、社会更加和谐、人民生活更加殷实的小康社会。作为占全国经济总量 1/4 的长三角区域的中心城市,上海社会发展水平及其在长三角区域的引领示范能力,对 2020 年全面小康社会建设和 2035 年基本实现基本公共服务均等化目标,具有举足轻重的作用。

2019 年 12 月 1 日,中共中央、国务院印发《长江三角洲区域一体化发展规划纲要》,长三角区域一体化发展迈向新征程。其中,实现公共服务便利共享,是一体化发展成果惠及全体人民的重要标志。根据文件精神,本研究着重考察和对比上海及长三角周边区域在公共教育、医疗卫生、社会保障和社会均衡四个方面的发展成效,判断上海在长三角区域范围内社会发展水平的相对优劣程度,分析上海社会发展的区域引领力,为上海"十四五"规划的制定和长三角社会发展水平的提升提供参考建议。

一 上海社会发展成就与区域对比分析

(一)教育方面

1. 上海人均教育支出绝对领先

用人均公共教育支出来衡量各城市教育支出的相对规模以及政府对教育的投入程度。2018 年上海教育支出为 917.99 亿元,占地方一般公共预算支出比重为 10.99%,占 GDP 比重为 2.81%。2018 年上海人均教育支出 3787.43 元,比 2017 年增长 4.78%。与苏浙皖 40 个城市相比,上海人均教育支出排名第一,其次为丽水和杭州。其中,上海人均教育支出高于排名第二的丽水 17.91%(见图 1)。

2. 上海义务教育生师比[①]排名第三

义务教育生师比可以反映城市义务教育师资的资源配置和利用效率。一

---

① 义务教育生师比 = (初中在校学生 + 小学在校学生)/(初中专业教师数 + 小学专业教师数)。

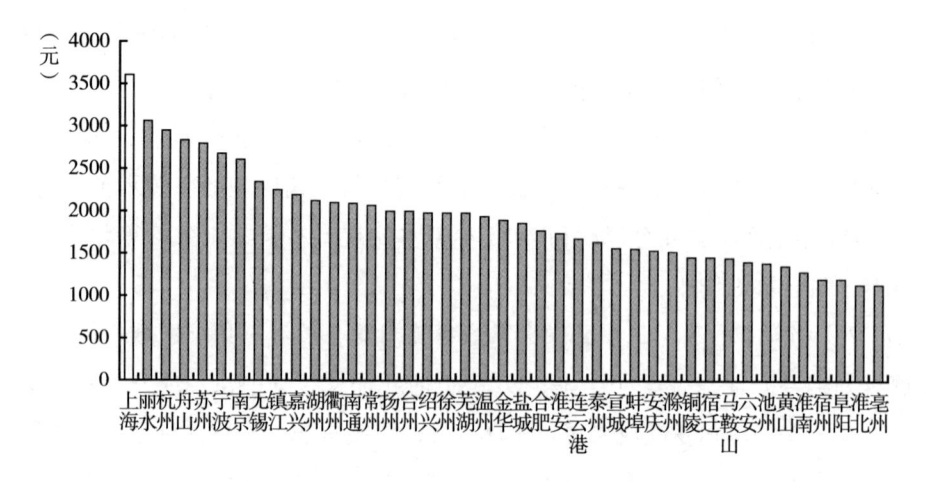

图1　2017年上海与苏浙皖40个城市人均教育支出

资料来源：各城市"2018统计年鉴"，各城市"2018国民经济和社会发展统计公报"，各城市"2019国民经济和社会发展计划执行情况与2019国民经济和社会发展计划草案"，以及各城市社会保障职能部门公开发布数据。下同。

一般情况下，生师比越低，教师工作量越小，师资资源越为充分。2018年上海初中和小学在校学生人数分别为43.25万人和80.02万人，比2017年分别增长5.1%和1.9%。与苏浙皖40个城市相比，2017年上海义务教育生师比为12.73，由低向高排名第三，排名首位城市为芜湖，其次为舟山，义务教育生师比分别为11.16和12.53。其中，排名首位城市芜湖义务教育生师比低于上海12.33%（见图2）。

3.上海万人在校大学生数排名第九

万人在校大学生数是反映地方高等教育水平的重要指标。2018年上海普通高等学校在校学生数为51.78万人，比2017年增长0.6%，毕业生数13.25万人，比2017年增长-1.3%。与苏浙皖40个城市相比，上海万人在校大学生数并不突出，其中以万人在校大学生数表示的高等教育水平中，南京占绝对优势，万人在校大学生数达1008.70人，排名第2~5位的城市分别为合肥、杭州、芜湖和镇江，万人在校大学生数分别为631.42人、449.69人、357.56人和285.92人。上海万人在校大学生数为212.92人，排名第九。其中，排名首位的南京万人在校大学生数为上海的4.74倍（见图3）。

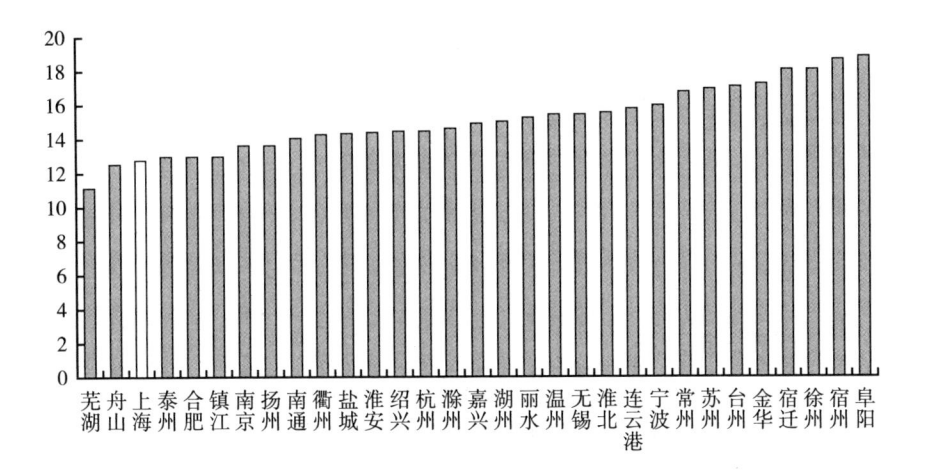

图2　2017年上海与苏浙皖30个城市义务教育生师比（部分城市数据缺失）

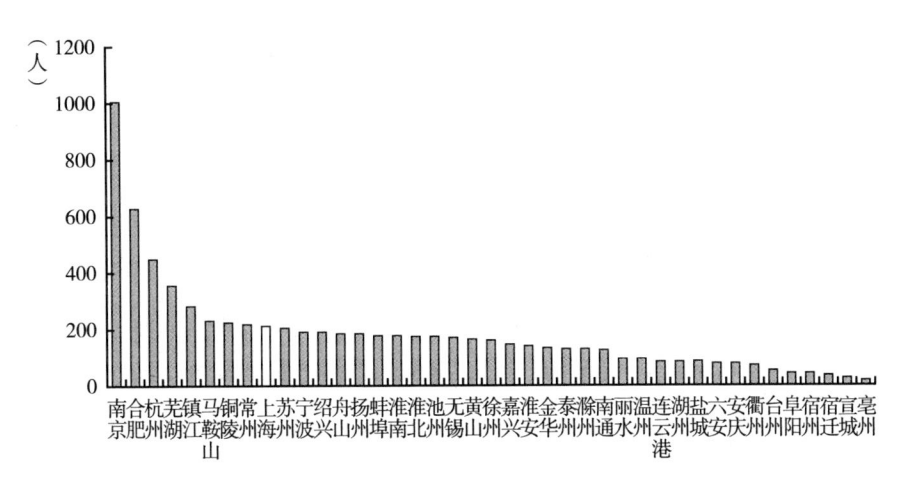

图3　2017年上海与苏浙皖40个城市万人在校大学生数

（二）医疗方面

1. 上海人均医疗卫生支出排名第一

医疗卫生支出是城市医疗投入的重要客观指标。2018年上海医疗卫生与计划生育支出金额为470.11亿元，占地方一般公共预算支出比重为5.63%，占GDP比重为1.44%。与苏浙皖40个城市相比，2017年上海人

231

均医疗卫生支出金额为1704.4元,排名第一。其次为丽水、舟山和杭州,分别为1613.14元、1512.28元和1186.41元。其中,上海人均医疗卫生支出金额比排名第二的丽水高5.66%(见图4)。

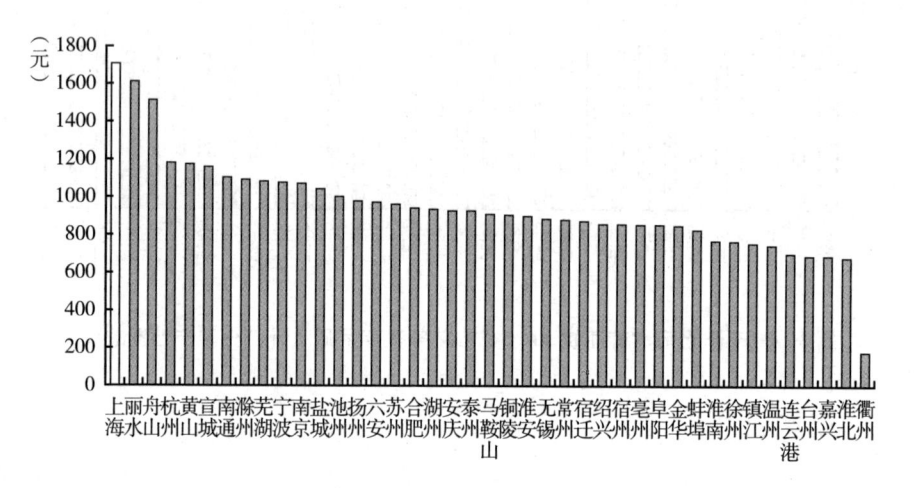

图4　2017年上海与苏浙皖40个城市人均医疗卫生支出

2. 上海万人卫生机构床位数排名第十六

医疗机构床位数是反映当地医疗机构规模、等级和提供卫生服务能力的重要指标之一,万人相对数则表示医疗资源紧俏程度和配置能力。2018年上海卫生机构数共5298家,其中医院364家。从相对数来讲,2017年上海万人卫生机构床位数共55.66张,与苏浙皖40个城市相比,排名第十六。排名首位城市为杭州,万人卫生机构床位数共80.22张,其次为无锡和衢州,分别为65.92张和63.93张。其中杭州万人卫生机构床位数绝对占优,高出无锡21.69%,高出上海44.13%(见图5)。

3. 上海万人卫生技术人员数排名第八

万人卫生技术人员数反映当地提供医疗卫生服务的能力。2018年上海卫生技术人员数共计20.68万人,其中职业(助理)医师7.49万人。从万人相对数讲,与苏浙皖40个城市相比,2017年上海排名第八,万人卫生技术人员数为77.73人,杭州排名第一,其次为南京和丽水,万人卫生技术人

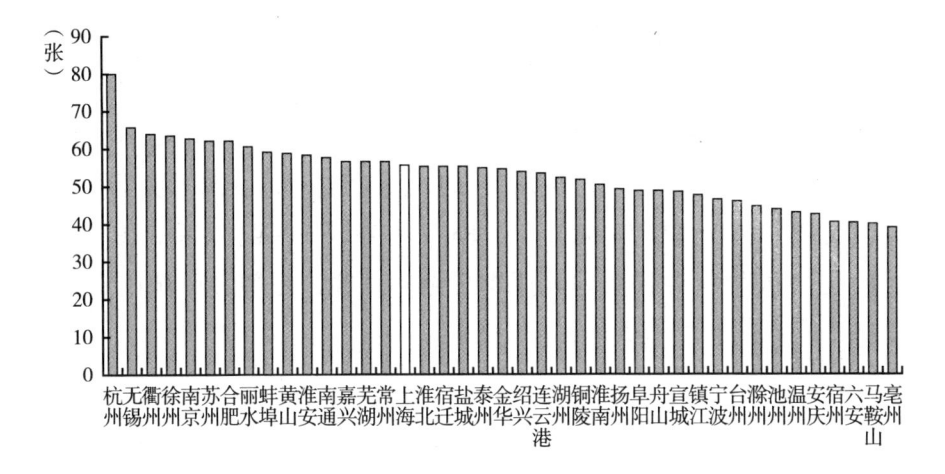

图 5 2017 年上海与苏浙皖 40 个城市万人卫生机构床位数

员数分别为 91.30 人和 87.39 人。其中，排名首位的杭州万人卫生技术人员数比上海高 50.01%，处于绝对优势（见图 6）。

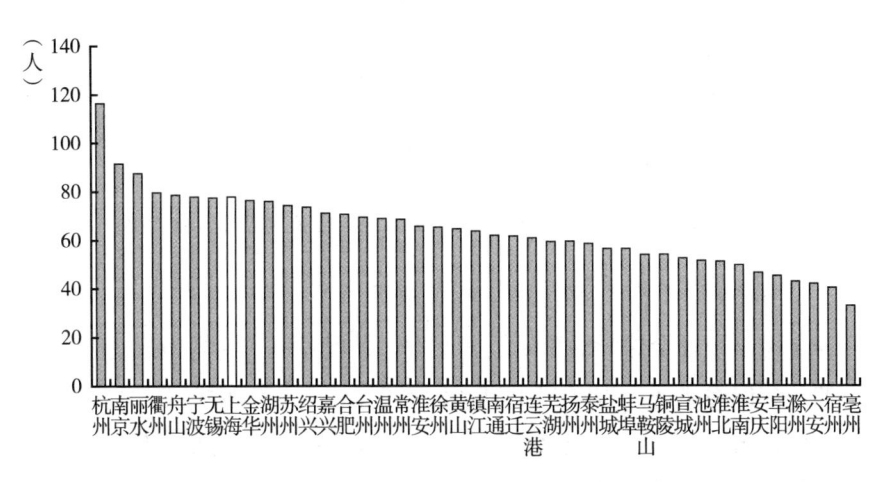

图 6 2017 年上海与苏浙皖 40 个城市万人卫生技术人员数

（三）社会保障

1. 上海人均社会保障和就业支出绝对领先

社会保障是保障人民基本生活需求、调节社会分配的重要指标。2018

年上海社会保障和就业支出金额为933.39亿元，比2017年减少12.0%，占地方一般公共预算支出比重为11.18%，占GDP比重为2.86%。从人均指标来看，与苏浙皖40个城市相比，2017年上海人均社会保障和就业支出排名第一，金额为4387.45元，其次为宁波、南京和杭州，人均社会保障和就业支出金额分别为1882.07元、1851.83元和1829.01元。其中，图7直观显示，上海人均社会保障和就业支出绝对领先，是第二位城市宁波的2.33倍。

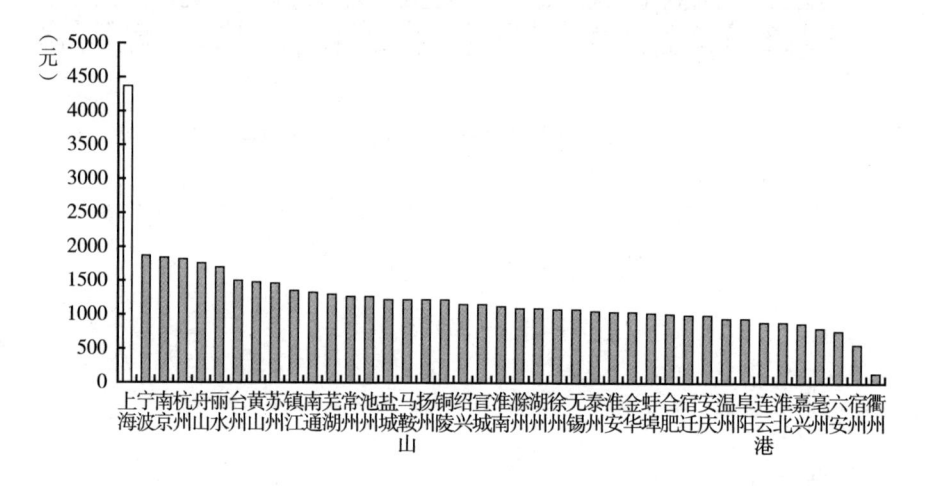

图7　2017年上海与苏浙皖40个城市人均社会保障和就业支出

2. 上海城镇职工养老保险参保率排名第五

养老保险是社会保障的重要组成要素，是保障退出劳动岗位的公民基本生活的社会保险之一。2017年上海共计1005.4万人参加城镇职工基本养老保险，与排名前14位（基于数据可得性）的苏浙皖地区城市相比，上海城镇职工基本养老保险参保率[①]为74.36%，排名第五。排名第1~4位的城市分别为杭州、舟山、宁波和湖州，城镇职工基本养老保险参保率分别为92.26%、82.85%、80.75%和76.13%。其中，排名首位的杭州城镇职工养老保险参保率高于上海17.90个百分点（见图8）。

---

① 参保率=缴纳社保的从业人数/从业总人数×100%，下同。

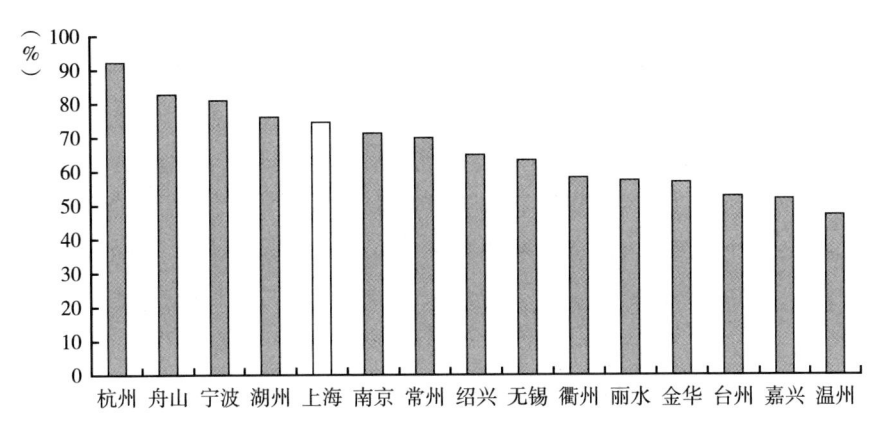

上海在长三角社会发展中的引领力分析

图8 2017年上海与苏浙皖14个城市城镇职工养老保险参保率

3. 上海城镇职工基本医疗保险参保率排名第七

与基本养老保险相似，城镇职工基本医疗保险是社会保险的重要险种之一。2018年，上海共1524.82万人（含离退休人员）参加职工基本医疗保险，342.76万人参加城乡居民基本医疗保险。与排名前14位（基于数据可得性）的苏浙皖地区城市相比，上海城镇职工基本医疗保险参保率为73.25%，排名第六。排名第1~4位的城市分别为金华、无锡、绍兴、湖州，城镇职工基本医疗保险参保率分别为97.77%、84.03%、81.18%和75.99%。其中，排名首位的金华城镇职工基本医疗保险参保率高于上海24.52个百分点（见图9）。

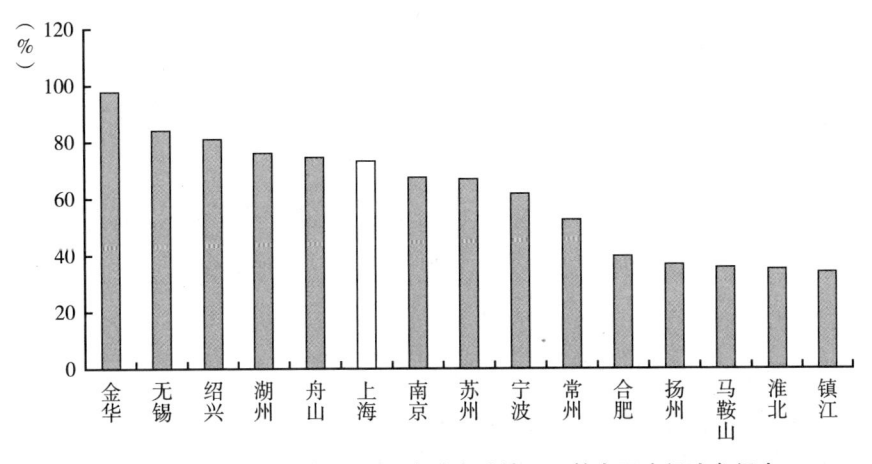

图9 2017年上海与苏浙皖14个城市城镇职工基本医疗保险参保率

235

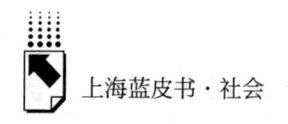

（四）社会均衡

1. 上海城乡居民人均可支配收入排名第一

城乡居民人均可支配收入直接反映与居民切身利益息息相关的经济发展成果。2018年上海全市居民人均可支配收入为64183元，比2017年名义增长8.8%，实际增长7.1%。与苏浙皖40个城市相比，2017年上海城乡居民人均可支配收入排名第一，其次为苏州和杭州，居民人均可支配收入分别为50603元和49832元。其中，上海城乡居民人均可支配收入高于第二名城市苏州16.57%（见图10）。

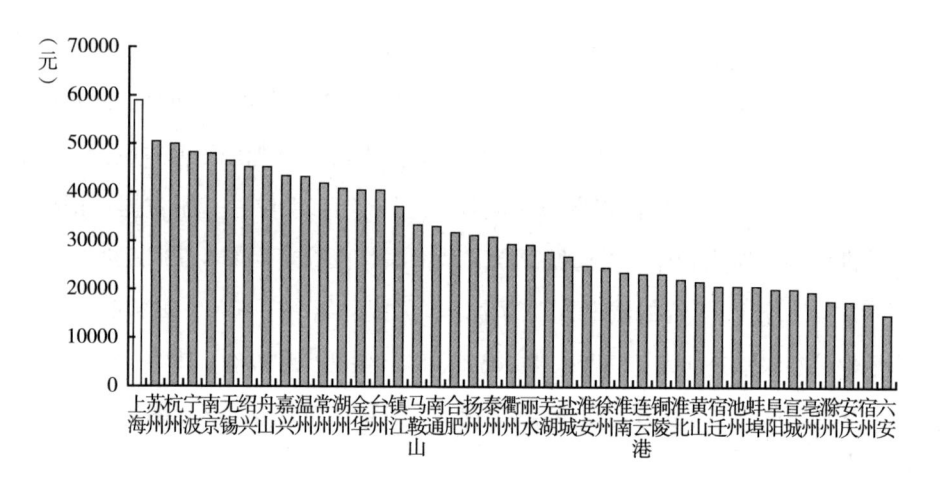

图10 2017年上海与苏浙皖40个城市城乡居民人均可支配收入

2. 上海城乡居民人均消费支出排名第一

城乡居民人均消费支出综合反映城乡居民生活消费水平。2018年上海全市居民人均消费支出43351元，比2017年名义增加8.9%，其中城镇常住居民人均消费支出46015元，农村常住居民人均消费支出19965元。与苏浙皖40个城市相比，上海2017年城乡居民人均消费支出排名第一，总额为39792元，其次为杭州和苏州，分别为34146元和30891元。其中，上海城乡居民人均消费支出高于第二名城市杭州16.53%（见图11）。

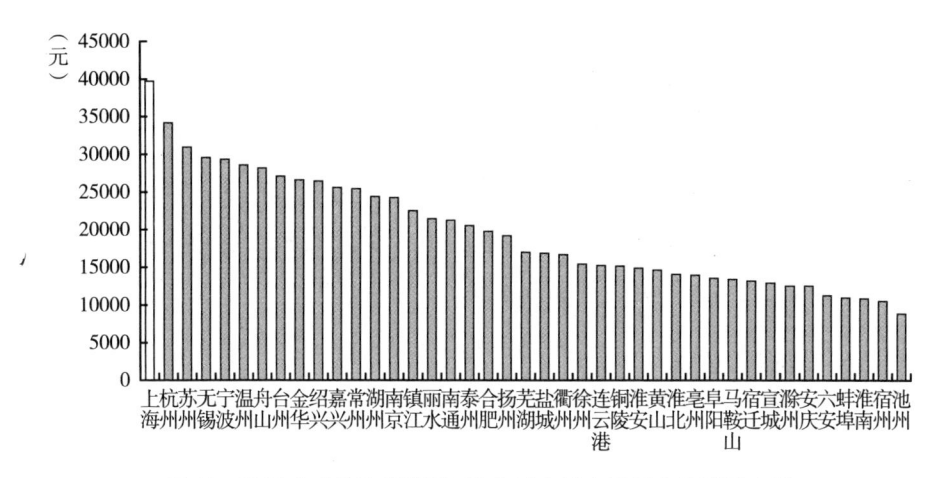

上海在长三角社会发展中的引领力分析

图11　2017年上海与苏浙皖40个城市城乡居民人均消费支出

3. 城乡居民人均可支配收入比较大

城乡居民人均可支配收入比可以反映地方城乡差距。2018年上海城镇居民人均可支配收入68034元，农村居民人均可支配收入30375元，城乡居民人均可支配收入比为2.24，比2017年下降0.01。与苏浙皖40个城市相比，上海城乡居民人均可支配收入比由低到高排名第29位，说明上海城乡发展依然存在较大差距。嘉兴城乡居民人均可支配收入比最小为1.69，其次为舟山和宿迁。其中，嘉兴城乡居民人均可支配收入比小于上海0.55（见图12）。

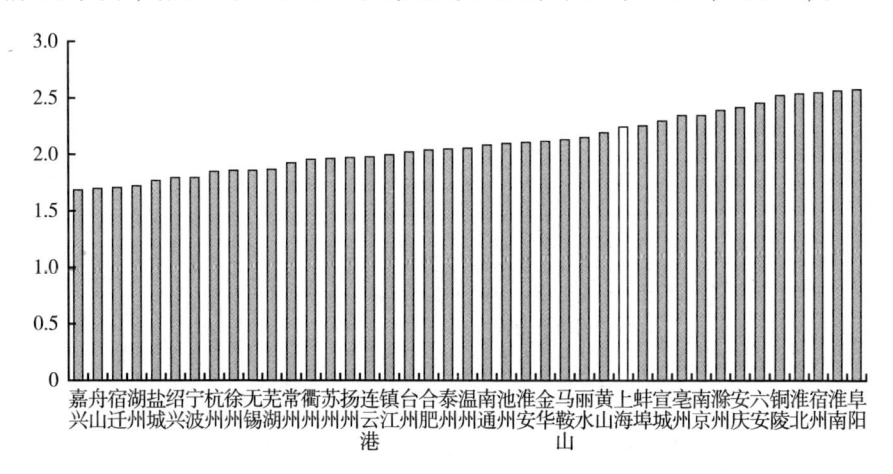

图12　2017年上海与苏浙皖40个城市城乡居民人均可支配收入比

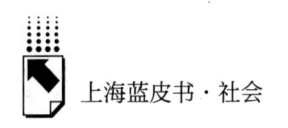

二 上海社会发展综合水平与区域差距

为分析上海社会发展综合水平及其在区域中的引领能力，本文建立社会发展综合指数，重点关注上海及苏浙皖40个城市在社会事业、社会保障、社会均衡和社会活力等方面的综合表现。

（一）指标体系

指标体系共包含4项一级指标、10项二级指标和29项三级指标（见表1），其中社会事业领域关注政府提供的社会建设和社会服务事业，主要评价教育事业、卫生事业和文化事业发展概况。社会保障领域关注国民收入再分配的合理性和全面性，主要评价保障水平和保障覆盖两个方面的发展情况。社会均衡领域关注生产效率与公平的良性互动，主要评价收入水平、消费水平和城乡差距发展概况。社会活力领域关注城市发展基础和未来发展潜力，主要评价人力资源和经济基础发展水平。

表1 社会发展综合水平评价指标体系

一级指标	二级指标	三级指标	单位	权重
社会事业（11）	教育事业（5）	人均教育支出	元	2
		万人教育行业从业人口数	人	2
		义务教育生师比		2
		高中生师比		1.5
		万人在校大学生数	人	1.5
	卫生事业（3）	人均医疗卫生支出	元	3
		万人卫生机构床位数	张	2.5
		万人卫生技术人员数	人	2.5
	文化事业（3）	人均文化体育与传媒支出	元	3
		万人文化事业单位从业人员数	人	2.5
		宽带网络普及率	%	2.5
社会保障（7）	保障水平（2）	人均社会保障和就业支出	元	5
		最低工资标准	元	5
	保障覆盖（3）	城镇职工养老保险参保率	%	5
		城镇职工医疗保险参保率	%	5
		城镇职工失业保险参保率	%	5

续表

一级指标	二级指标	三级指标	单位	权重
社会均衡（8）	收入水平（3）	城乡人均可支配收入	元	3
		职工平均工资增长率	%	3
		城乡居民人均可支配收入增长率	%	3
	消费水平（1）	城乡居民人均消费支出	元	6
	城乡差距（2）	城乡居民人均可支配收入比		5
		城乡居民人均消费支出比		5
社会活力（7）	人力资源（4）	大专及以上教育人口比重	%	3.5
		人口密度	人/平方公里	3.5
		外来人口比重①	%	3
		劳动参与率②	%	3
	经济基础（3）	GDP 增长率	%	4
		人均 GDP	元	4
		地均 GDP	元/平方公里	4

注：①外来人口比重 =（常住人口 - 户籍人口）/常住人口×100%。
②劳动参与率 = 从业人口/常住人口×100%。

（二）指数计算

采用极值化方法对各指标数据进行标准化处理，其中正向指标的标准化公式为：

$$x'_{ij} = \frac{x_{ij} - \min\{x_{ij}\}}{\max\{x_{ij}\} - \min\{x_{ij}\}}$$

其中 x_{ij} 代表二级指标 x 第 i 项三级指标中第 j 个城市的统计性原始数据；$\min\{x_{ij}\}$ 为三级指标 x_i 的最小值，$\max\{x_{ij}\}$ 为三级指标 x_i 的最大值；x'_{ij} 为标准化后的数据，$x'_{ij} - [0,1]$。负向指标的标准化公式为：

$$x'_{ij} = \frac{\max\{x_{ij}\} - x_{ij}}{\max\{x_{ij}\} - \min\{x_{ij}\}}$$

各二级指标得分、4 个子指数以及社会发展指数为下一级指标得分的加权平均值。

（三）综合评价

1. 综合排名

表2为上海及苏浙皖40个城市社会发展指数综合排名，上海综合得分最高，为71.68分，排名第一，在长三角区域中具有较强的引领力。其次为杭州和南京，社会发展综合指数得分分别为62.02分和58.89分。其中，上海综合得分高于排名第二位城市杭州9.66分。

表2　上海及苏浙皖40个城市社会发展指数排名

单位：分

排名	城市	指数	排名	城市	指数	排名	城市	指数
1	上海	71.68	15	丽水	42.12	29	黄山	30.61
2	杭州	62.02	16	温州	40.89	30	淮北	27.53
3	南京	58.89	17	扬州	40.52	31	淮南	26.14
4	苏州	54.84	18	泰州	39.03	32	铜陵	25.74
5	舟山	54.78	19	南通	38.82	33	宣城	25.40
6	无锡	54.05	20	合肥	38.25	34	安庆	24.23
7	宁波	52.92	21	徐州	37.16	35	蚌埠	24.09
8	常州	48.66	22	盐城	36.66	36	池州	22.98
9	嘉兴	48.17	23	衢州	36.40	37	滁州	22.74
10	绍兴	47.82	24	芜湖	34.51	38	亳州	20.18
11	湖州	47.67	25	淮安	33.22	39	六安	19.70
12	镇江	43.95	26	连云港	32.92	40	阜阳	18.95
13	金华	42.68	27	宿迁	31.86	41	宿州	17.06
14	台州	42.47	28	马鞍山	30.83			

2. 上海社会发展子领域分析

表3为上海各领域社会发展水平的指数得分。与苏浙皖40个城市得分均值和最大值比较，上海在社会事业、社会保障和社会活力方面发展较好，二级指数得分最高。其中，文化事业、保障水平、消费水平、人力资源和经济基础5项三级指标得分均高于苏浙皖40个城市。相对而言，上海社会均衡方面的表现相对不足，特别是"城乡差距"三级指标得分仅为3.94分，低于长三角41个城市平均水平2.68分，低于苏浙皖40个城市最大值5.64分。

表3 上海及苏浙皖40个城市社会发展指数领域各领域得分统计

单位：分

指数		上海	均值	最大值	最小值	标准差	中位数
社会发展指数		71.68	32.91	71.68	17.06	13.01	37.16
二级指数	社会事业	16.45	7.67	16.45	3.08	3.14	7.32
	社会保障	22.46	8.53	22.46	0.97	5.33	7.78
	社会均衡	13.78	11.78	15.91	5.38	2.82	12.24
	社会活力	18.99	9.80	18.99	6.53	2.92	9.00
三级指数	教育事业	5.14	2.46	5.50	0.57	1.13	2.50
	卫生事业	5.27	3.39	6.50	1.68	0.97	3.26
	文化事业	6.03	1.82	6.03	0.43	1.23	1.45
	保障水平	10.00	2.88	10.00	0.60	1.75	3.19
	保障覆盖	12.46	5.66	13.06	0.00	3.82	4.55
	收入水平	3.84	3.05	4.83	1.98	0.61	3.01
	消费水平	6.00	2.12	6.00	0.00	1.45	1.58
	城乡差距	3.94	6.62	9.58	2.25	1.76	6.99
	人力资源	10.13	5.33	10.13	3.49	1.43	5.03
	经济基础	8.85	4.47	8.85	2.07	1.61	4.14

3. 上海及苏浙皖40个城市社会发展指数满分达标率

以总指数和各二级指数得分除以相应权重，得到满分达标率，来具体测算各城市在社会发展各领域的优劣程度。图13直观展示了上海和苏浙皖40个城市社会发展领域的满分达标率。上海社会事业、社会保障、社会均衡和社会活力满分达标率分别为65.81%、89.85%、55.12%和75.95%，苏浙皖40个城市相应指标分别为30.68%、34.13%、47.11和39.21%。可以直观发现，上海社会保障领域的发展相对最好，社会均衡领域的发展相对不足。

4. 上海及苏浙皖40个城市社会发展空间特征

将社会发展综合指数得分匹配地理信息，绘制图14。图14表明，长三角41个城市社会发展指数的空间分布并不是均质的。借助ArcGIS工具对样本城市进行全局空间自相关（全局Moran'I指数）分析。Moran'I指数是对样本城市社会发展指数空间分布特征的描述，用来衡量城市社会发展指数整体空间关联度。Moran'I指数计算公式为：

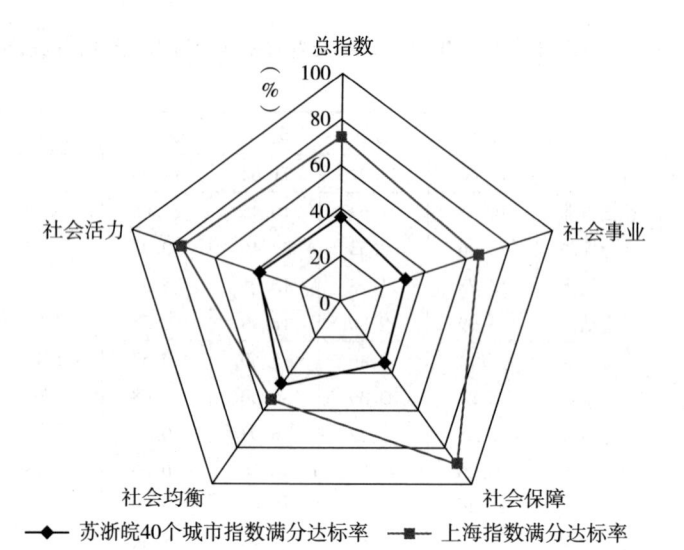

图 13　上海和苏浙皖 40 个城市社会发展指数满分达标率

$$I = \frac{\sum_{i=1}^{n}\sum_{j=1}^{n} w_{ij}(x_i - x)(x_j - x)}{S^2 \sum_{i=1}^{n}\sum_{j=1}^{n} w_{ij}}$$

其中，n 为样本数，$S^2 = \frac{1}{n}\sum_{i=1}^{n}(x_i - x)^2$ 为观测值方差，x_i 和 x_j 分别为第 i 个和第 j 个样本属性值，x 为所有样本属性值均值，w_{ij} 为空间权重矩阵（i 与 j 空间相邻取值为 1，不相邻取值为 0）。Moran'I 指数取值区间为 [-1, 1]，取值越大，正相关性越强。经测算，Moran'I 指数为 0.57（Z 值为 5.48），说明 41 个城市社会发展指数呈现明显的空间自相关特性。

进一步，利用 ArcGIS 工具对长三角地区 41 个城市进行空间热点分析（Getis-Ord Gi），识别具有统计显著性的高值（热点）和低值（冷点）的空间聚类（见图 15）。颜色最深的区域为置信度为 99% 的热点区域，即社会发展指数高值聚类空间，颜色最浅的区域为置信度为 99% 的冷点区域，即社会发展指数低值聚类空间。高值聚类空间和低值聚类空间相对独立。结合图 14 和图 15，上海及周边区域社会发展存在明显的空间相关性，构成了以上海为中心的圈层结构社会发展格局。

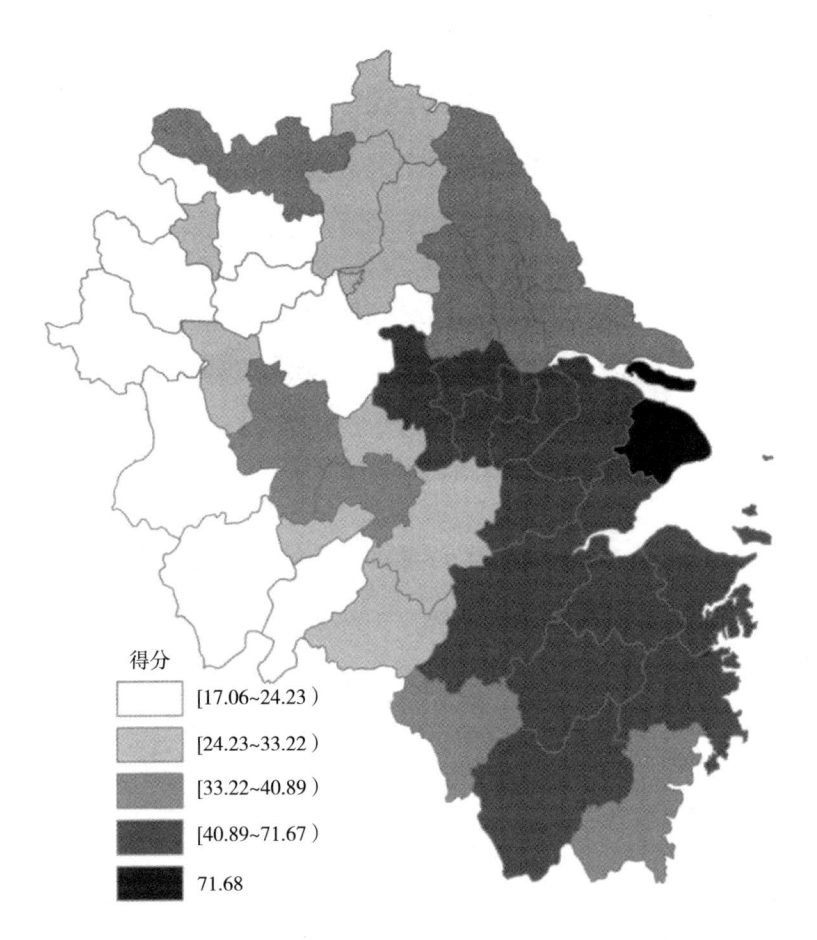

得分
[17.06~24.23)
[24.23~33.22)
[33.22~40.89)
[40.89~71.67)
71.68

图 14 长三角 41 个城市社会发展水平空间格局示意

三 上海进一步提升社会发展区域引领力的政策建议

（一）上海社会发展不足之处

根据前文分析，尽管上海与苏浙皖 40 个城市相比社会发展具有引领力，但城乡均衡发展领域仍相对不足，需要进一步完善。同时，与国际城市相比，上海多项社会发展指标仍存在显著差距。

243

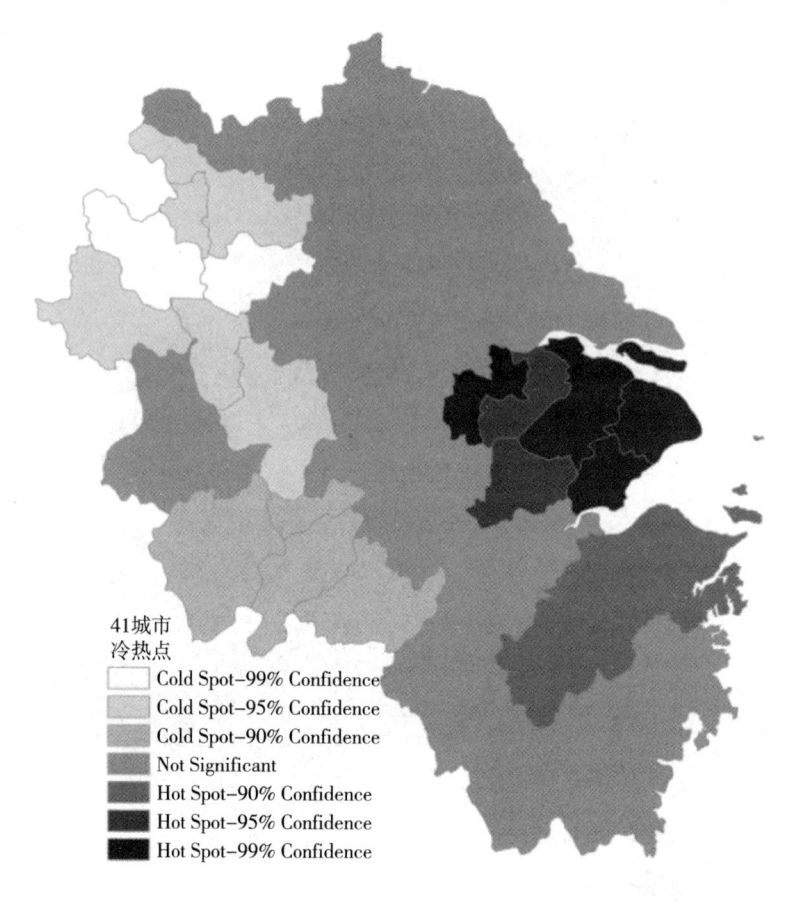

41城市
冷热点
☐ Cold Spot-99% Confidence
☐ Cold Spot-95% Confidence
☐ Cold Spot-90% Confidence
☐ Not Significant
☐ Hot Spot-90% Confidence
☐ Hot Spot-95% Confidence
■ Hot Spot-99% Confidence

图15 长三角41个城市社会发展指数冷热点示意

1. 医疗卫生方面

上海医疗卫生支出占GDP比重仍然偏低。2010年世界卫生组织在《世界卫生报告》中倡议卫生支出目标为：广义政府卫生支出占GDP比重不低于5%。2018年世界卫生组织发布报告 New Perspectives on Global Health Spending for Universal Health Coverage，相关数据显示，世界范围内高收入国家广义政府医疗卫生支出占GDP比重由2000年的4.5%提升至6.1%，中高收入国家从2.9%提升至3.7%。2018年上海医疗卫生与计划生育支出金额为470.11亿元，占地方GDP比重仅为1.44%。上海作为中国最发达的城市之一，医疗卫生支出比重较低反映出医疗服务资源紧缺的现状。

2. 社会保障方面

与世界发达国家城市相比，上海社会保障支出水平较低，社会保障体系也不够完善。欧盟统计局数据库显示，2014年欧盟社会保障支出总额为40119.1亿欧元，占GDP比重超过28%，人均社会保障支出为7903.4欧元。其中，法国社会保障支出占GDP比重最高，达34.3%。然而，上海2018年社会保障和就业支出金额为933.39亿元，占GDP比重仅为2.86%，与发达国家平均水平差距较大。从保障体系看，以日本为例，日本是亚洲第一个推行社会保险的国家，建立了以健康保险、雇员年金保险和国民年金制度为核心的社会保障体系，同时在社会保障和社会福利方面，日本均建立了较为完善的法制系统，在社会保障方面的法律法规有《国民年金法》《健康保险法》《厚生年金保险法》《老年人保险法》等，在社会福利方面的法律法规有《残疾人福利法》《儿童福利法》《生活保护法》《母子及寡妇福利法》等。与欧盟和日本等先进发达国家和地区的城市相比，上海社会保障支撑体系仍需进一步完善。

3. 养老体系方面

上海目前建立了包括养老机构、社区老年人日间服务中心、老年人助餐服务点、助浴点等在内的适老化设施体系，但与国外其他城市相比，养老体系的完善程度还需进一步提升。如纽约自2010年开始建设老年友好城市，成立老年友好建设委员会专职负责老年工作，建立了包括老年友好商业、老年友好学校、老年友好环境和社区等由59项具体指标构成的指标体系，对老年友好支撑体系的塑造大有裨益。无独有偶，欧洲城市则使用了智能化老龄友好房屋系统，2019年约投入使用共2900万个智能房屋，为老年人提供安全保护、娱乐和护理设施等。以法国为例，法国不仅建立了相对完善的养老制度体系，在银色经济产业方面也做出适当安排，如以"银色地区"行动计划提升地方活力、发展智能化住宅和住宅自动化适应家居养老、加大对银色经济特殊企业集群的支持力度、启动银色经济"职业规划"，以及推进银色经济实现重大创新等。

4. 公共教育方面

与纽约、伦敦、东京等全球城市相比，上海高校数量和质量，以及常住人口学历结构，都处于相对劣势。根据路透社《2018全球最具创新力大学排名》，上海最具创新力的高校数量少于纽约、波士顿、东京等城市，且位次处于前100位末端；在专利转化、大学在产业界的影响力等指标上，上海高校明显落后于国际领先城市；在科研论文高被引用率的作者数量方面，世界级城市群核心城市高校的表现也普遍强于上海。[1] 另外，从教育投入方面看，2018年上海公共教育地方一般财政预算支出为917.99亿元，占GDP比重为2.81%，上海人均教育支出3787.43元，而美国2014年城市公共教育支出占GDP比重已达5.55%。从基础教育的角度，根据OECD统计，2015年中国K12（小学至高中）学生家庭平均支出为915美元，占人均GDP比重为15%，低于其他国家约24.2%的平均水平。

（二）上海提升社会发展区域引领力的对策建议

1. 推动上海与周边区域实现公共服务一体化

2019年12月，中共中央、国务院印发《长江三角洲区域一体化发展规划纲要》，重申长三角区域公共服务便利共享的一体化发展，包括公共服务标准化便利化、高品质教育医疗资源共享、文化旅游合作发展和共建公平包容的社会环境四个方面。根据前文分析，目前上海社会发展在长三角范围内处于领先地位，但整个区域范围内仍存在教育条块分割管理、优质医疗卫生养老资源流动性不足、区域间文旅资源管理平台不统一等问题。

在教育领域，一方面加大投资，提高公共教育支出占GDP的比重，为经济长期发展积累智力资源；另一方面推动上海与长三角其他城市成立合作办学或学校联盟，推动学术教育和职业教育资源共享。在医疗卫生和养老服务领域，首先打通医保卡等基础医疗设施和服务的互联互通通道，其次打造类似"周末工程师"的"周末医卫养老服务"，促进优质资源在区域范围内高效流动。在文体旅游方面，除了应加强旅游资源开放和利益分享机制研究外，

---

[1] 民盟上海市委：《关于对标世界级城市提升长三角高等教育全球竞争力的建议》，http://www.shszx.gov.cn/node2/node5368/node5376/node5388/u1ai103170.html，2019年2月。

还应整体规划区域范围内全旅游产业链的构造，构筑区域整体旅游版图。

2. 集中力量改善城乡差距较大的社会现象

上海乡村经济是全市经济社会发展的短板，滞后于江浙一带乡村发展步伐。2018年上海城乡常住居民人均可支配收入比为2.24，城乡常住居民人均消费支出比为2.30，城乡差距在长三角乃至全国范围内均较为显著。

2019年，上海乡村振兴战略工作领导小组根据《上海市乡村振兴战略规划（2018—2022年）》和《上海市乡村振兴战略实施方案（2018—2022年）》编制形成2019年乡村振兴重点任务，为缩小城乡差距注入新的动力。第一，提高农业劳动生产率。2017年上海农业总产值劳动生产率为2.61万元/人，第二产业产值劳动生产率为21.67万元/人，第三产业增加值劳动生产率为23.55万元/人。通过增加资本投入、应用种植新技术、职业培训和改变组织经营模式等方式，增加农民个人收入。第二，着重改善教育资源配置不均等现象。2017年上海中心城小学师生比普遍高于上海郊区，其中嘉定、松江、浦东和闵行数值最低，每百名小学生的专任教师配置数量分别为6.02、6.32、6.33和6.43名。通过加快学校基本项目建设、鼓励优质资源在郊区设置分校和合作办学等方式，增加郊区公共教育资源供给量。第三，改善上海城乡之间医疗资源配置不均等现象。2017年上海中心城区和郊区万人医生数量分别为52人和19人，差距较大。通过鼓励社会资本进驻郊区社会事业、布局智慧社区和"美丽家园"建设等方式，提升郊区医疗和养老服务水平。

3. 重视老龄化背景下老年友好型社会的建立

上海养老问题愈加凸显，相关政策文件要求加快构筑养老服务体系。截至2018年底，上海60岁及以上老年人口总量达503.28万人，老龄化率达34.4%，其中80岁及以上老年人口81.67万人，占60岁及以上老年人口的16.2%，占总人口的5.6%。《上海市深化养老服务实施方案（2019—2022年）》提出，到2022年社区嵌入式养老服务方便可及，机构养老更加专业，家庭照料能力明显上升，与上海国际大都市生活品质相适应的老年人长期照护服务体系进一步完善，养老服务更加充分、均衡、优质。就上海中心城区而言，至"十三五"末期，上海中心城区包含近150万户60岁以上的老年

人家庭，其中超过32万户为80岁以上的老年人家庭，并呈日趋上升的态势。受传统文化观念影响，90%以上的老年人选择居家养老。

在此特殊背景下，需积极探索建立和完善居家养老支撑体系。可以借鉴日本新型社区养老体系建设经验，充分利用家庭固有资源和社区其他闲置生活设施，其具有成本低、见效快、辐射广的特点。另外，在创新引领经济转型发展的过程中，应强调与"银色经济"相关的创新产业共生发展，塑造"银色经济"产业体系，实现智慧养老、健康护理和科技创新的有效融合。

4. 注重社会事业发展和社会产业发展的融合

在关注社会事业发展的同时，关注相关市场健康发展和行业生态的形成。一是探索形成上海社会事业发展的相关标准和规范文件。如借鉴纽约老年友好城市指标体系，探索形成上海老年友好社会发展目标和方案体系，对老年友好商业、老年友好学校、老年友好环境和社区等的建设做到有章可循，有据可依。二是探索上海社会事业和上海社会产业发展的空间安排。特别是在长三角一体化发展战略机遇期，调整上海社会事业和产业发展的空间。《长三角地区一体化发展三年行动计划（2018—2020年）》覆盖12个合作专题，包含公共服务普惠便利专题；签约11个重点合作项目，包含民生服务两个领域。同时，《长江三角洲区域一体化发展规划纲要》已于2019年7月印发，《上海大都市圈空间协同规划编制工作方案》正积极筹备。应顺应区域合作大趋势，在与江浙毗邻地区的嘉定、松江、青浦、奉贤等，对社会事业和产业发展空间布局做出安排和调整。三是在社会产业发展的过程中，鼓励社会资本参与社会事业建设。对于社会资本进驻方式、进驻领域和进驻程度等进行规定，并跟进进驻后监督工作。如针对老旧小区改造资金短缺问题，可以探索"成套改造+回迁经营"的改造模式，将改造后的房屋交付第三方进行租借经营，提高中心城区年轻人的居住比例，以及旅游民宿综合构成比例。在大型居住社区配套建设中，引入社会资本，以公益性为主推进配套设施空间布局，提供基础设施配套和个性设施配套相结合的综合方案。

B.13
长三角跨行政区社会协同治理的理论、实践与展望

陶希东[*]

摘 要： 持续加强和创新社会治理体系，构筑与高质量经济发展、高品质生活相匹配的社会共建共治共享新格局，是我国全面建成小康社会、实现中华民族伟大复兴中国梦的战略任务。2018年11月在首届中国国际进口博览会上，长三角高质量一体化发展上升为国家战略，成为中国区域经济发展的重要引擎。跨行政区的经济一体化发展，倒逼各自为政的社会治理也要走跨行政区社会协同治理之路。本文从理论和实践两个逻辑层面出发，对长三角跨行政区社会协同治理进行了相关探讨和展望。

关键词： 长三角 跨行政区 社会协同治理

一 长三角跨行政区社会协同治理：理论基础

在探讨长三角跨行政区社会协同治理问题之前，先对跨界治理的有关理论做一个简单的回顾。近年来，随着经济全球化、城市化、网络化的发展，在不同空间尺度上（如大都市圈、国家范围、次国家合作区域、全球层面），

---

[*] 陶希东，上海社会科学院社会学研究所研究员。

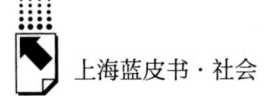

区域一体化不断增强，"地方空间"逐渐转向"流动空间"[1]，因此，面对地方政府之间的治理碎片化，旨在打破行政区划边界的壁垒，通过重构新的治理空间单元，实施跨区域政策调控和空间跨界治理，成为全球各国地方治理改革的重要战略选择之一。与此同时，随着社会的转型与现代互联网技术在经济社会领域中的深度应用，经济社会跨界融合发展趋势日趋明显，社会公共问题的跨界性、复杂性、关联性日渐增强，单靠政府一方抑或单靠某一个职能部门的力量，已经难以有效加以应对和解决，于是又出现了一种跨越政府、市场、社会三种基本治理领域边界，以及跨越不同层级、不同职能部门之间职责边界的跨公私合作治理、跨部门合作治理、整体性治理等新理论。为此，当今学术界产生了一大批有关"跨域治理""跨界治理"的研究成果，但内涵不尽一致。

在此，笔者在2011年《学术月刊》上提出了跨界治理的基本理论架构（见图1），即一个完整的跨界治理至少包括三个层面的内涵，一是跨越多个行政区划边界的跨行政区治理，这既有国际化的全球层面又有跨国的次国家合作区域，还有一个国家内的大都市圈、城市群等层面，重点处理政府之间的相邻关系。二是跨部门治理，主要是围绕政出多门、九龙治水等现实问题，明晰多部门职责边界，既分工又合作，构筑"无边界管理"或"无缝隙管理"的共治共享机制，消除政出多门、多头管理的部门间合作困境。三是跨越政府、市场、社会组织三大基本领域的"跨公私领域"的公私合作伙伴治理格局，即按照公共服务生产和提供相分离的原则，合理界定政府、市场、社会的职能边界，通过政府购买服务等机制，整合政府、社会、市场三方资源，发挥各自优势，努力实现经济增长、政治民主、社会发育的多赢式治理目标。[2] 在现实社会的治理中，因不同社会问题所属的性质、类型、范围等不同，其采取的跨界治理方式可能会不尽一致，有的问题涉及多个行政单元的政府，需要采取跨行政区的方式加以治理，而有的问题则需要

---

[1] 苏黎馨、冯长春：《京津冀区域协同治理与国外大都市区比较研究》，《地理科学进展》2019年第1期。
[2] 陶希东：《跨界治理：中国社会公共治理的战略选择》，《学术月刊》2011年第8期。

一个政区单元内的多个政府部门协同配合才能完成，还有的问题则需要政府和社会组织之间的合作。当然，也不排除有些特殊区域的跨界性社会公共问题的解决，需要同时采取跨行政区、跨部门以及跨公私领域三种治理方法的协同应用。本文所说的长三角跨行政区社会协同治理，主要是将跨行政区治理、长三角区域、社会治理三个议题相叠加而形成的一个研究议题，也是近年来长三角高质量一体化发展战略的必然选择，旨在构建长三角社会协同治理的新机制，打破"行政区社会治理"的行政壁垒，实现区域社会治理一体化，打造开放、公平、和谐、包容的"跨区域社会"，让整个区域的居民不断提升获得感、安全感和幸福感，提高整体生活品质。

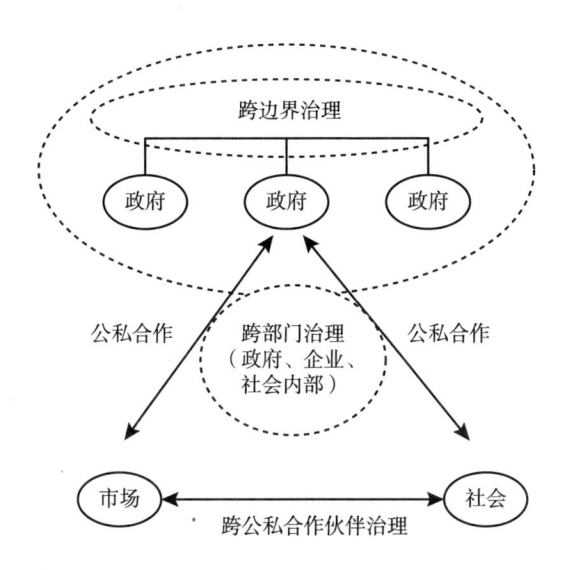

图 1　跨界治理的三维分析框架示意

二　长三角高质量一体化发展：趋势和要求

由上海、江苏、浙江和安徽构成的长江三角洲地区，改革开放以来始终是中国经济社会发展的战略空间，也是当前我国重点推动建设的世界第六大城市群。如何有效推动其一体化发展，是长期以来国家宏观政策推动的重要内容，也是各地方政府不断努力的发展方向。从党的十八大以前的长时段来看，长三角区域的一体化发展经历了不同的阶段，国家出台了诸多相关政策和文件，地方也搭建了诸如主要领导座谈会、城市经济协调会等形式多样的协调机制，但真正的一体化发展始终处于时断时续、缓慢前行的状态，尚未取得实质性和突破性的进展和成效。自2008年国际金融危机以来，尤其是党的十八大以来，伴随着中国经济新常态和高质量发展的新态势，充分激发国内市场需求，成为国家宏观经济政策的重要方向，积极构筑大都市圈、城市群等区域协同发展战略，成为新时代国家推动经济高质量发展的重要战略选择。可以说，自党的十八大以来，随着《国家新型城镇化规划（2014—2020年）》《长江三角洲城市群发展规划》等重大政策文件的出台，长三角一体化发展开始走上了制度化建设之路，特别是2018年11月，在首届中国（上海）国际进口博览会开幕式上，习近平总书记宣布支持长江三角洲区域一体化发展并上升为国家战略以来，长三角区域一体化正式成为一项中央直接推动的重大战略，其一体化发展按下了"快车键"，一体化发展进入了"快车道"。

为了有效贯彻和推动这一国家战略，2019年初国家发布了《关于培育发展现代化都市圈的指导意见》，同年5月又颁布了《长江三角洲区域一体化发展规划纲要》，围绕经济、社会、文化、生态文明建设等领域，对长三角区域一体化发展提出了非常明确、系统全面的要求。2019年11月，国家发改委正式公布了《长三角生态绿色一体化发展示范区总体方案》，将地处上海、浙江、江苏三地交界地区的上海青浦区、浙江嘉善县、苏州市吴江区三个县市区，作为整个长三角一体化发展的先行先试区，要求三省市协同努力，在行政区划格局不发生变动的情况下，探寻出一条跨区域共建共治共享的新模式、新机制、新路子，为未来整个长三角地区和国内其他地区的一体化发展和跨行政区治理，提供可复制、可推广的经验借鉴。这几个文件的出台实施，为长三角一体化发展注入了强大的动力引擎。虽然这些战略对长三角一体化发展的具体要求不尽相同，但也相互补充、相互支持、相互配合，旨在保障和推动长三角走向更高水平、更高质量的改革开放和一体化发展。

根据这些政策文件的核心内容来看，其对长三角区域一体化发展提出了如下要求。

1. 高质量一体化

当今的中国经济已经从中高速增长走向高质量发展新阶段。高质量一体化发展是长三角区域一体化国家战略的核心要求，也是长三角一体化发展承担的战略使命。那么到底何谓高质量一体化的内涵呢？笔者以为，高质量一体化发展是高质量发展和一体化发展两者的叠加，包括两层含义：一是发展过程的一体化，即处理好政府和市场的关系，建立起统一、开放、竞争、有序的市场体系，各类生产要素、创新要素按照市场经济的原则，突破行政区划边界的束缚，在省市之间、城市之间、城乡之间跨界自由流动、自由重组和科学化配置，最大限度地提高区域经济效率和劳动生产率，实现区域发展的动力变革、效率变革和质量变革。二是发展结果的品质化，即出行方式和物流极度方便快捷、长三角地区经济能级和核心竞争力显著提高、满足民众对高品质产品和服务的需求、所有经济主体公平参与竞争、经济利益的公平分配和共享（获得感、幸福感、文明程度等显著提升）、生态环境越来越美、公共服务均等化智慧化、社会阶层结构不断优化等。可见，长三角高质量一体化发展，是一个多元目标的综合体系，是供应链、产业链、价值链、服务链、创新链跨界的无缝衔接，也是区域利益共同体的形成以及区域经济社会的高品质化，可以全面解决人民日益增长的美好生活需要和不平衡不充分的发展之间的矛盾。[①]

2. 跨行政区制度的一体化

就《长江三角洲区域一体化发展规划纲要》和《长三角生态绿色一体化发展示范区总体方案》的关系而言，两者属于顶层设计和地方方案、总体纲领和行动科目、全域空间和试验空间的关系，也就是在全域一体化发展的总体制度安排下，先要求在三省市交界地区的三个区县（示范区）之间寻求创新和突破，但有一条共同的改革底线就是所有的跨行政区一体化发展

---

① 陶希东：《借助大都市圈推动长三角高质量一体化发展》，光明网，2019年3月24日。

制度设计，都不能建立在对三省市现有行政区划格局进行调整或变动之上，即在现有行政隶属关系不变、行政区划边界不变的情况下，围绕跨区域规划管理、财税分享、公共服务政策、公共信用管理、社会治理等领域，探索形成一套跨行政区共建共治共享的制度一体化新模式，打破由来已久的种种行政壁垒和制度障碍，促进资源整合、要素自由流动，走出一条跨行政区共商、共建、共治、共享、共赢的发展新路。

3. 创新发展的清洁绿色化

从产业选择的视角来说，高质量发展意味着长三角区域的产业结构要不断走向高端化、高附加值、绿色化，在努力占据全球产业链、创新链、价值链高端位置的同时，要最大限度地降低经济发展能耗和污染，进而创造更大、更优的生态价值，打造更具吸引力、更加清洁优美的人居环境和投资环境。假若仅靠一体化发展，形成高耗能、高污染、低附加值产业的集聚发展，有违于高质量发展的基本要求，更不符合新时代人民群众对美好生活的需求和期望。正因为如此，率先建设生态绿色的一体化示范区，成为长三角高质量一体化发展的首要突破口和行动计划，在探索跨行政区制度一体化发展、实行一体化制度创新试验田的同时，要突出生态优势的转化利用，打造创新绿色发展的新高地。实际上，这一示范区的先行先试，充分预示着跨行政区经济的绿色发展以及跨行政区人居环境的一体化、标准化建设，必将成为未来整个长三角区域高质量一体化发展的必然选择。

三 开放流动社会碰到封闭行政区划：矛盾与冲突

长三角高质量一体化发展，既要依靠以市场化为导向的现代市场经济体系，更要发挥好政府的作用，其根本是要处理好经济区和行政区、行政区与行政区之间的关系。经济、市场的一体化，必然带动各种生产要素、经济主体和人口的跨行政区转移和重组，整个城市区域的"同城化"效应更加明显，社会流动显著增加，而当不同行政区单元之间的跨区域治理体系尚不健全抑或各自为政的制度政策难以适应"区域流动空间"治理需求的时候，在经济、社会、文化、生态建设等领域，一些原本属于单个政府管辖区的矛盾或问题，就会成为影响或危及整个区域发展的跨界性公共问题。就长三角区域的社会治理而言，实际上就是在高质量一体化发展进程中，当居住生活同城化、流动开放型社会碰到封闭的行政区划边界时，与人、企业的跨界活动需求之间产生矛盾和冲突，这些矛盾冲突就是跨区域社会协同治理需要化解的重点问题。从人和企业这两类跨界活动主体视角来看，一般而言，区域经济的一体化与封闭的行政区划之间，往往会带来以下几方面的社会治理矛盾和冲突。

1. 交通出行：交通不衔接或断头路问题（基础设施分割）

开放流动的社会，需要互联互通的跨区域基础设施体系加以支撑，让人流、物流、资金流、信息流均能保持无障碍流动。但实际上，行政区划分割首要的影响就在于公路、水路、码头、机场、能源、信息等基础设施的分割，在现实中存在的大量断头路就是典型例证，两边居民和企业近在咫尺但就是难以联通起来，给人民群众的跨界出行带来巨大不便。这种现象在我国长三角、珠三角、京津冀等城市群地区普遍存在。

2. 劳动力和人才市场：分割、资质不能互认（还有其他要素市场）

经济的一体化既有企业的跨界产业布局，更有人才的互动交流和空间迁移，理应具有一体化的劳动力市场体系和人才服务体系加以保障和支撑。但实际上，在行政区划分割下，区域统一的劳动力市场被肢解、被分割，地方保护主义盛行，缺乏公平、公正、开放的一体化劳动力市场。更为重要的是，因差异化的人才政策导致人才资质、职称等无法在区域内通行，不能相互认同，给人才的合理化流动带来障碍。与此相对应，在各自为政的营商环境和政策体系下，企业在跨界流动中，也会面临多元政策、多元标准的局面，跨省办理是常态，空间运行的成本较大。

3. 公共服务：不均等、不衔接（就医报销、养老、就学、社会保障等）

公共服务资源的共建、共享和一体化，是高质量一体化发展的核心议题和必然要求。按理说，作为个体的普通民众，在职住异地化、同城化的城市群地区，不论在哪里工作或居住，都应该享受均等、无缝隙的教育、医疗、卫生、文化、社会保障等服务，尤其是子女教育、看病就医、养老服务等方面，应拥有一个公平、包容的生存和发展环境。但实际上，地方主导下的公共服务领域，恰恰由于各地经济实力和政策水平的不同，对不同群体严格按照户籍标准来进行有差别的供给，再加上各地信息数据的割据，这就造成了跨区域流动人口的实际服务需求难以得到及时满足，甚至造成为了享受某种服务需要在户籍所在地和实际居住地之间来回奔波的局面，传统的看病就医就属于这种情况。

4. 行政执法：各自为政、难以建立大安全格局

从社会安全和行政执法的角度来说，在一体化发展的流动社会当中，诸多违法犯罪、传染病、疫情传播、网络诈骗、危化品运输、食品安全等事宜，都具有同等程度的跨界流动性，单靠某个行政单元执法部门的力量，难以得到有效解决。但现实当中，往往都是按照各自行政区划边界开展司法、执法活动，甚至一些执法标准存在显著差异，法治空间范围的有限性和社会问题的跨界流动之间形成新的矛盾。

5. 生态保护：标准、规则各异，跨界污染问题

一般而言，包括大气、土壤、水、植被等在内的生态系统，是一个典型的跨行政区系统，面对大范围的空气污染、流域水污染、土壤污染等，更需要跨行政区联合治理和共同防范。而以行政区划为界的各自为政的治理，由于缺乏系统的协调机制和对接办法，无法很好地解决一些跨区域的生态问题，从而引发边界地区的生态利益冲突和社会不稳定因素，影响一体化发展的质量。

6. 社会组织：本地化、内部竞争

社会组织是社会治理的重要主体之一，理应成为推动区域经济一体化、社会融合发展的重要力量。这需要一个前提，即社会组织可以在一定区域范围内，依法开展跨区域服务的购买承接和服务供给，依靠连锁化、品牌化、区域化的运作，做大做强服务品牌和影响力。但现实中，由于受政策的限制，社会组织无法开展跨区域注册，不同行政区的政府，在政府购买服务中，突出本地化倾向，社会组织的跨区域发展也面临矛盾。

四 冲破权力边界的长三角跨行政区社会协同治理：实践与进展

前文理论分析表明，长三角高质量一体化发展，必然会碰到上文提到的诸多社会治理问题，但令人可喜的是，自长三角区域一体化发展上升为国家战略的近一年来，在国家政策支持和三省一市地方政府的主动努力下，长三角区域的一体化发展进入跨越式发展新阶段，除了在经济领域外，跨行政区社会协同治理也取得了显著成效。总体来看，主要表现在以下几个方面。

1. 建立健全了跨界协同治理新组织

跨界联合治理机构或体制建设，是城市群区域跨界治理的重要前提和基础，也是西方发达国家已经积累的重要经验。自党的十八大以来，尤其是自2018年11月首届进博会以来，顺应国家战略的深入实施，长三角区域的跨界联合治理机构建设取得了诸多实质性进展，主要表现在：一是成立了长三角区域合作办公室。为了有效贯彻落实《长江三角洲城市群发展规划》，早在2018年1月，由上海、江苏、浙江三省市共同组建成立了长三角第一个官方常设机构——"长三角区域合作办公室"，从三省市党政机关中选调十多名干部组成联合治理队伍，主要履行长三角重大战略规划、重大体制机制协调、重大政策建议、重大项目推动等职能，当年编制完成的《长三角地区一体化发展三年行动计划（2018—2020年）》，从多个方面对长三角一体化发展做出了具体的制度安排和行动计划，取得了显著成效。二是为贯彻落实《长三角生态绿色一体化发展示范区总体方案》，沪苏浙两省一市在上海青浦区联合成立了一体化示范区理事会，理事会下设一体化示范区建设执行委员会，其中有一个公共服务和社会组，开展跨行政区社会协同治理工作。相信这一机构的成立，将为示范区范围内的社会治理一体化探索出更加有效的协同治理新模式。三是建立健全各种跨界"毗邻党建"组织，典型案例有上海金山区和浙江嘉兴平湖市、嘉善县之间组建的毗邻一体化"党建综合体",在跨界社会资源共建、社会问题共治、治理成果共享方面取得了非常明显的效果。

2. 开展大都市圈规划和基础设施互联互通

统筹规划,消除基础设施的断头现象,是近期长三角一体化发展的重大举措,也是推动跨行政区社会协同治理的重要力量。一方面,在国家相关规划部门的主导和协调下,由三省一市相关专业研究机构共同组织实施和开展《上海大都市圈空间协同规划》,覆盖范围主要包括上海、苏州、无锡、南通、嘉兴、宁波、舟山、湖州"1+7"城市,陆域面积4.9万平方公里,常住人口约6500万人。这一规划除了对经济、生态、空间等跨界发展做出统筹安排外,也就跨界公共服务供给、社会治理等提出诸多新的思路和建议,无疑开辟了区域社会跨界统筹规划的先河。另一方面,积极打通省际断头路,促进铁路、能源等设施互联互通。根据相关规划,长三角要打通41条断头路,近期首条1.29公里长的上海青浦盈淀路与江苏昆山新乐路打通,跨省公交正式成为常态。苏州轨道交通S1线与上海11号地铁接轨也被正式提上议事日程,2023年将贯通运行。

3. 探索形成了公共服务异地共建共享的新方式

主要表现在:一是公共交通服务一体化。2019年5月,上海、杭州、宁波、温州、合肥、南京、苏州七城之间,率先实现了地铁App一码通行,居民只要在手机上安装了"上海大都会"App,7个城市的地铁闸机上就可以统一使用,真正实现了互联互通,率先走向一体化。二是跨省异地就医住院医疗费用直接结算范围不断扩大。目前,医保"一卡通"已经在长三角的沪苏浙皖三省一市41个城市中得到应用,覆盖了3500余家医疗机构。截至2019年9月15日,长三角门诊直接结算总量累计达26.4万人次,涉及医疗总费用5900余万元。[①] 其中,上海参保人员在三省结算10万人次。三是教育、养老、公共安全、人才服务等领域开始走向异地联动共享。如教育方面,近年长三角三省一市共同签署了《长三角地区教育更高质量一体化

[①] 许婧:《长三角地区异地就医门诊费用直接结算实现全覆盖》,中国新闻网,2019年9月25日。

发展战略协作框架协议》《长三角地区教育一体化发展三年行动计划》《长三角教育人才服务联盟》等一系列政策文件和合作协议，为推进教育服务的跨省合作、共享，开辟了新渠道、新机制。在养老方面，2019年6月，沪苏浙皖四省市民政部门签署了"合作备忘录"，并选择上海的11个区和苏州市、南通市、嘉兴市、湖州市、芜湖市、池州市共17个区县市，作为开展区域养老一体化的首批试点，探索养老服务资源共享、养老机构共管、养老队伍共培的跨省治理模式。如在公共安全方面，围绕长三角气象安全，三省一市气象部门搭建了气象观测"一张网"、气象信息资源共享"一朵云"工程；在公安、市场监管等方面的执法检查也开始走向跨省联合执法。如在人才服务方面，沪苏浙皖成立了"长三角人才一体化发展城市联盟"，从人才资质的互认和互评、人才流动、人才政务服务互联互通等方面开始进行新的探索和实践。

4. 探索形成政府政务服务"一网通办"新局面

以统一优化营商环境为共同行动目标，三省一市共同制定《长三角地区政务服务"一网通办"技术标准》，加大信息数据的互联互通力度，促进政府政务服务的系统集成，为满足长三角区域企业和居民办理各种政府事务的需求，探索跨省"一网通办"系统，实现"最多跑一次""最多跑一地"，成为近期长三角跨行政区社会协同治理的一大亮点。目前，51个政务服务事项（30项企业事项和21项个人事项）在14个城市中实现长三角"一网通办"，与此同时，三省一市政务服务移动端App上线，提供"无感漫游"服务清单176项[①]，解决企业和居民跨省办理相关业务时碰到的"办事难、办事慢""多头跑、来回跑"的问题。

五 推进长三角跨行政区社会协同治理：展望与思考

前述分析表明，在长三角高质量一体化发展进程中，构筑跨行政区社会

---

① 《长三角"一网通办"重大进展！首批51个政务服务事项可在14城通办》，上海发布微信公众号，2019年5月22日。

协同治理体系是一项涉及诸多因素的系统工程，也是一个渐进式不断完善的过程。尽管长三角区域内部已经进行了很多实践探索和创新，但依然分散在不同层次、不同领域、不同职能部门之中，系统集成程度不够，综合跨界治理效能还有待进一步提升。笔者以为，为了顺应长三角高质量一体化发展的趋势和要求，未来的跨行政区社会协同治理，除了处理好政府与市场、政府与社会、政府与政府之间的关系，还要关注和处理好以下几对关系。

1. 处理好跨行政区社会协同治理目标与路径的关系

制定清晰明确的治理目标，理应成为跨行政区社会协同治理的方向和指南，笔者以为，这一目标应该是适应经济市场化一体化和社会跨界融合发展的趋势，从满足人民群众对美好生活的需求、创建高品质生活出发，打破行政壁垒，加大跨界公共服务和公共治理制度供给力度，让所有人共同提高获得感、安全感和幸福感，打造一个开放、安全、和谐、公平、包容的全球性城市区域社会。具体而言，就是要实现"无障碍流动"、享有"无缝隙服务"、遵守"无差别规则"。实现这一目标的路径有五条。一是跨界治理组织建设：创建跨界联合治理机构、设立"跨界功能区或服务区"、推进毗邻党建体系建设等。二是跨行政区治理机制创新：服务资源配置规划机制、利益共享机制、服务合作共享机制、人人参与的社会共同体机制等。三是技术支撑：个人数据信息的跨行政区互联互通、开放共享，大数据、区块链技术的应用，实现最多"跑一次""跑一地"，智慧城市、公共安全防范、防灾减灾、流域保护等方面的项目协同。四是社会政策趋同：户籍、社会保障、社会福利、劳动力就业、人才、养老、教育、行政执法等政策、标准、水平的逐步趋同性改革。五是社会组织竞合：社会组织跨区域竞争合作，构筑区域化专业化社会服务品牌。

2. 处理好顶层设计与实践创新的关系

综观当前长三角跨行政区社会协同治理的实践，实际上仍属于个别市县、相关部门之间开展的局部性、地方性创新，并非覆盖长三角所有城市的统一行动和顶层设计，这往往会造成步调的不一致和不协调。同时，每个城市都有各自的社会治理实践和经验。如何将这些有效的生动案例和成功实践经验，通过顶层设计的方式，转变为覆盖长三角所有地区的统一治理模式，打通和消除因政策、操作方式不一带来的壁垒和弊端，是未来提高区域社会跨界协同治理效能的必然选择。

3. 处理好多层级治理主体之间的权责利关系

当前，在长三角跨界治理制度的安排下，已经出现了多个跨区域治理主体共同治理的局面，包括三省一市层面的"长三角区域合作办公室""示范区一体化理事会及其执行委员会"以及覆盖不同地域范围的毗邻党建组织等，但随着跨界治理组织的增多，其必然会涉及这些组织与原有省、市、县政府之间的关系，需要对这些纵横治理主体的权责利关系做出明晰的界定，否则就会带来上下、左右之间的矛盾和冲突，形成内耗，不利于跨行政区社会协同治理的有效运行。

4. 处理好共享与公平的关系

共建共享是跨行政区社会协同治理的核心价值理念，让整个区域的人民都能够共享区域经济发展、制度供给的红利和成果，但其中涉及的一个主要挑战性问题就是能否在多个行政区单元之间的经济利益分配、资源配置、社会政策等方面做到应有的公平，只有实现了利益上的相对公平，才能保障充分的成果共享。这既是长三角创建跨行政区社会共建共治共享治理格局的制约因素，也是提高跨界治理效能的牛鼻子。

5. 处理好线下与线上的关系

随着互联网、大数据、人工智能、区块链技术在经济社会领域的深度融合应用，跨行政区社会协同治理既要注重线下的互动融合和共治共享，更要注重线上数据资源的相互开放、互通互联、信息共享，这势必对原有各行政区的社会治理信息系统和既得市场利益产生冲击，为此，在顶层设计中，推动诸如跨区域社会数据治理联盟、数据共享合约、数据标准规范、数据隐私保护等建设，就显得非常重要。

案例篇
Cases

B.14
上海市静安区彭浦新村街道民事民议的实践探索与思考

刘少军　赵瑛　胡文珊　张静[*]

摘　要： 社区居民自治是超大城市基层社会治理的重要内容，但也需要具备方法和策略。近年来，上海市彭浦新村街道与社会专业力量合作，结合实际，努力探索，走出了一条民事民议的制度和规则体系，在推动居民自治中发挥了积极效应。

关键词： 居民自治　民事民议　静安区　彭浦新村街道

---

[*] 刘少军，彭浦新村街道办事处副主任；赵瑛，彭浦新村街道社区自治办主任；胡文珊，彭浦新村街道社区自治办副主任；张静，彭浦新村街道社区党建办副主任。

上海市静安区彭浦新村街道民事民议的实践探索与思考

为贯彻落实党的十九大精神,党的十九届四中全会提出了"党委领导、政府负责、民主协商、社会协同、公众参与、法律保障、科技支撑"的社会治理体系,其中"民主协商"是一个崭新的提法,也是社会治理的重要方式和途径,旨在通过"民事民议、民事民办、民事民管"实现"矛盾不上交"。如何用制度保障居民参与社区治理协商有路径、议事有规则,真正实现民事民议,彭浦新村街道用了四年的时间进行了探索。

一 上海市彭浦新村街道民事民议的实践探索与经验

(一)搭建自治平台,形成议事制度,保障协商有序

2016年,彭浦新村街道在完善社区治理体系的过程中,为加强下辖各居民区的自治能力,根据上海市相关文件要求,以党组织为核心,在每个居委会都搭建了居民区自治平台,为居委会组织居民开展民主协商议事提供了平台保障,也为社区治理利益和诉求表达提供了路径。在此基础上,为了进一步规范民主协商的基本过程,提高居民区议事效率,街道又于2017年,以上海市现有的居民议事制度为依据,以《罗伯特议事规则》为参考,结合彭浦新村街道的本土特色,编制了《彭浦新村街道"萝卜青菜"议事规则》,为各个居民区明确了民主协商议事的基本原则,以及各类基层议事会议的组织形式、规范流程等。2018年,为保障议事规则真正落地,街道在《彭浦新村街道"萝卜青菜"议事规则》的基础之上,针对在议事规则"落地"中产生的问题,编制《彭浦新村街道居民区在地化议事规则督导指引》(以下简称《督导指引》),精细回应居民区的个性化需要,支持议事规则在居民区中的在地化发展。《督导指引》以问与答的形式,详列了13条在地化议事规则(专栏1)、7类自治会议实务指引、2个自检表(议事规则、主持人)。这些规则和表格有效地保障居民议事有章法。

专栏1：彭浦新村街道居民区自治议事规则

一、发言规则

1. 主持中立规则："主持人"依据规则裁判并执行程序，但不能发表意见，也不能总结别人的发言。主持人要发言必须授权他人临时主持，直到当前议题表决结束。

2. 机会均等规则：发言前要举手，得到主持人允许后方可发言。先举手者优先，但尚未对当前议题发过言者，优先于已发过言者。

3. 发言完整规则：不能打断别人发言。

4. 面对主持规则：发言者只能面对着主持人发言，参会者之间不能直接辩论。

5. 限时发言规则：针对同一议题发言，每人的发言时间不超过10分钟，若有需要可以现场调整发言规定。

6. 一事一议规则：发言不能偏离当前的议题。一个议题表决之后才能讨论另一个议题。主持人应打断偏题发言。

7. 遵守裁判规则：主持人打断违反发言规则者，被打断者应马上停止发言。

8. 正反轮流规则：主持人应尽可能让意见相反的双方轮流得到发言机会，以保持平衡。

9. 立场明确规则：发言人应该首先表明赞成或反对，然后陈述理由或给出方案。

10. 文明表达规则：不得进行人身攻击，不得质疑他人的动机、习惯或偏好，只能就事论事。

二、表决规则

11. 充分讨论规则：只能等到每位参会者的发言时限都已用尽，或者虽然发言时间没有用尽，但没有人再想发言，才能提请表决。只有主持人可以提请表决。

12. 正反表决规则：主持人应该先请赞成方举手，再请反对方举手，但不要请弃权方举手。如果主持人享有表决权，应该最后表决。

13. 议题通过规则：一般情况下，当"赞成方"多于"反对方"，议题通过；部分情况下"赞成方"需占总参会人数的2/3，议题方可通过，平局等于没有通过。

（二）开展深入调研，加强学习督导，提高协商能力

社区议事协商最终目标是吸收社区居民有效参与，要研究其发展现状，必然需要调研社区居民对于社区议事主体和形式了解与否，参与议事协商活动热情是否高涨，最期望的协商内容包括何种事务等。

一是开展规则学习。2017年、2018年两年中，彭浦新村街道以现场直播、会后讲解的实务模拟形式，组织居民区党总支书记、居委会主任同步观摩了"楼道内部整新"听证会、孝家园自治平台会议等3场不同类型会议的全过程，帮助居民区进一步了解议事规则在会议中的具体应用，比如"议事规则怎么形成""议事规则怎么用""议事规则有哪些呈现形式"等，重点讲解了议事规则怎么落地、怎么回应居民区的个性化需要等问题，也指导居民逐步形成小区在地化的议事规则。其中，共康四村第一居民区形成了"两脚法则""停车场规则""在场的人都是对的人"等孝家园议事规则。

二是开展深入调研。2018年6月，街道下发了《彭浦新村社区分析调查问卷》，对社区居民参与议事协商的现状进行了调研。从调研中发现：首先，有议事参与平台，但形式单一，以线下会议为主，线上议事平台少，因此无法满足社区内年轻人参与网络议事协商的需求。其次，居民参与协商活动的意愿逐渐增强，协商的内容体现出居民需求和关心的热点。再次，从当前议事协商的效果来看，议事规则在一定程度上发挥了作用，良好的议事协商制度有利于提升居民参与社区事务的积极性。最后，制约居民参与社区协商的因素比较复杂，主要包括宣传发动不到位、居民对协商的误解、协商环境不佳、居民的利己思维等。

三是开展现场督导。2019年，彭浦新村街道围绕《彭浦新村街道居民

自治在地化议事规则督导指引》的内容，对 33 个居民区的自治平台例会、研讨会、各类事务的听证会、评议会、协调会、自治事务讨论会、筹备会、推进会、居委会工作例会、三位一体例会、居民区自治工作中期末期总结会、居民骨干会议、志愿者表彰会、自治产品发布会等 14 种类型的会议进行了现场督导。通过现场观摩的方式了解居民区工作人员对自治议事规则的掌握及运用情况，在会后就现场发现的问题与会议主持人进行交流，提出改进建议。整体来看，各居民区的自治会议开展比较顺利，但如果能够进一步合理运用在地化的议事规则，会议效率将会大大提高。

四是开展情景再现。针对现场督导中发现的问题，比如无论是居委会工作人员主持会议，还是居民主持会议，虽然会议开展比较顺利，但还存在会前没有强调和澄清本场会议的议事规则、会标与实际内容不符、会议主持人的控场能力不足、会议流程设置不当等情况。为此，街道与"高朋满座"社区剧团合作，以情景再现的形式，表演了《花艺自行车讨论会》与《"幸福阳光"自治平台例会》两部微剧，分别从"三会"会议筹备和应急处置、主持人控场技巧两个不同的角度进行演绎，不但有错误的版本，结合现场培训讲解，还做了正确的演绎，使居民区更明确如何合理运用在地化的议事规则，提高会议效率。

五是推进楼组长参与式培训。居民区楼组是社区居民聚居生活的基本单元，是居民自我管理、自我教育、自我服务和自我监督的前沿阵地，楼组长作为最小社会治理单元的公信代表，常作为协商代理人或协商议题收集人出现在民主协商过程中，其自治意识提升、自治技能培养对民主协商取得实效尤为重要。通过组织 33 个居民区 12 场 396 人次的楼组长参与式培训，帮助楼组长提升参与社区、服务社区的意识，通过"我和我的楼组""楼组长的职责与能力""打造特色楼组""楼组老娘舅"等六个主题研讨及推演，使楼组长对在社区协商议事中如何引导一定范围的公众理性参与，共同树立社会治理人人有责、人人尽责、人人享有的理念有了深入的认识。

(三)加强探索实践,梳理各类关系,保障协商效果

协商议题决定了民主协商的内容和参与民主协商主体的范围,街道从协商"议题"和协商"主体"出发来积极探索和实践在不同维度下呈现不一样的协商进程和协商效果。

1. 重大公共议题的民主协商

社区治理中重大公共议题的民主协商主要发生在一些涉及居民切身利益的重大工程建设项目中,协商主体通常为政府与居民,协商主体间的平等性成为影响民主协商有效性的主要因素。政府掌握着信息资源、权力资源、社会资源的绝对优势,因此成为居民眼中和实际工作中的强势主体,如果没有放低身段、俯下身姿、走入人群认真平等地倾听,将知情权、参与权和监督权交给群众,很容易在民主协商的实践中出现政府主导的局面,"爱你没商量"往往引起居民的极大反感,不但影响民主协商的实效,还容易引发群体性事件。

案例一:其实我很懂你的心:从拆违到"美丽家园"

彭浦新村街道平顺小区违章搭建成片,有用于扩大居住面积的,有用于出租经营的,小区内脏、乱、破,各类矛盾突出,街道工作人员进小区落实工作被居民围攻,区长进小区调研被居民团团围住反映问题,不肯放行。2015年底,街道在平顺小区率先启动"美丽家园"综合改造工程,从拆违到建成历时近一年,小区面貌大变样,成为"美丽家园"建设示范小区,前来参观学习的人络绎不绝,区长调研再次被居民围住,居民争着拉手合影表达满意和感谢。

政府找到与居民的最大共识,居民区党组织搭建利益诉求表达平台,利用"接地气"的天然优势在社区广泛动员,公开协商保障利益相关者的广泛参与,全过程公开确保群众知情权和监督权……一系列协商机制落地成为平顺小区民主协商有效的保障。拆违虽然动了居民眼前的"蛋糕",但居民的远期目标与政府的建设目标一致,具备达成共识的前提条件。"六步拆违

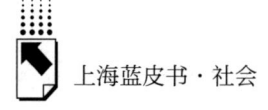

法"按标准、按流程、按顺序拆违,政府用公开过程、接受全方位监督的实际行动赢得信任;街道、居民区、项目实施单位用工作推进中的全过程协商让居民回归本位,理性表达意见,政府的及时回应和信息反馈也保障了民主协商的持续。

协商的有效性不但改变了小区的外部环境,更重要的是改变了社区关系,强化了社区发展的内核——"人"在社会治理中的主体作用。

2. 协同治理中的民主协商

社区治理中公共资源和公共产品完全由政府提供的弊端显而易见,而社会深度转型对公众权利意识和主体自觉的影响,也让居民对社区自治的热情不断升温。但主体的自觉与专业能力的不足限制了治理效能的发挥,社会组织特别是由群众团队发展起来的本土化社会组织,在社区治理中既确保了治理主体间的资源和力量协同,也满足了社区居民以组织化形式自治的内在需要,其在协同治理的协商中更是具有本土上的优势。

案例二:看人订菜单:你的需要就是我

彭浦新村街道是在工人新村基础之上发展起来的,最能体会"尚同"对社会治理的积极作用,党组织引领居民组织起来、负起责任才会取得好的治理效果。彭五居民区是一个老党员、老先进聚居的老社区,2018年底彭五居民区成立了上海静安区彭浦新村朋吾汇社区公益服务站,将社区内能人、达人组织起来引导居民协商服务。针对社区老年人口多,个性化需求无法通过政府提供公共产品来满足的现状,他们为自己的社区量身定制了服务菜单。2019年6月他们承接了中国福彩金项目——朋吾汇·空巢老人管家式照顾。承接后,公益服务站立即开展了招募志愿者和确定服务对象的工作。在项目推进过程中,由于小区现有80岁以上的高龄老人567人,其中空巢老人有291人。但此次项目只能覆盖80位高龄空巢老人。如何安排是放在公益服务站面前的第一个难题。为此,公益服务站联系了居委会,通过召开楼组长会、民生服务工作委员会、志愿者会等相关会议十余次,听取了多方意见,锁定了一个120人的初期名单。为了最终确定名单,服务站又分批召开了这120人的会议,听取了他们的意见,并做了相关的评估,最终确定了80人的名单。公益服务站还听取受助对象关于服务内容的建议。在建议中,发现老年人对扦脚服务的需求大,远远超过了原方案计划,为此服务站与居委会协商,由他们出面聘请了一名扦脚人员为小区老人提供扦脚服务。

对基层人民群众的组织动员是国家治理能力提升的重要组成部分,尊重人民群众的首创精神,鼓励引导群众组织化参与、有序协商,对于化解内部利益冲突、构建社会和谐至关重要。

3. 居民自治中的民主协商

中国式"友善法权"既是国家发展的立足点,也是社区治理的立足点。如果居民封闭在越来越狭窄的家庭利益小圈子里,并且无休止地追求这种利益,那么他必将因止步于长远发展而丧失快乐之源。居民间的策划、沟通、合作,通过不同的治理载体形成了一系列符合各社区特点的自治协商平台。而街道层面组织的"楼组嘉年华"健步行、楼组建设参访增加了居民的自信与自豪,为他们民主协商参与社会治理加注了润滑剂。"家门口自治"之楼组建设集中了群众的智慧,凝聚了群众的力量,确保群众依法通过民主协商形式自主参与管理社区事务,变推着走为引着走,变独乐乐为众乐乐,是社区自治中民主协商见实效的典型案例。

案例三:大家好才是真的好:"家门口自治"打造的社区温度

彭浦新村街道辖区内共有33个居民区、67个自然小区,多为老公房小区。2017年,根据居民在"两美"建设后需求的变化,以"楼组建设"重筑社区邻里情感的自治理念浮出水面。以"家门口自治"为主题,以楼组建设为载体撬动基层社会动员,通过居民协商自管、参与社区治理,激发了社区自治活力,营造友善社区、睦邻文化的和谐氛围。三年来,街道通过设定评选标准和提供扶持资金,每年发布楼组建设项目,由居民区在社区内招

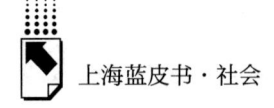

募符合条件的楼组申请项目,共有200多个楼道通过居民协商、共同打造成为邻里共享空间,为解决老公房小区楼道堆物、飞线充电等社区管理难题提供了自治案例和自治经验。2019年,开始有居民自发集资,在小美化之前自己组织进行小修缮,三泉家园、星纪花苑楼组居民出资打造的"和谐之家""绿丽楼"吸引了其他楼组的居民关注和效仿;银都一村的楼组管理延伸到社区绿色长廊,更是自创了护绿队巡查浇花、补绿队打理修剪补种、养绿队在社区苗圃育苗繁殖的内部循环管理机制。

二 跨界民主协商的经典个案:艺康苑小区业主议事规则

(一)背景

出于历史原因,艺康苑跨越静安与宝山两个行政区,分处彭浦新村街道与庙行镇辖区、两个居委会管辖。建成近20年,小区由一个物业公司执行同样的管理标准,组建一个业委会实行业主自治。但由于地域分布特殊,在治理上产生了很多其他小区不存在的问题。一是两个行政区的民生政策力度不同、两个街镇的治理手段不同。二是艺康苑1300多户居民中,3/4的居民户处在静安区,1/4的居民户处在宝山区。按照《上海市住宅物业管理规定》,在讨论决定重大事项时,由于静安区的业主占大多数,造成少数人的话语权会被忽视。

因此,在准备业委会换届之初,一些处在宝山区的业主担忧:如果还是按照过去的业主大会议事规则,将无法保证不同区域业主的话语权。

为此,在修订议事规则中,不仅要考虑"统一与自治的结合","有事多商量、有事好商量、有事会商量,通过协商凝聚共识,凝聚智慧,凝聚力量",以及有效性等要求,还要考虑能否体现出"平衡不同区域业主的话语权"的精神。

（二）主要做法

一是坚持法治思维，明确发展目标。议事规则制定过程中始终围绕着"一切向前看，一切为了小区好"的发展目标，便于全体小区业主形成共识。同时，坚持按照《上海市住宅物业管理规定》要求，充分考虑小区存在的"不平衡、不协调、不充分"的问题，体现出"便于议事、有效议事"原则，把小区活力和资源充分调动起来。

二是结合小区特点，创新组织架构。针对两区业主比例不均衡情况，在组织架构上进行创新。在一个业主大会、一个业委会组织架构下进行责任范围划分，其中对应静安区业主、宝山区业主所辖范围，分别成立第一业主小组和第二业主小组，同时，在业委会成员中，对应静安区业主、宝山区业主担任的委员分别组成业委会第一工作小组和业委会第二工作小组。

三是理清工作关系，明确工作职责。在议事规则中明确依法履职，不得做出与物业管理无关的决定，不得从事与物业管理无关的活动。明确加强党建引领，完善以居民区党组织为领导核心，居民委员会、业主委员会、物业服务企业、业主等共同参与的住宅小区治理架构。明确合作共建共赢原则，明晰权责边界，要求组织架构中增设的组织，包括第一业主小组、第二业主小组、业委会第一工作小组、业委会第二工作小组形成各司其职、各负其责、协调运转、有效制衡的小区综合治理机制。

四是科学决策程序，保障民主权利。在议事规则中，设置平衡原则，即按照业主大会议事内容进行议事，业主大会的决定涉及全体业主的，须经第一业主小组、第二业主小组专有部分占建筑物总面积 $1/2 \sim 2/3$（视表决事项）的且占总人数 $1/2 \sim 2/3$ 的业主同意；如决定事项涉及且只涉及第一业主小组或第二业主小组业主的，则只需经该业主小组专有部分占建筑物总面积 $1/2 \sim 2/3$（视表决事项）的且占总人数 $1/2 \sim 2/3$ 的业主同意，但该决定不得损害全体业主或其他业主小组业主的合法权益。设置精细原则，对召开临时业主大会，在法律原则要求的基础上，再次细分人群，比如，经20%以上业主提议，且第一业主小组、第二业主小组的提议业主人数都不得低于所属责任范围内业主总人数的20%；业委会第一工作小组或业委会第二工作小组人数不足1/2等。对业委会做出的决定，也须经业委会第一工作小组、业委会第二工作小组均过1/2委员签字同意才能生效。设置托底原则。业主大会可以改变和撤销第一业主小组、第二业主小组、业主委员会、业委会第一工作小组、业委会第二工作小组、业主小组不当决定。业委会做出决定有困难的，应在业委会第一工作小组、业委会第二工作小组所属居委会共同主持下召开联商会议，通过协商并经业委会第一工作小组、业委会第二工作小组均过1/2的委员表决同意签字后生效。

五是健全工作制度，提高治理效能。在议事规则中，明确各项工作制度，包括业委会定期接待、印章使用、信息公开、档案管理、学习培训等制度。创新监督制度，将公益性收入的12%用于业委会对物业服务企业的考核，如物业服务企业服务质量符合物业服务合同中有关物业服务内容及标准约定的，此部分收益用于弥补物业服务费用不足，经考核不符合的，则此部分收益用于补充专项维修资金，该考核每季度一次。设置两区投入差异平衡制度。将公益性收入的10%用于物业管理的其他费用。该部分收益按第一业主小组和第二业主小组内业主专有建筑面积总和之比进行分配。在不违反现行法律法规的相关规定，不违反业主大会决议，不损害业主大会及其他业主小组、业委会工作小组合法利益的前提下，各业委会工作小组可自主支配使用。业主大会、其他业主小组和业委会、业委会工作小组应予以支持。

（三）几点启示

一是直面历史和差异。按照习近平总书记提出的"任何政策都建立在对事物差异性的分析和把握之上，没有差异性就没有政策"，艺康苑议事规则的定制化有其必要性，这必要性就来源于两边街道和居民区对民情的掌握和对诉求的回应。

二是坚持依法制定。议事规则的制定，始终坚持在一个物业管理区域、一个业主大会、一个业委会的前提下，其中具体内容是从更精细化的设置来考虑的，体现"不是简单少数服从多数，而是在更科学地域范围分布实现少数服从多数"的原则,从而给全体小区居民(业主)一个稳定预期。

三是加强民主协商。按照《上海市住宅物业管理规定》中"本市建立健全以居民区党组织为领导核心,居民委员会或者村民委员会、业主委员会、物业服务企业、业主等共同参与的住宅小区治理架构,推动住宅物业管理创新"的要求,在议事协商过程中,街道自治办、镇社区办、房管部门始终发挥着"提供资源,把关政策,给予指导,搭建平台,加强沟通"的作用;居民区党组织、居委会始终发挥着"加强领导,牵头协商,掌握民意,引导业主,教育业主"的作用(例如,对建设性意见要及时吸纳,对困难要及时帮助,对不了解情况的要及时宣介,对模糊认识要及时廓清,对怨气怨言要及时化解,对错误看法要及时引导和纠正);业委会始终发挥着"组织带动,加大宣传,各司其职,积极作为"的作用;业主则积极参与、提出意见。最终小区的各类主体形成一股合力,各负其责又相互配合,一个都不能少。

四是坚持议事民生同步。艺康苑议事规则的特点主要在于更严格和均衡的投票规则,确保让不满意的居民愿意坐下来协商。而所谓良好的议事规则,是以"为小区建设和服务好"为主要宗旨的,不是为议事而议事,如果议事规则与民生脱节,那再完美的规则也不起作用。因此,坚持议事与民生同步,一方面重视程序,另一方面又不受程序的绝对束缚,而以结果为最终目标。因此,艺康苑议事规则在使用中,在走程序前的协商就显得非常重要。只有尽可能多、尽可能广地倾听民意,不论是走访、会议、微信群,还是张贴公告、下发征求意见稿等,加强决策之前和决策实施之中的广泛协商,才能增进共识,才能真正达到议事的结果。

三 关于完善社区民主协商制度的进一步思考

(一)提高议事协商主体的平等性

协商主体的平等性,影响着民主协商的有效性。"人不分贵贱、官不分大小",允许各个主体讲实话、说真话,让不同思想观点得到充分表达和深入交流,做到"相互尊重、平等协商而不强加于人"。一方面,要培养居民的协商意识。"民事民议"重在引导社区居民"自己的事情自己办,自己的小区自己管",让居民成为社区"大家"的主人。另一方面,要提升社区居民议事协商的能力。通过定期培训、专业指导等方式,提升社区居民和协商主体参与议事协商的能力和水平,学习掌握进行协商表达的技巧,并且自觉遵守议事协商中的各项议事规则。

(二)加强议事协商过程的公开性

一是加大议事前的宣传力度,社区协商活动的开展要遵循协商于民、协商为民的原则,协商因何而议、协商为谁而议,要通过宣传引导,营造一个良好的舆论氛围,维持社区议事活动的能见度。二是加大议事中的协商力度。在民主协商的过程中,是否利益各方都充分表达了意见,是否协商围绕着议事规则进行,是否最后意见达成一致?即协商所确立的权利与义务应该实现最大限度的平衡。三是加大议事后的监督力度。协商有了结果并不意味着协商已经终结,相反,协商能否真正地开始,是看协商结果能否落实,能够落实几分,能否达到预期效果。要及时向居民汇报执行的阶段、效果、状态,接受居民的监督,做到"有事大家说、过程大家议、事情大家办、好坏大家评"。

(三)提高议事协商规则的民主性

一方面,议事规则的制定更加在地化。议事规则的科学性、严谨性,是社区议事协商最终达成决策的重要保障。议事规则具有规范性、合法性和权威性,应当是方便操作的、本地特征明显的,让居民以规范议事的形式,实现自己的民主权利。另一方面,议事规则的实行更具认同感。议事规则应当是更适应居民区本地需求的,是居民广泛认可、愿意自觉遵守的,这样才能进一步吸引居民参与,从而保障社区议事协商健康有序的发展。民主协商是社会治理的重要方式和途径,合理利用议事规则,使社区各主体之间通过民主协商,形成良性互动,进而实现共同治理的目标。

B.15 上海市黄浦区五里桥街道在基层社区治理中探索"三会"制度

沈永兵 罗新忠 益晓菁 杨茹 邓林锋*

摘　要： 本文对上海市黄浦区五里桥街道推动"三会"制度在基层社区治理中的实践价值与理论价值进行了系统全面的研究。从基层自治制度的角度出发，分析了目前"三会"制度的核心内涵与运行机制，总结了"三会"制度实施的基本情况和取得的成效，提出"三会"制度在社会治理中所具有的时代意义，为推动形成"精细化治理"的社会治理新格局提供了参考。

关键词： 上海　黄浦区五里桥街道　社区治理　"三会"制度

"三会"制度是上海市黄浦区五里桥街道首创的一项基层自治制度，2019年是该项制度提出20周年。受五里桥街道党工委委托，上海市社会建设研究会按照街道党工委的要求和进一步挖掘"三会"制度在新时代社区治理中的实践价值的目标需要，开展了"'三会'制度在新时代社区治理中的实践价值研究"项目。

项目开展时间从2019年4月至2019年9月。综合采用座谈会法、实地

---

* 沈永兵，上海市黄浦区五里桥街道党工委书记；罗新忠，上海市社会建设研究会副会长、上海政和社会事务服务中心主任；益晓菁，上海市黄浦区五里桥街道党工委副主任；杨茹，上海市黄浦区五里桥街道自治办科员；邓林锋，上海政和社会事务服务中心研究员。

走访法、个别访谈法、专家咨询法和文献研究法等多种方法。座谈会共举行了5场，分别是居民区党组织书记座谈会2场、居民区居委会主任座谈会2场和专家座谈会1场。实地走访案例3个，分别是紫荆居委会关于推进垃圾分类工作的合议会、斜土居委会关于"清除小方块"事项的协调会、海悦居委会关于推进垃圾分类的协调会。

本项目形成了《"三会"制度在新时代社区治理中实践价值研究》报告、《"三会"制度实施导则》、《"三会"制度操作指南》。研究结果表明，"三会"制度是五里桥街道在回答时代问题、回应时代需求的社会治理实践中取得的重要成果，为居民实现民主决策、民主管理、民主监督搭建了平台，是新时代具有中国特色的居民区治理的"罗伯特议事规则"，为居民区治理从无序走向规范填补了制度空白，是新时代城市居民区治理的"枫桥经验"，为加强基层政权建设、巩固党的执政基础提供了抓手，是国家治理体系和治理能力现代化的重要组成部分。

本研究报告共分为五个部分。第一部分主要从历史逻辑论述"三会"制度是立足时代之基、回答时代之问的基层自治制度，着重阐述"三会"制度的发展历程。第二部分主要从理论逻辑论述"三会"制度是内容鲜明、体系完备的基层自治制度，着重阐述"三会"制度的核心内涵与运行机制。第三部分主要从实践逻辑论述"三会"制度是经过实践检验、富有成效的基层自治制度，着重阐述"三会"制度实施的基本情况和取得的成效。第四部分主要从理论和实践的双重逻辑论述"三会"制度是以民主协商为基石的基层自治制度，着重阐述"三会"制度的实践价值和时代意义。第五部分主要思考新时代"三会"制度的再定位，着重阐述进一步健全完善"三会"制度。

一 立足时代之基、回答时代之问的基层自治制度

时代是思想之母，实践是理论之源。"三会"制度的产生、形成、发展与完善和中国经济社会发展的历史阶段、上海超大型都市的现实状况是息息

相关的。它并不是"无源之水、无本之木"。它是在回答时代问题、回应时代需求的基础上不断发展完善的。自1999年诞生以来,"三会"制度历经了三个历史发展阶段,并且分别回答了三个不同的时代问题。

(一)初步形成阶段,回答单位人向社会人转变之问

新中国成立至改革开放初期,我国基本实行着与高度集中的计划经济体制相适应的"国家—单位—个人"的"一元式"社会管理制度。它的基本特征就是"单位制"。1984年,城市经济体制改革全面推进,这导致"单位制"的大面积解体,进而促使大量"单位人"转为"社会人"。原先由单位承担的许多社会公共事务转由街镇—居民区来承担。与此同时,下岗职工人数的与日俱增、外来人口的大量流入,加之大量知青的返城,造成上海市面临着严重的就业问题。越来越多的人需要基层提供各种公共服务。然而由于长时期强调城市的生产性功能,上海市在城市建设与社会服务等方面存在着严重的"历史欠账"。因此,类似就业、社会福利、社会保障等基本民生问题都落在街镇—居民区层面,致使街镇、居民区承担了巨大的社会转型压力。

在这一历史时期,居民区矛盾日益突出。居委会哪怕为居民做好事办实事也会遭到个别居民的反对。譬如为居民安装体育健身器材,这本是一件利民的好事,但是依然遭到部分居民以"安装体育健身器材会影响休息"的理由予以反对。居民区存在各类矛盾,如家庭矛盾、邻里矛盾、居民与周边企事业单位矛盾以及群体性上访矛盾等。如何既能让矛盾得以化解,又能使居民满意,这一直困惑着居委会。对此,五里桥街道桑城居委会进行了探索,即居委会组织矛盾当事方召开会议,通过对话、协商的方式化解矛盾。具体做法是,居委会在会议召开前与矛盾当事方的一方或多方进行座谈交流,摸清矛盾产生的根源及目前矛盾的症结所在,等条件成熟后组织双方召开会议。这就是协调会的原形。这种方式的意义不在于化解了多少矛盾,而在于它使矛盾的化解从混乱走向了有序。

与此同时,人们在实践中发觉,政府和基层组织不能总是在问题产生后

再去充当"消防员",而应当将问题解决的端口前置。正是在此认识下,桑城居委会创设了听证会,即涉及居民区成员公共利益的事项必须广泛听取居民的意见,由居民商量着做。这样不仅可以集聚民智,同时还可以增进居民对居委会工作的认同。

在此历史时期,居委会还承担着各类评议活动,如先进单位、文明单位的评选活动等。据原桑城居委会书记回忆,此时期的评议会主要是挑毛病,犹如"批斗会",甚至有时候造成被评议单位出现下不了台的局面。桑城居委会秉承既要"挑毛病"也要"发现优点"的原则发展了评议会,让评议会既成为居民监督居委会工作的会议,也让评议会成为鼓劲会。

历经两年多的实践,桑城居委会初步形成了"听证会""协调会""评议会"的雏形。2001年,卢湾区(现黄浦区)出台了《关于建立评议会、协调会、听证会制度的指导意见》,明确了"三会"是什么、怎么开,以及应该起到什么作用。这标志着"三会"制度真正成型并走向理论化。

(二)发展完善阶段,回答街居制向社区制转变之问

2004年,党的十六届四中全会提出,加强社会建设和管理,推进社会管理体制创新。同年12月,中共中央办公厅发文《中共中央组织部关于进一步加强和改进街道社区党的建设工作的意见》,提出构建"党委领导、政府负责、社会协同、公众参与"的社区管理工作新格局,逐步建成"管理有序、服务完善、环境优美、文明祥和"的现代化社区。2005年,上海市委以"社区党建全覆盖、社区建设实体化、社区管理网格化"为总体目标,以"群众得实惠、管理出实效、基层有活力"为衡量标准,全面推进和谐社区建设。2007年,党的十七大提出在经济发展的基础上,更加注重社会建设,要求以改善民生为重点加快推进社会建设。随着城市化进程和社会转型加快,上海市面临着诸多突出问题,如流动人口问题、老龄化问题、城郊二元结构问题等。同时基于利益诉求的群众性矛盾也逐渐增多,包括历史遗留问题、利益调整问题以及动拆迁和土地征用等引发的群体性矛盾,新旧矛盾碰头叠加,问题的累积性、诉求的攀比性、矛盾的群体性,造成化解难度

较大。在此背景下，五里桥街道对"三会"制度进行了进一步的发展和完善，即听证会配套公示制、协调会配套责任制、评议会配套承诺制。

一是提升信息透明度。受计划经济体制的惯性作用，居民区工作一直由居委会主导。其产生的后果是居民区许多事务不公开、不透明，进而导致居民对居委会产生不信任。为消除居民疑虑、激发居民自治活力，五里桥街道创设了公示制，规定听证会的召开必须会前告知、会后公示。每次会议召开之前，居委会必须将会议时间、地点、与会人员、会议主题告知居民。会议结束后，居委会要在居民区醒目位置将会议的内容及形成的共识予以公示。这样方便了广大居民了解会议的核心内容、了解居民区工作，进而增进居民对居委会工作的信任。

二是促进矛盾解决。在最初的协调会实践中，矛盾当事方经过协调之后达成基本协议，即问题责任人承诺解决问题。但这份协议只是口头协议，即"君子协议"，缺乏刚性约束。例如，协议中未明确问题解决的时间期限，这就可能导致问题长时间无法解决。与此同时，问题责任人也不会因未履行义务而承担任何责任后果。因此，将协调会中达成的一致意见以协议文书的形式确定下来就很有必要了。协议文书明确矛盾当事方的权利和义务，确认问题解决的责任人。责任制不只体现在文书上，还落实在具体实践中。居委会实时跟进协议的具体落实，督促问题责任人在规定的时间内将问题整改到位，这样就促进了问题的有效解决。

三是形成事后追踪机制。在实践中，人们发现项目任务的完成并不等于全部问题的解决。一些问题在项目推进的过程中没有被及时发现，但在项目结束后被提出。而此时项目负责人已经离开，那么新的问题由谁来负责呢。由于缺乏有效的后续追踪机制，类似问题往往都石沉大海。因此，承诺制就应运而生。针对评议会上提出的问题，被评议单位、部门或个人要做出整改承诺，并且将整改情况向参与评议会的人员进行通报反馈。如此，承诺制弥补了项目运行中后续问题追踪机制薄弱的缺陷。

2006年上海市民政局发文《上海市居民区听证会、协调会、评议会制度试行办法》，在全市推广"三会"制度。"三会"制度成为基层民主建设的重要载体，成为民主协商、矛盾化解、依法治理、服务群众的有力支撑。

（三）成熟定型阶段，回答社会管理向社会治理转变之问

2013年，党的十八届三中全会将推进国家治理体系和治理能力现代化作为全面深化改革的总目标之一，从改进社会治理方式、激发社会组织活力、创新有效预防和化解社会矛盾体制以及健全公共安全体系等方面对如何创新社会治理体制进行了专门的部署。作为超大型都市的上海，其社会结构、社会组织方式、社会利益格局等已经发生了深刻的变化，新的社会问题和新的社会矛盾不断地涌现、积聚和叠加。市民的社会需求从传统温饱的满足上升为对美好生活的向往。旧有的社会管理体制已经难以适应社会发展的需求，新的社会治理体制亟待确立。2014年，上海市委将"创新社会治理、加强基层建设"列为市委一号课题。2016年，上海市委出台了《中共上海市委　上海市人民政府关于进一步创新社会治理　加强基层建设的意见》和6个配套文件，将基层作为社会治理的主阵地，强调重心下移、资源下沉和权力下放。在此契机下，五里桥街道进一步深化了"三会"制度，增加了议题征询会、民主恳谈会、监督合议会，形成了以听证会为核心的议题形成体系、以协调会为核心的矛盾协调体系、以评议会为核心的监督评价体系三个子体系。

一是构建议题形成体系。进入新的历史时期，居民的主体意识、权利意识、民主意识普遍增强。居民对美好生活的向往，已经不再局限于物质文化生活的满足，而是对民主、法治、公平、正义等方面提出了更高的要求。譬如在居民区公共管理中，居民已经不再仅仅满足于对政府实事项目的投票表决，而是要求居民区公共议题由居民自己提出。居民的关注点已经从"政府想做什么"转向"我想做什么"。这促使社区工作者不得不转变工作思路，即居民区公共事务的决策应该更加广泛地听取居民意见。由此，五里桥街道在听证会的前端设置了议题征询会。居民可以就居民区内任何公共事务向居民区党组织或居委会表达诉求或发表意见。居民区党组织根据社会性、

公益性、群众性原则对居民提出的议题进行甄选，形成初步的议题名单。然后居民区党组织组织居民区各方代表召开会议对初定议题进行讨论。通过征询的议题提交听证会决策，形成实施方案。"议题征询会—听证会—公示"整套流程形成了议题形成的闭环系统。

二是构建矛盾协调体系。目前，居民区利益矛盾主要分为三大类，分别是公共利益矛盾、小团体利益矛盾和私人利益矛盾。协调会主要化解公共利益矛盾。矛盾的化解并不是组织矛盾当事方召开一次会议就可以了结的事，而是一项复杂的系统性工程。如果条件不成熟便组织召开协调会，那么协调会恐难有成果。大概率出现的现象是矛盾当事方相互争吵、推诿扯皮。因此，五里桥街道在协调会的前端设置了民主恳谈会。居委会或居委会调解委员会与矛盾当事方中的一方或多方召开民主恳谈会，调查矛盾产生的根源及目前的症结所在，告知矛盾当事方相关的法律法规规定，明确他们的权利和义务，争取促成矛盾当事方达成初步的谅解共识。进而居委会或居委会调解委员会组织召开协调会，达成矛盾调解意向书，化解矛盾。民主恳谈会、协调会、责任制三者共同组成了矛盾协调体系的主要内容。

三是构建监督评价体系。监督是对现场或某一特定环节、过程进行监视、督促和管理，使其结果能达到预定的目标。评议会是在项目实施结束时对整个项目进行评价。这属于事后监督，缺乏对事物演变过程的了解。正因为如此，有些实事项目或者居民自治项目存在着事后矛盾爆发的现象。其根源在于未形成完善的事中监督机制。由此，五里桥街道创设了监督合议会。在项目实施的过程中，采用专业监督与群众监督相结合的方式，建立巡视小组对项目的实施过程、结果进行全程监督，对存在的问题及时召开会议予以通报反馈，并督促项目实施者进行整改。会议召开的次数根据项目的大小、重要程度来决定，一般1~2次。监督合议会属于事中监督，与评议会形成了集过程监督、结果评议于一体的监督评价体系。

2017年，"三会"制度被写入上海市新修订的《上海市居民委员会条例》，成为法定制度。这标志着"三会"制度基本成熟并予以定型。自1999年起，"三会"制度历经了20余载。在这一历程中，"三会"制度经受住了

时间和实践的双重考验，并越发充满生命力。问题是时代的声音。进入新时代，"三会"制度既要进一步总结经验提升理论化水平，又要秉持"回答时代问题、回应时代需求"的原则在实践中进一步健全和完善。

二 内容丰富、系统完备的基层自治制度

历经 20 余载的发展和完善，"三会"制度已经拥有丰富的内容和完备的运行体系。上海市民政局印发的《上海市居民区听证会、协调会、评议会制度试行办法》（2006 年）规定，本办法所称的听证会、协调会、评议会制度，是指居民区居民群众参与民主管理、民主决策、民主监督的组织形式。结合实践经验，"三会"制度可以描述为居民区党组织领导、居委会负责、多方参与，为形成公共议题、管理公共事务、化解公共矛盾，包括议题形成体系、矛盾协调体系、监督评价体系主要内容的基层居民自治制度。其核心要义是居民自治，其基本特征是民主协商。作为基层自治制度，"三会"制度为居民群众参与民主决策、民主管理、民主监督提供了平台，促进了居民区治理向制度化、规范化、程序化方向发展，提升了基层社会治理体系和治理能力的现代化水平。

（一）体系内容丰富

"三会"制度形成了以听证会为核心的议题形成体系、以协调会为核心的矛盾协调体系、以评议会为核心的监督评价体系三个子体系。三个子体系既相互独立、自成系统，又相互联系、相互作用，共同形成有机整体。

一是议题形成体系。议题形成体系是由议题征询会、听证会、公示制三部分内容组成，其中以听证会为核心。议题征询会是听证会的前置会议，公示制是议题征询会和听证会的配套制度。

议题征询会是一种自下而上的民情征询和议题形成的会议制度。其功能作用是收集社情民意、形成自治议题、初步确立自治项目。居民区党组织每年定期（每半年一次）召集居民区各方代表参与，对收集的社情民意、自

治议题进行讨论，对通过征询的议题形成议案。社情民意的收集方式主要有组团式服务普遍走访，居委会、党员、民警联系群众制度，社区"五必访"制度，弄堂议事会等。议题产生方式则由居民区党组织、居委会、自治家园理事会、"两代表一委员"、居民代表以书面的形式提出。

听证会是政府有关部门或居委会在居民区实施的实事项目或涉及居民区成员公共利益的重大事项，在做出决策之前，由居委会组织部分居民区成员代表召开会议，广泛讨论，并提出具体意见的会议制度。其功能作用是对涉及居民区成员切身利益的事项、政府实事工程、涉及居民区社会稳定的事项等进行决策听证，并提出解决方案。

公示制是指将议题征询会形成的相关议案、听证会内容和听证会结果在居民区醒目位置予以告知和公示的制度。公示的内容包括：①议题征询会召开的时间、地点、邀请对象以及会上形成的议案；②听证会召开的时间、地点、邀请对象、会上内容以及会上达成的共识。

二是矛盾协调体系。矛盾协调体系是由民主恳谈会、协调会、责任制三部分内容组成，其中以协调会为核心。民主恳谈会是协调会的前置会议，责任制是民主恳谈会和协调会的配套制度。

民主恳谈会是对涉及居民区成员公共利益的有关事项、居民区成员间的民事纠纷和利益冲突，与当事方一方或多方进行协商的会议制度。召开民主恳谈会，旨在了解矛盾产生的根源、确认矛盾的症结所在、告知法律法规规定、明确当事方的权利和义务，促成各方在协调会上达成一致意见。

协调会是对涉及居民区成员间的公共性、社会性事务以及一般矛盾、利益冲突，进行协调解决的会议制度。协调会旨在化解居民区矛盾、维护居民区稳定，在充分发扬民主的基础上依法保障居民的合法权益。

责任制是指对民主恳谈会或协调会达成的一致意见，形成规范的调解意向协议书，明确矛盾当事方的权利和义务，落实事项解决责任人，推动事项有效解决的制度。相关方当事人、责任人必须在协议书上签字盖章。责任人须贯彻执行协议内容。

三是监督评价体系。监督评价体系主要是由监督合议会、评议会和承诺制三部分内容组成，其中评议会是核心。监督合议会是评议会的重要补充，承诺制是监督合议会和评议会的配套制度。

监督合议会是对涉及居民区成员公共利益的有关事项，采用第三方专业监督与居委会、自治组织、居民的民主监督相结合的方式，对事项解决的过程、结果进行监督，并对存在的问题进行及时通报反馈、督促处理的会议制度。会议一般在事项实施的过程中召开，召开的次数根据事项的大小、重要程度来决定。一般每事项召开1~2次会议。

评议会是由居委会组织居民代表对被评议的事项、机构和对象及其工作进行考核评议的会议制度。评议会一般采取综合评议的形式，在每年的年底进行。根据实际情况，还可以采取专题评议、考察评议等不定期的形式评议。对事项的评议，一般在事项结束时进行；对机构和对象及工作的评议则视情况开展。被评议的机构和人员主要包括公安、市场监管、城管等政府职能部门的派出机构和工作人员，街道办事处以及所属市容、房管等机构和工作人员，物业公司、业委会等居民区组织、工作人员和居民区聘用的社区工作者。

承诺制是被评议的单位、部门和个人针对评议中提出的问题做出整改承诺的制度。整改承诺内容要同本单位、本部门的各项管理工作紧密结合起来，并将此纳入岗位目标绩效考评机制。

（二）参与主体多元

"三会"制度基本形成了以居民区党组织为领导核心，居委会为主导，居民为主体，业委会、物业公司、相关政府职能部门、驻区单位、群众团体、社会组织等共同参与的居民区治理架构，其基本特征是"一核多元"。

"一核"即指居民区党组织的领导核心地位。党的领导是居民区治理的根本保证。居民区党组织是党在居民区全部工作和战斗力的基础，是居民区各类组织和各项工作的领导核心。在"三会"制度的实践过程中，要把党的领导贯穿于"三会"制度的各方面和全过程，确保"三会"制度的正确方向。居民区党组织要健全完善"三会"制度，支持和指导居委会和其他组织规范运用"三会"制度，组织动员居民通过"三会"制度有序参与居民区治理。在主题确定、人员召集、会议安排等方面，居民区党组织要充分发挥居民区党组织的领导核心作用。在议题征询、决策听证、矛盾化解、过程监督、结果评议等治理过程中，居民区党组织要充分发挥基层党组织的战斗堡垒作用。

"多元"即指参与"三会"制度的主体除居民区党组织外，还有居委会、业委会、物业公司、自治家园理事会、政府职能部门、社会组织、驻区单位、社区民警、法律顾问、居民代表等。具体参与人员则根据事项的需要而定，一般包括必要出席人员和邀请出席人员。必要出席人员主要是居民区党组织书记、居委会主任和事项当事人。邀请出席人员则根据具体事项的需要而定，一般有业委会委员、物业公司代表、职能部门代表、社区民警等。譬如针对物业费涨价问题召开听证会则需要居民区党组织书记、居民委员会主任、物业公司负责人、业委会委员、业主代表等人员参加。

（三）运行机制完备

"三会"制度的运行机制主要体现为两个方面：一是三个子体系内部运行机制；二是三个子体系整体运行机制。

一是三个子体系内部运行机制。三个子体系既是相互联系的，又是相互独立的。在它们体系内部，三个子体系都拥有独立的运行方式，分别是"议题征询—决策听证—内容公示"的议题形成机制、"民主恳谈—矛盾协调—协议达成"的矛盾协调机制和"过程监督—结果评议—做出承诺"的监督评价机制。

首先是议题形成机制。议题的形成共分为五个步骤。第一，社情民意和自治议题的收集。居民可以通过填报议题征询单的方式向居民区党组织、居委会提请议题。议题征询单的发放方式主要有两种：一是居委会上门派发；二是居民主动要求。第二，议题的甄选。居民区党组织依据"社会性、群众性、公益性、可操作性"原则对居民提请的议题进行甄选，并拟定初步议题名单提请议题征询会讨论。第三，召开议题征询会。居民区党组织组织居民区各方代表召开会议,对初步议题名单中的议题进行讨论,通过征询的议题形成议案。第四,决策听证。居民区党组织组织有关事项的利益代表召开听证会,对议题征询会提请听证的事项进行讨论,并形成实施方案。第五,内容公示。居民区党组织在听证会结束后的7日内将听证会的会议内容及表决结果在居民区醒目位置予以公示。必要时当事项涉及相关政府部门或街道办事处,居委会要将议题征询会或听证会的表决结果书面抄送给相关政府部门或街道办事处。从填报议题征询单起到内容公示,议题形成体系形成了完整的运行机制。

其次是矛盾协调机制。矛盾协调机制有五个方面的内容。第一,初步了解矛盾基本情况。居委会或居委会调解委员会对矛盾产生的地点、时间、当事人、引发的初步原因等基本情况进行初步了解。第二,组织召开民主恳谈会。居委会或居委会调解委员会与矛盾当事方的一方或多方召开民主恳谈会,摸清矛盾产生的根源,确认矛盾的症结所在,明确矛盾当事方的权利和义务,告知法律法规规定,努力促成矛盾当事方形成初步的调解共识,为协调会的召开创造条件。第三,组织召开协调会。当条件成熟后,居委会或居委会调解委员会组织矛盾当事方召开协调会,积极促成矛盾当事方化解矛盾。如果矛盾在协调会上难以化解,协调会则宣布结束。会后,如果矛盾当事方有意想再次召开协调会,居委会或居委会调解委员会原则上予以同意,但同一内容的会议不能超过三次。第四,形成矛盾调解意向书。经过协调矛盾当事方能够达成一致意见的事项,居委会或居委会调解委员会应当将会议达成的共识形成协调文书,明确矛盾当事方的权利和义务,确认事项的当事人和责任人。矛盾当事方在协调文书上签字盖章。经协调矛盾当事方不能达成一致意见的事项,居委会或居委会调解委员会也要将会议内容形成协调文书,并要求矛盾当事方签字盖章。第五,落实协议内容。居委会对协议的执行情况进行监督,并督促落实。如果协议执行出现问题,居委会则再次召开协调会。由此,矛盾协调体系形成了完整的矛盾协调流程,即矛盾了解—民主恳谈—矛盾协调—达成协议—落实协议。

最后是监督评价机制。监督评价机制有四个方面的内容。第一,建立监督小组。居委会牵头建立监督小组,对事项实施的全过程进行监督。监督小组成员包括第三方专业机构代表、居民区党组织成员代表、居委会成员代表、居民区自治组织成员、居民群众代表等。第二,组织召开民主恳谈会。监督小组要不定时地对事项实施过程进行巡查。对出现的问题,监督小组要及时召开民主恳谈会进行通报和反馈,并对新出现的问题提出解决方案,督促事项责任人限期整改。第三,组织召开评议会。在事项结束后,居委会组织事项相关方召开评议会,对事项的结果进行评议。评议过程既要发现优点也要提出问题。第四,形成承诺书。对评议会上提出的新问题,事项责任单位、部门或个人要做出整改承诺,并形成规范的承诺文书。责任单位、部门或个人要在承诺文书上签字盖章。对于整改结果,责任单位、部门或个人要向参与评议人员进行汇报。整改结果纳入相关责任单位、部门或个人的绩效考评。由此,监督评议体系形成了以过程监督、结果评议、结果运用为主要内容的完整体系。

二是三个子体系整体运行机制。系统是若干相互联系、相互作用、相互依赖的要素结合而成的,具有一定的结构和功能,并处在一定环境下的有机整体。当各个要素相互联系、相互作用时,整体功能大于各个要素功能之和。"三会"制度是由三个子体系组成的,三者相互联系、相互作用,形成了有机整体。

"三会"制度是居民群众参与民主管理、民主决策、民主监督的组织形式。作为基层自治制度,"三会"制度的三个子体系分别形成了居民自治的民主决策系统、民主管理系统和民主监督系统,即议题形成体系是民主决策系统、矛盾协调体系是民主管理系统、监督评价体系是民主监督系统。从科学管理过程而言,三个子体系共同形成了居民自治的闭环式运行系统。

首先,居民通过填报议题征询单的方式向居民区党组织、居委会表达诉求,提交公共议题。居民区党组织根据社会性、公益性、群众性、可操作性的原则对公共议题进行初步甄选,拟定初步议题名单。然后居民区党组织牵头组织召开议题征询会,对初步拟定议题进行讨论。通过征询的公共议题则提请听证会决策,形成公共议案。这是居民自治的第一阶段——民主决策阶段。

其次，公共议案的实施避免不了矛盾的产生。有矛盾就需要化解，这便进入了居民自治的第二阶段——民主管理阶段。居委会与矛盾当事方的一方或多方召开民主恳谈会，了解矛盾产生的根源，确认矛盾的症结所在，告知矛盾当事方有关的法律法规，努力促成矛盾当事方达成矛盾调解的初步意向。当条件成熟后，居委会组织召开协调会。矛盾当事方通过对话、协商的方式达成协议，协议内容明确矛盾当事方应享有的权利和应尽的义务，落实事项解决的责任人。矛盾的化解促进项目的顺利实施。

最后，初期矛盾的化解并不意味着全部问题的解决。项目的实施还需要加强过程的监督。这便进入了居民自治的第三阶段——民主监督阶段。"三会"制度通过采取专业监督与民主监督相结合的监督方式，对项目实施的过程、结果进行全程监督，对项目实施过程中出现的问题进行及时反馈和督促整改。当项目结束后，居委会组织相关利益方召开评议会对项目进行整体性评价。当评议会上评议的项目被提出新的问题时，相关责任单位、部门或个人要对提出的问题做出整改承诺。与此同时，整改单位、部门或个人要将整改结果向评议会相关代表做出汇报。整改承诺内容同整改单位、部门的各项管理工作紧密结合起来，并将此纳入岗位目标的绩效考评。

议题形成体系、矛盾协调体系和监督评价体系共同构成了居民区治理的"议题征询—决策听证—矛盾化解—过程监督—结果评价"的闭环式管理系统。

（四）适用范围广泛

"三会"制度是居民群众参与民主决策、民主管理、民主监督的组织形式。其主要功能是形成公共议题、管理公共事务、化解公共矛盾。从事项的覆盖范围而言，"三会"制度几乎覆盖了居民区治理的全部内容，包括公共议题、公共事务和公共矛盾等。

公共议题主要指居民区内具有社会性、公益性、群众性特征的事项。比如制定居民公约、居民区公共空间微改造、损坏道路整修、车棚雨棚改建、消防设施更新、小区景观微更新等。

公共事务包括涉及居民区成员切身利益的近期建设规划项目（市、区重大建设工程项目除外）、政府实事工程、涉及本居民区社会稳定的事项以及其他。具体包括多层住宅加装电梯、老旧小区二次供水设施改造、住宅小区安全监控系统改造、垃圾分类、旧住房修缮改造、新建电动汽车公共充电桩、新建电瓶车充电设施、业委会组改建、物业费涨价、维修基金续筹等。

公共矛盾包括涉及居民区成员公共利益的有关事项、居民区成员间的民事纠纷和利益冲突。具体包括政府实事工程推进引发的矛盾、居民自治项目推进引发的矛盾、物业治理矛盾、商居矛盾、群体性上访矛盾等。

总之，"三会"制度是居民区党组织领导的以居民自治为核心的基层自治制度。它包含以听证会为核心的议题形成体系、以协调会为核心的矛盾协调体系、以评议会为核心的监督评价体系。三个子体系既相互独立、自成系统，又相互联系、相互作用，形成有机整体。

三 经过实践检验、富有成效的基层自治制度

"三会"制度萌芽于实践、发展于实践，同时也完善于实践。历经20余载，"三会"制度已经从朴素的会议发展成系统性的制度。作为基层社会治理体系的组成部分，"三会"制度已经取得了良好成效，并在基层社会治理中发挥了重要作用。

（一）切实解决了居民的"急难愁盼"问题

多数居民区书记或居委会主任反映，"三会"制度切实解决了居民许多"急难愁盼"问题，比如业委会组改建、维修基金续筹、多层住宅加装电梯、退绿改建停车位、公共空间微改造、小区景观微更新、美丽家园建设、垃圾分类、公共安全管理、消防设施更新等。黄浦区地区办统计资料显示，全区每年由居民区层面通过自下而上的渠道形成的自治项目就有400多个，其中三分之二的项目聚焦于居民区综合治理，如垃圾分类、文明养宠、小区微更新、公共空间微改造等方面。就居民区而言，每次议题征询会的召开，

居民区党组织都能收到几十条乃至上百条的议题。居民区党组织通过对居民上报的议题进行甄选，确定一些议题作为年度工作要点，提请议题征询会讨论。对通过征询的议题，居委会进一步提请听证会决策。由于资源禀赋不同，每个居民区最终确定的年度工作内容存在一定的差异。但在本质上，它们都是居民最关注、最直接、最现实的利益问题。

2016年之前，斜土居民委员会扬子江小区"三类"案件（入室盗窃案件、三车盗窃案件、电信诈骗案件）频发，甚至一年时间内入室盗窃案件就达12~13次。对此，居委会组织召开"三会"，对安保问题、技防提高问题、资金费用问题等组织业委会、物业公司、业主进行商讨，并最终确定实施方案。2016~2018年，扬子江小区连续三年"三类"案件保持零发案。桥二居委会是个老旧小区，拥有1500户，其中1100户属于售后公房。由于房屋结构设计落后加上使用年限已久，安全隐患成为突出问题。有一个160户的小区，其主要居民为老年人，由于属于使用权房，煤卫设施是公用的，因此安全隐患比较突出。对此，居委会组织居民召开听证会，讨论有关厨卫更新事项。经过多次协商，小区居民最终形成了厨卫更新方案并顺利推动了该项目落地。铁二居委会的中南公寓是个老旧商品房小区，1996年竣工，至今已超过23年。自2016年起，公寓的电梯就经常发生事故。同时维修基金已经见底，因此居民对修理问题难以达成一致意见。2019年，居委会在了解情况后，组织业委会、业主召开听证会、协调会，讨论电梯维修基金如何分摊的问题。经过多次协商，按照业主房屋面积计算分摊费用的方案以86%的支持率通过。类似的事例在五里桥还有很多。正如许多居民区书记和居委会主任所反映的，"三会"制度切实为居民解决了很多"急难愁盼"问题，增强了居民的幸福感、获得感。

（二）激发了居民区自治活力

居民区维系着居民的生活、实现各方面的权利等，居民往往对居民区的公共事务表示关心并积极参与，居民区成为居民个体社会化的最基本、最密切的路径和环境。"三会"制度事实上就是居民社会化的重要路径。"三会"

制度为居民群众参与居民区治理提供了重要平台。与此同时，"三会"制度培育了居民的主体意识、权利意识、民主意识等，提升了居民的民主协商能力、参与能力，激发了居民自治活力。

一是培育了多元参与自治主体。"三会"制度是一个开放包容的自治议事平台。除居民区党组织、居委会等具有行政特性的组织外，"三会"制度的参与主体还包括业委会、物业公司、自治家园理事会、相关政府职能部门、社会组织、社区民警、居民等。"三会"制度一方面为居民区各参与主体参与居民区公共事务的决策、管理和监督搭建了平台；另一方面在民主协商的过程中培育了他们的主体意识、民主意识，提升了他们的民主协商能力和自治能力。经过"三会"制度的不断训练，各参与主体逐步成为居民区治理的主要参与力量。2018年，瞿溪居委会在东吴花园开展了文明楼组建设项目。为推进项目的实施，楼层内成立了楼组党员工作小组和楼组议事会。楼组议事会负责组织居民召开听证会和协调会，讨论楼组建设方案和经费来源等问题。在文明楼组建设过程中，附近商户出资进行大堂粉刷和电梯改建，部分居民承包刷墙和贴瓷砖，楼层内的一位画家则承包楼道内的裱画。与此同时，志愿者还成立了监督委员会，对不文明现象进行及时指正并督促改正。经过"三会"制度潜移默化的熏陶，居民的主体意识不断增强，参与能力也不断提高。

二是搭建了多层次参与平台。主要表现为三个方面：首先是畅通了居民诉求表达渠道。议题征询会为居民表达诉求提供了合法渠道。居民可以通过书面的形式向居民区党组织、居委会反映居民区内任何有关社会性、公益性、群众性的事项。居民区党组织将征集到的居民诉求提请议题征询会讨论，对通过征询的议题形成议案。部分居民区书记或居委会主任反映，每年议题征询会召开前，居委会都会收到几十条乃至上百条议题。其次是搭建了居民参与决策平台。居民的事情由居民决定，这是"三会"制度的基本特征。凡涉及居民区全体或多数成员切身利益的事项或影响居民区社会稳定的事项，居民都可以通过听证会参与事项的决策。居民可以在听证会上充分表达自己的意见，并对实施方案进行表决。中二居委会有一小区想改建一个车棚，但小区内没有物业公司。对此，业委会向业主征询意见。在这一过程中，业委会引入了点赞网，业主们通过点赞方式表达自己对事项的支持。最终，事项支持率达到80%。最后是形成了居民监督评价机制。居民可以通过监督合议会对事项的过程、结果进行监督，并对存在的问题进行及时通报，督促事项责任人整改。与此同时，居民可以通过评议会对业委会、物业公司、社区工作者等机构、人员及其工作进行评议。

三是激发了居民自治热情。居民区书记或居委会主任普遍反映，居民的主体意识、权利意识和民主意识明显增强，居民参与居民区治理的热情得到激发。打浦居民区教师公寓有一些废弃的绿植地，平时那里摆放着一些闲散的绿植。绿植导致蚊虫滋生和存在部分不规范种植现象，居民区内怨声载道。对此，2016年打浦居委会多次组织居民召开了听证会和协调会。听证会明确将绿植种植问题纳入小区治理公共议题。协调会则聚焦居民的意见和矛盾，通过对话协商的方式达成一致意见。在综合居民意见基础上，打浦居委会决定继续在废弃地上种植花草。但是花草的种植必须符合规范，要求科学管理。对此，教师公寓居民自愿组织成立了花草种植志愿者团队，专门负责花草的种植和管理。绿植问题解决后，居民的自治意识得到进一步增强。2017年，教师公寓推出了"一层一书画"的文化楼宇自治项目。2018年，教师公寓进一步深化了文化楼宇自治项目，举办了"旗袍秀"文化节。2019年，教师公寓已经在积极筹备新的主题文化节。"三会"制度在为居民解决各类事务的同时，也培育了居民的主体意识，激发了居民的自治热情。正如有的居民区书记反映，只有让居民参与了，让他们眼前一亮、耳朵有个满足感，居民才会自主地参与居民区治理。

（三）涵养了居民区社会资本

社会资本即社会主体（包括个人、群体、社会甚至国家）间紧密联系的状态及其特征，其表现形式有社会网络、规范、信任、权威、行动的共识以及社会道德等方面。社会资本存在于社会结构之中，是无形的，它通过人与人之间的合作进而提高社会的效率和整合度。社会资本的积累有助于提升社会治理水平。"三会"制度培育了居民规则意识，增进了社会信任，促进了社会合作。

一是培育了居民规则意识。《上海市居民区听证会、协调会、评议会制度试行办法》（2006年）对听证会、协调会、评议会的基本内容、适用范围和操作程序进行了明确规定。作为基层自治制度，"三会"制度为居民参与民主决策、民主管理、民主监督明确了参与方式、参与程序。经过"三会"制度不断的社会化训练，居民的规则意识逐步增强。居民更加主动地通过议题征询会表达诉求，通过听证会参与事务决策，通过协调会参与民主协商，通过监督合议会和评议会进行事务监督等。与此同时，诸如居民静坐、居民群体性上访、贴大字报等影响社会稳定的事件越来越少了。

二是增进了社会信任。主要表现为两个方面：首先，增进了居民间信任。有居民区书记和居委会主任反映，"三会"制度增进了居民间的感情。"三会"制度一方面为居民切实解决了诸多"急难愁盼"问题，增强了居民的幸福感和获得感，进而激发了居民参与自治的热情；另一方面通过不断的社会化训练，激发了居民的主体意识和民主意识，提高了居民的参与能力和民主协商能力。越来越多的居民从家庭走入居民区。经过长期的碰撞和交流，居民逐渐从陌生人转为熟人，相互间的信任关系也逐步建立起来了。事实上，"三会"制度本身就是居民相互认识、交流的良好平台。其次，增进了居民对居委会等组织机构的信任。"三会"制度在为居委会开展居民区工作提供有力抓手的同时，也为居民了解居民区工作提供了窗口。居民通过"三会"制度不仅可以参与居民区公共事务的决策，而且可以参与居民区公共事务的管理，还可以对居委会等组织机构、人员及其工作进行监督。这样不仅可以消除居民对居委会等组织机构的不信任，而且增进了居民对居委会等组织机构的认同。

三是促进了社会合作。主要表现为两个方面：首先是培养了合作意识。"三会"制度是一个议事、监督、评价平台，其基本特征是民主协商。居民通过"三会"制度参与居民区公共事务的决策、管理和监督，事实上这本身就是居民间合作的过程。在此过程中,"三会"制度培养了居民的合作意识,促进了居民区合作治理。瞿溪居委会的东吴花园在创建文明楼组的过程中,形成了楼层卫生轮值制度。每一楼层居住6户家庭,每户家庭轮值一个月。在轮值月中,轮值家庭在解决自身的卫生问题的同时督促其他五个家庭做好楼层卫生工作。其次是提升了合作水平。有些居民区书记或居委会主任反映,居委会很多时候是通过"刷脸"的方式推进工作的,"三会"制度帮助居委会加强与居民之间的感情联络,从而形成了无形的社会资源。同时,"三会"制度为居委会发现、培养居民区骨干人才提供了重要方式。这对提升居民区治理能力有着重要作用。另外,"三会"制度为居民区各参与主体进行民主协商,形成合力提供了有力支撑。"三会"制度助推了居民区治理走向自治共治。

四 以协商民主为基石、极具时代价值的基层自治制度

协商民主是我国社会主义民主政治的特有形式和独特优势。众人的事情由众人商量是协商民主的核心要义。"三会"制度作为居民群众参与民主决策、民主管理、民主监督的组织形式,是协商民主在基层的具体实践。其主要内容分为四个方面。

(一)城市居民区治理的罗伯特议事规则

"罗伯特议事规则"是指被会议组织正式采纳的、成文的议事规则,这些规则规定了成员在组织的会议中所必须遵循的程序和承担的职责,目标是保证会议的公平和效率,并为解决程序上的分歧提供坚实的基准。"三会"制度有着完备的运行机制和规范的操作程序,为居民参与民主决策、民主管理、民主监督提供了有力支撑。"三会"制度作为五里桥街道自主探索社区治理路径的实践成果,具有中国特色,是我国城市居民区治理的"罗伯特议事规则"。

一是坚强的组织保证。"三会"制度明确了会议由居民区党组织牵头、

居委会具体负责。每次会议的召开、动议由居民区党组织或居委会提出，具体会务由居委会具体安排。在会议召开前期，居委会会明确会议主题、制定会议议程，并告知相关参与主体等。会议召开时，会议主持人一般由居民区书记或居委会主任担任。会议过程中，居民区书记或居委会主任保持相对的中立，全程掌控会议的进程，协调各方分歧，调节会议气氛，推动会议取得成果。

二是完整的程序规则。"三会"制度有着明确的议事程序，即事前听证、事中协调、事后评议。听证会、协调会、评议会三者有着明确的时间顺序，不能颠倒。具体到每个子系统，议题形成体系遵循"议题会—听证会—公示"的基本程序，矛盾协调体系遵循"民主恳谈会—协调会—形成责任文书"的基本程序，监督评价体系遵循"监督合议会—评议会—形成承诺文书"的基本程序。在会议的安排上，每个子系统都有着明确的会议时间顺序，不能颠倒。具体到每次会议，都分为三个阶段，即准备阶段、会中阶段和会后阶段。每个阶段分别对应着不同的程序内容，即准备阶段配套准备程序、会中阶段配套会议程序、会后阶段配套后续程序。"三会"制度对每个会议的操作程序做了详细规定。

三是充分的民主协商。"三会"制度是一个开放、包容的议事平台。相关利益主体都可以在会议上表达自己的诉求、发表自己的意见、提出自己的主张。居民区书记或居委会主任按照公平、公正的原则，给予每个参与主体发言的机会。无论是当事人还是责任人抑或是其他参与人员都可以就会议事项提出自己的观点和看法。正所谓"有事好商量，众人的事情由众人商量"。居民区书记或居委会主任在听取各方意见的基础上，对会议的意见进行梳理，努力促成会议达成基本共识。

四是坚持一事一议原则。"三会"制度明确规定：每次会议只对一个事项进行讨论。其他事项或已经通过的决议不能在同一次会议上讨论。"一次会议"指的是成员为某一指定的明确目标而展开一次完整的组织会议工作。"一次会议"有既定的会议程序和议事日程以及时间表，它可以是一场或连续展开的多场会议，若是后者，则下一场的会议以上一场会议的中断点为开始并继续。但一次会议的时间跨度不能过于冗长。针对某一事项，"三会"制度为了寻找居民利益的最大公约数，促成会议取得成果，往往可能召开多场会议。

五是坚持过半数原则。"三会"制度明确规定，会议的召开必须有应到人数的过半数出席，方可举行。听证决议必须有出席人数的过半数同意方可通过。涉及居民区成员公共利益事项，居委会必须广泛听取居民意见，实行少数服从多数的表决原则。事项只有征得多数居民的基本同意，才能赢得广泛的社会认同，进而得以顺利实施。

（二）城市居民区治理的"枫桥经验"

"枫桥经验"发源于20世纪60年代的诸暨市枫桥镇，其主要内容是"发动和依靠群众，坚持矛盾不上交，就地解决"。从概念定义上而言，"枫桥经验"可以理解为在党的领导下，依靠和发动群众，预防和化解矛盾纠纷、维护社会稳定的经验。其核心要义是为了群众和依靠群众，即群众的事情群众自己决定，做到民事民议、民事民办、民事民管。2018年，习近平总书记就创新群众工作方法作出重要指示，强调把"枫桥经验"坚持好、发展好，把党的群众路线坚持好、贯彻好。

在调研座谈会上，居民区书记和居委会主任普遍反映，协调会是召开次数最多的会议。由此可见，"三会"制度在居民区治理中承担了重要的矛盾化解功能。市场经济改革和对私人产权制度的肯定对居民区社会关系产生了深刻影响。一是人们在居民区中形成了物业不动产的巨大物质利益，利益维护需求和利益诉求不断增加，利益协调尤为重要；二是居民区类型出现异质性分化，不同的阶层群体形成共识变得更为复杂和困难。加之居民的主体意识、权利意识、民主意识不断增强，居民对参与居民区自治表现出更浓厚的兴趣。因此，一方面居民区各方面的矛盾在不断涌现、集聚、叠加；另一方面居民具有强烈的主体意识和参与意识，如何既能让矛盾得以化解又能使居民满意成为各居委会的困惑。"三会"制度为居委会化解各类矛盾提供了重要路径。首先，"三会"制度明确了协调会的适用事项。主要包括涉及居民区成员公共利益的有关事项、居民区成员间的民事纠纷和利益冲突、当事人请求协商解决的其他矛盾。其次,"三会"制度为矛盾的化解规范了程序。居委会或居委会调解委员会与矛盾当事方的一方或多方组织召开民主恳谈会,积极促成矛盾当事方达成初步的矛盾调解共识。然后居委会或居委会调解委员会组织召开协调会,促使矛盾当事方达成一致意见。居委会或居委会调解委员会就协调会中达成的一致意见形成规范调解文书,明确矛盾当事方的权利和义务,确认事项的责任人,并要求当事方签字盖章。如果会议上没有达成一致意见,居民可以在会后向居委会或居委会调解委员会申请,要求再次召开协调会,但是同一内容的会议次数不能超过3次。"三会"制度是化解社会矛盾、维护社会稳定的重要方式,对形成和谐有序居民区发挥了重要作用。

(三)完善住宅小区物业治理机制的重要方式

住宅小区是城市治理的基本单元,其主要特征是涉及人群广泛、涉及利益直接、所处层级末端、调节手段多样、治理协同复杂、价值取向多元。住宅小区治理是基层社会治理的重要组成部分。2019年,上海市把"着力破解住宅小区物业治理难题"列为市委"创新社会治理加强基层建设"工作要点之一。"三会"制度为破解住宅小区物业治理难题、完善住宅小区治理体系提供了重要路径。

主要体现为三个方面。一是形成了决策与需求的对接机制。在过去很长一个时期内,居民区的自治议题与自治项目主要由政府主导,按照"政府决策—居委会实施—居民参与"的方式进行推进。这种项目决策与推进的方式在居民自治活力不足时期能够发挥关键性作用。但是随着居民区治理环境深刻变化,居民的主体意识、权利意识和民主意识逐步增强,以往单一的"自上而下"的决策方式很难适应居民区治理现状,"自上而下"和"自下而上"相结合的决策方式需要确立。"三会"制度为居民区自治议题和自治项目的形成提供了有力支撑。居民可以通过议题征询会表达诉求,并将诉求转化为自治议案提交听证会听证,并最终形成实施方案付诸实践。这就形成了居民诉求与政府决策之间的无缝隙对接，体现了科学决策和民主决策要求。

二是增强了业委会自治能力。物业治理是住宅小区治理难题，如果处理不当则可能成为影响住宅小区和谐稳定的风险源。部分区法院的数据显示，住宅小区物业治理类案件在所有民事、商事案件中，总量次序排名上升很快，甚至居第一、第二位。部分居民区干部或社工也反映，住宅小区物业治理牵扯了他们较多精力。目前，住宅小区业委会普遍存在两个基本问题，即自组织能力薄弱和功能作用发挥不充分。"三会"制度在一定程度上弥补了业委会运行机制的不完善。以物业费涨价为例，在召开业主大会前，居委会组织业委会委员、业主、物业公司代表等召开听证会，就物业费涨价相关事宜进行讨论。同时为了协调矛盾，居委会组织召开协调会，促使业主与物业公司之间达成初步协议。这样就为业主大会的成功召开奠定了基础。另外，"未投票视为有效同意"是业委会投票表决的重要规则。这条规则尽管在一定程度上减少了业委会的工作量，但增加了物业治理矛盾滋生的隐患。"三会"制度通过广泛组织动员居民参与住宅小区物业治理，在一定程度上减少了"被投票"现象的发生，进而为业委会推进住宅小区物业治理工作赢得了合法性基础，有利于物业治理各项工作的顺利推进。在调研座谈会上，紫荆居民区书记反映，"三会"制度实施以来，紫荆居委会商品房小区业委会实际投票率一般在30%~40%（如果未召开"三会"，业委会实际投票率一般为10%左右），最高可达50%。其中城市花园小区业委会实际投票率最高纪录为98%（实际发放票数为704张，实际回收票数为685张）。由此可见，"三会"制度对业委会功能作用的发挥产生了积极影响。

三是强化了住宅小区治理的专业支撑。"三会"制度主要聚焦居民区具体事务，如多层住宅加装电梯、退绿改建停车位、绿化修剪、污水管道换新、消防设施更新等事务。针对具体事务，居委会组织相关利益人员召开"三会"进行民主协商和科学决策。相关利益人员除居民区党组织或居委会负责人、居民外，还有相关职能部门代表、专业社会组织以及其他专业人士等。譬如，蒙自居委会在对瞿溪路883弄小区进行绿化修剪的过程中，邀请有专业资质的修剪绿化工人参与协调会并回答有关专业问题；在对蒙自路440弄小区进行污水管道换新的过程中，邀请市容专管环卫负责人及专业施工人员参与协调会并讲解有关专业知识。"三会"制度为各专业机构、组织或个人参与居民区治理提供了重要平台。在这意义上，"三会"制度为住宅小区治理提供了有力的专业支撑。

（四）加强基层政权建设的有力抓手

城市工作在党和国家工作全局中举足轻重，是各级党委工作的重要阵地。城市基层党组织是党在城市全部工作和战斗力的基础，是城市基层各类组织、各项工作的"主心骨"。改革开放以来，随着城镇化快速推进，城市社会结构、生产方式和组织形态深刻变化，人民对美好生活的需要日益增长，迫切要求充分发挥党的组织优势，不断提升党的城市工作水平。"三会"制度对加强和改进城市党建工作、夯实党的执政基础有着重大意义。

一是强化基层党建引领的具体抓手。居民区党组织是党在社区全部工作和战斗力的基础，是社区各类组织和各项工作的领导核心，通过价值引领、组织动员、支持服务、统筹协调、凝聚骨干等方式支持和指导居委会及其他组织开展自治活动。"三会"制度为居民区党组织充分发挥领导核心作用提供了重要方式。第一，推进居民区各项工作的"好帮手"。依法协助政府及其派出机关做好与居民利益相关的公共服务、公共管理、公共安全等工作是居委会的职责。居委会要把街道党（工）委的中心工作与居民自治结合起来，充分运用自治思维与自治方式具体落实街道党（工）委工作。在推进政府实事工程之时，居委会要主动组织居民召开听证会，告知居民实事工程的具体内容，讨论实事工程推进方式，并形成实事工程实施方案。对于实事工程实施过程中出现的矛盾或问题，居委会要积极组织居民召开协调会，以对话、协商的方式化解矛盾、解决问题。"三会"制度为居委会推进居民区各项工作提供了重要的方式。其意义不在于在多大程度上提升了居委会工作的效率，而在于提升了居委会工作的程序合法性、促进了居民区的民主法治精神、涵养了居民区社会资本。同时也为居民区党组织加强对居民区各项工作的全面领导提供了具体路径。第二，加强对居民区各类组织的政治引领的重要平台。以"三会"制度为阵地，居民区党组织加强了与居民区各类组织的交流与合作，通过价值引领、组织动员、支持服务、统筹协调、资源共享等方式支持和指导居民区各类组织参与居民区治理，形成合力推动居民区实现共建共治共享的社会治理局面。第三，加强对居民群众的教育引导的重要方式。以议题征询会和听证会为媒介，积极引导居民将自身需求和政府中心工作相结合，推动居民需求与政府实事工程形成无缝隙对接。这样既满足了居民的实际需求，也推动了政府实事工程的顺利落地。与此同时，以"三会"制度为平台，广泛组织动员居民有序参与居民区公共事务的决策、管理和监督，培育居民的主体意识、民主意识和参与意识，推进居民区治理能力现代化，实现居民区既充满活力又和谐有序。

二是夯实党的执政基础的重要方式。习近平总书记指出，我们党的根基在人民，人民拥护和支持是党执政的最牢固的根基。"三会"制度为居民区党组织加强与居民群众的血肉联系提供了重要载体。以"三会"制度为平台，居民区党组织组织动员居民群众有序参与居民区治理，着力解决居民的"急难愁盼"问题和协商化解居民区公共矛盾，进一步增强居民群众的获得感和幸福感，进而增进居民群众对居民区党组织的信任。与此同时，"三会"制度为居民区党组织加强与居民的对话搭建了重要平台。居民区治理环境深刻变化，居民的主体意识、权利意识和民主意识逐步增强，居民对自身利益表达重大关切，同时居民对参与居民区治理表达了浓厚兴趣。居民区党组织如何与居民进行有效对话便成为居民区治理的一项重大课题。议题征询会畅通了居民形成自治议题和自治项目的渠道。听证会搭建了居民参与居民区公共事务决策的平台。协调会提供了居民协商化解矛盾的载体。评议会形成了居民监督评价居民区公共事务的机制。"三会"制度为居民区党组织和居民的良性互动提供了制度安排。其意义重大，为政府加强与居民群众间的对话提供了具体路径，避免了政府与居民群众之间对抗关系的形成，推动了和谐居民区的建设。当然，这也进一步巩固了党的执政基础。

五 新时代"三会"制度的传承与创新

进入新时代,我国社会主要矛盾发生重大转变,社会处于"百年未有之大变局"。作为基层自治制度,"三会"制度要注意传承与创新的关系,在总结提升既有经验基础上要进一步健全和完善体制机制,适应新的时代要求。

(一)提升"三会"制度能级

"三会"制度要进一步明确其功能定位,在此基础上不断健全和完善运行机制,逐步提高法治化、智能化、专业化水平。

一是正确处理与其他居民区自治制度的关系。主要包括两个方面的内容:"三会"制度与居民会议制度的关系;"三会"制度与业主大会制度的关系。

"三会"制度与居民会议制度的关系。"三会"制度与居民会议制度均是居民群众自治制度,但同时也具有明显的差异。其差异主要体现为四个方面。第一,法律地位不同。《上海市居民委员会工作条例》(2017年)规定,居民委员会对居民会议负责并报告工作,居民会议有权依法撤换和补选居民委员会成员,撤销或者变更居民委员会不适当的决定。从法律性质而言,居民会议是居民区的权力机构。"三会"制度是居民群众参与民主决策、民主管理、民主监督的组织形式。第二,参与主体不同。《上海市居民委员会工作条例》(2017年)规定,居民会议由全体十八周岁以上的居民或者每户派代表参加,也可以由每个居民小组选举代表二至三人参加。居民会议的参与主体有着明确的法律规定,即必须是居民区居民,"三会"制度则比较开放,除居民区居民外,还有相关政府职能部门代表、物业公司代表、社会组织代表、社区民警以及其他人员。第三,会议内容不同。居民会议讨论的事项主要包括制定居民自治章程和居民公约、审议居民委员会年度工作计划和报告、涉及全体居民利益的其他事项等。"三会"制度讨论的内容则比较广泛，既包括制定居民公约、评议居委会工作、涉及全体居民利益的事项，也包括居民间的民事纠纷和利益冲突等。第四，组织形式不同。"三会"制度的组织形式比较灵活，没有明显的时间和空间的限制。除议题征询会规定一年召开两次外，听证会、民主恳谈会、协调会、监督合议会和评议会则没有明确的时间和次数的规定，可以依据情况随时随地召开。当然，二者之间也有联系。居民会议作为居民区的权力机关，不可能随时随地召开，因此在反映居民需求、处理居民区公共事务、化解居民区公共矛盾等方面存在短板。"三会"制度作为日常运行制度正好弥补了居民会议制度的缺陷，为居民表达意志、参与决策、进行管理和监督评价提供了全过程、日常化的平台。全过程即居民可以参与自治项目实施的整个流程，包括议题征询、方案决策、项目实施、过程监管和结果评价。日常化即居民可以经常性地参与居民区公共事务和化解各类利益矛盾。

"三会"制度与业主大会制度的关系。需要明确的是，"三会"制度与业主大会制度是不可互相替代的。《物业管理条例》第八条规定，业主大会应当代表和维护物业管理区域内全体业主在物业管理活动中的合法权益。业主大会制度是住宅小区物业管理制度，是居民群众自治制度之一。在住宅小区物业治理中，"三会"制度弥补了目前业委会运行机制的不完善，是提升业委会自治能力的重要方式。在具体实践中，针对物业治理问题，居委会会在业主大会召开的前期对业主进行广泛的意见征询，一方面倾听业主的意见，另一方面了解问题的症结所在。当条件成熟后，居委会组织业委会委员、业主、物业公司代表召开协调会，协调各方利益，化解各方矛盾，尽可能地促成各方达成基本共识。这样就为业主大会的成功召开奠定了基础。"三会"制度为住宅小区物业治理矛盾的化解创设了前置端口，一定程度上弥补了业委会运行机制的不完善，提高了住宅小区物业治理能力。

二是建立"三会"制度清单制。"三会"制度有着明确的适用范围，并不是所有居民区事项都应纳入"三会"制度的议程。纳入"三会"制度议程的事项必须符合社会性、群众性、公益性和可操作性四个原则。社会性原则即议题或者事项必须是涉及居民区全体或多数人利益的问题。群众性原则即议题或者事项必须是和居民生活密切相关并普遍存在的问题。公益性原则即议题或事项必须以实现居民全体或多数人的利益为目标。可操作性原则即议题或事项是街道及居民区目前能力范围内可以解决的问题。

在秉持适用原则的基础上,"三会"制度要建立清单制度,即公共议题清单、公共事务清单和公共矛盾清单。公共议题清单是指居民向议题征询会提请征询的议题名目清单。具体事项包括居民公约、涉及居民区全体居民或多数居民利益的民生事项、涉及居民区社会稳定和公共安全事项、涉及居民区公共环境事项等。公共事务清单是指提请听证会听证、评议会评议的事项名目清单。具体事项包括居民公约、涉及居民区居民切身利益的建设规划项目(市、区重大建设工程项目除外)、政府实事工程、涉及居民区社会稳定的事项、议题征询会提请听证的事项等。公共矛盾清单是指提请民主恳谈会、协调会协调的公共矛盾名目清单。具体事项包括涉及居民区公共利益的有关事项、居民间的民事纠纷和利益冲突等。清单采取列举法,将可能涉及的事项进行逐一列举。清单制度的建立一方面为居民有序参与居民区治理提供指引,另一方面为居委会规范运用"三会"制度提供指导。

三是建立线上综合管理平台。大力推进互联网、大数据等信息技术在"三会"制度中的应用,努力建成集议题征询、事务协商、矛盾化解、监督评价等功能于一体的综合管理平台。居民区党组织可以通过线上方式征集自治议题或自治项目,并组织居民对自治议题或自治项目进行线上投票,将投票率较高的自治议题或自治项目提交听证会听证。在事项听证过程中,居委会可以组织动员居民对听证事项进行讨论,从中广泛收集居民的意见,并将较为集中的意见纳入决策参考,从而做出科学决策。在事项的实施过程中,居民可以通过线上方式向居委会反映问题。居委会通过线上信息的监测及时发现问题、处置问题,进而减少矛盾的滋生。在事项结束时,居委会可以通过线上方式组织居民对事项进行评价。评价方式可以是多样的,既可以是简单的满意度评价(如设置五个评价等级,即不满意、一般、满意、比较满意、非常满意),也可以是详细的问卷式评价。线上综合管理平台具有广泛性、便捷性、及时性等特点。广泛性指覆盖人群广泛。线上综合管理平台可以实现居民群众的全覆盖,弥补线下"三会"制度人员参与不充分的缺陷。便捷性指信息沟通更加便捷。居民可以通过线上方式更加便捷地参与居民区公共事务的决策、管理和监督。居委会也可以更加便捷地征集意见、协商问题、化解矛盾。及时性指信息传递更加及时。居民可以更加及时地了解居民区动态及反映居民区公共问题。居委会也可以更加及时地捕捉居民需求,发现问题、解决问题。建立线上综合管理平台有助于进一步提升"三会"制度运行水平。

四是加强居民区自治队伍建设。"三会"制度的有效运行离不开高素质的居民区自治队伍作为支撑。因此,必须加强居民区自治队伍建设。主要体现为三个方面。第一,选优配强居民区书记。通过基层选拔、社会招聘、组织委派、退休聘用等方式,把信念坚定、忠诚可靠、敢于担当、能力突出、群众公认的优秀党员遴选出来,经规定程序担任居民区党组织书记。第二,加强居民区社工队伍建设。主要体现为加强居民区社工队伍的能力建设,分类分批次地对居民区社工队伍进行专业知识、法律知识、心理健康等方面的能力培训,提高居民区社工队伍的专业能力和心理素质。第三,培育居民区骨干人才。居民区达人、能人和领袖人物是居民区的骨干人才,是居民区治理的重要参与力量。居委会要大力挖掘居民区的骨干人才,将他们培育成"三会"制度的实践者和引领者。分类分批次地组织居民区骨干人才进行知识培训,提高他们的组织领导能力和专业水平。必要时给予他们一定的物质、精神、荣誉等方面的奖励。

五是加强"三会"制度的法治支撑。"三会"制度不是万能的,也会出现失灵。"三会"制度之所以会失灵,其中两个重要原因和"三会"制度法治支撑疲软有着密切关系。其一是"恶势力"作祟。居民区存在部分无赖人员,不愿意通过规则解决问题,致使"三会"制度无法正常运行。其二是惩戒机制不完善。部分居民区干部或社工反映,一般情况下,协调会没有书面协议,只有口头承诺。承诺方即使不按照承诺履行义务,也不会有任何利益损失。社会对失信方的惩戒力度不够,这就造成部分协议无法落实。为了推动"三会"制度的有效运行,必须健全和完善"三会"制度的惩戒机制。建议加强顶层设计,与市、区级诚信平台联网,探索建立"道德银行",加快推进失信人员黑名单制度建设和相应的惩戒机制建设。对不履行承诺的人员列入失信黑名单,并根据情节严重程度施以惩戒。情节较轻者,予以教育,并要求限期整改。情节一般者,提出警告,要求限期整改,警告次数不能连续累计超过3次,否则将限制其参与居民区活动。情节严重者,限制其参与居民区活动,并视情况移交相关部门处理,必要时要求公安、司法等部门介入。

(二)健全"三会"制度评价机制

"三会"制度要进一步提升制度化、规范化水平,必须进一步健全评价机制。主要包括两方面的内容:一是建立科学评价指标体系,二是建立第三方评价机制。

一是建立科学评价指标体系。社会治理指标体系建设是社会治理工作的一项重要内容,是衡量社会治理精细化水平和社会治理能力现代化水平的重要标志。建立"三会"制度评价指标体系,其目的在于对"三会"制度的实施效果进行监测、比较、评价,从中发现短板和不足,并发挥对居委会进行居民区治理绩效评价"指挥棒"的作用。"三会"制度指标体系的建立应遵循"重实绩、轻痕迹"的基本原则,按照可量化、客观化、实绩化的要求进行建构。可量化指"三会"制度的实施效果要通过可量化的指标予以呈现。客观化指以客观指标呈现"三会"制度的实施情况。实绩化指注重结果导向,重视"三会"制度实施的结果。"三会"制度评价指标体系应包含三个方面的具体内容,即基本运行情况、居民参与情况和实施结果情况。基本运行情况应包括议题征询会是否每半年召开一次、听证会召开比例、协调会召开比例、评议会召开比例、完整运用两次会议事项比例、完整运用三次会议事项比例等指标。居民参与情况应包括业主大会重大事项表决实际投票率、居民参与"三会"制度总人次、居民参与自治项目总人次、社会组织提供服务人均时长等指标。实施结果情况应包括年度公共议题提交总件数、年度公共事务解决总件数、年度公共矛盾化解总件数、住宅小区综合治理满意度排名、公众安全感满意度排名等指标。

二是建立第三方评价机制。"三会"制度应建立起常态化的实施效果评价机制,每年由街道办事处从政府购买服务平台选择专业机构对"三会"制度的实施效果进行系统性评估,并且将评估结果纳入居民区社工岗位目标的绩效考核。

(三)建立"三会"制度推广体系

"三会"制度作为五里桥街道首创的基层自治制度,是我国自主探索基层社会治理体系的重要成果,符合我国基本国情、上海超大型都市特点及现代社会治理规律的新路。五里桥街道应当坚定制度自信,在不断健全和完善制度的基础上,进一步加强制度品牌建设,将"三会"制度打造成上海市基层社会治理品牌。对此,五里桥街道应当建立起完备的推广体系,为"三会"制度的品牌建设提供有力支撑。

一是组建专门机构。考虑建立专门机构,集中负责"三会"制度的推广和品牌建设工作。机构的主要职责:整理相关文献资料,系统研究"三会"制度;编写"三会"制度指导手册,撰写相关培训资料;建立专家智库,负责日常管理;负责对外关系联络,组织宣传活动;其他。

二是建立专家智库。加强与科研院校及社会组织的合作,提高"三会"制度的理论研究水平,扩大"三会"制度的学术知名度。与此同时,建立"三会"制度专家智库。在全市范围内遴选一批专家学者(人员包括院校教授、业内专家和富有实践经验的居民区书记、居委会主任和普通社工等),组建"三会"制度研究团队和宣讲团队,负责"三会"制度的理论研究、实践总结和活动宣讲。专家智库由专门机构负责日常管理。

三是完善培训内容。加强"三会"制度实践经验的提炼与总结,加快"三会"制度指导手册的编辑和内容的完善,形成系统化、理论化的研究成果。建设"三会"制度历史博物馆,着力将桑城居委会、紫荆居委会打造成全市"三会"制度学习教育基地。组织开展高峰论坛,围绕健全"三会"制度和挖掘"三会"制度时代价值,每年组织专家学者和各区社工召开论坛会议。

B.16 上海打造国际一流营商环境的企业家感受度调查报告[*]

杨雄 雷开春 朱妍 张虎祥[**]

摘 要： 营商环境是一个国家治理体系和治理能力现代化的重要标志。随着我国经济社会发展进入新时代，高质量发展对营商环境改善提出了新的更高要求，"营商环境就是生产力"。近年来，上海着力打造国际一流的营商环境，在改革营商环境中锐意进取、先试先行，取得了积极的成就。正基于此，本研究从企业感受的角度着手，通过企业问卷调查与企业家座谈会等形式，在展现当前上海营商环境的现实状况及其存在问题的同时，也为上海今后优化营商环境提出了有针对性的建议。研究发现，相对于国内外领先城市，目前上海营商环境总体处于较好水平，但仍有进一步改善和优化的空间，尤其是在着力改进人才引进及配套服务、政府行政审批及其减税降费、降低企业成本等方面。

关键词： 营商环境 治理 企业感受 上海

---

[*] 本报告系 2018 年度国家社科基金"国家治理与全球治理"重大研究专项项目"加强预防和化解社会矛盾机制建设研究"（批准号 18VZL007）中期调研成果。
[**] 杨雄，上海社会科学院社会学研究所研究员，社会学博士；雷开春，上海社会科学院社会学研究所研究员，社会学博士；朱妍，上海社会科学院社会学研究所助理研究员，社会学博士；张虎祥，上海社会科学院社会学研究所助理研究员，社会学博士。

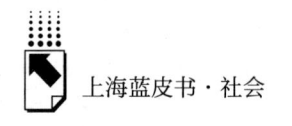

一　导言

（一）打造国际一流营商环境的政策背景

打造国际一流营商环境，对推进国家治理体系与治理能力现代化具有重要的影响作用，由是观之，营商环境是一个国家治理体系和治理能力现代化的重要标志。党的十八大以来，以习近平同志为核心的党中央多次就加强营商环境建设、打造"亲""清"的政商关系做出重大部署。2017年习近平总书记指出，要加快建设开放型经济新体制，加快对外开放步伐，降低市场运行成本，营造稳定、公平、透明、可预期的营商环境。李克强总理也指出，"营商环境就是生产力"，要大力加强营商环境建设。党的十九届四中全会更是进一步明确了优化营商环境是完善中国特色社会主义制度，推进国家治理体系与治理能力现代化的重要组成部分，要"深入推进简政放权、放管结合、优化服务，深化行政审批制度改革，改善营商环境，激发各类市场主体活力"。这些指示精神在为我国营商环境建设指明方向的同时，也为新时代打造国际一流的营商环境，推动高质量发展提出了实施方略。

在迈向卓越的全球城市进程中，上海认真落实党中央、国务院的殷切期盼与指示精神，在改革营商环境中锐意进取、先试先行。习近平总书记特别指出，北京、上海等特大城市要率先加大营商环境改革力度。这不仅关系到上海城市能级和核心竞争力的提升，也直接决定了中央交给上海的三项重要任务能否顺利实施。近年来，市委、市政府高度重视优化营商环境，以前所未有的力度推进相关工作。2017年12月22日，市委、市政府召开上海市优化营商环境推进大会，出台《上海市着力优化营商环境　加快构建开放型经济新体制行动方案》，并由此持续推进提升制度环境软实力、打造上海营商环境新高地的各项改革举措。2018年6月27日，上海市委第十一届第四次全体会议通过了《关于面向全球面向未来提升上海城市能级和核心竞争力的意见》（简称"两个面向"），明确提出"要着力建设国际一流的营商环境，促进各类企业加快发展"，从而为上海优化营商环境建设提供了实践指引。

从营商环境的评估来看，世行指标是衡量营商环境的重要标准，但不是唯一标准，上海应根据战略定位对标更多、更高、更符合上海特点的营商环境指标体系。正如上海市委书记李强所指出的，"营商环境好不好，不能唯世行排名，关键要让企业和群众评价，看他们是点赞还是吐槽"，"环境如水企业是鱼，水好不好鱼最清楚"。正基于此，本研究聚焦企业家在开办及经营企业过程中的感受及其满意度和获得感，并以此来全面反映市场主体对上海营商环境的总体评价和愿景期待。

（二）调查设计

1. 营商环境的要素内涵

营商环境涵盖哪些要素、如何测量、如何影响经济发展、如何优化完善等内容受到学者、政策制定者的广泛关注。学术界的共识是：营商环境是指影响商业活动（从企业开办、扩建、运营到关闭）的环境和条件的总和。在既有研究成果中，营商环境主要包含两大部分，即硬环境和软环境。硬环境主要是影响商业活动的客观物质条件，包括机构设置、人员配置、基础设施（如电力、通信、交通等）等；软环境则指影响商业活动的非物质条件，包括经济、社会、政治、法律等一系列制度设计的总和。大部分研究都将营商环境当作制度层面的概念，将制度置于更加重要的地位，即所谓的"制度至关重要"，这种对营商环境的分类得到了中央领导人的认可。习近平总书记在2019年两会期间指出，营商环境建设的工作重点要放在完善制度环境上，健全制度、标准体系。之前李克强总理在部署新建"双创"示范基地时也强调，要创造更优的"硬环境"和"软环境"，加大对外资外智的吸引力。由此可见，营商环境改善的关键就落在制度上，是一场综合性、全面性、系统性的制度优化。

2. 研究方法

本次调查采用质化与量化相结合的研究方法，通过座谈访谈、问卷调查等方式收集资料，借助高度科学化、系统化的样本选择，所得结论由点及面，既包括了典型案例，又呈现了普遍性特征。多种研究方法所呈现的情况、所指向的问题具有高度的一致性和互证性，增加了研究发现的可信度，也加深了结论的可靠性。

课题组召开的座谈会采取焦点小组座谈的形式，每组设置一或两种企业类型，由15~18名企业负责人或高层管理者参加，共召开16场调研座谈会、深度访谈120名在沪企业家。座谈会涵盖了制造业企业、互联网科创类企业、小微企业、金融类企业、战略性新兴产业企业等上海产业发展与营商环境建设的重点行业类型。在座谈会之前拟定包含通用性和专题性问题的座谈提纲，重点了解企业在沪经营遇到的政策与制度障碍、如何评价上海的比较优势与劣势、如何提高市场主体的政策感受度等。

同时，课题组在各行业界别、社会组织的协助下，完成了1077份营商环境的结构性评估问卷。在问卷设计中，本研究既涉及主观的"软环境"，也涉及客观的"硬环境"，通过这些变量，可以获知市场主体如何评估上海的市场监管举措，上海在打造国际一流营商环境的过程中取得了哪些成绩，还存在哪些短板和不足，有哪些机制可以成为改进工作的抓手。本次调查问卷的设计主要有四个基本模块。

第一模块为政务环境的便捷度，包括信息可达（如政务信息、政策信息、企业信息等）、政务可办（如办事环节、办理流程和服务态度等）、政策可用（如政策配套、政策可及、政策精确等）三个二级指标。

第二模块为市场环境的开放度，包括市场准入（如公开性、公平性、效率性）、市场融资（如融资信息、融资渠道、融资成本等）、市场服务（如行业协会、中介机构、第三方机构等）三个二级指标。

第三模块为法治环境的公平性，包括企业权益保护（如企业家权益保护、企业财产保护和企业家人格权保护、知识产权保护等）、经济纠纷处理（如经济纠纷发生情况、纠纷的解决路径选择、司法部门的公正性和效率评价等）和法治环境评价（如政府依法行政满意度、知识产权保护满意度等）三个二级指标。

第四模块为政策环境的期盼度，包括政策环境满意度（如政务环境满意度、市场环境满意度等）和政策环境需求（如与外地比较、营商环境应完善方面等）两个二级指标。

3. 抽样调查的企业样本分布情况

参与本次抽样调查的企业平均注册时长为 14.66 年（标准差＝11.94），其中以成立超过 10 年的成熟型企业为主（56.9%）；从行业分布来看，以制造业、住宿和餐饮业、（文化）体育和娱乐为主，其中 31.2% 属于战略性新兴产业、14.8% 属于高端制造业、29.3% 属于技术密集型企业，有 7.8% 已完成上市；从所有制度类型来看，内资私营企业占比最大（63.8%），其次为国有企业（19.0%）。

二 对上海营商环境的总体评价

1. 上海仍是绝大部分企业的发展首选

数据显示，多达九成的企业仍打算继续将注册地留在上海，近八成企业将上海作为首选投资地。这一结果表明，上海仍是绝大部分企业发展的优选首选城市（见图1、图2）。

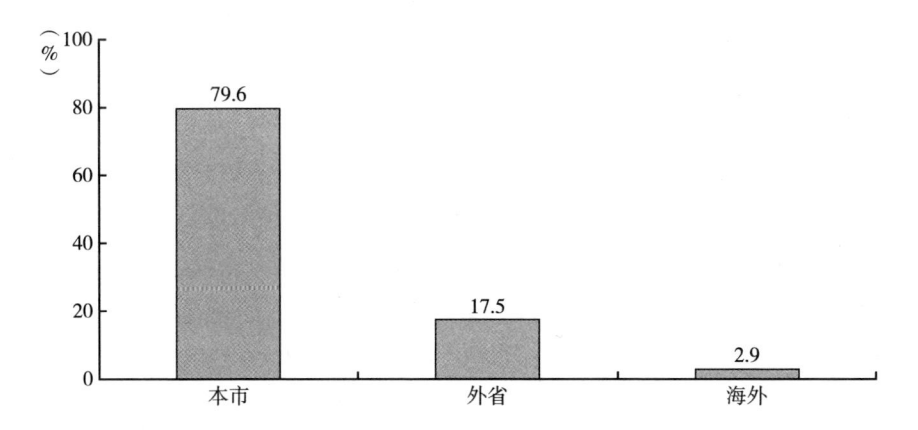

图 1　2019 年企业首选投资地

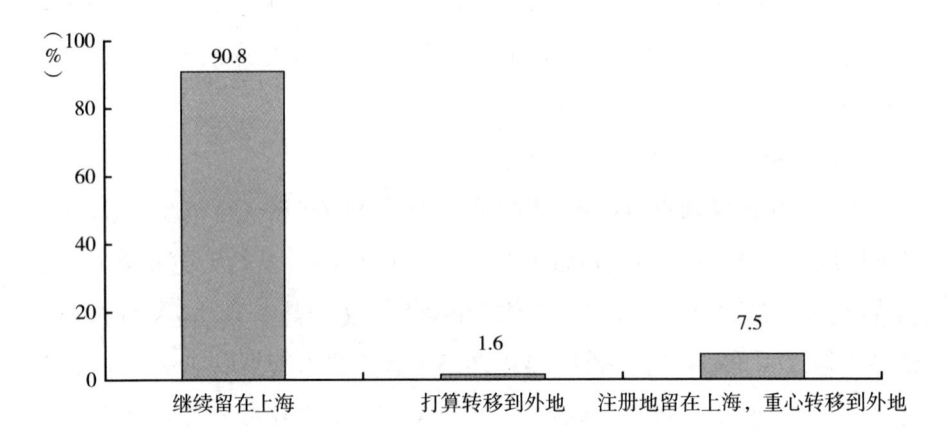

图2　2019年企业的注册地考虑

继续留在上海 90.8%；打算转移到外地 1.6%；注册地留在上海，重心转移到外地 7.5%。

2. 市场环境是改善营商环境的重中之重

数据显示，企业对上海营商环境的评价处于中上水平，其分值平均为74.1分（满分100分）。从分项数据来看，得益于上海较为完善的法治体系，其权益保护得分相对较高（80.0分），但在市场环境方面得分则相对较低（66.1分）（见图3）。

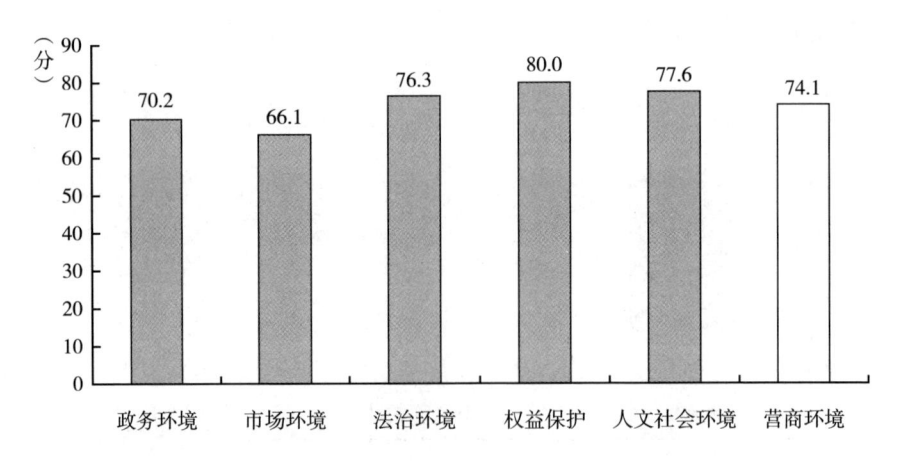

图3　企业对上海营商环境总体及其分项评价

政务环境 70.2；市场环境 66.1；法治环境 76.3；权益保护 80.0；人文社会环境 77.6；营商环境 74.1。

三 政务环境的便捷度

1. 信息可达

无论是企业经营还是市场运作,都离不开信息的流动,企业能否方便、快捷和准确地找到所需信息将直接影响企业运作。由此,我们考察了企业获取政务信息、政策信息和企业信息三方面的情况。

(1) 政务信息

数据显示,有超七成企业对上海政务信息的公开程度表示满意(表示"非常满意"和"比较满意"的比例为73.6%,下同),同时有近三成企业认为各种政务信息获取不对称性问题较为严重("非常严重"+"比较严重"=28.8%)(见图4、图5)。

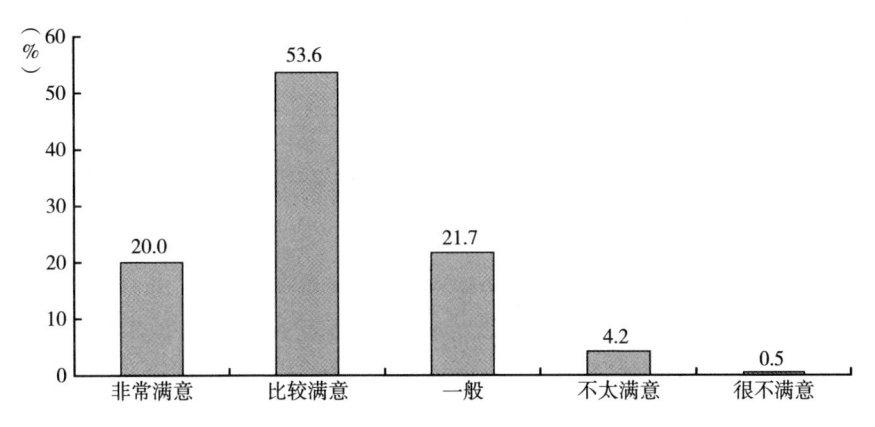

图4 政务信息的企业满意度

(2) 政策信息

数据显示,企业了解扶持企业政策的主要渠道分别为政府有关部门发布、从政府网站查询等,意味着企业往往主动寻求获取政府相关政策信息,也反映出企业对政策这一公共产品的迫切需求(见图6)。从目前看,企业对了解政策的便捷度、政策信息的透明度等方面较为满意(表示"非常满意"和"比较满意"的比例接近七成)(见图7)。

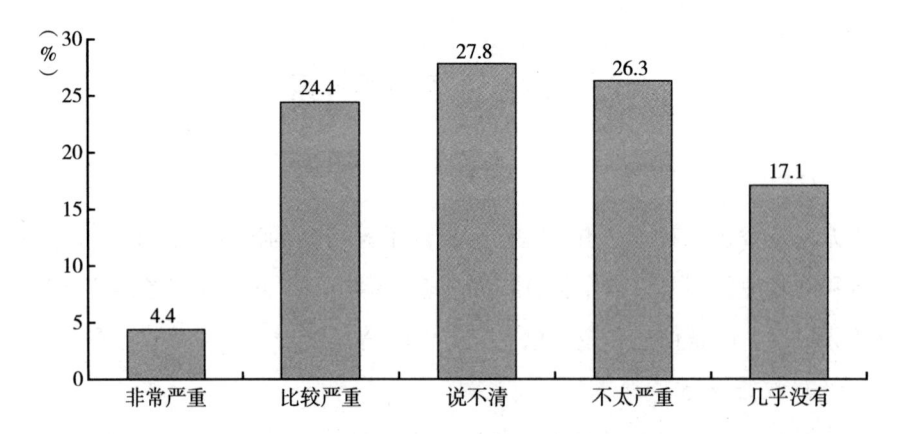

图5 政务信息获取不对称性严重程度评估

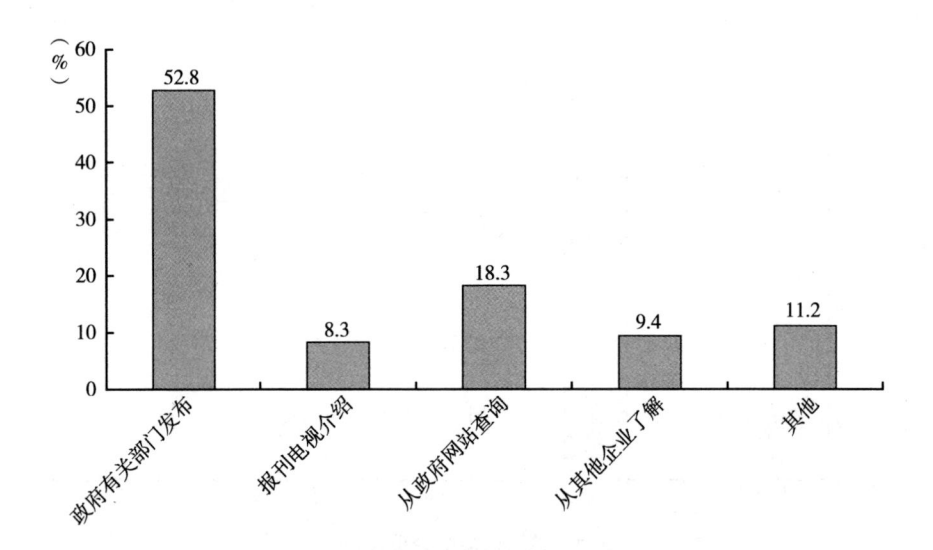

图6 企业获取政府扶持政策信息的主要渠道

(3) 企业信息

诚信体系是现代商业的基础。数据显示，在企业获取合作企业/企业主的信息时，更倾向于通过工商系统和手机App查询；其他如通过征信公司，朋友口碑，工商联、行业协会、商会，法院系统等渠道也有一定的比例，反映出上海诚信体系建设较为多样化且完备程度较高（见图8）。

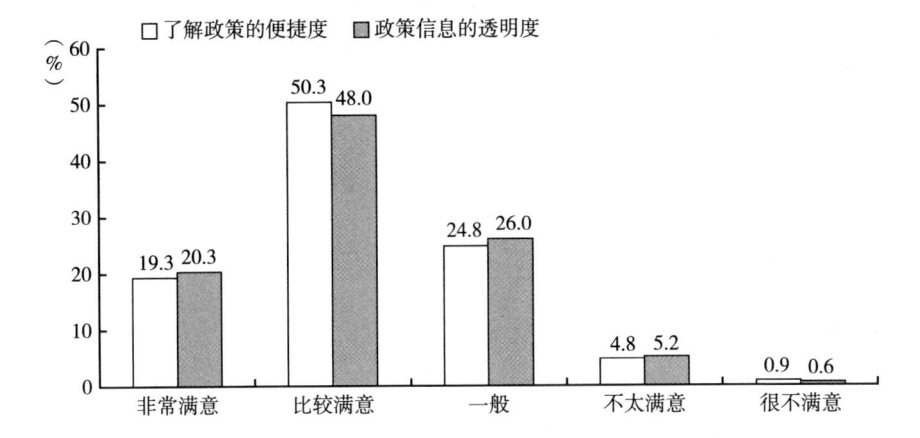

图7 企业对政策信息的评估

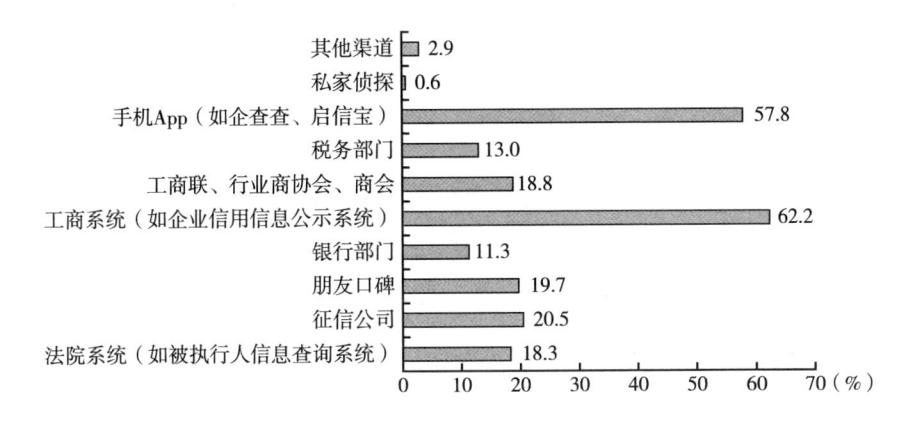

图8 企业获得合作企业/企业主信息的渠道分析

2. 政务可办

企业办事便利化是营商环境的重要指标。在调查中，我们通过办事环节、办理流程和服务态度二个方面的测量来反映企业在线一体化办理各种手续的效率。

（1）办事环节

数据显示，企业对网上办事的便利度及工商证照办理时间的满意度均较高（其比例分别为72.4%和72.0%），而对企业报税程序、办事环节的整合性

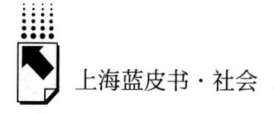

等满意度则相对较低（其比例分别为67.1%和63.8%），这反映出上海在企业办事程序及便利化方面改进较大，而在整合办事环节上仍有待提升（见图9）。

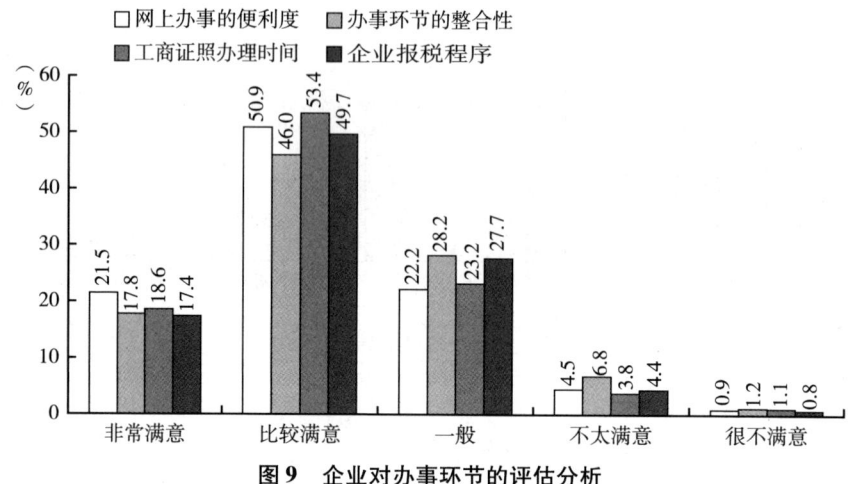

图9　企业对办事环节的评估分析

（2）办理流程

数据显示，不到七成（66.0%）企业对办事流程标准化表示满意，而对其复杂度表示满意的企业仅有一半（50.7%）（见图10）。具体来看，有超过两成（23.3%）企业认为企业年报程序过于复杂烦琐，有超过三成（33.0%）企业认为企业注销困难（见图11）。

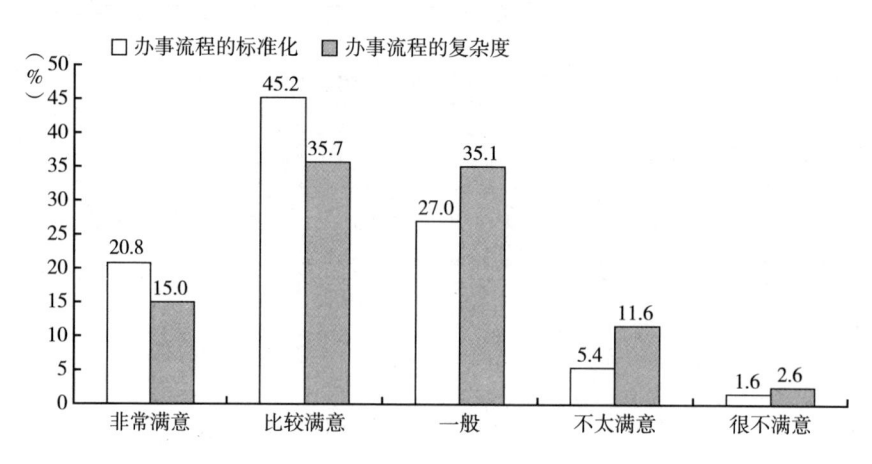

图10　企业对办理流程的评估分析

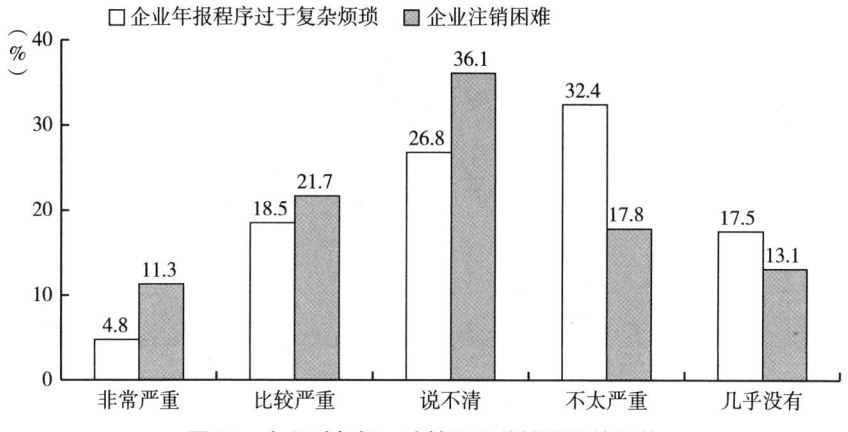

图11 企业对年报、注销两项关键流程的评估

（3）服务态度

数据显示，企业对办理人员服务态度的满意度不到七成，其问题可能在于政府仍存在较严重的"重国有、轻民营""重大企业、轻小企业"等观念（超过三成的比例）（见图12、图13）。

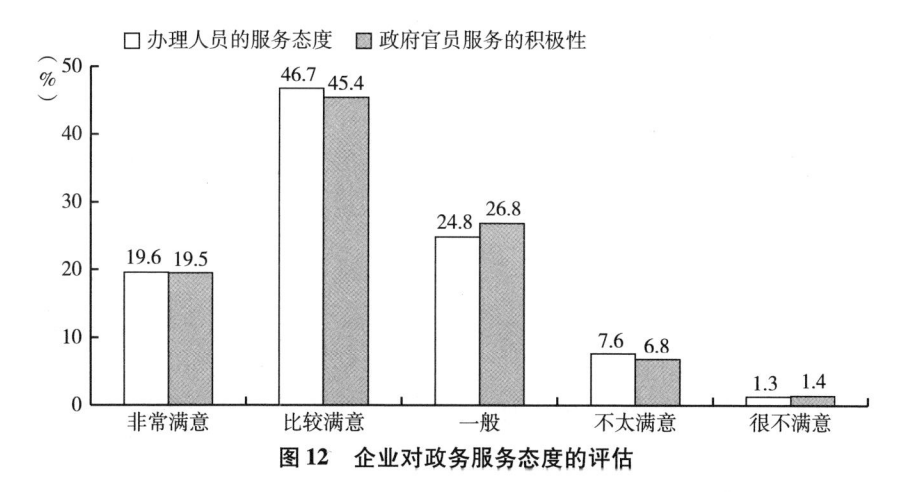

图12 企业对政务服务态度的评估

3. 政策可用

作为公共产品，政府各种企业扶持政策的落实程度是推动企业发展的重要因素。我们通过政策配套、政策可及、政策精准性三个方面来测量各种支持企业的政策落实程度。

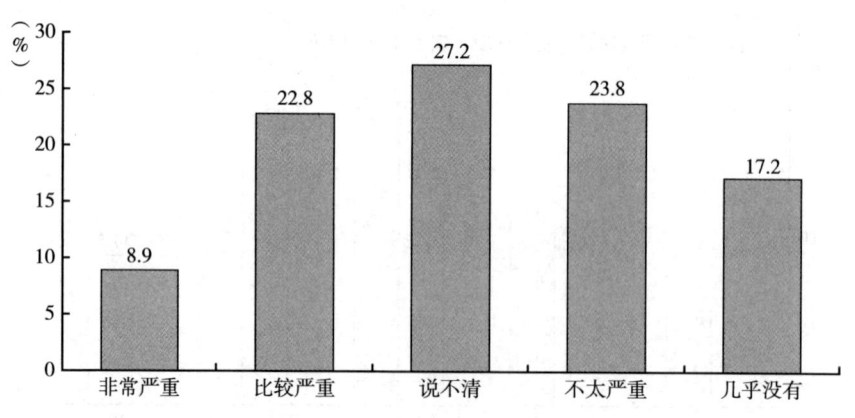

图13 企业对政府"重国有、轻民营""重大企业、轻小企业"观念的感受度

（1）政策配套

数据显示，超过两成企业对政策配套不满意，具体表现为政府部门间的政策存在冲突、衔接不够充分；政策连续性不足，存在"新官不理旧账"的情况（见图14）。

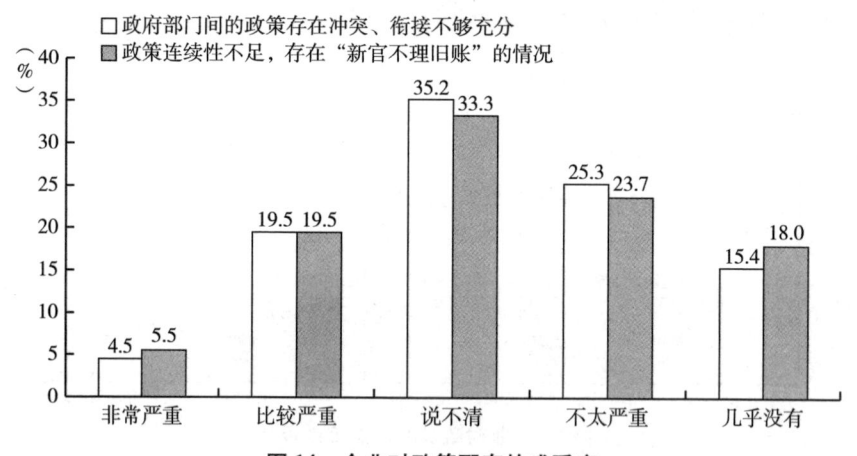

图14 企业对政策配套的感受度

（2）政策可及

数据显示，阻碍企业的隐性障碍如"玻璃门、旋转门、弹簧门"等依然存在，近两成企业在运营中遇到了类似问题；而还有超过两成企业认为政

策门槛过高,企业难享受政策支持,反映出政策制定与落实之间的落差依然明显(见图15)。

□ 隐性障碍,如"玻璃门、旋转门、弹簧门"
■ 政策门槛过高,企业难享政策支持

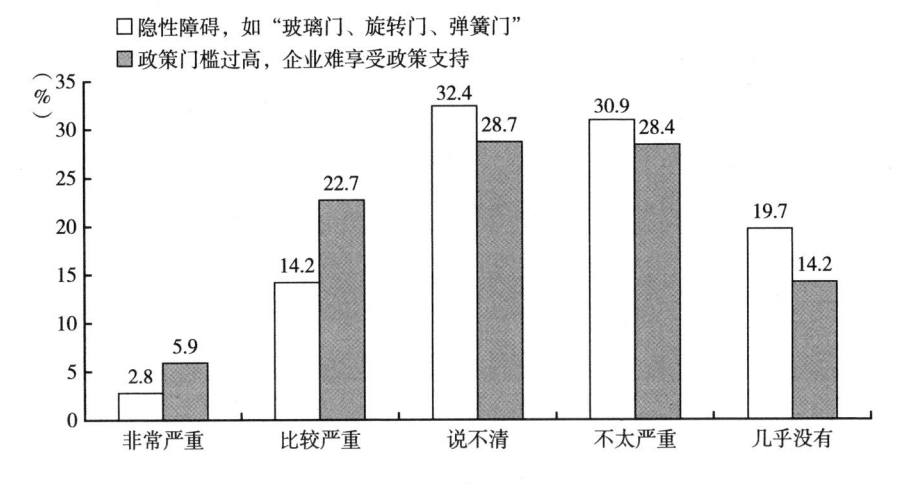

	非常严重	比较严重	说不清	不太严重	几乎没有
隐性障碍	2.8	14.2	32.4	30.9	19.7
政策门槛过高	5.9	22.7	28.7	28.4	14.2

图15 企业对政策可及的感受度

(3)政策精准

数据显示,超过两成企业对政策精准表示不满意,具体表现为政策实效差,配套少,实施细则不明确;政策缺乏精准性,存在"一刀切"现象(见图16)。

□ 政策实效差,配套少,实施细则不明确
■ 政策缺乏精准性,存在"一刀切"现象

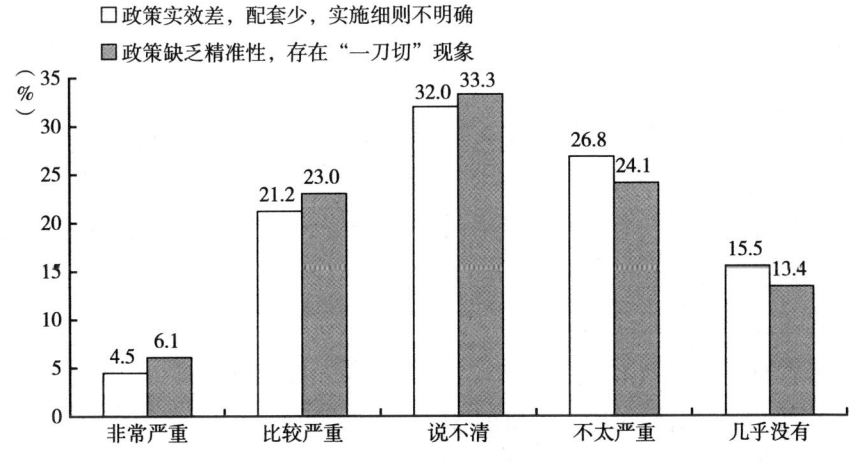

	非常严重	比较严重	说不清	不太严重	几乎没有
政策实效差	4.5	21.2	32.0	26.8	15.5
政策缺乏精准性	6.1	23.0	33.3	24.1	13.4

图16 企业对政策精准的感受度

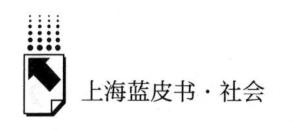

四 市场环境的开放度

1. 市场准入

数据显示,两成多(25.2%)企业曾经遇到过创新产品进入市场难等问题,其问题根源在于"市场准入机制复杂"(46.6%)、"审批流程烦琐、周期长、效率低"(39.1%)(见图17)。

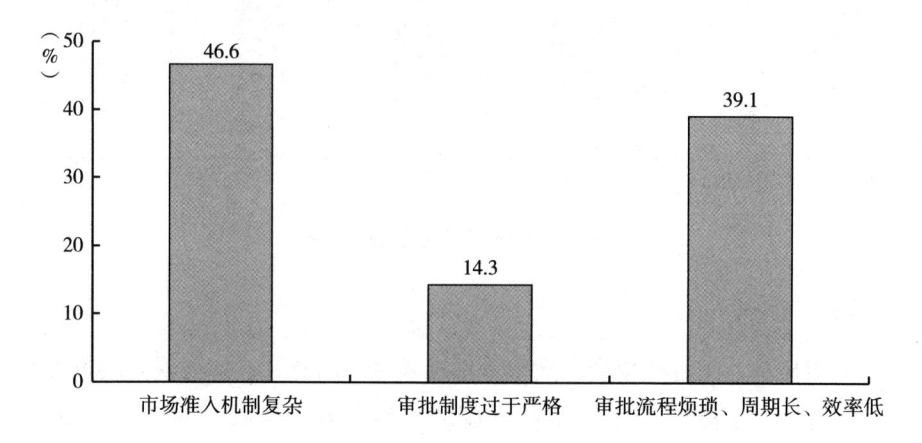

图17 导致企业创新产品进入市场难的原因

(1) 公开性

数据显示,当前"民营参与国资国企改革、PPP项目"仍存在一定的障碍,仅有约三成企业对此表示满意(见图18)。

(2) 公平性

数据显示,"市场准入标准不明确、不统一"等问题已然得到明显改善,八成多企业对此没有明显感受(见图19)。

(3) 效率性

数据显示,"登记审批流程复杂、周期长"等问题得到了明显改善,近八成企业对此没有明显感受(见图20)。

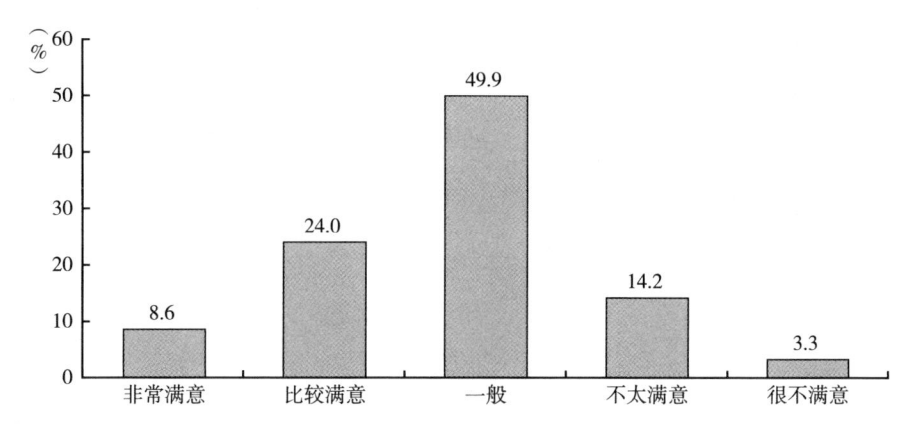

上海打造国际一流营商环境的企业家感受度调查报告

图18　企业对"民营参与国资国企改革、PPP项目"的满意度

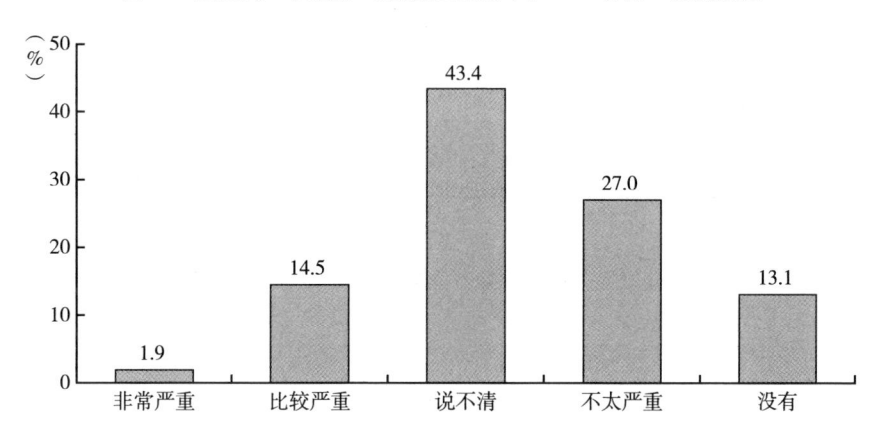

非常满意 8.6；比较满意 24.0；一般 49.9；不太满意 14.2；很不满意 3.3

图19　企业对"市场准入标准不明确、不统一"的感受度

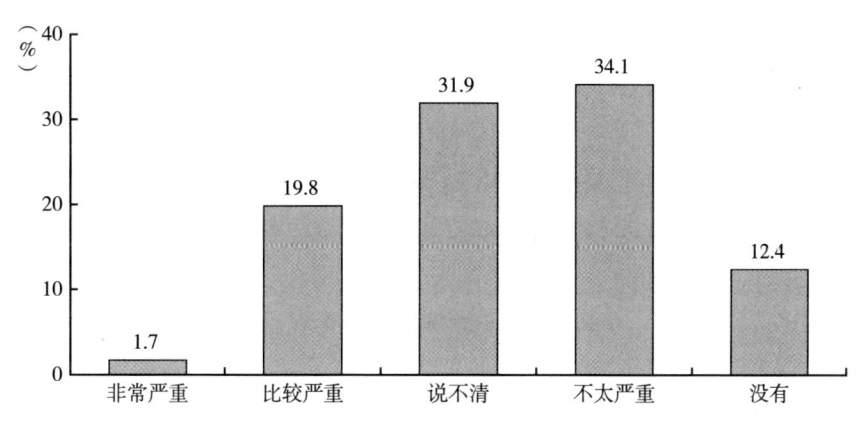

非常严重 1.9；比较严重 14.5；说不清 43.4；不太严重 27.0；没有 13.1

图20　企业对"登记审批流程复杂、周期长"的感受度

非常严重 1.7；比较严重 19.8；说不清 31.9；不太严重 34.1；没有 12.4

2. 市场融资

（1）融资信息

数据显示，约两成企业认为"融资信息不对称"，对企业信息披露透明度的满意度仅为五成，反映出资本需求方与供给方还存在着明显的不衔接（见图21、图22）。

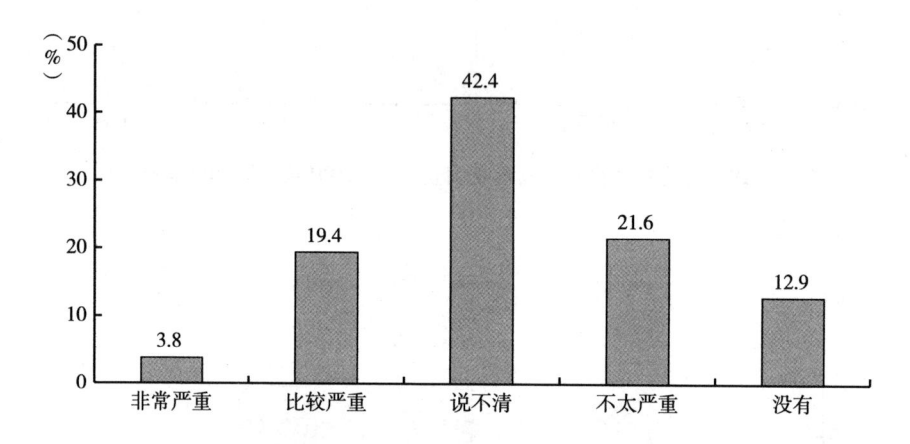

图21　企业对"融资信息不对称"的感受度

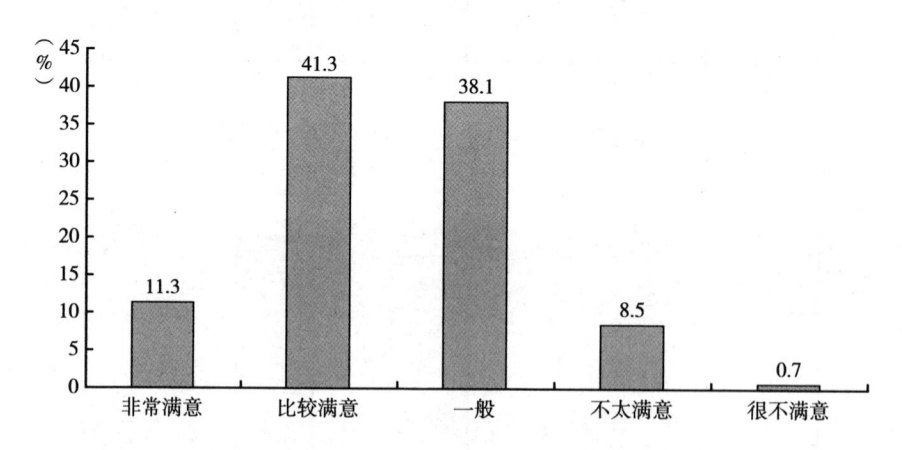

非常严重	比较严重	说不清	不太严重	没有
3.8	19.4	42.4	21.6	12.9

图22　企业对"企业信息披露的透明度"的满意度

非常满意	比较满意	一般	不太满意	很不满意
11.3	41.3	38.1	8.5	0.7

（2）融资渠道

数据显示，认为"银行借款难"的企业近四成（36.5%），表示"民间信贷不规范"（33.8%）、"上市门槛高"（31.4%）和"资金政策扶持少"（31.3%）的企业也都超过三成（见图23）。值得注意的是，企业对融资渠道的多样性和金融中介专业水平的满意度都不到五成（见图24）。

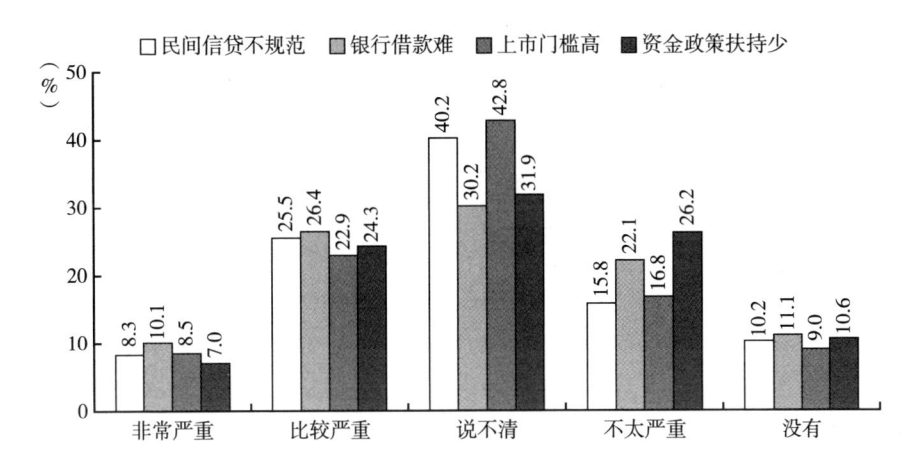

图23 企业对融资渠道问题的感受度

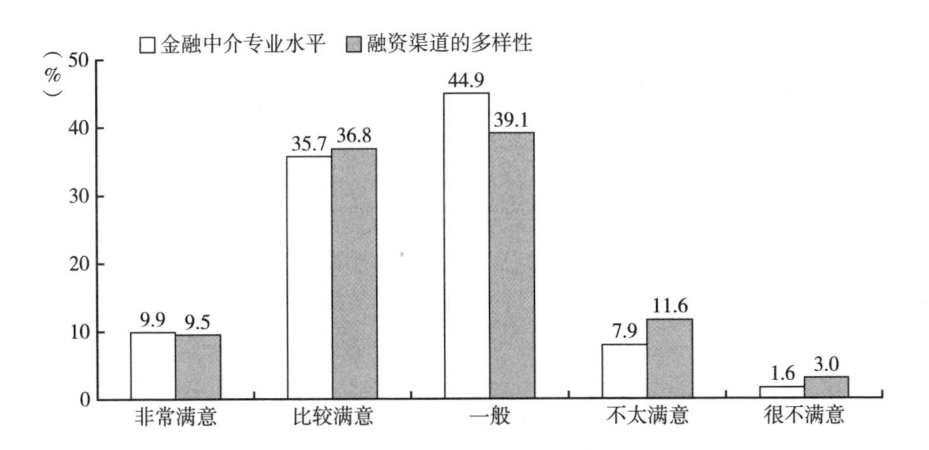

图24 企业对融资渠道的满意度

（3）融资成本

数据显示，仅有四成企业对融资信息和交易成本表示满意（40.4%），但认为"贷款额度小，频率高"和"贷款风险高"的企业也仅有两成多（见图25）。

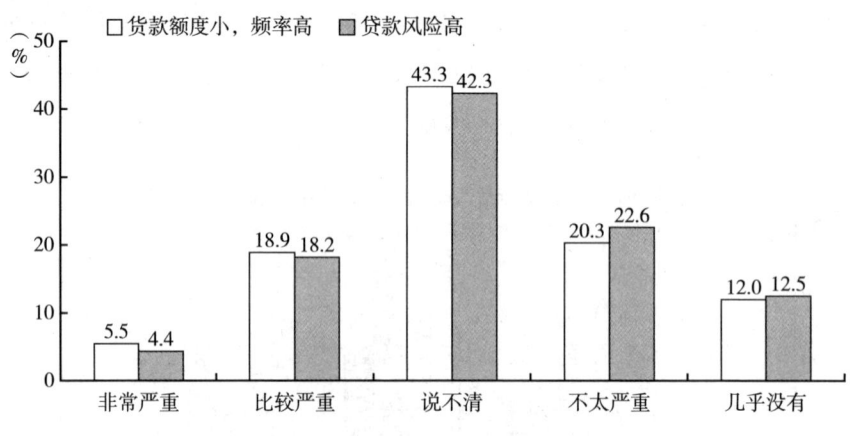

图25 企业对融资成本问题的感受度

3. 市场服务

（1）行业协会

行业协会是企业经营及市场运行的重要支撑力量。数据显示，五成企业对社会组织和行业协会的支持度表示满意，反映出行业协会作用发挥仍有提升空间（见图26）。

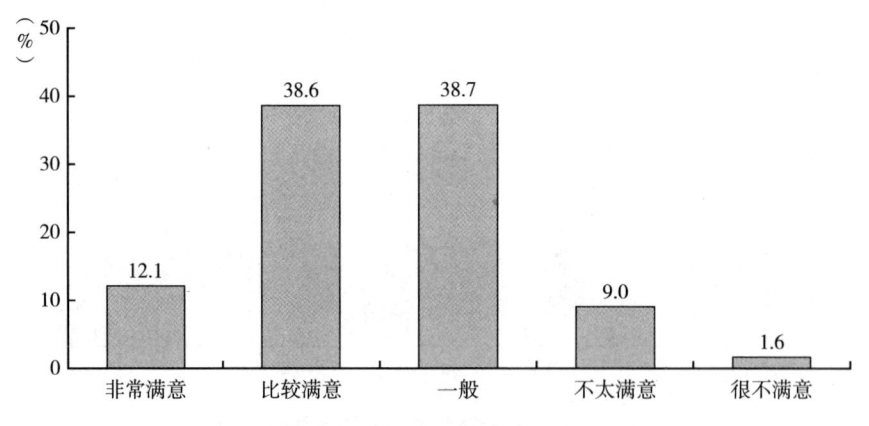

图26 企业对社会组织和行业协会支持度的评价

（2）中介机构

数据显示，对中介机构的专业化水平表示满意的企业不到五成，反映出中介机构的作用发挥仍有提升空间（见图27）。

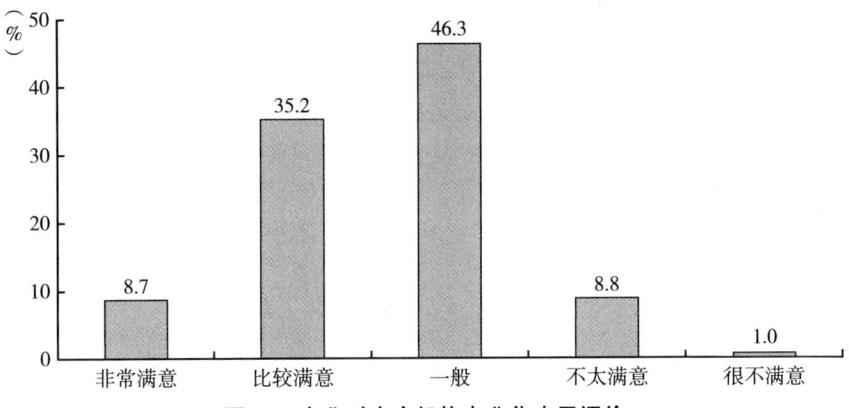

图 27 企业对中介机构专业化水平评价

（3）第三方机构

数据显示，仅一半企业对第三方机构的服务效能表示满意，反映出第三方机构今后需要进一步提升服务效能（见图28）。

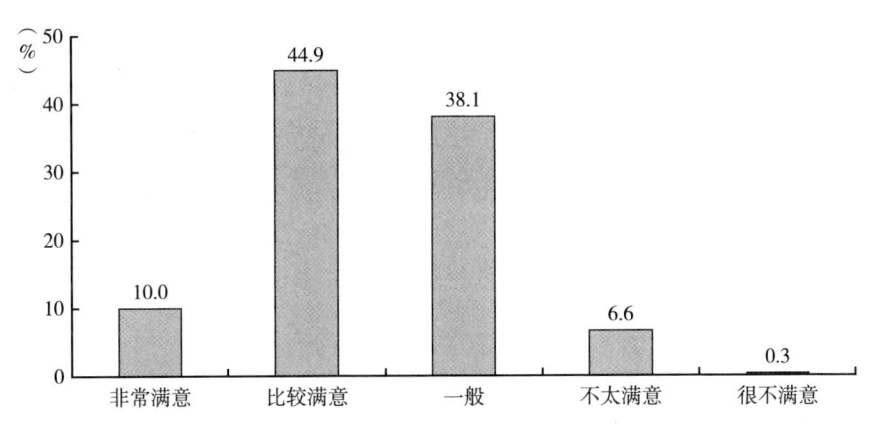

图 28 企业对第三方机构服务效能评价

五 法治环境的公平度

1. 企业权益保护

（1）企业家权益保护

数据显示，认为对企业家和家人的人身保护较好的比例在80%以上，总体呈现为较好的水平，但同时也有接近15%的调查对象认为人身保护状况"一般"，在总体较好的态势下微观保护举措落实仍有待加强（见图29）。

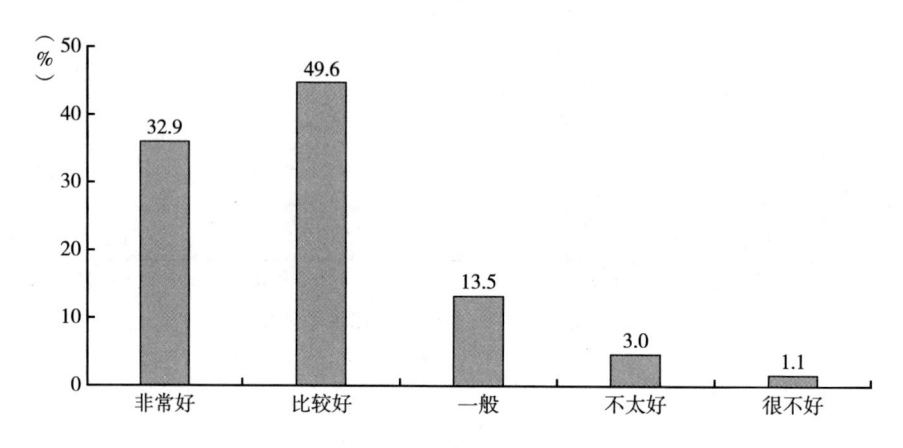

图29 对企业家和家人的人身保护

（2）企业财产保护

数据显示，八成多企业家认为对企业财产和财富的安全保护较好（81.7%），并且认为"比较好"的比例超过了50%，反映出上海在法治环境方面较为完善，各法律主体的行为较为规范（见图30）。

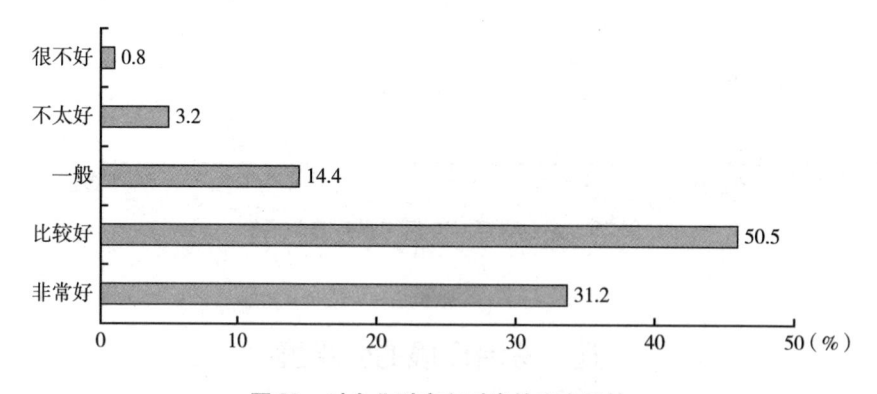

图30 对企业财产和财富的安全保护

（3）企业家人格权保护

数据显示，认为对企业家人格权保护较好的比例在80.1%，"比较好"的比例超过了50%，近三成调查对象认为非常好，总体上呈现较好水平（见图31）。

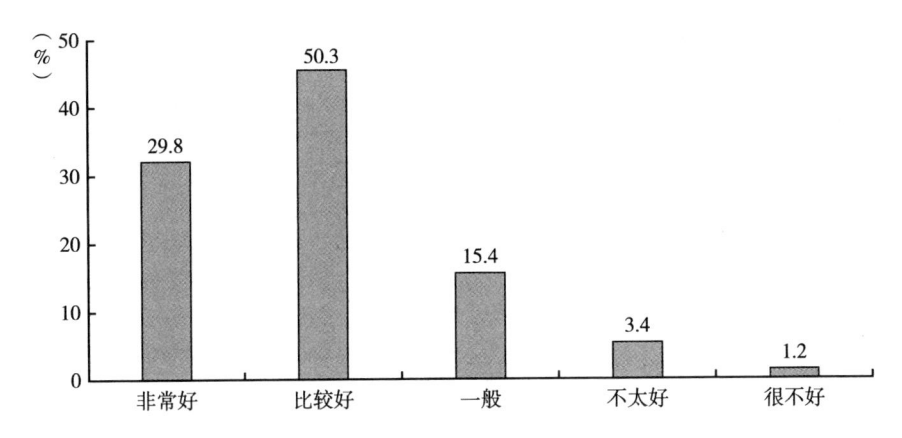

图31 企业家人格权保护

（4）知识产权保护

数据显示，认为对知识产权保护较好的比例在70%以上。相较于企业家和家人的人身保护、企业家人格权保护有所下降，反映出在知识产权方面的保护还需要加强（见图32）。

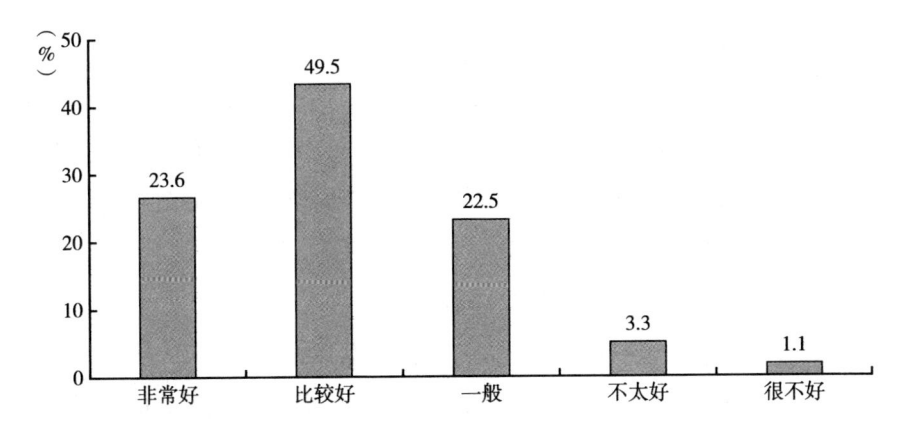

图32 知识产权保护

2. 经济纠纷处理

（1）经济纠纷发生情况

在企业经营过程中，经济纠纷不可避免，由此对企业纠纷的处理就成为衡量市场环境的重要指标。数据显示，41.8%的企业曾经发生经济纠纷，显示出随经济发展而日渐增多的经济纠纷，由此也对纠纷解决机制提出了新要求（见图33）。

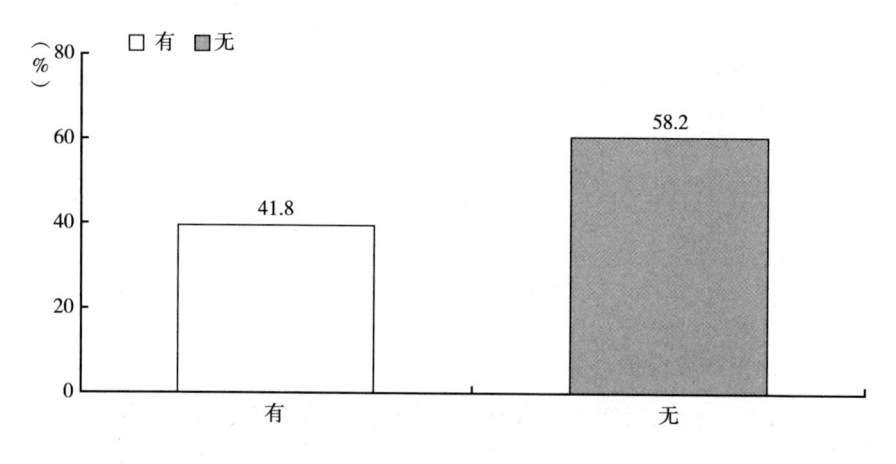

图33 经济纠纷曾经发生

（2）纠纷的解决路径选择

数据显示，企业更倾向于通过法律等正式途径解决纠纷（79.2%），其中通过司法诉讼解决（34.3%）和本企业的法律服务部门跟对方沟通协商（44.9%）的比例均处于较高水平，反映出上海的法治环境较为健全。相比之下，通过社会性的非诉讼途径自行解决（16.3%）以及通过行政路径即由政府部门帮助解决（3.7%）的比例均较少（见图34）。

（3）司法部门的公正性与效率评价

数据显示，企业家对司法部门案件执行中公正性与效率等评价较好的比例为63.0%，处于中上水平。但值得注意的是，仍有接近1/3的调查对象认为案件执行过程中的公正性与效率一般，今后在司法执行方面仍然需要进一步改进（见图35）。

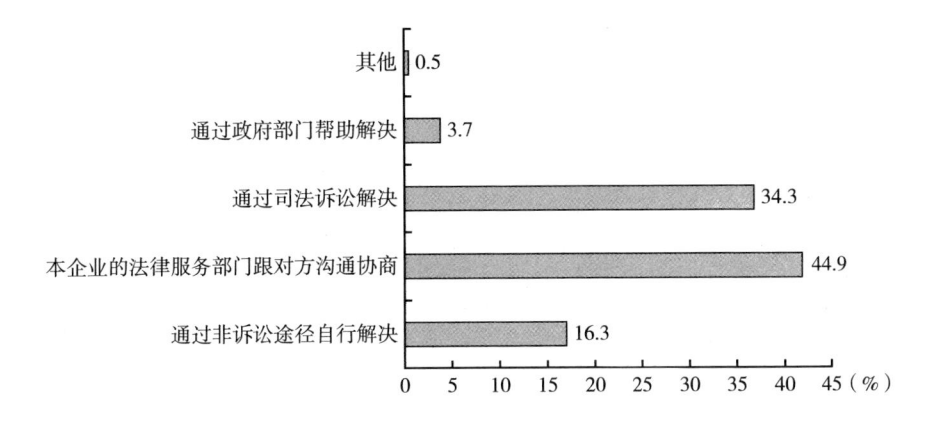

图34 纠纷的解决路径选择

其他 0.5
通过政府部门帮助解决 3.7
通过司法诉讼解决 34.3
本企业的法律服务部门跟对方沟通协商 44.9
通过非诉讼途径自行解决 16.3

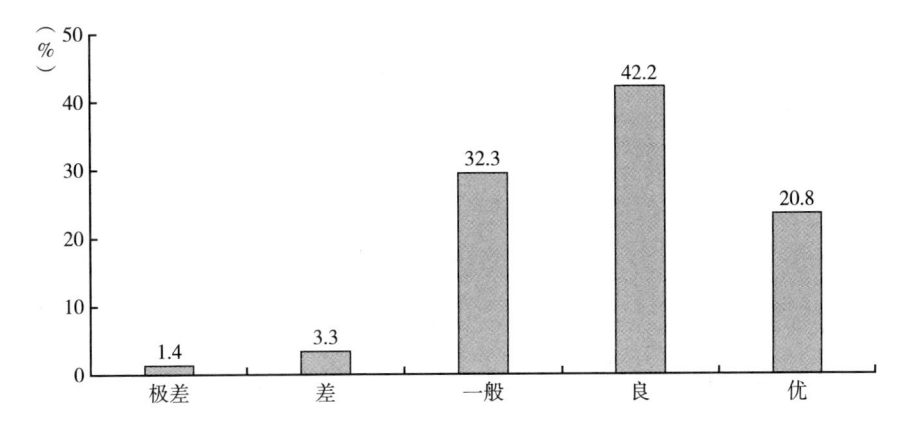

图35 司法部门案件执行中公正性与效率评估

极差 1.4 差 3.3 一般 32.3 良 42.2 优 20.8

3. 法治环境评价

（1）政府依法行政满意度

数据显示，大多数企业家对政府依法行政的满意度处于较高水平（77.6%），比较满意的比例接近60%，说明调查对象对政府依法行政水平抱有较强的信心（见图36）。

（2）知识产权保护满意度

数据显示，对知识产权保护的满意度为70.0%。与前述问题相联系，说明上海的知识产权保护仍有提升的空间（见图37）。

329

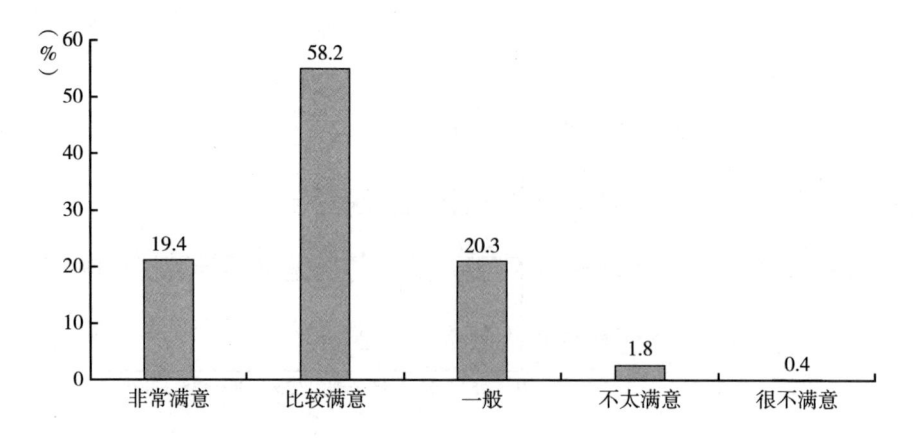

图36 政府依法行政满意度

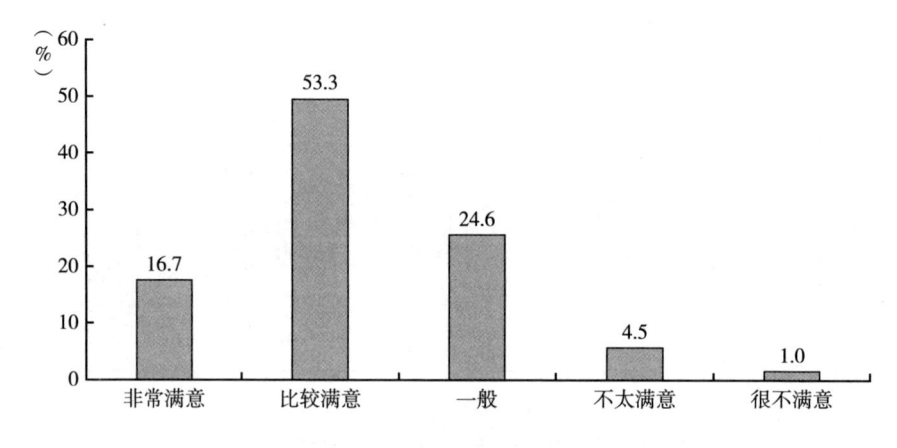

图37 知识产权保护满意度

(3) 诉讼渠道顺畅性

数据显示,对诉讼渠道顺畅性的满意度为71.9%。结合前述问题案件纠纷大多以正式渠道解决,反映出上海在司法渠道畅通方面具有较高的水平(见图38)。

(4) 执法程序明确性

数据显示,对执法程序明确性的满意度为70.8%,调查对象认为"比较满意"的比例也超过了50%,反映出上海在司法环境方面的显著特征,也就是对规范的执行较为严格(见图39)。

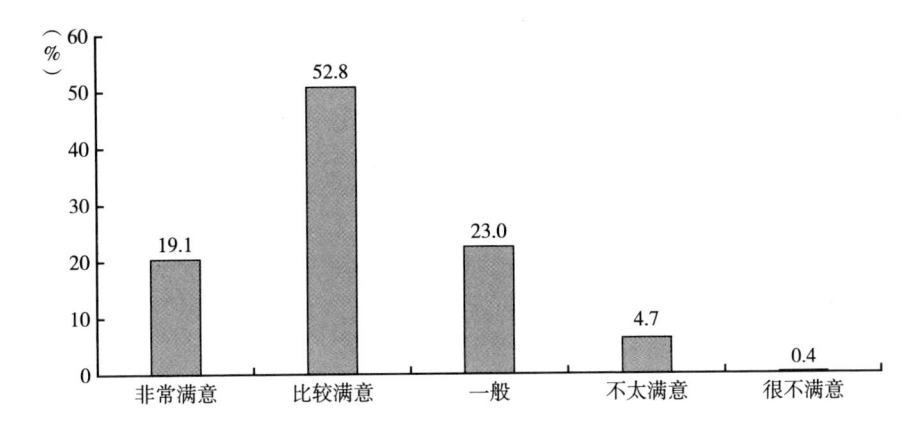

图 38 诉讼渠道顺畅性的满意度

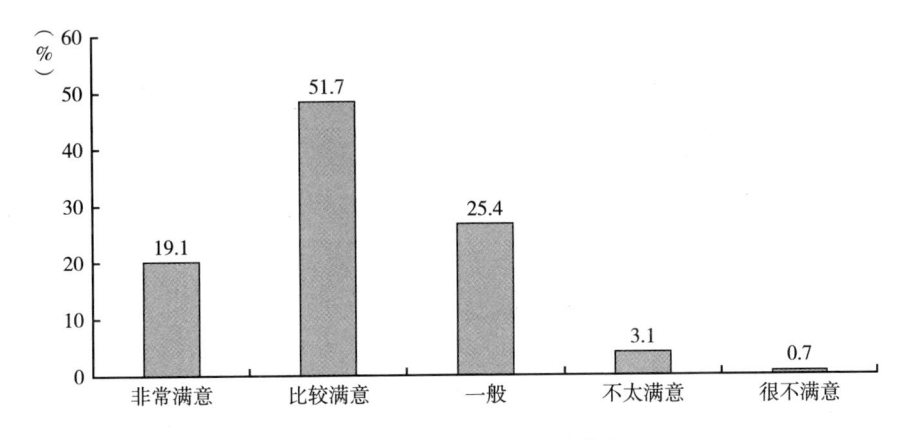

图 39 执法程序明确性的满意度

(5) 依法判决的执行度

数据显示,对依法判决的执行度表示满意的比例为 67.1%。司法案件执行难是一个普遍的问题,上海也概莫能外,相较于其他指标,案件执行度也较低(见图 40)。

(6) 法律监督机制的完备性

数据显示,对法律监督机制完备性的满意度为 67.7%,反映出近年来上海法律监督机构建设不断加强,法律监督机制不断完善,但感受度仍有进一步提高的空间(见图 41)。

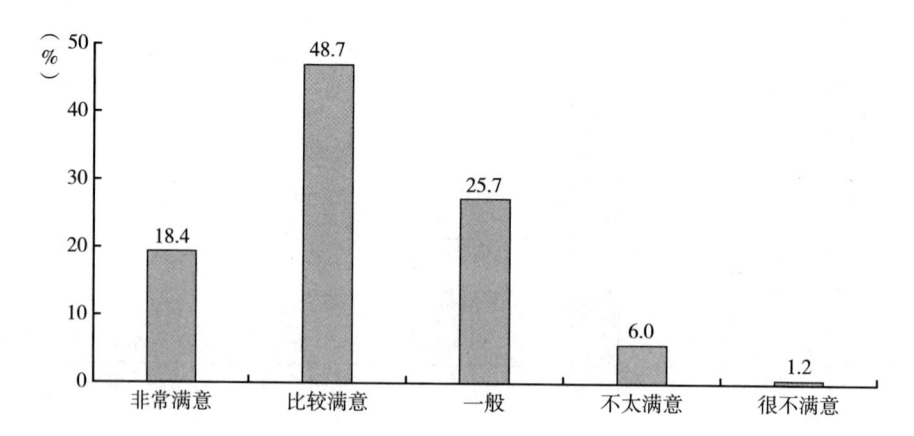

图 40　依法判决执行度的满意度

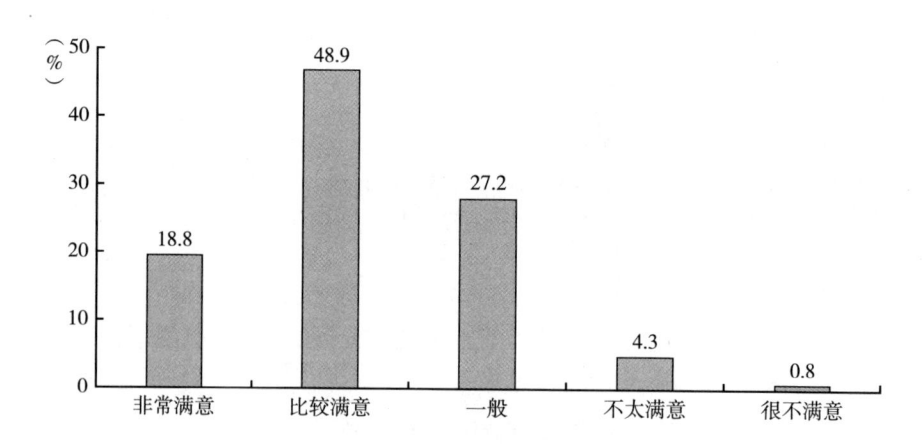

图 41　法律监督机制完备性的满意度

六　政策环境的期盼度

1. 政策环境满意度

（1）政务环境满意度

数据显示，大多数企业家对政务环境的满意度处于较高水平（71.9%），由此反映出近年来上海在政务环境方面的高效公正得到了普遍认同（见图42）。

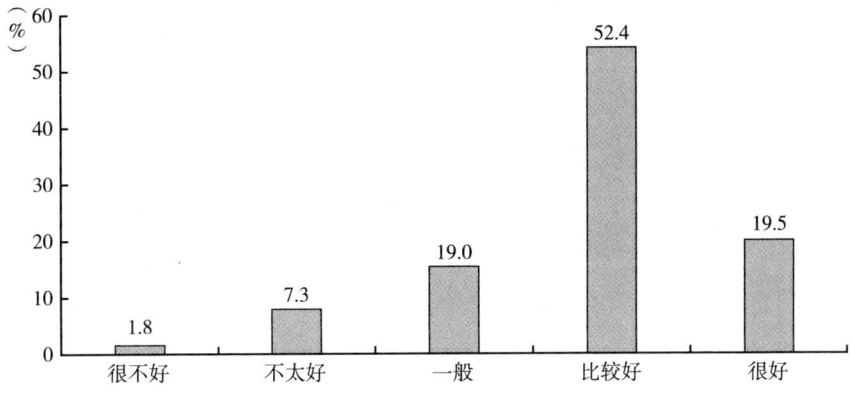

上海打造国际一流营商环境的企业家感受度调查报告

图42 政务环境满意度

(2) 市场环境满意度

数据显示，企业家对市场环境的满意度为65.4%。相较于政务环境，市场环境的满意度有所下降，但仍接近70%，在全国来讲也处于较高水平。当然，上海的市场环境仍然有进一步提升的空间和需要（见图43）。

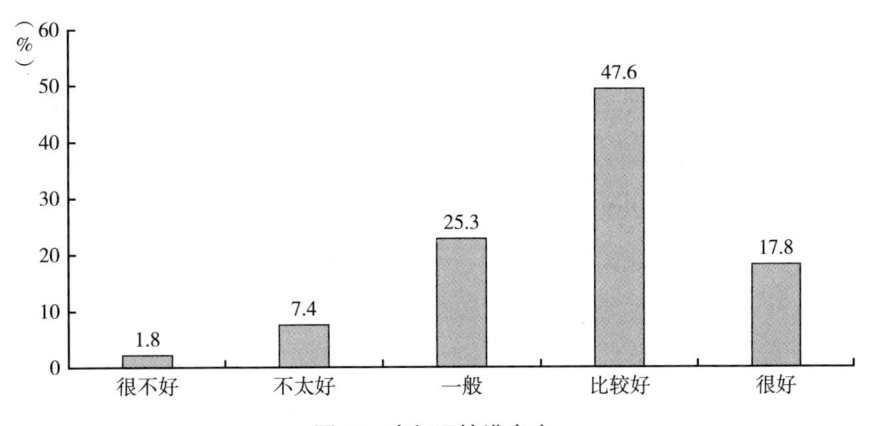

图43 市场环境满意度

(3) 法治环境满意度

数据显示，企业家对法治环境的满意度处于较高水平（75.1%）。由此可见，上海在法治环境建设方面，无论是体制机制还是执行等都处于较好水平，法治正在成为上海独具的城市软实力（见图44）。

333

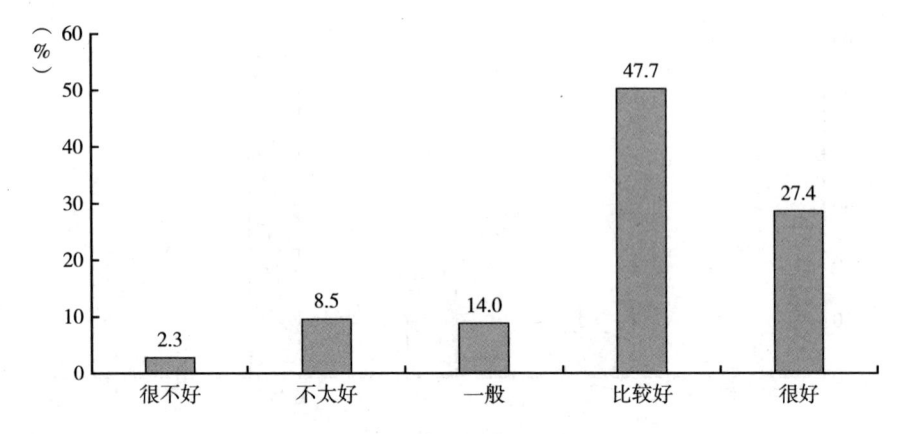

图44 法治环境满意度

（4）人文社会环境满意度

数据显示，企业家对上海人文社会环境的满意度处于较高水平（74.1%），反映出上海"海纳百川、追求卓越、开明睿智、大气谦和"的城市精神及其实践能够为企业发展提供有力的支撑（见图45）。

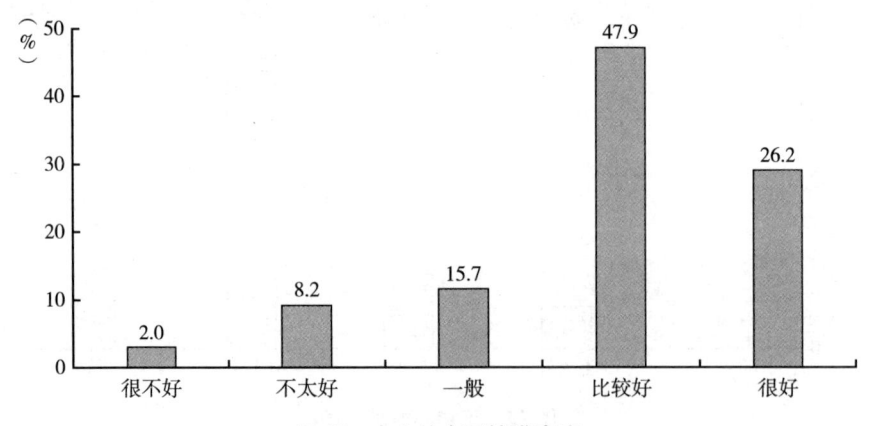

图45 人文社会环境满意度

（5）总体营商环境满意度

数据显示，七成企业家对总体营商环境表示满意（70.9%），总体处于较好水平。但同时，正如前述分析，相对于国际国内领先城市，上海在政府行政、市场环境等方面还有持续提升的空间（见图46）。

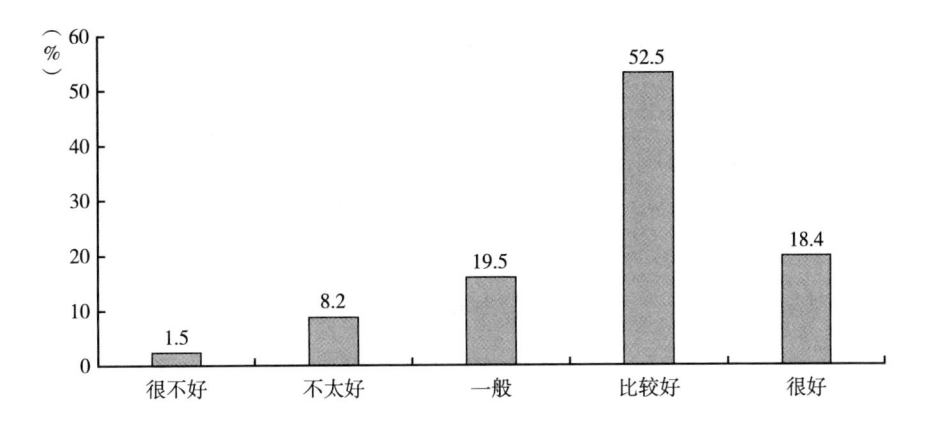

上海打造国际一流营商环境的企业家感受度调查报告

图 46　总体营商环境满意度

2. 政策环境需求

（1）与外地比较

数据显示，与北京、深圳等一线城市相比，企业家认为上海在营商环境方面还存在一些现实问题，主要体现在政府扶持政策、有效的政企沟通反馈机制、人才支持政策以及政府解决困难等方面（见表1）。

表1　上海营商环境存在的问题

单位：%

举措	百分比
政府部门为投资人和企业解决困难和问题工作力度不够	34.9
缺乏吸引全球创新型人才、顶尖人才的区别性政策	37.6
政府部门各类扶持支持企业发展的政策缺乏竞争力	38.7
政府部门制定和执行政策时，缺乏有效的政企沟通机制和反馈机制	33.7
政府部门对市场和企业的监管环境改善不明显	19.2
政府部门引导天使投资、风险投资等投向科技创新领域的投融资鼓励政策不够完备	22.5
企业自建办公场所购地难，租用办公用房难，以及企业购车缺乏区别性政策等	28.9
知识产权的保护及资本化还需加强	21.2
鼓励企业创业创新发展的产业配套与供应链系统不完善	31.2
其他	2.0

335

(2) 营商环境应完善方面

数据显示，在企业家看来，今后上海在优化营商环境过程中，应主要从人才服务、行政审批流程、纳税及信贷融资等方面入手。由此可见，当前上海营商环境的瓶颈就在于此，如人才结构、政府行政以及市场支撑等方面需要明显改进（见表2）。

表2 营商环境应改进的方面

单位：%

方面	百分比
开办企业	11.8
行政审批流程	52.5
纳税	40.8
登记财产	5.8
信贷融资	34.1
获取电水气热通信	8.0
施工许可	16.9
跨境贸易	11.8
人才服务	55.0
其他	2.3

(3) 未来优化营商环境的期盼

数据显示，在企业家看来，今后上海应着力在减税降费降低企业运营成本、人才引进与配套服务以及政企沟通机制畅通等方面下功夫，这直接反映出上海商业成本较高、人才配套有待优化以及政企沟通需要加强等现实问题（见表3）。

表3 上海企业的政策期盼

单位：%

举措	百分比
政府提质增效	29.8
减税降费降低企业运营成本	75.3
人才引进与配套服务	44.4
多渠道融资服务	26.8

续表

举措	百分比
知识产权保护	16.0
政企沟通机制畅通	30.1
企业家权利保护	14.1
公平的市场准入	26.0
其他	0.9

（4）降低企业运营成本方面

数据显示，在企业家看来，上海商务成本较高在国内极为显著，减税降费的重点应在企业总税费、人员社保费和办公、经营场地房租费等方面（见表4）。

表4　上海企业对减低成本的诉求

单位：%

项目	百分比
电费水费	15.5
办公、经营场地房租费	53.1
人员社保费	63.9
企业总税费	73.6
增值税	36.7
其他	2.7

七　上海打造国际一流营商环境的主要问题

本研究的初衷是从市场主体视角出发，考察优化营商环境各项政策举措的落实情况，以及企业对此有怎样的感受和评价，又有何种政策期待。前文一系列指标表明，上海打造国际一流营商环境的政策举措起到了一定的效果，建设成绩总体上是显著的，也获得了市场主体的认可。这些指标包括但不限于：79.6%的受访企业仍将上海作为2019年的首选投资地；90.8%的企业表示将继续把注册地留在上海；约七成企业家对政务信息公开以及网上办事便利度等方面表示满意；超过八成的企业认同目前对企业家权益保护、企业财产保护以及企业家人格权保护状况；办理各类证件的总体满意度比较高。调查报告对这些指标进行了全面展示。

同时，课题组也发现，企业家对上海营商环境评价可概括为有保留的满意，这意味着存在着不少不太满意之处。这也说明，企业家对上海的营商环境改善抱有期待，认为可以通过制度设计与政策导向来加以改善。通过分析调查数据，同时召开座谈会、推进访谈等方式，课题组发现：①政府扶持政策的知晓度、精准性尤其是衔接性不够，政策制定与落实存在落差；②基层政府工作人员的主观服务意识和客观依法行政水平与能力仍需提高；③由于制度成本降不下来，企业经营成本仍然很高，负担较重；④上海的人力资源政策存在结构性错配，人才政策门槛较高，竞争力不够强。

（一）上海打造国际一流营商环境的压力与短板

1. 政策知晓度、精准性、衔接性不够，影响政策的落地见效

目前上海的行政监管仍然存在较为严重的"政策供给不足"，一是表现在对新型业态缺少对应的法律法规，二是即便有政策也不适应实际情况。尤其是一些涉及新兴领域和前沿范畴的企业，如跨境电商+区块链等类型企业，无法在现有的市场监管法律法规下顺利注册并运营，其结果是既增加了公司的运作成本，又引起了法律上的风险。如还有企业家提出，无论是为客户提供云服务的运营和维护，还是再制造产业，在现有上海的工商注册登记系统中都找不到对应的分类，使得企业经营迟迟无法推进。

政策执行与落地的困难来源于以下三个层面。

一是政策信息传递的管道数量很多，但并不畅通。如上海有中小微企业政策性贷款担保基金，每年的盘子有80亿元，但真正了解这个信息的企业家非常少。此外，政策落实还存在部门分割的问题，如很多惠企的补助补贴分散在各委办局及区县部门，缺少整合的平台以供企业查询和对接。

二是政策制定和实施过程中普遍存在"重开发、轻推广""重制定、轻宣传"等倾向，无形之中降低了政策效能。如调研中有民营企业2018年和上海某区政府合作开发了一个有助于改善营商环境的线上功能性产品，但做好后并没有投入人力、物力做宣传，导致2019年第一季度的浏览量极少。

三是由于信息不畅、管道不通，政策在落地过程中被扭曲。很多企业反映，要申请政府的补贴和资助，往往必须借助中介机构，他们依靠程序的不透明与不便捷来抽取20%~40%的佣金，并与握有审批权的部门一起创租寻租。这种选择性扶持的政策最终产生了逆向淘汰效应，即真正埋头研发的企业无人力投入，因此极难拿到资金，而许多疲于申请政府补贴的企业，其最终的主营业务就变成了申请补贴、接待来访和项目验收，不再投入真正的创新。

2. 基层政府工作人员的主观服务意识及客观依法行政水平和能力仍需提高

行政司法部门往往在缺失法律政策或政策规定模糊的情况下肆意扩大自由裁量权，这都会让企业的日常经营突然停止，给企业带来不可预期、不可控制的风险。一些受访企业家表示，基层执法过程充满了随意性，行政管理人员在工作中缺乏服务意识、执法粗暴，在没有任何提前告知的情况下就会因消防、环保等理由对企业采取限电、停产、断网等极端做法。

而当企业遭遇人身/财产安全受到侵犯的情况时，执法部门的介入积极性和力度又往往不能令人满意。有受访企业家表示，目前在经济案件侦查方面尚没有跨区域的执法制度，当企业卷入经济纠纷甚至金融诈骗时，被告知必须去被告企业的注册地报案，使得企业合法权益迟迟无法得到有效保障，而行政司法资源的利用也非常低效。

3. 企业经营成本仍然很高，负担较重

融资成本特别高是最受企业家诟病的老大难问题，这里面有市场性因素，但更多的是制度性障碍，其中，国有部门履约情况不好可能是最大的制度困境之一。如轻资产的科创性企业，本来从银行获得贷款就很艰难、成本很高，还往往会在年终遭遇提前抽贷。如有些企业在贷款合同上写明的期限

在实际操作中经常被无视,出现了"过桥资金根本过不了桥"的现象。目前国家严控金融风险的方针,在实际操作中也变成了"一刀切"去杠杆,而且在执行中往往是"谁的杠杆容易去,就去谁的杠杆"。除了国有金融机构之外,国有企业、政府部门与民营企业的商业合作也往往因其地位不对等而出现履约回款表现不佳的情况。

税收负担也是企业家集中反映的问题。有企业家反映,增值税降3个点的消息一出,他们的客户(国有企业)就直接要求价格相应下调,使得企业完全无法享受到中央的降税举措。还有一个注册在浦东的制造业企业,于2018年10月被突击征税18万元。当然,目前税收减免政策还有待落实,而基层税务部门在征税过程中也存在一些不规范现象,增加了企业财务金融方面的不确定性。

制度成本高的原因是市场准入的公平性缺失。在市场准入门槛上存在的显性与隐性的所有制歧视,使得非国有企业常常面临不公平竞争的局面。

4. 人力资源政策存在结构性错配、人才政策门槛较高,竞争力不够强

上海的积分落户制度非常严格,对于引进人才落户设立了极高的门槛,旨在引进最为高端的极小部分人才,这使得民营企业、中小型科创企业很难找到合适的人才,即使招到人才也很难留住。有些企业的高级管理人员、合伙人甚至企业家本人都无法顺利在上海落户,造成了孩子教育以及日常生活的不便。

上海在政策上也缺乏有力且分权的人才补贴。尤其是深圳、杭州等地的抢人大战愈演愈烈,不仅政府补贴人才力度大,而且地方政府在人才政策上以企业的用人留人需求为宗旨,在人才引进方面给予企业较大的话语权,较好地实现了对企业的人才服务。

(二)在沪企业对国际一流营商环境建设的主要诉求

1. 地位平等

企业对营商环境建设的最大诉求就是"公平"和"平等",强烈期盼所有地区、不同市场主体都能获得平等、公正的发展环境,而不是按照所有制

和规模等因素制造各种不平等。

就目前而言，国有企业和民营企业仍然存在着各方面负担及其在制度执行方面待遇的现实差异。企业更加关注公平竞争的环境，也就是减少特权和优惠，而不是增加补贴。本次调查所得数据显示，所有制歧视、规模歧视依然存在。如企业合法融资存在明显的"所有制歧视"，在合法融资存在困难（包括比较困难、十分困难）的企业群体中，个体私营企业中融资难所占比例明显大于国有集体企业的比例；同样，在合法融资存在困难的企业群体中，中小规模企业所占比例明显大于大规模企业的比例。

与政府部门之间的平等待遇也是企业尤其是民营企业的重要诉求。在现实中，虽然目前行政诉讼有相当多的法律法规，但做到平等环境下的公平待遇，在一些企业家眼中仍然"比登天还难"。

2. 服务意识

在调研中，许多企业家反映目前的市场监管改革存在着"重放权"但"缺服务"的现象。近年来，上海在持续推进"放管服"改革方面取得了很大的成效，但在"放管"之后真正优化"服务"，才是行政监管改革落到实处的关键所在。根据我们的调查，目前仍有一些部门的行政审批事项较多，且在"放管服"改革中将大量行政成本用于指标评估，使得可用于优化服务的资源相当有限，甚至在改革过程中局部出现了"放小权、留大权，放旧权、设新权"的现象。

3. 创新模式

上海的市场监管体制改革在监管流程方面取得积极进展，但体制机制创新仍有待进一步加强。如前所述，在一些前沿领域，既有的监管模式与市场经济的商业模式不匹配，经常出现监管滞后于商业模式革新问题。而企业为了突破既有的制度瓶颈，往往投入巨大的成本或与相关部门沟通，以便于通过试点形式或制定补充规范性文件来推进商业创新，在增加企业运营成本的同时也制造了寻租的空间。

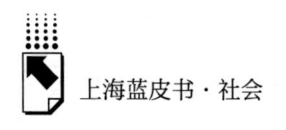

八 从提高企业获得感出发打造国际一流营商环境"软实力"

基于对调研中发现的有关问题的分析，课题组提出，上海进一步加强营商环境建设要做到"七坚持"和"四完善"。

"七坚持"是指：①坚持以构建与卓越全球城市相适应的国际一流营商环境为目标；②坚持以国际化、法治化、便利化的营商环境为方向；③坚持以制度创新与机制优化为核心；④坚持以对标世行标准、深化"放管服"改革为抓手；⑤坚持以加大减税降费力度为紧要；⑥坚持以完善"一网通办"的政务服务环境为特色；⑦坚持以市场主体感受度为评价标准。"四完善"是指：完善营商的政策实践环境、政务运行环境、产业发展环境和人才发展环境。

（一）进一步提高政策知晓度与精准衔接度，营造沟通顺畅的政策环境

政策制定过程要设立制度化渠道吸纳各种意见，为企业家提供更多的参与机会，充分发挥行业协会、企业家协会等社会组织的作用。要进一步重视政策宣传、政策解读、政策推广工作，提高企业对政策的知晓度与可应用性。如建立健全统一的、汇集各部门营商环境政策的宣传发布平台，充分利用"一网通办"等新媒体渠道加强政策宣传。在加强各方面政策整合的同时，用企业家听得懂的、简明扼要的语言，宣传好政策的核心观点，让企业家用最短的时间获取最有效的政策信息，打通政策服务的"最后一公里"。

（二）进一步优化政府行政服务，营造更加高效透明的政务环境

完善基层安商稳商的激励机制。强化基层干部依法行政意识、主动服务意识，把"店小二"服务品牌落到解决企业发展问题的实际行动之中。在街镇不承担招商引资职能的情况下，进一步强化安商稳商的服务功能。同

时，要加强街道基层工作人员的激励机制建设，不断提高做好安商稳商工作的积极性。

真正建立完善"无事不扰，有求必应"的服务机制，为企业发展创造宽松的社会经济环境。尊重企业成长发展规律和经营运行机制，尽量减少行政行为对企业运营的干扰。

创新新型业态的监管和服务模式，允许"政策留白"以便为新兴和前沿领域发展提供空间。市场模式的创新远远快于政府监管体系的改革，要给新生事物一定的"政策留白"，为新型业态设置风险控制的红线，在红线内部可以让市场主体去尝试、去试点。

完善市场主体变更、退出机制，解决企业"变更难""关门难"问题。市场监管部门要依靠信息化手段与信用体系，简化变更注销手续。建立健全企业简易变更和注销程序，进一步完善市场快速退出机制。同时，政府与法院要建立工作协调机制，尤其是数据共享与工作协同，实现市场监管、人力资源、银行金融、公安、法院等部门的信息充分有效共享，提高破产办理的效率。

（三）进一步加大减税降费力度，切实减轻中小企业负担

在地方权限内，进一步加大减税降费力度。适时下调企业社保费率，降低企业用工成本，尤其是对于上海总体较高的商务成本而言，降低企业运营成本是重中之重。

多措并举缓解中小企业融资难、融资贵问题，加强资金供需方的有效衔接。鼓励银行为中小企业发放贷款，适度扩大贷款风险补偿比例，为银行提供贷款坏账损失补偿。引导鼓励社会资本参与破解融资难、融资贵问题，完善现有纾困基金运营模式，以合理的利率价格向中小企业提供贷款。

重点扶持发展优质中小企业，尤其是要着力解决这些成长性企业的融资困难。科学筛选科技含量高、成长性好、发展前景佳的企业，政府通过设立科技风险基金等，投入专项资金给予补贴或者提供担保，支持其发展壮大，发挥示范带动作用。

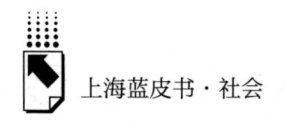

（四）进一步优化人才引进政策，营造更具吸引力的人才发展环境

要根据城市产业布局和可持续发展的需要，动态调整人才引进和配套服务政策，要不断优化"居转户"（居住证转户籍）的条件，科学设定优秀人才直接落户的标准。对于暂时无法落户的人才，探索采用有区别、分阶段地在教育、医疗、购房等方面享受市民待遇的政策，营造良好的人才服务氛围。在引进高端人才的同时，也要适当引进有利于上海长远发展的高级技术工人，注重人才结构的优化。制定单列的民营经济人才政策，在人才引进、人才评估等方面设立专门的标准，为民营企业引进人才提供制度保证。借鉴大湾区引进设立中科院分院的模式，上海的人才引进模式也要从单兵引进向单兵引进和集团引进并重转变，形成多管齐下、协同合力的发展格局。

B.17
上海市静安区构建基层治理指标体系研究

鲍晓丽　潘文波　杨飞飞　李碧琰　方士雄　郁明[*]

摘　要： 上海市静安区地区工作办公室与上海市社会建设研究会自2019年5月起合作开展了"关于构建上海市静安区基层治理指标体系"的研究工作。基层治理指标体系是反映基层治理情况的"风向标"和"晴雨表"，能有效引领街镇治理方向，全面把控基层治理全貌，进一步提升基层治理能力和治理体系现代化水平。通过指标体系能监测和反映全区基层治理状况，进而发现问题、找到原因、寻求对策，是基层治理精细化的必然要求，是进一步推进更高水平的基层治理工作的迫切需要。

关键词： 上海　静安区　基层治理

为进一步加强上海市静安区基层治理工作，上海市静安区地区工作办公室与上海市社会建设研究会组织实施了构建上海市静安区基层治理指标体系的研究项目。其根本目的，一是以工具现代化促进基层治理体系和治理能力现代化，二是以治理工作指标化适应基层治理精细化，三是以构建闭环机制适应街镇治理绩效评价需求。

研究项目启动后，我们综合采用了文献研究、调研座谈、深度访谈及专

---

[*] 鲍晓丽，上海市静安区地区工作办公室主任；潘文波，上海市静安区地区工作办公室副主任；杨飞飞，上海市静安区地区工作办公室社区工作科科长；李碧琰，上海市静安区地区工作办公室科员；方士雄，上海市社会建设研究会执行副会长；郁明，上海市社会建设研究会秘书处。

家咨询等多种方法开展工作，并通过前期研究、编制方案、启动部署、指标汇集、征询意见、研究梳理、深入研讨等环节，最终形成了项目成果。本项目的成果有两个：一是形成了《关于构建上海市静安区基层治理指标体系的研究报告》，该报告以调研结果为主要依据，详细阐述了构建的理论依据、目的和意义、构建思路、构建过程及其应用机制等；二是构建了一个能衔接区级相关职能部门工作要求并对应街镇相关工作部门，既体现静安区鲜明特质又具有较强科学性、时代性、实用性的基层治理指标体系。这一指标体系注重从最终结果上精准反映静安区基层治理工作的实际情况，力求发挥监测、预警、评价等功能。该指标体系是上海市16个区中首个反映区级基层治理工作要求并对应各个街镇相关工作部门予以落实工作任务的指标体系。这一指标体系的构建为建立健全部门协同、上下互动、整体推进静安区基层治理的工作机制提供了一个有效抓手。

一　构建静安区基层治理指标体系的理论依据

（一）深化社会治理需要系统设计

习近平总书记在党的十九大报告中对创新和加强社会治理进行了全面阐述，提出要打造共建共治共享的社会治理格局。党的十九届四中全会，主要议程就是研究坚持和完善中国特色社会主义制度、推进国家治理体系和治理能力现代化若干重大问题。社会治理是国家治理体系的重要组成部分。从顶层设计的角度来看，不仅要求建立社会治理多元的制度体系、完备的社会公共服务体系、全面的社会保障体系、严密的社会治安防控体系、完善的社区自治体系，还意味着要营造这些体系有效运转和相互支撑所必需的系统条件。构建静安区基层治理指标体系，是将党的十九大和十九届四中全会精神贯穿于基层治理的重要举措，是以习近平总书记关于社会治理的重要论述为理论指导，体现了静安区委、区政府在持续推进社会治理中注重顶层设计、注重系统思考、注重整体水平的不断提高。

（二）深化社会治理需要落脚基层

习近平总书记指出："基层是一切工作的落脚点，社会治理的重心必须落实到城乡、社区。"习近平总书记于2018年7月3日在全国组织工作会议上讲话时指出："要构建党组织统一领导、各类组织积极协调、广大群众广泛参与的基层治理体系。"习近平总书记2018年和2019年在上海考察时强调：上海深化社会治理创新要做到人人参与、人人负责、人人奉献、人人共享。要推动城市治理的重心和配套资源向街道社区下沉，聚焦基层党建、城市管理、社区治理和公共服务等主责主业，整合审批、服务、执法等方面力量，面向区域内群众开展服务。为贯彻习近平总书记对上海的要求，静安区基层治理指标体系将指标转化为区层面的指导和街镇层面的具体落实，实现了任务主体在街镇，这一点在全市乃至全国尚属于首创，体现了静安区基层治理指标体系的创新性。可以说，静安区基层治理指标体系是从"质"和"量"结合的层面，对静安区推进基层治理现代化的一种实践探索。

（三）深化社会治理需要平衡发展

党的十九大报告指出，我国社会主要矛盾已经转化为人民日益增长的美好生活需要和不平衡不充分的发展之间的矛盾。静安区在推进社会治理过程中要着力解决发展不平衡和不充分的问题。为此，静安区基层治理指标体系中指标的选择既要能反映静安区全区基层治理的普遍规律和整体水平，也要体现静安区14个街镇相互间的地区差异及平衡性，从而促进各项工作不断进步。静安区基层治理指标体系将任务主体落实在街镇，使得各街镇能够在横向比较中扬长处、补短板，推进全区基层治理水平平衡发展。

二 构建静安区基层治理指标体系的目的和意义

（一）以工具现代化促进基层治理体系和治理能力现代化

党的十九大提出了"推进社会治理体系和社会治理能力现代化"的社

会治理改革发展总要求，基层治理体系建设是社会治理体系和社会治理能力现代化的应有之义。基层治理指标体系本身就是基层治理体系的有机组成部分。具体来看，基层治理体系由组织体系、制度体系、运行体系、评价体系和保障体系等构成，基层治理指标体系属于基层治理评价体系的一部分。用基层治理指标体系来监测、预警、评价基层治理状况，本身就是基层治理能力现代化的具体体现。基层治理指标体系本质上是一个工具，工具现代化是基层治理体系和治理能力现代化的重要标志之一。

在构建基层治理指标体系方面，国家已有相关的政策性要求。2016年，民政部会同全国社区建设部际联席会议成员单位印发的《城乡社区服务体系建设规划（2016—2020年）》中明确提出，要将社区建设成效纳入各级党委政府部门工作目标考核；2017年《中共中央、国务院关于加强和完善城乡社区治理的意见》中也提出了类似要求；2016年12月，上海市委办公厅、市政府办公厅印发了《上海市社会治理"十三五"规划》，在该规划中更是明确提出了"建立社区治理综合考评体系"的要求。中央及市委对基层治理的一系列要求，明确释放出加强基层治理及加强基层治理能效评价考核的信号，这为静安区构建基层治理指标体系提供了最为基本的遵循。

（二）以治理工作指标化适应基层治理精细化

新时代基层治理工作面临"适应社会主要矛盾变化"的挑战，构建基层治理指标体系是适应社会主要矛盾变化的具体举措。社会主要矛盾变化是关系全局的历史性变化，要求基层治理更加精细化，基层治理工作指标化本身就是基层治理精细化的具体体现。随着基层治理精细化力度的不断加大，基层治理评价内容及方式也应有所改变，基层治理指标体系建设也应与时俱进。全市基层治理的历程大致经历了街道和居委会回归服务管理职能、夯实基层社区、推进基层自治、全面创新基层治理4个阶段。新时代基层治理的内涵与外延已经发生重大变化，旧的相对粗放的基层治理评价体系已不能很好地适应新时代的需求，所以需要更新迭代。何况静安区对基层治理还有自己的定义，全市或其他区的基层治理相关的指标体系对静安区不一定适用，所以需要"量身定制"。

（三）以构建闭环机制适应街镇治理绩效评价需求

相关研究发现，静安区在基层治理的实践中面临着一个矛盾，即科学全面评价全区各街镇基层治理绩效的需要和对应的指标体系缺失的矛盾。特别是街道取消招商引资以来，考核街道工作缺少可量化的具体抓手，区级管控街镇的闭环机制存在"漏气"缺陷，即闭环尚未完全封闭。所以，推进静安区基层治理的现实需求首先就是要构建静安区基层治理指标体系，这个指标体系的总体要求是，每一个具体指标的工作由区相关部门主导推动，而具体工作任务由各街镇相关部门落实，从而为科学全面评价各街镇基层治理绩效提供一个具体抓手。

三 构建静安区基层治理指标体系的思路

（一）界定基层治理概念

界定基层治理概念的内涵与外延是构建指标体系的关键一步。"基层治理"有两个层面的含义：一是街镇层面意义上的基层治理；二是居民区层面意义上的基层治理。在上海社会治理话语体系中，这两个层面的基层治理都属于"基层治理"。在本项目中，我们将"基层治理"这一概念的外延定位在街镇层级的"基层治理"。另外，对于街镇层面的基层治理，全市16个区在治理内容上存在较大共性，但静安区也有自身个性，这里所称的"基层治理"指的是具有静安区特色的"基层治理"。

（二）坚持治理目标导向

将区级各职能部门的治理目标作为构建静安区基层治理指标体系的重要价值取向。基本做法是，区级各职能部门对自己的工作目标进行分解并指标化，明确各街镇在一个自然年度内在相应指标上要达到的目标值，并一一对应街镇"八办"及三支下沉队伍或其他工作部门。"八办"即街镇内设的八个办公室,分别是党政办公室、社区党建办公室、党群工作办公室、社区平安办公室、社区管理办公室、社区服务办公室、社区自治办公室、社区发展办公室;三支下沉队伍分别是城管执法中队、绿化市容所、房管办事处。之所以这样做主要是出于三个方面的考虑:一是推动"条"对街镇的行政工作要求具体化;二是实现指标体系的实用化;三是实现绩效评价的简约化。

(三)回应新时代居民群众需求

在基层治理领域,目前居民群众对美好生活的追求有"八大需求",即"更加优越的民生保障""更加优质的公共服务""更加有序的公共管理""更加广泛的社会参与""更加丰富的精神生活""更加安全的生活环境""更加宜居的美丽家园""更加充分的财政支出"。在构建指标体系时,我们充分考虑到了目前居民群众的"急难愁盼"类问题在整个指标体系中的分量,如住宅小区物业治理、社区养老、老旧小区改造等主题,通过增加指标数量、赋予指标更大权重等方式进行体现。与此同时,适当兼顾了底线民生、基本民生、质量民生三类指标的数量与权重结构。

(四)关注影响基层治理的主要因素

影响基层治理的主要因素有以下几个方面。一是居民参与状况。居民参与社区治理意识、居民社区归属感、居民承担社区事务意识、居民整体素质、居民经济条件、居民间关系友好程度对城市基层治理创新具有显著的正面影响,所以基层治理必须重视居民教育、动员居民参与、促进居民参与。二是社会组织的发展程度。社会组织起到政府和居民之间的桥梁作用,可以代表政府把相关的政策传递到社区居民当中,也代表社区居民把意见和要求反映给政府部门。必须大力发展社会组织,政府可以逐渐把一些社会治理的事务交给社会组织,甚至是购买社会组织服务开展政府引导的服务项目。三是社区共建共治。整合社区党组织、居委会、社会组织、企业、居民等多元主体力量,搭建共建主体架构;建立联建联动的配套机制,形成共治机制,从而构建起共建共治的基层治理格局。四是社区安全。社区安全包含居民居住安全、公共卫生安全、环境安全、隐私信息安全等。五是社区服务。社区服务包括物业管理、为老服务、社会保障服务、社会救助和优抚、便民利民服务、家政及托幼服务等，对社区物质文明与精神文明建设有着很大的推动作用。我们在构建基层治理指标体系时要关注这些因素，而这些因素可通过指标体系的构建予以体现。

（五）突出指标体系功能特点

静安区基层治理指标体系突出了三大特点。一是体现指标体系构建的科学性。在指标框架的构建阶段，我们通过文献研究对比后，编制了系统性的研究方案，在明确"规律性和程序性"的基础上界定了适合静安区基层治理的初步指标。二是注重指标的设计和筛选。项目组经过系统研究与指标有关的相关文献，参考江苏省南京市的"幸福南京"指标体系、上海市社会建设指标体系、上海浦东新区社会治理指数体系、上海市闵行区社会治理指标体系、上海市松江区社会建设指标体系等，结合中央与上海市委对社会治理的要求，博采众长，系统设计了静安区基层治理指标体系。同时，为了更为科学合理地构建指标体系，项目组会同多个静安区区级职能部门及各街镇，征集"清单"反复征询，专题研究调整及补充指标，确定了目前纳入静安区基层治理指标体系的主要指标，这些指标是基层治理能力的综合体现，而不是简单的加总。三是注意体现区委、区政府对基层治理的总体要求。有些指标区级相关职能部门虽未提及，但结合区委总体部署，这些指标对全区基层治理很重要，我们进行了指标补充。在选取指标时，我们也剔除了非街镇职责类指标。区分街镇"块"的属地责任和区级职能部门"条"的主体责任，对那些不属于街镇职责范围内的指标予以剔除。通过这一方式对区级职能部门下沉街镇事项进行把关。

（六）明确指标体系设计原则

一是普遍性与特殊性相结合的原则。静安区基层治理指标体系是指标体系的一种，既应该遵循指标体系设计的普遍性原则，又应该体现构建静安区基层治理指标体系的特殊性要求。普遍性原则具体包括目的性、科学性、联系性、统一性、可比性、可获得性。特殊性要求具体包括静安区基层治理指标体系在主题、层级、应用目的等方面的特定要求。二是系统性和层次性相结合的原则。系统性指的是将指标体系看成一个整体。层次性指的是指标体系内部各层级之间应具有鲜明的层次结构。三是代表性和导向性相结合的原则。代表性指的是所选指标虽然数量有限，但是要能够基本反映基层治理的主要工作内容，每个领域的指标要力求以点带面。导向性指的是整个指标体系要侧重于当前工作的重点领域，通过多选重点领域的指标或提高重点领域指标的权重来突出重点工作。四是传承性和创新性相结合的原则。传承性指的是注意选用和优化静安区历年用来评价基层治理工作的一些老指标。创新性指的是注重选取区相关职能部门并未提出但能体现静安区基层治理核心取向的指标。五是自上而下与自下而上相结合的原则。由区地区办及区相关部门提出基层治理的主要工作任务并予以指标化，由街镇作为责任主体予以落实。同时，由街镇将各项指标分别分解到八个办公室和三支下沉队伍，从而构建区职能部门主导推进、街镇责任部门具体落实的指标闭环系统。

四 构建静安区基层治理指标体系的过程

（一）学研文献编制方案

我们先后学习了四类文献，包括静安区社会治理"十三五"规划及其相关评估报告、关于基层治理指标体系研究的相关文献、静安区关于基层治理的领导讲话及工作总结、上海市及静安区统计年鉴等。同时也组织学习了对构建静安区基层治理指标体系具有借鉴意义的相关省市和上海市其他区社会建设、社会治理相关的指标体系。其中有代表性的包括江苏省南京市的"幸福南京"指标体系、上海市社会建设指标体系、上海市浦东新区社会治理指数体系、上海市松江区社会建设指标体系等。在学习研究的基础上，编制了关于构建上海市静安区基层治理指标体系的研究方案，同时也确定了构建指标体系的研究步骤和研究重点。

（二）启动实施明确要求

2019年5月16日，静安区地区办召开了静安区基层治理指标体系建设启动会暨联络员会议。38个区级职能部门的办公室工作人员等参加了会议（共通知44个部门）。启动会上下发了《关于汇集基层工作指标的通知》和《静安区基层工作指标汇总表》，并详细部署了基层工作指标的汇集与梳理工作。会上明确了征集基层工作量化清单的任务，要求各参会部门汇集由区各职能部门负责制定下达、各街镇作为落实主体的工作指标并报送给区地区办。

（三）征集"清单"反复征询

静安区基层治理指标体系建设启动会后，区相关部门结合各自职能对会上部署的工作量化清单进行了研究，并将研究结果报送静安区地区办。前期，区地区办共向全区44个部门征集基层工作量化清单，随后有2个部门主动提出也有意愿参与，因此共有46个部门就此项工作进行了研商。反馈没有相关指标（清单）的部门为19个，分别为区纪委、区委办、区委组织部、区侨办、区台办、区政法委、区人大办、区府办、区政协办、区人保局、区体育局、区发改委、区商务委、区科委、区民政局、区规划资源局、区建管委、区红十字会、区统计局。反馈具有并报送相关指标（清单）的部门为27个，分别为区委宣传部、区委统战部、区民宗办、区工商联、区信访办、区教育局、区司法局、区退役军人局、区生态环境局、区文化旅游局、区卫生健康委、区市场监管局、区绿化市容局、区房管局、区应急局、区民防办、区投资办、区金融办、区城管执法局、区总工会、团区委、区妇联、区科协、区残联、区城运中心、区行政服务中心、区拆违办。27个部门总计报送原始指标（清单）143项，这些指标主要涉及社区党建、社区服务、社区管理、社区公共安全、社区共治自治、社会组织培育发展、基层队伍建设等领域。在去除各部门上报的定性工作指标后，我们筛选出涉及基层工作的可量化指标总计110项，形成了《静安区基层工作量化清单汇总表》（征求意见稿）。随后，区地区办向14个街镇发放通知，就《静安区基层工作量化清单汇总表》（征求意见稿）的110项工作指标向各街镇征求意见。14个街镇总体上认同110项指标可以下达到街镇，而且基本上与街道"八办"是对应的。对个别街道反馈中有修改建议的，我们再次进行了研究讨论并对指标进行了相应的调整。在此基础上，我们按照构建指标体系的"三要素"（指标名称、指标目标值、指标年度统计值）原则，对110项指标逐项梳理论证，对其中具备"三要素"条件的44项指标提出拟纳入静安区基层治理指标体系的建议，并形成了《拟纳入静安区基层治理指标体系一览表（建议稿）》。

（四）专题研究调整及补充指标

2019年7月9日，项目组对《拟纳入静安区基层治理指标体系一览表（建议稿）》进行了专题研究和讨论，结合其他研究资料，得出了两方面的成果。一是删减并调整了《拟纳入静安区基层治理指标体系一览表（建议稿）》中的指标。考虑到各街镇不一定都适用等原因，删减了其中三项指标，分别是"街镇旧住房成套改造推进""既有住宅小区电动自行车充电设施建设（小区数）""廉租住房申请受理"。剩余的41项指标中有部分指标在名称、单位、指标计算方法、目标值等方面存在不妥或欠缺，分别做了相应的调整或补充。二是补充了31项其他相关指标。项目组学习借鉴了上海市社会建设指标体系、浦东新区社会治理指数体系、闵行区"十三五"时期社会治理主要指标、"幸福南京"指标体系等，从中吸收了相关部门尚未提出但实际上比较重要的指标，结合静安区实际情况，确定《拟纳入静安区基层治理指标体系补充建议表》指标总计31个。对于补充的指标我们将再行征询意见，最后确定是否纳入静安区基层治理指标体系之中。

后续又针对指标体系的构建进行了以下工作。

（1）征询意见

我们将就《拟纳入静安区基层治理指标体系一览表（建议稿）》《拟纳入静安区基层治理指标体系补充建议表》反复进行研究和继续征询各相关部门及街镇意见，进一步确定静安区基层治理指标体系中所有指标的名称、单位、目标值、统计值、2019年统计值能提供的最晚时间等内容。

(2) 分类分级

确定纳入静安区基层治理指标体系的全部指标后，根据指标所属领域及不同领域的层级关系，我们将对全部指标进行分类分级工作。

(3) 形成指标体系

经与各部门反复协商与征询后，对指标做出修订及分类并增加指标，确定了涉及社区发展客观指标、社区党群、城市管理、社区服务、平安建设、社区自治、生态文明、智能化建设八大领域共 86 项具体指标（暂定），形成了《静安区基层治理指标体系一览表（试行）》（参见附件）。

(4) 征求人大代表、政协委员及基层代表意见

在基本确定静安区基层治理指标体系后，静安区地区办又召开了部分人大代表、政协委员、居委会党总支书记、社会组织代表座谈会，根据与会代表的意见和建议，持续调整和完善指标体系。

五 构建静安区基层治理指标体系的运用机制

（一）建立智能化数据汇集机制

数据是开展基层治理评估的基础和依据，静安区基层治理指标体系的评估工作拟一年开展一次，它的基础工作是必须对所有指标进行一年一度的统计汇集。2019 年指标数据的统计汇集拟由静安区各职能部门通过工作邮箱报送到静安区地区办，由区地区办做汇集和梳理工作。为了进一步提高数据汇集的效率和数据运用的便捷程度，建议区地区办负责牵头于 2020 年初开发设计智能化软件，搭建静安区基层治理指标体系数据汇集平台，对所有数据进行年度汇集。区委宣传部、区委统战部、区民宗办、区工商联、区信访办、区教育局等基层治理相关部门各自负责收集本条线全区及各街镇基层治理指标体系相关数据，并于当年 12 月至新一年 1 月底将 2019 年度相关统计数据填报至数据汇集平台。为便于开展和实施静安区基层治理指标体系评估工作，区地区办再统一将上述数据转达至项目评估实施单位。

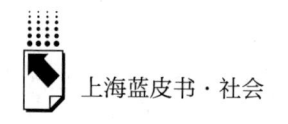

（二）建立基层治理绩效评估及成果应用机制

由评估实施单位采用定量评估的方法，对上一年度静安区基层治理状况进行评估，并于新一年4月底前出具上一年度静安区基层治理评估报告。总体要求是通过对静安区自身基层治理状况的年度纵向比较以及全区内部各街镇之间、静安区与本市其他区基层治理状况的横向比较，精准反映静安区基层治理工作的实际情况，从全区各职能部门、各街镇以及基层治理的各个领域全面反映静安区基层治理全貌。我们需要做到研判静安区基层治理的整体发展水平，分析静安区基层治理存在的短板和问题，并有针对性地提出加强静安区基层治理的对策建议。最终要形成评估结果的总报告和简报。总报告注重全面翔实，简报注重简短精要，通过总结提炼的方式向有关领导汇报评估结果。我们建议总报告的评估分析分两个层面展开：第一个层面为静安区区级年度评估分析；第二个层面为14个街镇的横向比较分析。

（三）建立成果应用机制

一是指标体系的构建对静安区社会治理的规划有重要参考作用。通过构建静安区基层治理指标体系并进行指标体系评估，一方面可以对接静安区社会治理"十三五"规划，为"十三五"规划评估做准备；另一方面评估结果也可以为静安区制定社会治理"十四五"规划提供参考依据。随着指标体系数据的逐年累计，分析各项指标的变化可较为宏观地掌握静安基层治理能力的改善情况。二是指导静安区每一年社会治理的创新与推进。通过指标体系能监测和反映静安区基层治理状况，进而发现问题、找到原因、寻求对策。在这一过程中能够发现静安区基层治理工作中的亮点与薄弱环节，进一步提升静安区基层治理水平。三是引领街镇基层治理能力的共同提升。各街镇的相关部门作为对应工作的落实点，在每一年指标体系的相关统计数据及评估报告中可以明确找到各街镇的差异点，经由横向比较形成补短板、共促进的良性发展氛围，为静安区提升基层治理水平打下坚实基础。

附件

静安区基层治理指标体系一览表（试行）

类别	序号	指标名称	单位	统计数据提供部门	2019年统计值
一、社区发展客观指标	1	常住人口数	万人	区公安分局	
	2	老旧小区占街镇小区总数比例	%	区房管局	
	3	城镇最低生活保障人数占户籍人口比例	%	区民政局	
	4	每百名户籍老年人口拥有机构养老床位数	张	区民政局	
	5	每千人（常住人口）医疗机构床位数	张	区卫健委	
	6	每万人（常住人口）刑事案件立案数	起	区公安分局	
	7	人均（常住人口）公园绿地面积	平方米	区绿化市容局	
	8	轨交站点600米覆盖率	%	区建管委	
	9	人均（常住人口）公共文化设施面积	平方米	区文旅局	
	10	人均（常住人口）体育场地面积	平方米	区体育局	
	11	社会组织参与社区治理项目数	个	区地区办	

类别	序号	指标名称	单位	统计数据提供部门	2019年目标值
二、社区党群	12	新建业委会委员中党员比例	%	区委组织部	50
	13	符合条件的业委会中党支部或党的工作小组或党的工作小组建有率	%	区委组织部	100
	14	没条件成立党支部或党的工作小组的业委会中党建指导员覆盖率	%	区委组织部	100
	15	在职党员"双报到""双报告"年增长率	%	区委组织部	10
	16	区域化党建共建项目年增长率	%	区委组织部	5
	17	建立三级党建网格发现解决问题增长率	%	区委组织部	逐年增长
	18	注册志愿者人数占常住人口数比例	%	区委宣传部	>10

357

续表

类别	序号	指标名称	单位	统计数据提供部门	2019年目标值
二、社区党群	19	上海市学习网市民修身专题网页注册人数	人	区委宣传部	15万
	20	非公企业工会组织覆盖率	%	区总工会	未定
	21	集体合同覆盖率	%	区总工会	90
	22	小学生爱心暑托班开设数	个	团区委	37
	23	"青春社区"（含综合型）建成数	个	团区委	67
	24	市级"五好家庭"数	个	区妇联	未定（每年变化）
	25	市、区级"最美家庭"数	个	区妇联	未定（每年变化）
	26	多部门预防和制止家庭暴力工作体系覆盖率	%	区妇联	100
	27	市拆违任务完成率	%	区拆违办	100
	28	区拆违任务完成率	%	区拆违办	100
	29	"无违建"先进居村（街镇）创建完成率	%	区拆违办	>90
	30	新增违法建筑查处率	%	区拆违办	100
	31	质量提升及质量基础建设提升率	%	区市场监管局	100
	32	产品质量、工程质量、服务质量、人居环境质量安全可控无事故数	次	区市场监管局	0
三、城市管理	33	街镇标准类网格案件结案率	%	区城运中心	≥99
	34	街镇标准类网格案件及时结案率	%	区城运中心	≥99
	35	街镇标准类网格案件督查发现率	%	区城运中心	≥70
	36	街镇标准类网格案件督查完成率	%	区城运中心	≥95
	37	"12345"市民服务热线案件办结率	%	区城运中心	≥99
	38	"12345"市民服务热线市民满意度分值	分	区城运中心	≥70
	39	"12345"市民服务热线先行联系率	%	区城运中心	≥90

续表

类别	序号	指标名称	单位	统计数据提供部门	2019年目标值
四、社区服务	40	长者照护之家和综合为老服务中心实现街道、镇全覆盖	%	区民政局	100
	41	标准化老年活动室居村委会覆盖率	%	区民政局	100
	42	社会体育指导员占区常住人口比例	‰	区体育局	2
	43	网上企业服务咨询和服务诉求解决率	%	区投资办	>90
	44	对口服务企业稳定率	%	区投资办	>95
	45	对口服务企业走访覆盖率	%	区投资办	100
	46	康健苑覆盖率	%	区地区办、区卫健委	各居委会力争全覆盖
	47	智慧健康小屋数	个	区卫健委	首批5街镇各1个
	48	参加健康自我管理小组的人数（常住人口）	人	区卫健委	2万（全区）
	49	社区精神障碍患者居家规范管理率	%	区卫健委	97
	50	"美丽家园"旧住房综合改造面积	平方米	区房管局	164万（全区）
	51	老旧房屋加装电梯台数	台	区房管局	50（全区）
	52	社区（居委会）开展科普活动覆盖率	%	区科委（科协）	80
	53	无障碍进残疾人家庭改造完成率	%	区残联	100
	54	每万人拥有社会组织数量（常住人口）	个	区社联会	3
	55	社会组织获3A以上评估等级率	%	区社联会	10
五、平安建设	56	住宅小区主要出入口和管理处规范化建设小区覆盖率	%	区房管局	≥30
	57	市、区两级平安社区创建率	%	区委政法委	>90
	58	市、区两级平安示范社区数	个	区委政法委	90（全区）
	59	人民调解调处成功率	%	区司法局	>90
	60	一居委一法律顾问覆盖率	%	区司法局	90
	61	劳动人事争议仲裁结案率	%	区人社局	>92

续表

类别	序号	指标名称	单位	统计数据提供部门	2019年目标值
六、社区自治	62	试点推进住宅小区物业服务费调整小区数	个	区房管局	各街镇至少1个
	63	推进商品住宅小区维修资金续筹小区数	个	区房管局	各街镇至少1个
	64	业主大会账户的代理记账率	%	区房管局	≥20
	65	业委会按时换届率	%	区房管局	≥60
	66	住宅小区公共收益入账率	%	区房管局	100
	67	已成立业委会小区占符合成立条件小区比例	%	区房管局	>90
	68	在符合条件的小区推行居委会成员兼任业委会成员交叉任职率	%	区房管局	90
	69	"美丽楼组"创建率	%	区文明办	/
	70	"美丽楼组"覆盖率	%	区文明办	/
	71	含青年委员的业委会数量覆盖率	%	团区委	10
	72	市容环境卫生责任区告知书签约率	%	区绿化市容局	100
	73	市容环境卫生责任区管理达标率	%	区绿化市容局	88
	74	市容环境卫生责任区管理示范道路创建数	条(段)	区绿化市容局	10(全区)
	75	垃圾分类绿色账户指标完成数	户	区绿化市容局	383444
	76	定时定点/垃圾房功能改造建数	座	区绿化市容局	1105
七、生态文明	77	生活垃圾分类达标居住区累计数	个	区绿化市容局	551
	78	实行垃圾分类小区覆盖率	%	区绿化市容局	100
	79	"两网融合"(城市环卫系统与再生资源系统两个网络)服务点累计数	个	区绿化市容局(区分减联办)	355
	80	垃圾分类可回收物收运量	吨/日	区绿化市容局(区分减联办)	177
	81	道路冲洗率	%	区绿化市容局	82

续表

类别	序号	指标名称	单位	统计数据提供部门	2019年目标值
八、智能化建设	82	信息系统上云数量百分比	%	区政务数据管理中心	100
	83	信息系统目录编制、更新百分比	%	区政务数据管理中心	100
	84	数据归集并及时更新百分比	%	区政务数据管理中心	100
	85	信息系统数据对接百分比	%	区政务数据管理中心	100
	86	街镇提供数据共享度			

附 录

Appendix

B.18 附录一 上海社会发展主要指标

平均每天的社会、经济活动情况

指标	计量单位	1990年	2000年	2010年	2013年	2014年	2015年	2016年	2017年	2018年
上海市生产总值(GDP)	亿元	2.14	13.07	47.03	59.18	64.55	68.40	75.25	82.56	89.53
第一产业	亿元	0.09	0.21	0.31	0.35	0.34	0.30	0.30	0.27	0.29
第二产业	亿元	1.39	6.05	19.78	21.99	22.37	21.76	21.90	25.35	26.66
工业	亿元	1.29	5.48	17.91	19.83	20.17	19.48	19.58	22.75	23.82

362

续表

指标	计量单位	1990 年	2000 年	2010 年	2013 年	2014 年	2015 年	2016 年	2017 年	2018 年
建筑业	亿元	0.10	0.57	1.87	2.17	2.26	2.35	2.41	2.68	62.58
第三产业	亿元	0.66	6.81	26.94	36.84	41.84	46.34	53.05	56.94	4.20
其中：交通运输、仓储和邮政业	亿元	—	—	2.29	2.56	2.86	3.10	3.18	3.68	12.55
批发和零售业	亿元	—	—	7.11	9.68	10.44	10.48	11.05	12.04	15.84
金融业	亿元	—	—	5.35	7.74	8.95	11.10	13.05	14.6	5.45
房地产业	亿元	—	—	2.75	3.68	4.19	4.65	5.82	4.69	19.74
一般公共预算收入	亿元	0.46	1.36	7.87	11.26	13.35	15.12	17.55	18.20	22.88
一般公共预算支出	亿元	0.21	1.71	9.05	12.41	14.20	16.96	18.96	20.68	
最终消费	亿元	0.98	6.15	25.82	34.55	37.97	40.70	44.32	48.08	
居民消费	亿元	0.78	4.81	19.95	26.02	28.52	30.38	32.86	35.53	
农村居民消费	亿元	0.18	0.48	0.93	1.42	1.57	1.74	1.92	2.07	
城镇居民消费	亿元	0.60	4.33	19.02	24.61	26.95	28.64	30.94	33.46	
政府消费	亿元	0.20	1.34	5.87	8.53	9.45	10.31	11.46	12.55	
能源终端消费量	万吨标准煤	8.49	14.32	29.59	31.38	30.91	31.64	32.50	32.5	
生产消费量	万吨标准煤	7.81	13.06	26.84	28.04	27.77	28.30	28.86	28.98	
生活消费量	万吨标准煤	0.68	1.26	2.76	3.34	3.14	3.08	3.64	3.76	
社会消费品零售总额	亿元	0.91	5.11	16.63	22.06	23.89	27.76	29.99	32.18	34.71
出生人数（户籍统计）	人	359	190	275	298	340	290	354	307	263
死亡人数（户籍统计）	人	236	259	298	320	327	340	312	333	335
结婚对数	对	295	255	357	410	389	388	343	298	
离婚人数	人	90	174	256	381	336	365	226	313	
城市自来水售水量	万立方米	336	541	670	683	680	673	692	672	667

363

续表

指标	计量单位	1990年	2000年	2010年	2013年	2014年	2015年	2016年	2017年	2018年
用电量	万千瓦时	7253	15327	35503	38647	37508	38508	40713	41829	42922
城市煤气供应量	万立方米	348	584	352	149	82	14.79	10.9		
旅客发送量	万人次	10.51	18.88	36.80	43.65	47.15	50.88	53.60	57.14	58.89
出版图书、杂志	万册	129	120	128	137	129	132	114	116	
出版报纸	万份	443	460	436	361	314	296	276	250	224
发生火灾事故	起	6	14	16	26	16	13	12	15	
发生交通事故	起	21	113	6	5	3	3	2	2	
市区清运垃圾	吨	10466	23507	24384	20164	20345	21616	22650	24644	
市区清运粪便	吨	6658	7014	5507	6082	5479	4740	4384	4329	

注：生产总值中三个产业行业按新行业分类标准统计；2004年新交通法实施后，交通事故认定标准有变化。

主要社会指标一览

指标	计量单位	1978年	1990年	2000年	2010年	2014年	2015年	2016年	2017年	2018年
全市常住人口	万人	1104.00	1334.00	1608.60	2302.66	2425.68	2415.27	2419.70	2418.33	2423.78
全市户籍人口	万人	1098.28	1283.35	1321.63	1412.32	1438.69	1433.62	1439.50	1445.13	1447.57
户籍人口迁入	万人	—	12.18	15.16	17.22	11.55	11.61	11.25	11.85	
户籍人口迁出	万人	—	10.72	5.32	4.97	5.78	5.32	4.64	4.17	
人口密度	人/平方公里	1785	2104	2537	3632	3826	3809	3816	3814	
人口中男性比例	%	49.4	50.4	50.4	49.8	49.7	49.6	49.6	49.6	
常住人口自然增长率	‰	—	—	0.27	2.00	4.19	2.45	4.00	2.80	1.80
户籍人口自然增长率	‰	5.10	3.50	-1.90	-0.60	0.32	-0.78	1.10	-0.60	-1.80

附录一 上海社会发展主要指标

续表

指标	计量单位	1978年	1990年	2000年	2010年	2014年	2015年	2016年	2017年	2018年
婴儿死亡率	‰	15.49	10.95	5.05	5.97	4.83	4.58	3.76	3.71	3.52
平均期望寿命	岁	73.35	75.46	78.77	82.13	82.29	82.75	83.18	83.37	83.63
男性	岁	70.69	73.16	76.71	79.82	80.04	80.47	80.83	80.98	81.25
女性	岁	74.78	77.74	80.81	84.44	84.59	85.09	85.61	85.85	86.08
老年(60岁及以上)人口数量	万人	—	—	—	331.02	413.98	435.95	457.80	481.61	
已婚育龄妇女人数	万人	—	—	—	217.13	204.85	204.85	204.23	200.92	
城镇居民人均居住面积	平方米	4.5	6.6	11.8	16.7	17.8	18.1	36.1	36.7	
出生人口数量	万人	—	—	—	10.02	12.41	10.59	13.07	11.77	
城镇登记失业人数	万人	10.00	7.70	20.08	27.73	25.63	24.81	24.26	22.06	
城镇登记失业率	%	2.3	1.5	3.5	4.2	4.2	4.05	4.1	3.9	
小学在校学生人数	万人	87.06	110.19	78.86	70.16	80.3	79.87	78.97	78.49	80.02
学龄儿童小学入学率	%	98.7	99.9	99.99	99.99	99.9	99.99	99.9	99.9	
初中在校学生人数	万人	—	—	55.6	42.55	42.68	41.23	41.33	41.17	43.25
初中毕业生升学率	%	—	75.9	97	96.5	96.9	97.0	98.7	99.7	
高中(含中专,技校)在校学生人数	万人	—	—	49.69	32.65	26.98	15.82	25.33	24.98	24.68
高等学校在校学生人数	万人	5.06	12.13	22.68	51.57	50.66	51.16	51.47	51.49	51.78
普通高校录取率	%	—	51.0	67.4	85.1	89.0	89.0	89.8	91.9	
研究生在读人数	千人	1.25	9.57	30.61	111.72	133.60	138.30	145.00	151.50	
成人高等教育在校学生人数	万人	1.08	6.09	11.49	19.86	16.87	15.80	14.39	13.45	

365

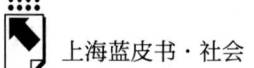

续表

指标	计量单位	1978年	1990年	2000年	2010年	2014年	2015年	2016年	2017年	2018年
每万人在校大学生	人	46	90	141	224	209	212	213	213	213
每万人拥有医生	人	30	44	31	22	25	26	27	28	30
每百人拥有报纸	份/天	16	33	28	19	13	12	11	10	
人均公共图书馆藏量	册、件	0.96	1.19	3.42	2.96	3.04	3.13	2.90	3.20	
人均生活用电量	千瓦时	48	108	331	734	717	768	900	946	
人均生活用水量	立方米	32.30	45.80	88.70	80.90	81.04	81.32	84.40	82.66	
人均拥有道路面积	平方米	0.79	1.34	7.17	11.12	11.51	11.83	12.09	12.34	
每万人拥有公共交通车辆	辆	2.70	4.70	12.08	12.46	11.97	12.36	12.70	13.94	
每万人拥有出租车辆	辆	1.56	8.47	25.61	21.72	20.92	20.53	19.54	19.55	

注："每万人"和"人均"指标均按当年年末常住人口数计算；成人高等教育在校学生数中未包括网络教育在校学生。

居民生活

指标	计量单位	1978年	1990年	2000年	2010年	2014年	2015年	2016年	2017年	2018年
城镇居民家庭人均年可支配收入	元	406	2183	11718	31838	47710	52962	57692	62596	68034
城镇居民家庭人均年生活消费支出	元	357	1936	8868	23200	30520	36946	37458	42304	46015
其中：食品消费支出	元	—	—	3947	7777	10677	9691	10004	10456	
衣着消费支出	元	—	—	567	1794	2038	1711	1993	1827	
居住消费支出	元	—	—	794	2166	3031	12137	9566	14749	
医疗保健消费支出	元	—	—	501	1006	1449	2362	2840	2735	

续表

指标	计量单位	1978年	1990年	2000年	2010年	2014年	2015年	2016年	2017年	2018年
交通与通信消费支出	元	—	—	759	4076	4885	4457	4384	4253	
娱乐、教育、文化消费支出	元	—	—	1287	3363	4931	4046	4544	5087	
每百户城镇家庭年末耐用消费品拥有量										
其中：洗衣机	台	—	72	93	99	—	92	95	96	
电冰箱	台	—	88	102	104	—	97	100	101	
彩色电视机	台	—	77	147	188	—	177	185	188	
家用汽车	辆	—	—	—	17	—	26	30	32	
热水淋浴器	台	—	—	64	98	—	91	95	97	
家用空调器	台	—	—	96	200	—	191	205	210	
家用电脑	台	—	—	26	129	—	126	141	140	
移动电话	台	—	—	29	230	—	221	230	233	
农村居民家庭人均可支配收入	元	281	1665	5565	13746	21192	23205	25520	27825	30375
农村居民家庭人均年生活消费支出	元	—	—	4138	10225	15291	16152	17071	18090	19965
其中：食品消费支出	元	—	—	1823	3807	6188	5660	5736	6114	
衣着消费支出	元	—	—	201	554	801	857	871	925	
居住消费支出	元	—	—	724	2070	2747	4161	4097	4723	
医疗保健消费支出	元	—	—	209	585	1308	1464	1707	1457	

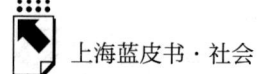

续表

指标	计量单位	1978年	1990年	2000年	2010年	2014年	2015年	2016年	2017年	2018年
交通与通信消费支出	元	—	—	279	1459	1891	2046	2390	2366	
娱乐、教育、文化消费支出	元	—	—	559	1012	1069	893	1127	1220	
每百户农村家庭年末耐用消费品拥有量										
其中:洗衣机	台	—	45	69	95	—	70	81	83	
电冰箱	台	—	29	74	103	—	84	91	93	
彩色电视机	台	—	25	97	198	—	148	166	169	
家用汽车	台	—	—	—	6	—	14	21	24	
热水淋浴器	台	—	—	44	96	—	66	76	79	
家用空调器	台	—	—	14	147	—	101	129	136	
家用电脑	台	—	—	5	60	—	47	51	53	
移动电话	台	—	—	19	194	—	187	208	210	

社会保障与就业情况

指标	计量单位	1978年	1990年	2000年	2010年	2014年	2015年	2016年	2017年	2018年
城镇基本养老保险参保人数	万人	—	—	675.32	894.89	1373.37	1411.44	1333.43	1432.97	1573.37
城镇职工基本养老保险参保人数	万人	—	—	431.27	522.04	936.99	961.05	957.91	995.65	
领取养老金的离退休人员	万人	—	—	234.23	352.02	404.07	415.81	375.52	437.32	
职工基本养老保险年末基金累计结存	亿元	—	—	—	3.89	928.75	1103.87	1276.96	2029.34	
城镇基本医疗保险参保人数	万人	—	—	566.73	999.74	1353.57	1377.32	1404.00	1496.78	1524.82

续表

指标	计量单位	1978年	1990年	2000年	2010年	2014年	2015年	2016年	2017年	2018年
城镇职工	万人	—	—	364.59	608.41	967.64	980.54	975.09	1005.40	
当年享受城镇基本医疗保险人次数	万人次	—	—	—	11171.33	17138.27	18120.08	19090.11	19533.02	
享受大病、重病患者或病疗减负人次	万人次	—	—	—	34.14	500.20	526.83	552.28	605.17	
医疗保险年基金累计结存	亿元	—	—	—	29.69	876.10	1107.31	1402.98	2079.63	
城镇职工失业保险参保人数	万人	—	—	434.86	556.20	634.08	641.77	947.32	961.84	
当年享受城镇职工失业保险人数	万人	—	—	—	24.37	9.81	9.54	10.54	11.13	
失业保险年基金累计结存	亿元	—	—	—	10.95	157.03	170.09	181.18	169.87	
城镇职工生育保险参保人数	万人	—	—	—	657.30	717.54	735.41	956.09	972.04	
当年享受城镇职工生育保险人数	万人	—	—	—	7.71	12.40	11.95	14.81	19.08	
生育保险年基金未结存	亿元	—	—	—	-1.26	6.70	17.19	31.63	42.06	
城镇职工工伤保险参保人数	万人	—	—	—	556.12	920.49	932.87	943.55	958.06	
当年享受城镇职工工伤保险人数	万人	—	—	—	1.66	6.86	7.02	6.53	6.40	
工伤保险年基金未结存	亿元	—	—	—	7.75	52.07	57.19	60.18	68.23	
全市从业人员	万人	698.32	787.72	828.35	1090.76	1365.63	1361.51	1365.24	1372.65	
第一产业	万人	240.06	87.25	89.23	37.09	44.81	46.01	45.45	42.44	
第二产业	万人	307.48	467.08	367.04	443.74	476.87	459.74	448.50	430.51	
其中：工业	万人			330.02	347.65	366.14	351.03	342.14	331.73	

续表

指标	计量单位	1978年	1990年	2000年	2010年	2014年	2015年	2016年	2017年	2018年
建筑业	万人	—	—	37.02	96.09	110.09	108.33	106.36	98.90	
第三产业	万人	150.78	233.39	372.08	609.93	843.95	855.76	871.29	899.70	
其中:交通运输、仓储和邮政业	万人	—	—	—	54.97	87.55	88.20	89.73	89.39	
批发和零售业	万人	—	—	—	180.69	235.52	238.31	239.06	240.39	
金融业	万人	—	—	—	24.11	34.42	35.07	36.42	35.54	
房地产业	万人	—	—	—	35.94	48.64	49.84	50.01	51.88	
从业人员构成	%	100	100	100	100	100	100	100	100	
第一产业	%	34.38	11.08	10.77	3.40	3.28	3.38	3.33	3.09	
第二产业	%	44.03	59.30	44.31	40.68	34.92	33.77	32.85	31.36	
第三产业	%	21.59	29.63	44.92	55.92	61.80	62.85	63.82	65.54	

注：1.2005年以后按新行业分类标准统计，2000年没有新行业的分类统计。

2.根据《中华人民共和国保险法》，2011年对社会保险政策进行了调整。原参加"小城镇社会保险"和"来沪从业人员综合保险"的从业人员被纳入城镇职工保险范围内，并对养老、医疗、工伤、失业、生育保险的相关政策做出了调整。

B.19
附录二 全国直辖市主要社会指标

指标	计量单位	北京 2000年	北京 2017年	北京 2018年	天津 2000年	天津 2017年	天津 2018年
城市常住人口	万人	1364	2171	2154	1001	1557	1590
城市户籍人口	万人	1108	1359	1376	912	1050	1082
非农业人口	万人	761	1132	1152	533		
农业人口	万人	347	228	224	379		
常住人口自然增长率	‰	0.90	3.76	2.66	1.55	2.60	1.25
城镇居民家庭人均年可支配收入	元	10350	62406	67990	8141	40278	42976
城镇居民家庭人均年消费支出	元	8494	40346	42926	6121	30284	
其中:食品消费支出	元	3083	8003	8577	2455	9456	
衣着消费支出	元	755	2429	2346	544	2119	
居住消费支出	元	587	13347	15391	561	6470	
医疗保健消费支出	元	589	3088	3476	408	2600	
交通与通信消费支出	元	605	5396	5033	349	3924	
教育文化娱乐服务消费支出	元	1284	4325	4402	788	2979	
家庭设备用品及服务消费支出	元	1098	2633	2496	722	1774	
城镇居民恩格尔系数		36.3	19.8	20.0	40.1	31.2	
每百户城镇家庭年末耐用消费品拥有量							
其中:洗衣机	台	103	95	100	98	102	
电冰箱	台	107	97	103	100	103	
彩色电视机	台	146	126	124	132	116	
移动电话	部	28	224	226	—	221	
热水淋浴器	台	74	92	99	70	94	
家用空调器	台	70	168	179	66	135	
家用电脑	台	32	105	100	16	79	

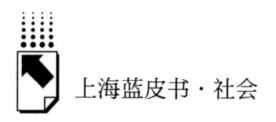

续表

指标	计量单位	北京			天津		
		2000年	2017年	2018年	2000年	2017年	2018年
家用汽车	辆	3	50	52	—	42	
农村居民家庭人均年纯收入	元	4687	24240	26490	4370	21754	23065
农村居民家庭人均年消费支出	元	3441	18810	20195	2393	16386	
其中:食品消费支出	元	1264	4653	4802	1020	4852	
衣着消费支出	元	262	1025	1088	223	1128	
居住消费支出	元	539	5588	5951	452	3354	
医疗保健消费支出	元	276	1699	1992	152	1407	
交通与通信消费支出	元	217	2730	3078	108	2902	
文教娱乐用品及服务消费支出	元	495	1314	1436	205	1343	
家庭设备用品及服务消费支出	元	252	1595	1580	135	1101	
农村居民恩格尔系数		36.7	24.7	23.8	42.6	29.6	
每百户农村家庭年末耐用消费品拥有量							
其中:洗衣机	台	85	94	100	85	100	
电冰箱	台	84	103	111	65	100	
彩色电视机	台	107	138	136	98	121	
家用汽车	辆	—	38	45	—	39	
照相机	架	26	21	13	15	6	
家用电脑	台	7	74	66	—	45	
家用空调器	台	20	141	168	—	82	
移动电话	部	14	244	248	—	215	

指标	计量单位	上海			重庆		
		2000年	2017年	2018年	2000年	2017年	2018年
城市常住人口	万人	1608	2418	2424	2849	3075	3102
城市户籍人口	万人	1322	1446	1448	3091	3390	3404
非农业人口	万人	986	—	—	661	1637	1656
农业人口	万人	335	—	—	2430	1753	1748
常住人口自然增长率	‰	0.27	2.80	-1.80	—	-1.10	3.40
城镇居民家庭人均年可支配收入	元	11718	62596	68034	6276	32193	34889

续表

指标	计量单位	上海 2000年	上海 2017年	上海 2018年	重庆 2000年	重庆 2017年	重庆 2018年
城镇居民家庭人均年消费支出	元	8868	42304	46015	5475	22759	24154
其中:食品消费支出	元	3947	10456		2214	7305	7598
衣着消费支出	元	567	1872		551	1951	2010
居住消费支出	元	794	14749		494	3960	4325
医疗保健消费支出	元	501	2735		293	1883	2055
交通与通信消费支出	元	759	4253		406	2992	3248
教育文化娱乐服务消费支出	元	1287	5087		786	2528	2589
家庭设备用品及服务消费支出	元	683	1928		476	1592	1713
城镇居民恩格尔系数		44.5	24.7		42.2	32.1	31.5
每百户城镇家庭年末耐用消费品拥有量							
其中:洗衣机	台	93	96		95	98	98
电冰箱	台	102	101		100	102	103
彩色电视机	台	147	188		132	129	128
移动电话	部	29	233		—	257	260
热水淋浴器	台	64	97		83	95	100
家用空调器	台	96	210		81	184	209
家用电脑	台	26	140		14	75	64
家用汽车	辆	—	32		—	28	31
农村居民家庭人均年纯收入	元	5565	27825	30375	1892	12638	13781
农村居民家庭人均年消费支出	元	4138	18090	19965	1396	10936	11977
其中:食品消费支出	元	1823	6114		748	3993	4180
衣着消费支出	元	201	925		62	598	631
居住消费支出	元	724	4723		199	1967	2274
医疗保健消费支出	元	209	1457		69	884	1075
交通与通信消费支出	元	279	2366		61	1334	1503
文教娱乐用品及服务消费支出	元	559	1220		155	1226	1345

373

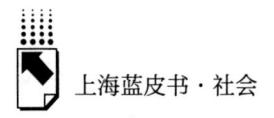

续表

指标	计量单位	上海			重庆		
		2000年	2017年	2018年	2000年	2017年	2018年
家庭设备用品及服务消费支出	元	225	935		67	749	785
农村居民恩格尔系数		44.1	33.8		53.6	36.5	34.9
每百户农村家庭年末耐用消费品拥有量							
其中:洗衣机	台	69	83		9	80	82
电冰箱	台	74	93		6	95	101
彩色电视机	台	97	169		31	114	114
家用汽车	辆	—	24			12	13
家用电脑	台	5	53		—	20	18
移动电话	部	19	210		—	242	264

指标	计量单位	北京			天津		
		2000年	2017年	2018年	2000年	2017年	2018年
1. 用水							
自来水生产能力	万吨/日	367	522	527	347	468	
供水管道长度	公里	7610	16105	16448	5049	18541	
全年售水总量	亿吨	7.54	11.06	11.59	6.11	7.28	
其中:生活用水	亿吨	5.89	9.56	10.00	2.57	4.09	
人均日生活用水量	升	146			132	132	
城市人口饮用自来水普及率	%	100	100	100	100	100	
2. 燃气							
液化石油气销售量	万吨	19.06	45.7	44.8	4.42	5.63	
家庭用量	万吨		14.7	14.0		4.1	
家庭使用液化石油气用户	万户	124.50	276.30	254.00	31.91	16.65	
天然气管道长度	公里	4232			4268	20706	
天然气销售量	万立方米	9.59	15.77	18.49	2.35	407669	
家庭用量	万立方米		16.4	14.1		4.7	
家庭使用天然气用户	万户	135.40	652.70	672.50	104.97	420.53	
城市燃气普及率	%	99.3			96.8	100	
3. 城市交通							
营运的公共交通车辆数	辆	14191	30966	29732	5385	12686	

续表

指标	计量单位	北京 2000年	北京 2017年	北京 2018年	天津 2000年	天津 2017年	天津 2018年
每万人拥有公共交通车辆	辆	—	14.26	13.80	—	8.10	
公交车客运总数	亿人次	40.67	71.34	70.38	5.34	13.81	15.05
人均城市道路面积	平方米	3.61	4.77	4.79	—		
营运的出租汽车年末数	辆	65127	68484	70035	31939	31940	
4. 环境卫生							
城市下水道总长度	公里	4847	10207	12147	7032	21240	
污水处理厂能力	万吨/日	129	666	671	61	249	
城市生活垃圾清运量	万吨/日	0.81	2.53	2.67	0.61		
城市粪便清运量	万吨/日	0.75	0.59	0.55	0.05		
5. 住房与环境							
城镇居民人均住房使用面积	平方米	16.80	32.60	33.08	—	—	
农村居民人均住房面积	平方米	28.90	44.90	46.26	—	—	
人均公共绿地面积	平方米	9.70	16.20	16.30	5.40	11.48	
6. 技术进步							
专利申请数	件	10344	189129	211212	2787	86996	
专利授权数	件	5905	106948	123496	1611	41675	
7. 教育与卫生							
每万人拥有在校大学生	人	207	267	270	118	330	335
每万人拥有医生	人	38	48	51	30	26	28

指标	计量单位	上海 2000年	上海 2017年	上海 2018年	重庆 2000年	重庆 2017年	重庆 2018年
1. 用水							
自来水生产能力	万吨/日	1048	1184	1250	427	656	
供水管道长度	公里	15943	37643		6367	19626	21101
全年售水总量	亿吨	19.75	24.52	24.35	7.07	14.99	16.22
其中:生活用水	亿吨	14.26	10.50	20.02	4.19	7.01	7.71
人均日生活用水量	升	114	119		160	147	156
城市人口饮用自来水普及率	%	99.97	99.99		70.31	97.86	98.17
2. 燃气							
液化石油气销售量	万吨	45.94	34.80	30.00	8.29	8.80	7.90
家庭使用液化石油气用户	万户	239.30	281.47	240.00	28.00	30.16	27.43

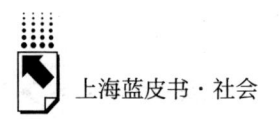

续表

指标	计量单位	上海 2000年	上海 2017年	上海 2018年	重庆 2000年	重庆 2017年	重庆 2018年
家庭用量	万吨	—	17.51		—	5.40	4.90
天然气管道长度	公里	1742	30387		5264	—	—
天然气销售量	亿立方米	2.16	77.20	85.00	7.53	49.10	51.90
家庭使用天然气用户	万户	38.09	700.60	699.60	123.95	645.70	734.60
家庭用量	万立方米					18.7	21.9
城市燃气普及率	%	100	100		36.35	96.06	97.09
3. 城市交通							
营运的公共交通车辆数	辆	17939	17461	17500	4656	13734	13753
每万人拥有公共交通车辆	辆	11.15	13.94		1.63	4.47	4.43
公交车客运总数	亿人次	2.65	22.01		7.90	26.50	25.50
人均城市道路面积	平方米	7.17	12.34		—	12.23	13.04
营运的出租汽车年末数	辆	42943	46397	41300	16798	23940	24110
4. 环境卫生							
城市下水道总长度	公里	3920	24886		2806	19575	21323
污水处理厂能力	万吨/日	463.0	826.0	817.7	14.0	367.0	356.0
城市生活垃圾清运量	万吨/日	1.76	2.47	2.87	—		
城市粪便清运量	万吨/日	0.7			—		
5. 住房与环境							
城镇居民人均住房使用面积	平方米	11.80	36.70		10.70	35.30	36.53
农村居民人均住房面积	平方米	53.60			29.60	54.80	53.93
人均公共绿地面积	平方米	4.60	8.10		1.00	16.43	16.55
6. 技术进步							
专利申请数	件	11337	131746	150233	1780	64648	72121
专利授权数	件	4050	70464	92460	1158	34780	45688
7. 教育与卫生							
每万人拥有在校大学生	人	141	213	213	47	303	283
每万人拥有医生	人	31	28	30	16	22	25
8. 文化和体育							
电影放映单位	个	445	314		—	16	18
艺术表演场馆	个	44	49	25	—	24	43

续表

指标	计量单位	上海 2000年	上海 2017年	上海 2018年	重庆 2000年	重庆 2017年	重庆 2018年
艺术表演团体	个	29	199	329	35	1283	1571
艺术表演团体国内表演场次	万次	—	2.61		0.23	8.99	18.93
9. 法律、公证							
主要年份公安机关立案的刑事案件情况	万起	10.50	3.18		6.13	1.33	1.26

注：1. 上海农村居民家庭人均年纯收入由当年农村居民家庭可支配收入替代。
2. 重庆的煤气、液化石油气、天然气销售量均由当年城镇供应量替代，全年售水总量由当年供水总量替代。
3. "—"表示无资料来源。

B.20
附录三 上海小康生活标准综合评价值

指标	单位	1978年	1990年	2000年	2010年	2014年	2015年	2016年	2017年	2018年	小康值
综合评价值											
经济水平											
人均国内生产总值	元	2485	5911	30047	76074	97370	103795	113511	124606		2500
物质生活											
人均收入水平											
城市居民家庭人均可支配收入	元	406	2182	11718	31838	47710	52962	57692	62596		2400
农村居民家庭人均可支配收入	元	281	1665	5565	13746	21192	23205	25520	27825		1200
人均居住水平											
市区人均使用面积	平方米	4.5	6.6	11.8	16.7	17.8	18.1				12
农村人均(钢砖木结构)住房面积	平方米	—	37.1	53.6	59.7	58.92	—	—	—		15
人均蛋白质摄入量	克	—		70	>75	—					75
城乡交通状况											
城市人均拥有铺路面积	平方米	0.79	1.39	6.16	18.13	11.51	11.83	12.09			8
农村通公路行政村比重	%	—	100	100	100	100	100	100	100		85
恩格尔系数(城市居民)	%	—	52.5	44.5	33.5	35.0	26.2	25.1	24.7		50
人口素质											
成人识字率(15岁及以上人口)	%	—	88.9	93.8	97.0						85

378

附录三　上海小康生活标准综合评价值

续表

指标	单位	1978年	1990年	2000年	2010年	2014年	2015年	2016年	2017年	2018年	小康值
居民平均期望寿命	岁	73.35	75.46	78.77	82.13	82.29	82.75	83.18	83.42		
婴儿死亡率	‰	15.50	10.95	5.05	5.97	4.83	4.58	3.76	3.71	3.52	31
精神生活											
教育娱乐消费支出比重(城市居民)	%	—	11.9	14.5	14.5	16.2	11.0	12.1			11.0
电视机普及率	%	—	70.9	100	100	100	100				100
生活环境											
森林覆盖率	%		5.50	9.20	12.58	14.00	15.00	16.00		16.90	15
农村初级卫生保健基本合格以上县百分比	%	—	100	100	100	100	100				100

注：1. "小康值"是根据2000年国家统计局《全国人民小康生活水平的基本标准》确定的，其中，人均国内生产总值按常住人口计算。

2. "恩格尔系数"和"教育娱乐消费支出比重"仅是城市居民家庭，不包括农村居民家庭。

3. "人均国内生产总值""市区人均使用面积"根据人口普查后调整的人口数重新计算，"婴儿死亡率"2008年开始改为常住人口口径。

4. "—"表示没有指标数据来源。

B.21 后　记

党的十九大提出了在2020年全面建成小康社会的目标。习近平总书记在党的十八届五中全会第二次全体会议上的讲话中指出，全面建成小康社会，强调的不仅是"小康"，而且更重要的也是更难做到的是"全面"。"小康"讲的是发展水平，"全面"讲的是发展的平衡性、协调性、可持续性。全面建成小康社会是实现中华民族伟大复兴征途上一项极为重要的阶段性目标任务。对上海全面建设小康的进展情况进行全面深入的分析评价具有重要的现实意义和历史意义；现在适逢"十四五"规划的前期研究阶段，本研究成果对于上海"十四五"各项社会事业发展规划具有很好的参考价值。

2020年的《上海蓝皮书：上海社会发展报告》以全面建设小康社会为年度主题，总结上海小康社会建设进展情况，分析存在的问题，从上海建设五大中心和社会主义国际大都市的战略高度，探讨上海在全面小康社会基础上，实现更高质量的社会发展的一系列对策建议。

本年度上海社会发展报告的撰写从2019年5月启动，由上海社会科学院城市与人口发展研究所副所长周海旺研究员、社会学研究所杨雄研究员、社会学研究所卢汉龙研究员共同提出选题及研究框架设计，并组织实施。研究报告主要利用上海社会科学院人口发展与社会政策、社会服务与社会治理等领域的骨干研究人员，同时吸收对本报告相关论题富有经验的院外专家和部分政府部门的领导和专家共同参与。全部报告最后由周海旺统稿审定。除各章作者以外，本书附录部分2018年以及此前各年的数据由周肖燕收集整理。

在这里，我们谨向参与本报告的研究和支持配合本研究的有关专家学者与有关部门领导表示诚挚的敬意，感谢你们为本报告的写作与发表所做出的努力。

本书编委会
2019 年 12 月

Abstract

The report of the 19th National Congress of the Communist Party of China has made clear the goal of building a moderately prosperous society in an all-round way in 2020. China's building a moderately prosperous society in an all-round way has entered the countdown. Building a moderately prosperous society at a higher level that benefits more than one billion people in an all-round way is a solemn commitment of the party and the state to the people. As the largest population and economic center city in China, Shanghai is playing a leading and exemplary role in the construction of a well-off society in an all-round way. During 2010 – 2017, Shanghai's "building a well-off society in an all-round way" has made smooth progress towards "building a well-off society in an all-round way", and its economic construction, democracy and legal system, cultural construction, people's life, resources and environment and other indicators have steadily achieved a well-off level. According to the research of this report, in 2017, the realization of building a moderately prosperous society in an all-round way in Shanghai has reached 98.8%, but there is still a certain gap in people's life, resources and environment.

There are six parts in this book. The first part is the general report. Based on the data of Shanghai's social economy, democracy and legal system, cultural construction, people's life, resources and environment since 2010, according to the index system of the statistical monitoring plan for building a moderately prosperous society in an all-round way issued by the National Bureau of statistics in 2013, 39 indexes of building a moderately prosperous society in Shanghai and the whole country are analyzed combing and evaluating, and comparing with the well-off level of Tokyo, New York and other international cities from the perspective of Shanghai's construction of an international metropolis, this paper puts forward policy suggestions for Shanghai to build a well-off society in an all-round way. The

Abstract

second part is about the well-off society, which consists of six reports. It analyzes the recent development and existing problems from the aspects of housing market, employment status, income distribution, college entrance examination reform, marriage changes, pension services, etc. , and puts forward some suggestions to achieve a better quality well-off society. The third part is health Shanghai, focusing on the health status of residents in the construction of a well-off society, especially the changes in the health level of the elderly, how to deepen the reform of the medical and health system to improve the level of medical security, how to optimize the structure of health costs to better serve the medical and health needs of citizens. The fourth part is the chapter of the Yangtze River Delta. Under the background of the national Yangtze River Delta integration strategy, it analyzes the leading force index of Shanghai in the social development of the Yangtze River Delta, and discusses the integration of cross regional social governance in the Yangtze River Delta. The fifth part is the case part, which respectively introduces the system of civil people's discussion in Pengpu new village street, the system of "three meetings" in Wuliqiao Street's grass-roots community governance, Shanghai's practices in building a good international first-class business environment and Jing'an District building a grass-roots governance index system. The sixth part is the appendix, which records the social development process of Shanghai and several municipalities directly under the central government.

Contents

I General Report

B. 1 Report on the Development of Building a Well-off Society in
an All-round Way in Shanghai *Zhou Haiwang, Zhang Qian* / 001

Abstract: Since the Eighteen Party Congress, comrade Xi Jinping's core Party Central Committee has made a series of important discussions on "building a well-off society in an all-round way", making the Chinese socialist modernization JianShe Railway Station a new starting point in history. The nineteen Party of the party once again made clear the goal of building a Xiaokang society by 2020. This paper estimates 39 well-off indicators of Shanghai in 2010 −2017 from five aspects of economic construction, democracy and legal system, cultural construction, people's life and resources and environment, and analyzes the overall situation of building a well-off society in an all-round way in Shanghai in the past seven years and the scores of various monitoring indicators. The report also compares Shanghai's construction of a well-off society in an all-round way with that of the whole country, New York, Tokyo and other international metropolises, so as to find out the unbalanced and inadequate problems existing in the construction of a well-off society in an all-round way in Shanghai. Drawing on the experience of international metropolises, it puts forward some policy suggestions for Shanghai to achieve a better quality well-off society.

Keywords: Shanghai; Well-off Society; New York; Tokyo

II Well-off Society

B. 2 The Current Situation, Problems and Countermeasures
of Housing Market in Shanghai

Zhang Bo, Tang Qiuhong and Gu Yu / 022

Abstract: Shanghai's population size and total housing volume tend to be stable as a whole, and the housing market has entered the stock age; however, the migration of population between different regions puts forward new requirements for the housing supply structure. At the same time, with the establishment of the long-term mechanism of "rent and purchase simultaneously" in Shanghai, the industry norms of the leasing market also need to be further established and improved. How to realize the living, improve the living conditions and realize the balance of occupation and residence are the core issues discussed in this paper.

Keywords: Shanghai; Housing; Housing Sales; Second-hand Housing; Leasing

B. 3 A Study on the Changing Trends and Countermeasures
of Employment Situation in Shanghai

Zhou Haiwang, Wei Luxing and Gu Jiayue / 050

Abstract: This report generalizes employment situation and employment policy of Shanghai since the twelfth Five-Year Plan. It finds that employees of Shanghai have a low education lever, youth employment and entrepreneurship are difficult, female labor participation rate is low, the elderly resources development is poor, the unemployed insurance is lack of promoting employment. For the above problems, this article puts forward some suggestions to solve these problems: adjust the disciplinary setting of universities and improve universities' employment guidance, encourage women to work and increase female labor participation rate, develop human resources for the elderly and support elderly to continue their works, increase the employment promotion function of unemployment insurance.

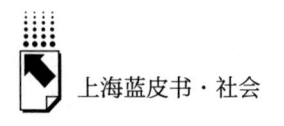

Keywords: Shanghai; Labor; Employment; Unemployment

B. 4 The Issue of Income Distribution in Shanghai During the Process of Building a Moderately Prosperous Society in All Respects *Yu Ning* / 073

Abstract: While per-capita disposable income has been increasing continuously, Shanghai is also facing the issue of developing in balance. This paper researches the issue of income distribution in Shanghai, from the following dimensions with the public statistic data since the beginning of the era of reform and opening up: different trades, population aging and difference between urban and rural families. Finally, it proposes several suggestions to increase the overall income and to control the tendency of expanding gap of income distribution of the society during promoting sustainable economic growth, so as to improve income distribution in Shanghai during the process of building a moderately prosperous society in all respects.

Keywords: Shanghai; Income Growth; Income Distribution

B. 5 Public Evaluation, Response and Suggestions on the Reform of the New College Entrance Examination *Hua Hua* / 099

Abstract: The new college entrance examination reform is the most comprehensive and systematic reform since the college entrance examination was resumed in 1977. Its main characteristics are increased selectivity and multiple evaluations. The survey shows that high school students think that "two English tests" is a great advantage, "cancellation of the division of Arts and Sciences" and "academic level test scores included in the total score of college entrance examination" bring about the same advantages and disadvantages. On the whole, the proportion of the public who have positive comments on the reform of the new college entrance examination has increased significantly. The parents help their children to prepare for college entrance exam through information acquisition and involvement in college preparation. The guidance service provided by the high school is of positive significance to cope with the changes of the new college entrance examination. We should further provide comprehensive and systematic support for senior high school students, strengthen career planning education, enhance the exchange of information resources between home and school, and train professional college entrance guidance talents.

Keywords: Shanghai; New College Entrance Examination Reform; Entrance Examination

B.6 A Study on the Changing Trends and Characteristics of Marriage and Childbearing in Shanghai

Zhang Liang, Liu Wenrong / 115

Abstract: Drawing on the government statistical data and sampling survey data, this report analyzes the characteristics, trends and causes of marriage and childbearing changes in Shanghai in recent decades. We find that Shanghai young people's mean age at first marriage is increasing, and late marriage has become a general trend; marriage is still the choice for the vast majority of people, and there is no sign of single wave; young people are postponing parenthood, while childlessness is seen as the ideal general fertility option for only a small minority; the divorce rate continues to rise, but the overall level is not in the top of China; the values of personal happiness are generally accepted and the concept of marriage cannot be divorced is reducing. Finally, the article puts forward some suggestions for promoting the service of marriage and childbearing in Shanghai.

Keywords: Shanghai; Marriage; Childbearing; Trends in Marriage

B.7 Study on Current Situation, Problems and Countermeasures
of Elderly Care Services Development in Shanghai

Gao Hui / 135

Abstract: Since 2010, on the basis of deepening the pattern of home-based, community-depended, institution-supported, and medical care combined elderly care service, Shanghai has continued to promote the construction of "five in one" social elderly care service system and constantly meet the needs of social elderly care service. However, in the face of expanding, diversified, specialized and regional demand for elderly care services, there are major problems such as obvious regional differences in the supply and utilization, prominent structural contradictions, urgent need to strengthen the team, the deepening of social participation, the promotion of intellectualization and so on. To deepen the elderly care service in Shanghai, it should pay attention to improving the efficiency of the use of elderly care facilities, focusing on expanding the supply of medical rehabilitation and nursing services, effectively strengthening the construction of the team, continuing to deepen the reform of the socialized operation mechanism and deepening regional cooperation in providing services for the elderly in the Yangtze River Delta.

Keywords: Shanghai; Institutional Elderly Care Service; Community Home-based Elderly Care Service; Medical Care Combined Elderly Care Service

Ⅲ Healthy Shanghai

B.8 The Change of Health Level of the Elderly in Shanghai
and the Development of Rehabilitation Medical Services

Yang Xin / 156

Abstract: Although the social and economic development and the improvement of medical and health level have brought about the extension of life expectancy, the relationship between life expectancy and health life expectancy is still not synchronous. As an important means to help people avoid and eliminate the dysfunction caused by diseases, rehabilitation medical service has a very significant effect on improving the healthy life expectancy and quality of life, so it has attracted the attention of all parties. In recent years, the population of Shanghai registered permanent residence has shown more and more obvious characteristics of super aging and super-low fertility level. The incidence of degenerative diseases in the population of Shanghai registered permanent residence is relatively high. Chronic diseases have a great negative impact on the health of the population, and people's demand for rehabilitation medical treatment will continue to grow. At the same time, Shanghai, as a pilot area for the construction of national rehabilitation medical service system, has built a hierarchical and phased rehabilitation medical service system since 2011. But there are still problems such as insufficient total resources, quality to be improved, slow expansion of professional teams, and heavy burden of rehabilitation medical services. Based on the age structure and health change trend of Shanghai population, combined with the health level change of the population (especially the elderly population), this paper combs the development of rehabilitation medical services in Shanghai, and puts forward some suggestions for reference based on the analysis of existing problems.

Keywords: Shanghai; Elderly Population; Elderly Health; Rehabilitation Medicine

B.9　Research on Residents' Health Status and Its Influencing Factors in the Construction of Healthy Shanghai

Yu Huiting, Wang Chunfang / 177

Abstract: With the development of society, the change of people's lifestyle, as well as the acceleration of population aging process, the population disease spectrum has changed dramatically. In this paper, aging progress, population fertility and reproductive characteristics, and the change of population disease model have been described in detail. Analysis the impacts of major chronic diseases on life expectancy, and prevalence of risk factors of smoking, harmful drinking, obesity, high blood pressure and blood sugar to provide the basis for the prevention and control of chronic diseases.

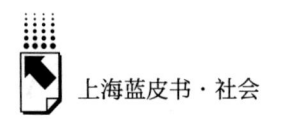

Keywords: Aging; Fertility Rate; Chronic Diseases; Risk Factors

B.10 Deepening the Reform of Nedical and Health System and Improving the Level of Medical Security in Shanghai

Jin Chunlin, Leng Xiliang et. al / 198

Abstract: in May 2016, the Shanghai municipal government issued the pilot plan for deepening the comprehensive reform of the medical and health system in Shanghai (2016 -2020). In the past three years, the implementation of the pilot program has achieved initial results. Therefore, this paper focuses on the five key tasks of hospital management, hierarchical diagnosis and treatment, construction of medical insurance system, drug supply guarantee and public health service, as well as the five reform tasks of financial investment, service price, salary system, talent team construction and information construction, and makes progress and effect on the pilot work of deepening comprehensive medical reform in Shanghai from 2016 to 2018 To evaluate, analyze the main problems, and put forward suggestions to further improve the reform of the medical system.

Keywords: Hospital Management; Family doctor; Hierarchical Diagnosis and Treatment; Drug Supply; Public Health

B. 11　On the Development of Health Service in Shanghai from
　　　　the Perspective of the Scale and Structure of Total
　　　　Health Expenditure　　　　　　*Jin Chunlin*, *Zhu Bifan et. al* / 211

Abstract: since 2001, the total expenditure on health in Shanghai has continued to grow. In 2018, the total expenditure on health in Shanghai reached 230.160 billion yuan, accounting for more than 7% of GDP. In recent years, the growth rate of total health expenditure has slowed down, and the level of personal cash health expenditure has declined steadily. However, the distribution among institutions is not reasonable, and the proportion of primary health care and public health institutions is low. We should establish a fair, efficient and sustainable health financing system, promote the delivery of integrated care with high quality and efficiency, optimize the allocation of medical resources, and innovative cross-region service mechanism.

Keywords: Total Health Cost; Health Financing; Personal Health Cost Burden

Ⅳ　Yangtze River Delta

B. 12　An Analysis of Shanghai's Leading Power in the Social
　　　　Development of the Yangtze River Delta　　　*Liu Yubo* / 228

Abstract: 2019 is the crucial year for the successful completion of a well-off society. This article focuses on the analysis of Shanghai's social development level and its leadership in the Yangtze River Delta region. We found that compared with other cities in the region, Shanghai ranked higher in public education, health care and social security, but the level of urban-rural integration was not satisfactory. It shows that the comprehensive level of Shanghai's social development has an absolute leading position in the Yangtze River Delta region, and it has formed a distribution structure of social development circle centered on Shanghai.

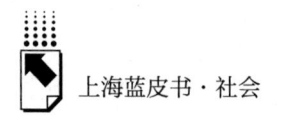

We compared and analyzed the gap between Shanghai and some of the world's first-mover countries and cities in the major areas of education, medical care, and social security, and put forward policy recommendations for Shanghai to further improve the level of social development and build a well-off society in an all-round way.

Keywords: Shanghai; Social Development; Regional Leadership; Yangtze River Delta Integration

B.13　The Theory, Practice and Prospect of Cross-administrative Region Social Cooperative Governance in the Yangtze River Delta　　*Tao Xidong* / 249

Abstract: To continuously strengthen and innovate the system of social governance and build a new pattern of social co-construction, co-governance and sharing that matches high-quality economic development and high-quality life is the strategic task of completing the building of a moderately prosperous society in all respects and realizing the Chinese dream of the great rejuvenation of the Chinese nation. At the first China international import expo in November 2018, the high-quality integrated development of the Yangtze river delta was elevated to a national strategy and became a major engine for China's regional economic development. Cross-administrative region economic integration development, forcing the social governance of their own should also take the road of cross-administrative region social collaborative governance. Based on the logic of theory and practice, this paper discusses and looks forward to the social collaborative governance in the cross-government area of the Yangtze river delta.

Keywords: Yangtze River Delta; Across the Districts; Social Collaborative Governance

V Cases

B.14 Practice Exploration and Think of Civil People's Opinion in Penypu New Viuage Street, Jing'an District, Shanghai

Liu Shaojun, Zhao Ying, Hu Wenshan and Zhang Jing / 262

Abstract: Community residents' autonomy is an important part of social governance at the grassroots level in megacities, but it also needs methods and strategies. In recent years, the streets of Pengpu new village in Shanghai cooperated with social professional forces, combined with the actual situation and made great efforts to explore, and came out of a system and rule system of civil civil people's opinions, which played a positive role in promoting residents' autonomy.

Keywords: Residents' Autonomy; Civil People's Opinion; Jing'an District; Pengpu New Village Street

B.15 Explores the "Three Meetings" System in Grassroots Community Governance of Wuliqiao Street, Huangpu District, Shanghai

Shen Yongbing, Luo Xinzhong, Yi Xiaojing,

Yang Ru and Deng Linfeng / 275

Abstract: The article systematically and comprehensively studied the practical value and theoretical value of promoting the "three meetings" system in grassroots community governance in Wuliqiao Street, Huangpu District, Shanghai. From the perspective of the grassroots self-government system, the core connotation and operating mechanism of the current "three meetings" system are analyzed, the basic situation of the implementation of the "three meetings" system and the results achieved are summarized. The significance of the times. It provides a reference for promoting the formation of a new pattern of social governance with "fine governance".

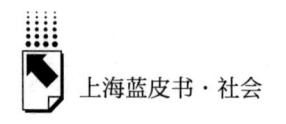

Keywords: Shanghai; Wuliqiao Subdistrict; Huangpu District; Community Governance; "Three Meetings" System

B.16 Report on the Perception of Entrepreneurs in Shanghai to Build a World-class Business Environment

Yang Xiong, Lei Kaichun, Zhu Yan and Zhang Huxiang / 307

Abstract: Business environment is an important symbol of the modernization of national governance system and governance capability. With China's economic and social development entering a new era, high-quality development puts forward new and higher requirements for the improvement of business environment, "business environment is productivity". In recent years, Shanghai has made great efforts to build a first-class business environment in the world, that a great positive achievements has made in the reform of business environment. From the perspective of enterprise experience, the research which based on the Questionnaire investigation and symposiums, has presented the current state and problems of business environment in Shanghai; And it also puts forward the pertinent suggestions for optimizing business environment in the future. It is found that the business environment in Shanghai is at a better level, but there is still room and requirements for continuous improvement compared with the leading cities at home and abroad. In the future, efforts should be made to optimize and improve the talents introduction and supporting services, government administrative approval, tax reduction and fee reduction and reducing enterprise costs, etc.

Keywords: Business Environment; Governance; Enterprise Experience; Shanghai

B. 17　Study of Building a Basic Level Governance Index System in Jing'an District of Shanghai

Bao Xiaoli, Pan Wenbo, Yang Feifei, Li Biyan,

Fang Shixiong and Yu Ming / 345

Abstract: Since May 2019, Shanghai Jing'an District Work Office and Shanghai Society Construction Research Association have carried out the research work of "on the construction of Shanghai Jing'an District grassroots governance index system". The indicator system of grass-roots governance is the "wind vane" and "barometer" reflecting the situation of grass-roots governance, which can effectively lead the direction of street town governance, comprehensively control the whole picture of grass-roots governance, and further improve the capacity of grass-roots governance and the modernization level of governance system. Through the index system, we can monitor and reflect the situation of grass-roots governance in the whole region, and then find out the problems, find out the reasons, and seek countermeasures. It is the inevitable requirement of grass-roots governance refinement, and it is the urgent need to further promote the higher level of grass-roots governance.

Keywords: Shanghai; Jing'an District; Grass Roots Governance

Ⅵ　Appendix

B. 18　Appendix 1　　　　　　　　　　　　　　　　　　　　/ 362

B. 19　Appendix 2　　　　　　　　　　　　　　　　　　　　/ 371

B. 20　Appendix 3　　　　　　　　　　　　　　　　　　　　/ 378

B. 21　Postscript　　　　　　　　　　　　　　　　　　　　/ 380

社会科学文献出版社

皮 书

智库报告的主要形式
同一主题智库报告的聚合

❖ 皮书定义 ❖

皮书是对中国与世界发展状况和热点问题进行年度监测,以专业的角度、专家的视野和实证研究方法,针对某一领域或区域现状与发展态势展开分析和预测,具备前沿性、原创性、实证性、连续性、时效性等特点的公开出版物,由一系列权威研究报告组成。

❖ 皮书作者 ❖

皮书系列报告作者以国内外一流研究机构、知名高校等重点智库的研究人员为主,多为相关领域一流专家学者,他们的观点代表了当下学界对中国与世界的现实和未来最高水平的解读与分析。截至2020年,皮书研创机构有近千家,报告作者累计超过7万人。

❖ 皮书荣誉 ❖

皮书系列已成为社会科学文献出版社的著名图书品牌和中国社会科学院的知名学术品牌。2016年皮书系列正式列入"十三五"国家重点出版规划项目;2013~2020年,重点皮书列入中国社会科学院承担的国家哲学社会科学创新工程项目。

权威报告·一手数据·特色资源

皮书数据库
ANNUAL REPORT(YEARBOOK) DATABASE

分析解读当下中国发展变迁的高端智库平台

所获荣誉

- 2019年，入围国家新闻出版署数字出版精品遴选推荐计划项目
- 2016年，入选"'十三五'国家重点电子出版物出版规划骨干工程"
- 2015年，荣获"搜索中国正能量 点赞2015""创新中国科技创新奖"
- 2013年，荣获"中国出版政府奖·网络出版物奖"提名奖
- 连续多年荣获中国数字出版博览会"数字出版·优秀品牌"奖

成为会员

通过网址www.pishu.com.cn访问皮书数据库网站或下载皮书数据库APP，进行手机号码验证或邮箱验证即可成为皮书数据库会员。

会员福利

- 已注册用户购书后可免费获赠100元皮书数据库充值卡。刮开充值卡涂层获取充值密码，登录并进入"会员中心""在线充值"—"充值卡充值"，充值成功即可购买和查看数据库内容。
- 会员福利最终解释权归社会科学文献出版社所有。

数据库服务热线：400-008-6695
数据库服务QQ：2475522410
数据库服务邮箱：database@ssap.cn
图书销售热线：010-59367070/7028
图书服务QQ：1265056568
图书服务邮箱：duzhe@ssap.cn

卡号：516341441775
密码：

基本子库
SUB DATABASE

中国社会发展数据库（下设 12 个子库）

整合国内外中国社会发展研究成果，汇聚独家统计数据、深度分析报告，涉及社会、人口、政治、教育、法律等 12 个领域，为了解中国社会发展动态、跟踪社会核心热点、分析社会发展趋势提供一站式资源搜索和数据服务。

中国经济发展数据库（下设 12 个子库）

围绕国内外中国经济发展主题研究报告、学术资讯、基础数据等资料构建，内容涵盖宏观经济、农业经济、工业经济、产业经济等 12 个重点经济领域，为实时掌控经济运行态势、把握经济发展规律、洞察经济形势、进行经济决策提供参考和依据。

中国行业发展数据库（下设 17 个子库）

以中国国民经济行业分类为依据，覆盖金融业、旅游、医疗卫生、交通运输、能源矿产等 100 多个行业，跟踪分析国民经济相关行业市场运行状况和政策导向，汇集行业发展前沿资讯，为投资、从业及各种经济决策提供理论基础和实践指导。

中国区域发展数据库（下设 6 个子库）

对中国特定区域内的经济、社会、文化等领域现状与发展情况进行深度分析和预测，研究层级至县及县以下行政区，涉及地区、区域经济体、城市、农村等不同维度，为地方经济社会宏观态势研究、发展经验研究、案例分析提供数据服务。

中国文化传媒数据库（下设 18 个子库）

汇聚文化传媒领域专家观点、热点资讯，梳理国内外中国文化发展相关学术研究成果、一手统计数据，涵盖文化产业、新闻传播、电影娱乐、文学艺术、群众文化等 18 个重点研究领域。为文化传媒研究提供相关数据、研究报告和综合分析服务。

世界经济与国际关系数据库（下设 6 个子库）

立足"皮书系列"世界经济、国际关系相关学术资源，整合世界经济、国际政治、世界文化与科技、全球性问题、国际组织与国际法、区域研究 6 大领域研究成果，为世界经济与国际关系研究提供全方位数据分析，为决策和形势研判提供参考。

法律声明

"皮书系列"(含蓝皮书、绿皮书、黄皮书)之品牌由社会科学文献出版社最早使用并持续至今,现已被中国图书市场所熟知。"皮书系列"的相关商标已在中华人民共和国国家工商行政管理总局商标局注册,如LOGO( )、皮书、Pishu、经济蓝皮书、社会蓝皮书等。"皮书系列"图书的注册商标专用权及封面设计、版式设计的著作权均为社会科学文献出版社所有。未经社会科学文献出版社书面授权许可,任何使用与"皮书系列"图书注册商标、封面设计、版式设计相同或者近似的文字、图形或其组合的行为均系侵权行为。

经作者授权,本书的专有出版权及信息网络传播权等为社会科学文献出版社享有。未经社会科学文献出版社书面授权许可,任何就本书内容的复制、发行或以数字形式进行网络传播的行为均系侵权行为。

社会科学文献出版社将通过法律途径追究上述侵权行为的法律责任,维护自身合法权益。

欢迎社会各界人士对侵犯社会科学文献出版社上述权利的侵权行为进行举报。电话:010-59367121,电子邮箱:fawubu@ssap.cn。

社会科学文献出版社